《支度の段》

三筋の結界とメスメル

心の近代

實川幹朗 著

北大路書房

まえがき

西欧近代に現われ、今も跳梁跋扈する「意識」という化け物の正体を暴きたい——この書の狙いをあえてひと言にすれば、こうなる。〈意識の誕生物語と野辺送りの歌〉を狙って、と言ってもよい。意識、なかんづく「個人の意識」が大きな役割を果たす臨床心理学と心理療法の研究から、私はこの仕事に心付いた。もう、四十年近くも前のことになる。臨床心理学の理論では、歪みを排してきちんと意識しさえすれば病まいが治ることになっている。だが、ほんとうにそうなのだろうか。大学院生だった私は、学生仲間や教員たちに、意識とその働きへの疑いをぶつけてみた。そもそも「意識」とは何か——だが反応は、無きに等しかった。無意識への疑いはあれど、意識への疑いとは、ほとんど「鳴かぬ鳥の声」であった。

意識は、このうえなく明らかな出発点と見做されていたのである。どれほど小さくとも何か一つ、絶対に確かなものが得られれば、足掛かりにならないか。限りある人間にとっての「真理」とは、そうしたものではないか。——私もかつて、こんなふうに考えていた。デカルトの「懐疑」の心構えだが、いわゆる「自閉症」の「同一性保持」行動や、「統合失調症（精神分裂病）」に見られる「病的幾何学主義」（ミンコフスキー／Minkowski, 1953）と似てもいる。頼れるものはない／だが、確かなものが欲しい——こう思ったとき、「意識」という名の怪しい想念が忍び込むようである。これは「近代の病まい」に他ならない。「自閉症」や「統合失調症」が近代とともに現われたのは、この面から私には納得しやすい。

疑うことさえも意識なしにあり得ないとすれば、意識を疑う研究など、成り立つのだろうか——途方もない困難に絶望し、かつては諦めてしまった。時を経てこの問いに、ふとしたことで戻ったのが、十五年あまり前になる。こんどは十年ほど考えていると、ひとまず目鼻がついたので、こうしてお目に掛けることにした。

西暦二十一世紀の初めに、決意の自覚より先に脳が動くというリベットの実験報告（Libet, Benjamin, 2004）が、意識の自律に疑いを突きつけた。だが、限られた条件での実験だから、すぐに一般化した結論には繋がらない。世の中の大枠もまだ、意識重視で変わっていない。脳死問題などでは意識が、人間の必須条件かの如く扱われる。それでいて、その中身、本性となると、さっぱり掴めない。説明する言葉も、実験も見付からないからである。「意識」とは、化け物で悪ければ、正体不明なのに確信を以て維持される執念・妄執とも言うべき何かに違いない。禅問答顔負けの、「明らかな謎」と言える。

臨床心理学と心理療法の誕生は、近代的な「意識」の成り立ちと時を同じく、十九世紀の後半である。この重なりは偶さかではない。新たな「意識の時代」を飾る打ち上げ花火が、この学問と技術の立ち出でなのである。そこで、再び取り掛かったこの研究では、臨床心理学のよく用いる事例研究法を試みることにした。この学は、個人の症状とその成り行きとを語る事例報告を、おびただしい数で積み重ねてきた。あたかも、個別事例の累積こそが心のあり方全般の知識に至る最短の道と、考えているかの如くである。ほんとうにそうかは怪しいのだが、これはのちに述べよう。ともあれ臨床心理学ではこのやり方が、表立っての王道なのは間違いない。

そこで私も、個別事例に取り組むこととした。とは言え、誰か個人をつつきまわすのではない。「事例」とは、臨床心理学／心理療法そのものである。今の世に広まったかの妄執、〈意識という想念〉を抱くこの「患者」について、「状態像と現病歴」、「家族歴と遺伝素因」、「幼児期環境と生育歴」を順に探り、「最終診断と処方」に至る。うまく行けば、この「一人の患者」のためならず、我われの暮らす今の世、「近代」への諫言ともなろう。だが、〈意識の誕生物語と野辺送りの歌〉の全編を語り、謡い切るのは、長丁場の力仕事である。手始めに、乗り切る道具立てを揃えたのが、この書となる。したがって、「事例」全般への目配りは、必ずしもよくない。
まず、事例研究の要領を述べることから始める。〈うぶすな〉に礎を据える、〈世界学〉と名付けたやり方である。それから、この「事例」の芽生えの頃に出た一つの挿話に目を凝らそう。メスメルの活躍である。すると彼が、来たるべき「意識の時代」に片足を――片足だけを、入れていたことが分かる。メスメルは、かつての長い仕来たりがようやく衰えて〈意識という想念〉の彩る新しい世界が始まる境目を、跨いでいたのである。だから、彼を考えれば、この境目の質《たち》が解きほぐせるはずである。「心の近代」を結界する〆縄の組み方を探る、と言ってもよかろう。

できた仕事はここまでで、本格的な事例研究はまだ先になる。しかし、それなりの纏まりはあろうから、ここまでお読みいただけると考えた。記した〆縄の組み方は、これまでに知られなかったはずである。それが描き出せたので「主体的で自立し自律する個人の意識」――すなわち〈意識という想念〉の極みないし成れの果ての妄執であるが、その下地と大まかな姿とが描けていると思う。組み方が分かれば、解き方も知れよう。いきなり太刀を抜いて振りかぶる荒事は、身に合わない。

目次

目　次

1

意識の〈世界学〉へ

——〈うぶすな〉からの狙いと語り

「意識」と臨床心理学

意識という「明らかな謎」

「意識」という言葉は、殊更な専門用語ではない。新聞などでもしばしば出会うし、心について語るとき、当たり前に使われる言葉である。つまり、哲学や心理学などいわゆる学問・思想界のみならず、日々の暮らしにも染み透っている。しかもこれが、人間に不可欠の「基本条件」とも言うべきものとなり、人の死としての「脳死」に絡められさえする。今どきの現し世は、そういう世界である。けれども私の見るところ、「意識」がこれほどの力を振るいはじめたのは、まだ新しく、せいぜい西暦十九世紀の中頃まで遡れるに過ぎない。もしそうだとすれば、かなりの不思議ではなかろうか。近ごろでは「意識」が、人類の始まりより此の方、人間を支えてきたかの如くに思われる。アジアの国に住む我われも、そこに巻き込まれている。もしこれが、たかだか二百年程度の昔に西欧で成り立ったのなら、「真理」とか「普遍」といった考えへの疑いも、動きを早めるに違いない。

我われの暮らす世界には、「意識」をめぐって、もう根もとから、戸惑いを覚えざるを得ない事情が組み込まれている。

○意識とは、この上なく明らかで、説明を要しないものだ。

こうした考え方を、誰しも耳にしたことはあるに違いない。「意識の明証説」と呼んでおく。デカルトの名を思い浮かべる人もいよう。十七世紀の西欧で強い共感をもって迎えられた「我れ思う、ゆえに我在り」は、近ごろの我が国でもあいかわらず、それなりの納得を呼びそうである。だが、改めて「意識とは何か」と問われればどうか。誰しも、答えの難しさに気付かずにいられない。だから、こういう考え方もある。

○意識とは、客観的に観察不可能なので、正体不明の謎だ。

「人の心は分からない」との言い回しなら、常識として受け入れやすいに違いない。学問的には、アメリカ発の行動主義の心理学が、百年前に声高に言い立てたものである。今でもかなりの人にとって、意識が「胸の内」や「脳の中」に秘められ、他人が覗けないとの思いは、無理のないところであろう。そうしたものは、学問的考察の対象となり得ないのではないか。「科学」を標榜する「アカデミック」な実験系の心理学者たちは、今でもなお、そう考えている。これを「意識の不可知説」と呼んでおく。

この説が他人の心に当てはめやすいのは、大方の認めるところであろう。だが、自分の意識ならどうか――すべて分かっている、と言う人も多かろう。しかしながら、「思わず」とった振る舞いで救われたり、「口を突いて出た」言葉を悔やんだことのない人が、どれだけいるだろう。そうしたとき、我われは「意識を失って」いたのだろうか――そんなはずはない。こうした出来事は、「意識清明」でも起こり得る。「思わず」とは言え、その振る舞いに及んだことは心得ている。「口を突いて出た」言葉を、白々と観察していたりもする。「自分で自分が分からない」との言葉は特段の異常事態を指すであろうが、これに通ずることは、常日ごろから我われを取り巻いているのである。「汝自からを知れ」との古代ギリシアの格言は、奇を衒ったのではない。今の日本の若者も、有り余る自意識を抱えつつ「自分探し」の旅に出るではないか。

意識の明証と不可知について、それぞれの言い立てを示せば、双方ともに、かなりの賛同者を得るに違いない。だが、二つ並らべたとき、双方ともをためらいなく受け容れる覚悟が、皆に行き渡っているだろうか。むしろ、考えても仕方がないと、諦めている人が多くはないか。それなら、今どきの世の根もとには、意識をめぐる矛盾が横たわっている。意識は明らかにして、かつ謎である。この不確かな礎の上で暮らすのが、我われの定めなのである。先回りに言ってしまえば、「意識」とは、根拠のない妄執、妄想である。これを少し和らげて、〈意識という想念〉と言い表わしてこう。陰に陽に力を振るうこの想念にどう付き合うか——どんな形にせよ、この問いを避けて今の世を暮らすことはできない。

裁きの庭と専門家の蒙昧

〈意識という想念〉の力を及ぼす範囲は、学説など抽象的なところに留まらない。我われの暮らしにも、いつ入り込んでくるか分からないのである。刑法第三十八条は「罪を犯す意思がない行為は、罰しない」と定めている。このときの「意思」を、「違法性の意識」と同義に解する説が近代で有力となり、ことに二十世紀の後半からは、主流を占めるに至った[1]。つまり、意識の名において、誰もが裁かれ得るのである。民法でも、意識の伴わない契約は無効とされる。法律の組み立てが、意識を人間の行ないの不可欠要件とする。それなら、誰しもこの想念によって身の丸ごとを左右され得る。

しかし、ここに不思議なことがある。法律の条文が「意識とは何か」を教えてくれることは、ないのである。法律解釈の研究書にも、この点は書かれていない。我われは説明もなしに裁かれるのか——カフカの『審判』が思い起こされる。「心の近代」の気分とはこうしたものであるが、学問として考えるなら、このままでは終われない。法律が〈意識という想念〉を、どう扱おうとしているか、推し量ってみねばなるまい。

意識は人間としての振る舞いに不可欠な要件で、なおかつ説明が省かれている。このとき、法律は明証説に沿うかと思われる。説明がなくとも不当でないのは、説明の要らないくらい明らかな場合に限られる。「あれを取ってこい」で話が済むのは、「あれ」が説明なしで明らかだからである。そうでなければ「あれ」は裁判官の胸先三寸のみで決まり、「暗闇裁判」を宣言したも同じとなる。不可欠だから明らかに違いないなどとは、もちろん言えない。こうした証明は、一例でも足りる——例えば近ごろの科学は、脳神経の活動が人間の行ないに不可欠と教える。

だが、もしそれが正しいとしても、脳の仕組みには解明されない点が圧倒的に多い。我われは大方、不明な仕掛けで生かされているのである。貨幣もいまや人間活動に不可欠だが、その振る舞いは明らかさに程遠い。

また仮に、ほんとうは意識に説明が要らないのだとしても、明証説そのものは説明せねばならない。なぜなら、不可知説からの挑戦がそれなりの支持を得ているからである。これに反論できなければ明証説は疑わしいので、この説を信頼するわけに行かなくなる。それとも法律は、意識についての判断を常識、ないし社会通念に委ねているのだろうか。世の中には意識について、詳らかに示せないにせよ何らかの共通した確信と合意がある、との考えになる。「みんな、知ってるじゃないか」というわけである。これは探究の放棄であって、明証説ではない。ただ、社会通念を砦にそれ以上の追究を拒むのは、明証を盾に説明を拒むのと似た頑固さで、その限りでよく似た立場と言える。

だが、法律の真意がいずれでもないことは、すぐに知れる。精神鑑定という作業の必要となる場合があるためである。刑法第三十九条が、「心神喪失者の行為は、罰しない」と定めている。前条からの続きで、容疑者の意識がきちんと働いていなければ罰せられない、と解釈できる。明証説からすれば、あるいは社会通念を信頼するならば、二つの条文の適用に議論は不要のはずである。ところが、じっさいはそうではない。「心神喪失者」に該当するかどうか議論の分かれそうな場合があって、専門家の鑑定に委ねる。明証的でないから鑑定が必要なので、法律は意識の明証説を採用していないことになる。また、社会通念が盾になるなら専門家は不要のはずで、はじめから裁判員に委ねればよい。専門家がわざわざ「鑑定」という手間をかけ、やっと結論が出るらしいのは、素人の常識では心許ないからである。

意識についての判断には常識が通用せず、素人なら迷ったり、まちまちの結論になろう――ここまでは素人でも分かる。明証説とは、じつは絵に描いた餅だと、社会通念も知っているのである。ところが、ここで助けに現われる専門家もまた、すぐに馬脚を現わす。なぜなら、互いに一致しない複数の鑑定が、しばしば現われるのだから。素人と力に大差のないことを、告白するようなものである。しかもこのとき、採用されなかった鑑定の製作者が罰せられることは、捏造や贈収賄でもないかぎり、あり得ない。すなわち、専門家でさえ意識はきちんと判断できないとの前提で、裁判が進められているのである。法律は、あたかも不可知説を支持するかと思わせる。

このように法曹の世界では、あかたも明証説を採るかの如く説明を省いておきながら、あたかも不可知説に従うかの如く、結論が揺らぐ。「脳死」の場合と同じく、命を奪うかもしれない重大な局面・裁きの庭が、「人間の基本的条件」をめぐる「明らかな謎」で覆われていることになる。

「専門家」と呼ばれる人びとが、この謎を引き受け、あるいは謎を身に負って歩む役割なのだと言ってよい。専門家の判断がものを言うからには、「意識」の有無は、少なくとも不可知ではない。知りえないもので、人を裁けるはずはない。だが、明証でもないから、専門家が求められる。不可知かと思える謎を切り裂いて明証を呼び寄せれば、専門家の権威は、それこそ明らかとなる。けれどもじっさいには、専門家の結論は一致せず、しかも、そのままで権威を有し続けるのである。ふたたび謎めいてきた――できなくても、権威だけは保てる――どうやら専門家とは、途方もない力を備えた者らしい。

それでは「心の専門家」たちは、意識をどう考えているのか。ところが、明証説と不可知説が対立するのは、まさにここにおいてである。十九世紀後半から二十世紀にかけて産まれた現象学などの心の哲学や、精神分析などの心理療法では、意識はこの上なく明らかと扱われる。向精神薬に頼る正統派の精神医療でも同じである。その明らかな証拠のひとつは、二十世紀の末にアメリカで作られ、近ごろの我が国でも広く用いられる診断基準ＤＳＭ‐Ⅳに見ることができる。そこでは意識の有る無しが、精神科領域の疾患かどうかを定める要めの一つとなっている。ところが、その数百ページにおよぶ分厚い手引書には、意識とは何であり有無をどう判定するのかの説明は、ひと言も記されていない。基本事項の書き落としでないなら、やはり意識は明らかで、説明を要しないとの立場なのである。

ところが片や、行動主義の心理学では、意識は観察不可能なので、科学の対象にならないとされていた。この学派は、現象学や精神分析とほぼ同時期に現われたのに、正反対とも取れる言い立てを掲げる。その構えは、近ごろでも実験系心理学の全般に、大枠では受け継がれているのである。「科学」を志す実験系の心理学研究法の入門書には決まって、意識は「観察不能」だと、今も書かれている。こういうわけだから、心の専門家に尋ねてみても、意識をめぐる矛盾は一向に解消されない。「明らかな謎」が、さらに明らかさを増すのみである。

近代の中軸としての臨床心理学

西欧近代は、ことに十九世紀より此の方、科学と技術を誇りにしてきた。行動主義の流れを汲む心理学は、「科学」たることを標榜して今に至る。意識を学問から追放することにより「客観的」な科学たる資格を得たと、この流派は考えている。なるほど、物理学をはじめとする自然科学も、意識や、さらには心一般を研究対象から外してきた。行動主義と今の世の科学とは、この面でたしかに連れ合う動きを見せている。

だが、少し反省してみよう。科学はほんとうに意識抜きで成り立つのか。実験や観察は、また理論の構築や把握も、これらを計画し、また考えながら行なう人間の意識なしにできないのではないか。十九世紀の半ばから後半には、ヘルムホルツやマッハをはじめとする当代一流の学者たちが、物理学は究極的に、意識に現われる感覚とその整理に帰着すると考えていた。実証主義が足場を固め、今に至る自然科学の研究方法論の確立した時期に、そう言われていたのである。今から考えれば、研究の実情を無視した精神論にも響こう。だがそれは忘却という、歴史の副作用である。〈意識という想念〉に担がれてこそ自然科学は、怪しげな「魔術」とは異なると胸を張れた。つまり「真理」を掲げる資格を得て、専門領域として立ち行く支えにできたのである。量子力学には観測問題という、意識の絡む難問が今もある。それなのに、意識と心を考慮せず学問を進めて、危うくはないのか。他の科学も心理学と同じく、ここでは不思議なほどに、構えがあやふやとなっている。学問をそういうところに引き込む怪しい力が、〈意識という想念〉には備わっているに違いない。

この書では、この力を操る臨床心理学と心理療法を「事例」に、〈意識という想念〉の正体を探る。「心理学」という言葉を用いたのは、医学に属する部分を除く意味ではない。中軸をなすところは、エレンベルゲル（Ellenberger, Henri F）の名著『無意識の発見』（1970）が、「力動精神医学」と名付けた辺りにほぼ重なる。この領野の十九世紀から二十世紀にかけての大立て者たち、フロイト（Freud, Sigmund）、ジャネ（Janet, Pierre）、アードレル（Adler, Alfred）、ユング（Jung, Carl Gustav）は、いずれも精神科医であった。二十世紀の初めに産まれたロジャーズ（Rogers, Carl Ransom）は医師ではなく、それどころか医療に対抗して、心理技法の民衆的な運動を展開しようと試みた。これはしかし、彼の携わった営みが、本性上で医学と異なることを示すのではない。人間の心の健全な有り方を目指す点において明らかに目標を共有し、ただ担い手と進め方における競争、ないし闘争だったのである。

ただし、この辺りの学説と技法の流れを眼目に語るのが、ここでの務めではない。また、考えを進めるについても、この領野の内に収まる理由は見出せない。臨床心理学／心理療法という「事例」はあくまで、のちに述べる意味において、便利な「覗き穴」に過ぎないからである。哲学でも心理学でも、工学でも物理学でも情報科学でも、心を知るために役立つなら、用いればよかろう。今の世の学界の分野分けに捉われる謂われはない。どこに分類されようと、もとの心の有り様に変わりはないのである。これらの専門分野は、やはり十九世紀の半ば頃から作られてきた、社会的な棲み分けのための派閥に過ぎない。なにしろその頃までなら、自然科学とは「自然哲学」に他ならず、心理学とは魂（プシュケー）の学であって、ほとんど宗教思想に等しかった。心理学も自然科学も、専門分野の確立を、そのなかから新たに画策したのであった。もちろんこの動きは、別の視点からの研究には値する。だが、心そのものを考えるときには、妨げでしかない。ここでは、この時期に心の研究を進めた人びとの営みを、ひたすら心の有り様に沿って眺めてゆきたい。

歴史的にたいへん新しいという点が、この「事例」の目に立つ徴しである。心理学一般にも言えるが、心という、大切さに誰しも異論のなかろう事柄の学問が、西欧の十九世紀後半になってやっと誕生したのなら、驚天動地の人類史ではないか。この「異常誕生」の解明と、〈意識という想念〉の謎解きとは、裏表の位置取りをなすはずである。ただ、その謎解きは、この領野の内部に留まっては叶わない。そこに身を置けば、様ざまに大切だったり緊急だったりの具体的な課題が見えてくる。その意義が小さいとは言わない。だが「木を見て森を見ず」とも言う。あえて綾を切り捨てた大局の見地も要るのではないか——洞ヶ峠でなくとも、この歴史の「一駒」を取り巻く布陣の見渡せる丘に登りたい。とりどりの色のはためく流れから、この小さな「渦」の産まれるのを見通したいと思う。すると案外、そこが歴史の中心なのだと知れるであろう。

臨床心理学／心理療法こそが、「近代精神」の中軸を担うのである。ただし、それが中心となって、近現代思想史を自から作り上げたとまで、言うつもりはない。ウィトゲンシュタインは晩年の思想で、ものごとの揺るぎない、絶対的な基準という考え方を批判していた。不規則な形をした小石を板の上で回すと、どこかに回転軸が現われる。小石はこの軸の周りを回っている。だが、軸があるから回るのではない——回転が軸を産み出すのだ。何かが中軸に位置を占めても、だからといって、それが周縁を評価し秩序付けるとは限らない。まして産み出す根源ではなく、全体の動きから相対的に静止して見えるだけ、というのである[2]。この意味において臨床心理学／心理療法は、まさしく近現代思想の中心・中軸・中核に据わると考えられる——皺寄せの果て、と言ってもよかろうが。

なお、「心理療法」と「臨床心理学」という言葉はこれ以後、文脈に応じて使い分ける。それぞれ、実践的な治療とその技法、およびそれらを主導し説明する理論的な立場に、概ねは当てはまる。ただし厳密に区別するわけではなく、脈絡により、どちらかの言葉で両者を代理する場合が多い。

〈意識の絶対個人主義〉と独我論の誘惑

さて、意識の「明らかな謎」の解決法、つまり意識の明らかさと観察不能との矛盾のない両立の枠組みが、一つだけあるかと思える。それは、個人を絶対的な単位と見做す構えである。意識は個人の「内面」に格納され、本人にはすっかりこの上なく明らかだと、まず考える。すると意識の明証説が、個人にのみ適用される——これが現象学など、意識に基づく哲学、それに臨床心理学主流の立場であった。片や、「外面」だけを知る他人からは、意識は観察不能と考える。意識の不可知説が、本人以外には妥当する——これが行動主義の立場であった。心理療法でも、「認知行動療法」などはここに属する。すると意識は、公共性を身上とする「科学」の対象でなくなり、「個人の主観」としての扱いを受ける。対立すると見えた二つの立場が、こうして融合するのである。

この考え方は、近ごろでもかなり受けがよい。「冷静で客観的な、分別ある大人」の立場でさえあるかもしれない。意識と個人とを、この枠組みから改めて考えてみよう。意識と個人は「科学」から、つまり、今の世を代表する「知的営為」から外されたことになる。さらに、どんな人でも他の個人の意識には口出しができなくなる。だからちょっと見には、意識と個人の対面が傷ついたかと思われよう。だが、そうとも限らないのである。これにより個人は、自からの意識に限っては、他の何者も及ばない絶対的に有利な立場を獲得するのだから。他者からの干渉なら、「科学」の名においてのものさえはねつけ得る、「独立自尊」の何者かとなるはずなのである。しかもこのとき、ものごとの認識は、すべてこの個人の意識にのみ現われる。だから個人こそ、世の中のすべてを見通す万能の物見櫓で、かつ手出し無用の秘密領域、まさに「神聖にして侵すべからざる尊厳」が転がり込むであろう。

絶対的な単位としての個人を回転軸に採れば、意識の明証と観察不能とは、同じ言い立ての裏表となってしまう。矛盾は解消されたかの如くである。意識を抱えた個人が、他との係わりを断つのと引き換えに、自からの内に、己れについての絶対の権威を住まわせる。この枠組みを〈意識の絶対個人主義〉と、ここでは呼ぶことにする。いわゆる個人の「自由」と「自立」と「自律」を、「科学の客観性」と両立させつつ「尊厳」を以て保証する近代の良識が、ここに極まるのである。

さて、これで話が収まればめでたいが、そうたやすくはない。この論法には、じつはたくさん、怪しいところがある。――自分の意識だけが明らかと言っても、そもそも「明らか」とはどういう意味なのだろう。これこそ、説明抜きで分かるべき考えなのか。けれども、我われはそういう言葉と考えとを、産まれながらに知りはしなかった。「明らか」という考えや言葉を、どうやって獲得したのか。それは、「明らか」とは言えない自分の意識の外側からやって来たのではないか。もしそうなら、「明らか」という考えそのものは確かなのかと、疑いが生じざるを得ない。これも、後期のウィトゲンシュタインがこだわり続けた問いである。

なかでも厄介で、かつ興味深いのが、「独我論」への誘惑である。〈意識の絶対個人主義〉では、自分の意識だけが明らかとされる。すると、自分の確かに知っているものごとは、すべて自分の意識から来たものに違いない。ところが、世界とは何かと考えてみれば、自分の知っている世界でしかない。したがって世界とは、結局は自分の意識に他ならない。意識は万能で、かつすべてなのだ――と思い込む。この考えに徹すれば、あらゆる難問が解決するのではないかと、今の世のかなり多くの人が、一度は考えてみるらしい。とくに思春期、青年期の始めごろには、このような想念に取り憑かれる人が、相当数にのぼるとの研究もある[3]。

とは言え、これを本気で信じられる人は、多くなかろう。直観的にどうも変だし、矛盾もある。――その素晴らしい学説を、ほんとうに自分だけで考え出したのか。そもそも「自分」という考えを、誰かに教わらなかったのか。だいいち、「自分」という考えと言葉とは、「他の自分」にもやはり当てはまる。それなら、独我論を言い立てることが、もう「自分」の領域を越えてはいないのか。――明らかな欠陥があるのに、こういう思想が強い魅惑を放つ事態は、不思議であり、考察に値しよう。

〈意識の絶対個人主義〉をめぐる疑問を、まず理《ことわり》ないし筋道に即して述べれば、このようになる。独我論がここまで強力になったのは、やはりここ百年あまりのことである。この歪んだ「引力」は、近代という時の病まいの、ある側面の分かりやすい絵解きとなっている。

だが筋道に加え、世の人間の扱いとなると、〈意識の絶対個人主義〉には、さらに困った躓きが見つかる。個人の意識は、万能で秘密の、尊厳ある領域のはずだった――それがいつしか、何かのきっかけで、他人から「異常」や「病まい」の判定を受けるではないか。「精神鑑定」がそうであった。犯罪者でなくとも、周りの人が困ったと思えば、当人の意に反して、病院などに閉じ込められさえする。しかも一旦そうなれば、万能で、すべてを抱えたはずの当人には、もう何もできない。精神病者の強制収容などをめぐり長く論らわれてきた事柄で、臨床心理学の関与は深い。我が国では近ごろ、「心神喪失者等医療観察法」【4】が、裁判によらず個人の権利・行動を制限できる規定を、さらに前進させた。ここで制限の根拠とされるものは、精神の異常がその個人の意識を乱しているとの、他人による判定である。「絶対の権威」のはずの本人に対し、なぜこうした扱いができるのだろうか。

〈意識の絶対個人主義〉は、このように様ざまな難問に付きまとわれる。だが、そんな頼りない立場に、今の世に生きる我われがなぜか引き込まれがちになるのも、事実なのである。今なお、個人主義イデオロギーの強い時代なのだと言ってよい。〈意識という想念〉を「内面」に抱えた個人が、建て前では絶対不可侵の単位となっている。そしてこれは、あくまでも建て前である。じっさいには諸個人は、しばしばこの上なく軽んじられる。だから強いのは、個人主義イデオロギーである。ところが、この空証文の建て前の思いがけぬ強さにも、また改めて驚かされる。個人の自由、尊厳、人権が至宝と持ち上げられ、政策や社会運動の拠り所には欠かせないからである。その裏では、個人の責任、欠陥、異常さが、繰り返し指摘され、断罪や排除の理由とされている。裏表ある妄想が、我われをめぐる止むことない濁流となり、渦巻いている。その中心に蹲っているのが「意識」の「明らかな謎」、ないし「明らかさという謎」を秘めた〈意識という想念〉なのである。

〈世界学〉と〈うぶすな〉の礎

〈お互い様〉の〈世界学〉

臨床心理学／心理療法を「事例」とするなら、これをどう論らうのか、手筈が求められる。いわゆる「方法論」である。この学そのものを使ってみるのもよかろう。研究手続きを自からに当てはめることになり、方法の「再帰性」と呼ばれる。これができることは、学問としての要件と言えよう[5]。だが、それだけでは足りない。自己言及ではこの「事例」のすべてを尽くせないことを言うために、不完全性定理を持ち出す必要はなかろう。たとえ完全に分析できたとしても、小さな堂々巡りになるのは、もう知れている。そこで、もう少し枠取りを広げてみたい。ここでは、〈世界学〉と名付けた手筈で進めるから、これについて説明しておこう。

我われの住む世界は、常に移り変わっている。かつてと今とでは、山川草木も人の有り様も、大きく異なるのである。変わり行きは、心にも起こっている。〈意識という想念〉が、近ごろの世界の要めに入り込んできた。「意識の時代」が訪れてから、この想念によって世界は、かつてに比べ変わったのではないか。この想念は「明らかな謎」を秘め、しかも〈意識の絶対個人主義〉という荒技で、それを封じようとしている。一つの殊更なる想念が大きな力を振るえば、落ちる影も大きい。それが、世界そのものの質《たち》に滲み出てきているに違いない。一つの想念だけで世界は成り立たないが、一つの頑固な想念の登場は、世界そのものを変えるであろう。裏返してまた、その想念の登場は、世界そのものの遷ろいに基づくに違いない。色とりどり世界の質《たち》を、他の世界と区別できるように描き出す試みが、〈世界学〉である。

「客観的な世界」がただ一つあり、そのなかに一つの想念が登場するのではない。今の世では、そう考えたくなる人が多いのではないか。〈意識の絶対個人主義〉には、それが馴染みやすいからである。けれども、この捉え方そのものが、すでに一つの「世界観」である。「客観的な世界」と我われの見做し語るものは、もうある見方、心構えに相関している。時空間を広く眺めれば、世界は様ざまである。個々のものごとの成り立ちや意味、さらには時空間の秩序までもが、時代と「文化圏」で食い違う。また子細に考えれば、同時代の同じ場所にも、いくつもの異なる世界が並び立つのではないか。

そういう仕組みに気付かせてくれたのは、心理療法による私の臨床経験である。いわゆる「精神障害」を抱えた人びとに係わると、ふつうでは見受けない考え方、感じ方によく出会う。臨床心理学主流の立場では、それらをすべて「症状」と見做す。不合理な幻想――患者当人にだけは大切な意味があるらしいが、残念ながら「現実」の世界とは合っていないのだ、と。しかし、このとき「現実」とは何なのか。心理療法家は、少なくとも近代の個人という点で自からと同じ一個の人物を前にして、「あなたのは幻で、私のが現実だ」と言い切れるほど、この世の仕組みを知っているのだろうか。心理療法家の考える「現実」を「分からない」と言う人に対し、分かり切ったはずの「現実性」について、「説明責任」をほんとうに果たし得る心理療法家が、どれほどいるのだろうか。

こうした疑いから私は、いわゆる「精神障害」の仕組みを、彼らの暮らす世界と「健常者」のそれとの食い違いに求めはじめた。「障害者」が一方的に、「非現実」に迷い込んでいるのではない。彼らの周りには、「健常者」のそれと対等以上の、もう一つの「現実性」を備えた世界が繰り広げられている。だがその造りは、他の多数の人びとの世界と行き違いを起こすべく、異なっているのだ。生きにくさのほとんどは、異なる世界の食い違い方と、勢いの差ゆえの出来事だと考えられた。

様ざまな世界が並存するなら、住みやすい世界とそうでない世界とがあるだろう。いわゆる「障害者」が病んで苦しむからには、彼らの世界の造りそのものにも、生きにくさは含まれている。しかし、生きにくさのより大きな要因は、多数派との食い違いにあろうと考えられる。なぜなら、何が「精神障害」かは世の慣らわしで異なるし、「同じ病まい」とされた人でも、周りとの係わりで有り様を変えるからである。また、生きにくいのは、けっして「障害者」だけではないのだから。今の主流の言うように、単一の「客観的な現実世界」において、異なる心を「内面」に抱えた人びとが出会うのではない。そうではなく、異なる複数の世界の出会いが常に行なわれている。〈世界学〉は、その有り様を解き明かそうとするのである。

この構えからすれば、どれかが唯一の正統な世界ではなく、したがって他を否定し制圧する権利はないという向きに、話が進みそうである。正しい生き方と誤ったそれ、ないし有意味と無意味を見分けるのではなく、多くの人が生きやすくなるための互いの調整をこそ考えてみたい。狭い世を暮らすには、〈お互い様〉の心がけを忘れてはならない。この言い草の「互い」は、「違い」に通じる。つまり〈お互い様〉とは、違うもの同士が違うままで出会い、同じではないがそれで尊い、との謂いである――これが、〈世界学〉の課題となろう。

現実の多元性と〈世界学〉

〈世界学〉の組み上げを後押ししてくれたのが、「現実の多元性」を論らうシュッツ（Schutz, Alfred）であった。「標準時間に従う作業（work）の世界」が、暮らしに欠かせないのは言うを俟たない。だがこれが唯一の現実ではなく、生きてゆくなかで触れ得る他の多くの世界の一つに過ぎない、と彼は述べた。そして「他の多くの世界」の例として、夢、空想、芸術、宗教体験、科学、遊び、狂気の世界などを挙げたのである。

これらの世界の内側ではすべての経験が、認知の様式で一貫し、互いに並存し得る……区切られた各おのの意味の領野は、特有の現実性の調子を帯び……このように区切られているため、何らかの変換の定式の導入により、領野の一つを他の領野に委ね得る可能性はない。一つの領野から他に移ることは、キルケゴールの言う意味での「跳躍」によってのみ実行でき、これが主観的経験には、揺さぶりとして現われてくる。[6]

一人の人物は、ある特定の時代に暮らすしかないが、その命、体験は、様ざま色々の世界に係わっている。命を支える生業が大切なのは、言うまでもない。シュッツはこれをworkと呼んだ。「作業」と訳してはみたが、どうも意味が狭くなる。〈やまと言葉〉の「ケ」のほうが似合うかもしれない。命あってこそ、日々が暮らせる。だから、この世界の大切さに疑いはない。けれども、他はみな付録の如きで無くてもよいかと言えば、そうではない。「ケ」の効率を上げたり、「リフレッシュ」する「レクリエーション」の手段となるのは、近ごろでもよく言われる。だが、それのみに限られるはずがない。我われは、生きるためにのみ、生きるのではない。

「作業」ないし「ケ」と対等の現実性をそれぞれに備える、別の複数の世界がある。各おのの世界は各おののそれなりの意味の様式からなり、互いの間には翻訳の公式も変換の道具もない。それらを折りに触れ行き来しつつ、我われは暮らしている。とりどりの世界のうちには、生業の足しにならないどころか、妨げにさえなりそうなものもある。秋祭りに一年の稼ぎすべてをつぎ込み、その日に、屋台の下敷きで死ぬことを本望とする人がいる。夢を見て使命を悟り、生業を変える人もいる。堅実な銀行員の世界から見れば、「野蛮人」の無駄な人生としか映らないかもしれない。しかし、無用の用もある。「役に立たない」ものを排斥し、殲滅する試みに手を染めてはなるまい。

命もまた死とともに、〈お互い様〉の内で巡るのではないか。

ここで大事なのは、様ざまな世界の有り様の異なりとは、扱う対象や住む者の心の有り様の違いのみではないことである。シュッツによれば、我われはそれらの世界の一つごとに、丸ごと身を以って住み込む。異なる世界に移れば、解釈や見解の違いでは尽くせないズレが生じる。つまりこのズレは、何らかの単一の原理で説明することができない。だから、世界を移るのは全身全霊で飛び込む経験だ、というのである。

私はかつて、ある十代前半の統合失調症（当時は「精神分裂病」と呼んだ）の少年に、長時間の面接を行なった。言うまでもなく、彼の話と振る舞いは、たやすく受け止め得るものではなかった。彼の繰り返した語りの一つに、「境目が乱れる恐さ」があった。地震が起こると建物や人が震え、輪郭がぼやけて見え、それが物凄く恐いというのである。同じことは、大きな音がしても起こる。震えるからぼやけるのだが、恐いので体が震えて、また境目がぼやける。地震で建物の下敷きになるのも恐い。だが、痛さとか、死ぬ恐さは二の次であった。皮膚が破れて、体の境目がぼやけるのが恐ろしいという。境目がぼやけると、「生活が乱れる」のだという。――このように書けば、人がふつうは考えないことであれ、ひとまず何を言いたいか分かるかもしれない。だが彼の話には、こうした言葉では表わしきれない、雰囲気ないし味わいが伴っていて、重きはそちらのほうにあった。

しばしば私は、強い眠気に襲われた。あまりに激しく、どうしても目を開けていられなかった。手を抜いたつもりはない。私は彼の話に、必死で付いてゆこうとしていた。だが、熱心になるほど眠くなる。とくに疲れていたわけでもないから、不思議であった。そしてその半睡半醒のあわいに、当たり前の暮らしでは隠されている「この世の底」の出現を味わったのである。深い真実が悟れたと感じ、是非とも記録に残さねばならないと思い立つ――だがその「悟り」は、面接が終わると数分を待たずして、彼の言葉の詳細とともに、跡形もなく消え去るのを常とした。十数歩も歩くと、あれほど明晰だったはずのことが、もうまったく思い出せなかった。この類いの経験は私だけのものでなく、重症の精神病患者と深い繋がりの得られた多くの治療者の、共通して語るところである。

ここで〈お互い様〉のある極みが得られたと、私は考えている。ものごとの形の境目は、アリストテレースの言う「形相（エイドス）」の成り立ちを支える。かの少年もまた、ここに彼自からとこの世との支えを見出した。ただ理論においてでなく、全身全霊で係わっていたのである。しかも彼は、その破れに立ち会っていた。「生活が乱れる」恐れとはこの意味であり、「地震動」は「自身動」だと彼は言った。この世の成り立ちを身を以て支え続ける、ギリシア神話のアトラスの如き立場である。そのすぐ向こうには、この世ならぬ、何ものかが控えている。あまりにも異なるものとの、丸ごとの出会いであった。私の眠気はあまりの荷の重さへの、防御反応かもしれない。けれども、そうやってたしかに私も、世界の異なりの意味に与れた。

シュッツはアメリカ人で、銀行の重役を務めながら哲学を研究し、著作を著わした。ピアノの腕もプロ並みだったと言われる。彼の学説の下地がここに見出せることに、疑いはあるまい。彼も自から身を以って、異なる世界の間の困難な行き来に、日々を過ごしていたのであった。けれども、つまるところ彼は、銀行員だった——いや、その頸木を外せなかったと言うべきかもしれない。ここの書き振りでは、明らかに多元的な世界の並列を説いている彼が、別の場所では「作業の世界」を十全な現実性の原型と捉え、他の世界は我われの「意識緊張（tension of consciousness）」の低下から発生する、との立場に移るのである。[7] こうなると世界のあいだに、現実性の度合いに基づいた等級が出来てしまう。最終的に依拠すべき世界が一つだけ現われ、他はここからの派生となり、値打ちを低く見られている。つまり、〈お互い様〉が消えてしまうのである。そのあたりの文章には乱れがあり、生き様の迷いと揺れが感じ取られる。その原稿を書いて間もなく、彼は病まいを得てこの世を去ったのであった。

〈世界学〉を、〈お互い様〉に拠らず、現実性の序列から組み立てるやり方も、ないわけではない。そうすれば、のちに述べる〈一つ掲げ〉の秩序が大枠となるであろう。究極の理想から始まる一次元・一方向の連鎖が産み出され、差別こそが秩序となる。〈世界学〉が〈お互い様〉となるべき論理的な由来はない。ただ私は、それぞれの質《たち》を様ざまに比べたうえ、こちらを採りたいと考えている。

「世界観」と〈世界学〉

多元的な秩序の間の対等の関係をよりはっきり説いたのは、ディルタイ（Dilthey, Wilhelm）の「世界観学」であった。時代の推移とともに、数多くの「世界観（Weltanschauung）」が形成され、宗教、文芸、形而上学などで、教義、作品、学説などに示されてきた。これらは、歴史を推進する原動力の「命（Leben）」を源とするが、「命」それ自らは謎として留まる。ここでしかし、「精神」がこの謎を解き明かしたいと欲し、構えの首尾一貫を保つために世界観を形成すると、ディルタイは考えた。けれども、多数の世界観はどれ一つとして、究極の形態にはなり得ない。だから、「命」の謎をすべて解決することはできない。この世の終わりに生ずる最後の世界観でも、最高とは限らないだろう。後のものが前のものを総合し、高みに昇るなどの楽観はできない。世界観が、時の歩みとともに淘汰され移り変わるのが歴史で、その過程の全体が「命」に他ならないのだ。ことに宗教と形而上学で言い立てられてきた、いわゆる絶対的な「真理」や「普遍妥当性」は、ある世界観の性《さが》でしかない。見掛けがいかに立派でも、額面どおり受け取るわけにはゆかないのだ。

この最後の言い立てをシュッツの多元世界論にしっかり組み入れたいと、私は思うのである。彼は自からの、銀行家としての「ケ」を重んじすぎた。このため、袋小路に陥ったのではないか。[8] なるほど我われの多くは、ひとまず安定した「日常」に暮らすのであろう。辺りのものごとは当たり前にそこにあり、改めてその意味を問い掛けるまでもない。だが、そうであるが故に、その当たり前の「日常」の詳らかな中身は、むしろ深い謎をなすのである。

常に一定で変わらず、我われの暮らしの底を支える何かが、「存在する」のだろうか――そうかもしれないが、そうでないかもしれない。少なくとも時と慣らわしにより、人びとの暮らし振りは、明らかに異なるのであった。定まったものなどほんとうは無く、「当たり前」とする了解、「現実感」のみをただ共有する千変万化が、すべての世界をなすのかもしれない。もしそうなら〈お互い様〉の、ある仕方での極みかもしれない。

一様で共通の「日常」や「生活」の礎を想定するのは、一つの世界観に縛られることに他ならない。加えて、仮にもし確たる礎があったとしても、その仕組みについて語りたいなら、その世界の内側に留まり続けては不利であろう。仕組みを知るには、仮初めにせよそこから離れ、岡目八目を得るべきではないか。森の中にいては、森は目に入らない。命と暮らしに逆らう無用の世界も、それなりの欠かせぬ役割を果たすのではないか。かつての時代には、当代最高の学者たちが、今どきから見れば馬鹿げた「妄説」を記した。今の世の中にも、文化摩擦は絶えない。振り返ればおそらく、誰しも憶えのあるシュッツの「跳躍」の経験が、また先に述べた私のささやかな臨床体験も、世界の造りの多元性と、互いの食い違いを示唆しているに違いない。

この書で私は、〈意識という想念〉を軸に歴史的な移り変わりを辿りつつ、近代の世界に備わる心の性《さが》を描きたい。その限りで、ディルタイの試みを引き継ぐ面がある。だが彼にも、すっかりは従えない。ディルタイもまた、〈お互い様〉に徹することはできなかったからである。彼は、相対的で多様な世界観の形成を言いつつ、こともあろうに、結局は心理的な法則性に基づけての一元化を図るに至った。「命」の感ずる「快と不快、適意と不適意、同意と不同意」によって、世界の有り様や対象が評価されてしまうのである。その際の知覚が「表象」として保存される。そして精神がこれに基づき、堅固で一貫した世界観を形成するという[9]。ディルタイ自らが、この点では、近代心理学の世界観に引きずられているのである。西欧人はこうしていつも何ゆえにか、同一、統一、一貫、一元、普遍、さらに永遠の不変といった想念に惹き付けられてゆく。そしてここからも、この時代の心理学への期待の大きさが偲ばれるのである。

しかし我われは、多元的な世界そのものに生身で住み込む。我が身丸ごとで係わるのであり、精神によって、世界観を眺め暮らすのではない。暮らし振りが様ざまに変わり行くなら、世界観のみではなく、世界そのものが歴史的に変わるのだと受け止めたい。その世界のなかに、世界観も含まれているのである。もし、世界観はどこにあるとあえて問うなら、この書で私の描く像が、一個のそれである。近代の世界そのものの在り方を、私はこの「世界観」から記したいと考えている。

もしかすると、「一つの世界」をどのように区切るのかと、疑問が出るかもしれない。これには、はっきりした決め手の支度が無いことを白状しよう。とりどり色々の世界はなるほど、移るのに「飛躍」を伴うほど食い違っている。だがそこに、国境線のようなものは引かれていないのである。世界が多元的であるのと同じく、世界どうしの境目も、区切り方を異にしてとりどりに現われ、我われはそのつど、質《たち》の異なる「飛躍」の〈揺さぶり〉を味わう。何らかの「明確で統一的基準」により世界を分離できるとの考えは、すでにある類いの「世界観」に縛られているか、ある世界の仕組みに捉われている。自からに、自づから映り出てきた描き方で、私が歴史的な〈世界学〉を試みる。すると十九世紀中頃以降の西欧が、〈意識という想念〉を中心に一つの世界を織り成していると、感じ取っていただけるであろう。

西洋史の常識では、十九世紀はおおむね一続きである。西欧人にとって、第一次世界大戦の破壊体験は凄まじく、進歩への楽観の支配した十九世紀の秩序の崩壊がそこに重ねられる。このため、フランス大革命から第一次世界大戦までを「長い十九世紀」として一括りにする論者さえ多い。けれども、心の取り扱いを軸に思想史を考えるなら、十九世紀は二分せねばならない。拠り所は〈意識という想念〉の支配であり、これに導かれた「心理学の誕生」という事件である。

十九世紀の前半は、ロマン主義が盛んであった。十八世紀の啓蒙的合理主義への反動との見方もある。しかしながら、この頃は啓蒙そのものが、今からみれば不合理な神秘主義を含んでいたのである。この世紀の中葉から後半になると実証主義が、世の表側では勢力を強めた。この主義は難解な無意識を軽んじ、明快で異論なく思われる感覚の意識を掲げて、ロマン主義を克服したのであった。実証主義とは、客観性を意識により保証する学問なのであった。時を同じくして実験心理学が「科学」となり、「哲学からの独立」を宣言した。臨床心理学／心理療法／精神医学が、今の世につながる枠組みを確立したのも、この余勢を駆ってである。

〈意識という想念〉が己れの万能を売り込み、差し当たりは大成功を収めた。この頃には、物理学から政治学まであらゆる学問が、原理的には心理学に還元されると信じられさえしたのである。これほどの期待を担い得たからこそ心理学は、哲学などの積み重ねをあっさり袖にし、「新たな科学」の独立を宣言できた。しかも、ただの新しい一分野ではなく、「究極の科学」の誕生を期待させていた。究極の世界観を否定したディルタイさえもが、この科学には信頼を寄せたのである。

目指すのは、こうした質《たち》の世界の生い立ちを描き出すことである。十九世紀中ごろの「心の近代」が、学問の世界にはまだあい変わらず息づいていると、私は考える。もちろん今どきの世の中にも、異なった世界がとりどりに並び立つ。だから、私の気になるこの時代の徴しはむしろ、移るのに「飛躍」を伴うそれら諸世界の〈お互い様〉からこそ見えてくるであろう。とは言え、すべてを捉えることなど、とうていできない。私の扱えるのはいわゆる思想史の辺りでしかなく、しかも限られている。まして政治史、経済史、生活史などに力は及ばない。専門性を重んじるからでは決してなく、手が届かないだけである。そうした縛りに甘んじつつも、いま述べた意味での多元性を、及ぶかぎり考えてみたい。

〈うぶすな〉から記す西欧世界

〈世界学〉の手筈をここでは、〈意識という想念〉の生い立つ思想史に当てはめる。歴史を記すには、必ず歴史観が要る。先入観を雑えない「純粋な事実」からなる歴史など、あり得ない。たった一秒の間であろうと、起こったことをすべて尽くすには、無限に近い文字数でさえ足りない。仮に書けたとして、膨大な記述の優先順位はどう付けるのか。淡々と「事実」のみを描くかの如き筆付きにも、必ずや取捨選択と、描く身構えが組み込まれている。「単なる事実」と見せつつ、殊更な見方を染み込ませる手管は巧みだし、洒脱でさえある。けれども私は、そういうやり方に「ずるさ」を感じてしまう。だからここでは、自からの思いも素直に記してゆきたい。それが私の世界観と歴史観を物語るはずである。

このとき、私の身の置き所は、西暦二十世紀半ばの我が国に産まれ、そこで育くまれたままの在り処としたい[10]。私の生い立ちがこうなのだから、越えようとしては無理が出る。この書はそういう日本人の世界観による、近代西欧世界を対象とした歴史記述である。ここでの「日本人」は、明治以降の近代的な日本国家に国民（ないし臣民）として属する意味ではない。そうではなく、この「日本列島」と呼ばれる地場に——外側との境目では常に往き来があるとしても——産まれて此の方、住み込み、日本語を話し書くことを含む仕来たりと慣らわし（単一とは言えないし、定義はできないにせよ）に馴染み、暮らし、育てられてきた者、との意味である。それが、〈うぶすな〉から語ることに他ならない。

「日本文化」なるものは、なるほど統一的とも明確とも言えないが、外国と比べたとき、やはりそれなりの色が感じられる。ウィトゲンシュタインの言う「家族風似通い」である。私は、そこに属するつもりでいるし、この世界から語る他に、術を持たない。ただここに余所にはない、あるいは余所とも通ずる良さを感じ取っているのである。だから、これは伝えたい。近代の西欧世界を描いてゆくと、その良さは際立つと思うのである。

なるほど今の世の我が国は、西欧近代諸国に影響を強く受け、歩調を合わせて進むことが多い。国内の文物、教育にも「西欧文化」が流れ込み、私自からもまた、そのような境遇に生い立った。そのせいもあって、長く西欧近代の学問を研究してきたのである。だがそのなかから、言葉の制約を別としても、私は近代西欧人――もう少し正確には、西欧近代の白人のうちの多数派をなす人びと、とでも言うべきだろうか――とは異なる感じ方、捉え方をしていると、繰り返し思い知らされてきた。欧米でも「日本特殊論」のような論調がしばしば現われるのは、あちらからも同じく感じられるのであろう。

これを恥じる人もいるらしいが、私はそうは思わない。「特殊」でよいのだと思う。狭い地域の「ローカルな」考えに捉われず、視野を拡げ、普遍的に通用する真理を求め、「グローバル」に通用する見識を身に付けようではないか――この類いの言挙げは、私もよく耳にし、読んできた。だが、なぜ学問は「普遍性」を求められるのか。それ自からが、一つの片寄った世界観ではないのだろうか。仮に「普遍性」が望ましいとしても、軽々しくその向きに動くべきではない。いったいどのような見方が、なぜ普遍的と言えるのか。「普遍性」をかざして推し進められたこれまでの制度、思想、道徳などに、一時代、一文化の、あるいは「民族」や「宗教」と呼ばれる集団の世界観を色濃く宿さなかった産物が、はたしてあったのか。それを「普遍性」と称し、またはそう信じて取り扱ったための押しつけが、侵略・抑圧などをもたらしたことはなかったのか。地球上の色とりどりの〈うぶすな〉が、こうした〈お互い様〉を拒む動きによって、塗りつぶされ、打ち壊されてきたのである。

学問を進めるのに、仮に普遍性が望ましいとしても、それは理想にすぎない。「普遍性」を自称するのは、己れを理想に祀り上げる思い上がりである。理想に近付くには、理想とは異なる状態から出で立つ他に、術はない。普遍性や客観性をいきなり求めないこと、研究者が各おのの住み込む〈うぶすな〉から世界を眺めはじめる道を、私は言い立てたい。「日本人」の立場を言い張ると、しばしば、いわゆる「日本文化」の優位性を押し立て、民族主義を唱えると疑われる。だが、決してそうではない。我が国のすべてを手放しで誉めそやすのではないし、また近代の日本国家を、「神聖」とか「永遠」と考えるわけでもない。

〈うぶすな〉に漢字を当てれば「産土」と書かれる。漢語を使えば「土着性」といった言葉もある。だが、これらの字は誤解を招きやすい。ここでの〈うぶすな〉とは、特定の土地への係わりの古さや、血統を由来とする民族性を意味しないからである。〈うぶすな〉とは、手短かに言えば、げんにその人の生かされている場を礎に採る構えである。「生まれたなりを素直に生きる」と言い直してもよい。自らの住み込み馴染んだ海山、草木、土地柄と人の世の慣らいと、場合によっては己れの宗教をさえ足掛かりとしてよかろう。〈うぶすな〉から語るとはすなわち、およそ知れるかぎりの世界の造りを、あえて身近な持ち場から論らう仕業であり、さらにはそれを他の国・地域、余所の人びとと慣らわしにも及ぼしつつ行なう道である。アメリカも、ヨーロッパも、アフリカも、東アジアも、どこの何なりとすべて、やまとごころで見やり、ここから論らう。[11]

狭い自文化中心主義と映るだろうか――だが、そうではない。出発点として、特定の地域や慣らわし・仕来たりに縛られない考え方が、すぐ得られるのなら素晴らしい。けれども、どうすればそんなことができるのか。絵に描いた餅をいきなり食べようとして、よいことはない。しかも恐ろしいことに、この勘違いには、自からを訂正不能とする仕掛けが組み込まれているのである。はじめに普遍性・客観性という足場を置けば、研究の枠組みそのものへの反省が禁じられる。いや、己れの訂正不能だけならまだよい。この仕組みは、何か不都合があれば、原因を余所に求めさせる。こちらが客観だから、批判を受ける謂われはない。あいつが悪いと指差すのに、ためらいは要らない。大前提に護られている己れの側は、小手先の修正で足りるはずなのだ。さらに、普遍なのだから、どこにでも当てはめねばならない。真理の適用を求めるだけだから、押し付けではあり得ない。それが相手のためでもあるのだ。受け容れを拒む相手には、批判・非難・攻撃で報いて当たり前となる。こうして「普遍性・客観性」の足場から、かえって最も非客観的な手順が帰結する――この独善こそ、自文化中心主義なのである。

これに対し、〈うぶすな〉の考えから出で立てば、かえって「客観性」は、決定的に損なわれることがない。なぜなら、研究の出発点は特定の〈うぶすな〉だとの自覚が、「客観」や「普遍」や「常識」という名の独善的思い込みを薄めるからである。〈お互い様〉の心構えを保ち、他の異なる〈うぶすな〉を否定しなければ、排他主義にはならない。むしろ、他からの〈お蔭様〉を感じ、修正や統合に柔らかに応じる構えが導かれるであろう。そうすれば「公平」さえ、次第に増してゆくかもしれない。片寄りのある立場に拠ると知ってこそ、それを正すこともできるのである。

普遍も進歩もなく

立場に縛られない絶対的な「公平」さ、つまり「客観的な普遍性」は、目標・理想としてさえも疑わしい。何ゆえに、全世界の研究が同じ考え方を用いねばならないのか。人間はみな、同じことを考えねば許されない――この思想を、普遍的な「人間性」と呼ぶらしい。だが、言葉を変えれば、〈お互い様〉の否定と言ってよい。究極の知性を備えた唯一の神が、自からに似せて宇宙を創造し、人間はこの神から知性を授かって、永遠の秩序を認識できる――そうした信心があってこそ、かの理想を信じられるのであろう。いや、そうでなくとも、それができれば「便利」だからかもしれない。慣らわしの異なる人びとが出会っても、そのつどのすり合わせは要らないはずだから。けれども、たかだか「便利」が、他のすべてに優先するはずはない。

それぞれの〈うぶすな〉の傾きに沿う別々の仕来たり、異なった慣らわしが、それぞれの人びとにとって心地よく、安心できるのなら、あえて統一しない〈お互い様〉が、かえって「公平」ではないのか[12]。それらがたまたま一致する場合はあるかも知れず、そうなればおそらく幸いなのだろう。だが、一致しなくとも、己れのみの「正統性」を言い張って押しつけないかぎり、不都合はあるまい。驚きがあり、かえって味わい深いのではないか。郷に入れば郷に従え、である。異なるものが互いにぶつかり、あるいは戦い、また引き立てあえば、各おのの仕来たりが変わるかもしれない。それを拒むつもりは、まったくない。一つの好み、片寄りに過ぎないものを、「客観」や「平等」を騙って押しつけて欲しくないだけである。「唯一の正当なやり方でなければ許さない」との考えそれ自からは、公平でも客観的でもない。

同じことが、時代の異なる世界の考察にも当てはまる。世界の造りの異なる過去の考えは誤りと見られやすく、馬鹿げて滑稽にも思えてくる。この気持ちの動きは、致し方ない。しかしこの過去の姿は、直ちに今の世に重ね得る。未来からは同じように、馬鹿馬鹿しい迷信と思われるに違いないのである。だから、今の世の慣らいから過去を裁くことは、できるかぎり避けたい。「勝利者史観」いわゆる「ホイッグ史観」に立たないことである。久しからざるものを絶対視する奢りは、避けたい。かえって古代や中世の人が確かな見識を備えていたという、評価の逆転もあり得えよう。〈お互い様〉は去にしえからと、肝に銘じたい。

だから、今の世の有り様を相対化するとしても、歴史主義は採らないわけである。ヘーゲルやマルクスに代表されるこの思想では、歴史には必ず進歩が見込まれる。それぞれの時代が、次の時代への前進の契機と意味付けられ、後に来るものは前を包摂し、高い段階に昇っている。歴史に逆行は、ありえないのだ。だが、そう言えるためには、歴史の法則を知らねばならない。そのようなものに手が届くとは、私には思えない。ディルタイは、この点で潔かった。「科学技術の進歩」という思想も、歴史主義の一種である。こちらの「進歩の法則」には到達点の理想がないので、ヘーゲルらとは異なる。しかし、新たな事実を知ってよりよい仮説や工夫に進むと考えるかぎりで、やはりある種の法則性が信じられている――「退化」し衰える恐れは抱えても、進歩の方向性があればこそ考えられることである。けれども、新しい学説が常に正しかったわけではないし、新製品が優れているとも限らない。心がけや生き方についてなら、なおさらであろう。〈うぶすな〉からの語りは、普遍性も進歩も求めない。普遍、客観、公平、進歩との決別は人間が万能でないゆえの、止むを得ない行き方なのだろうか。だが、人間の立場からすれば、望ましいところもある。この書をものすに当たっても、良さは利いてくる。なぜならまずは、それが日本人の私の力を、よく引き出すであろうから。次には、他の書き物とのかぶりが少ないし、読みやすくもあろう。日本語で書くので、読み手は日本人を目当てにしている。しかし、もし西欧人の目に触れる折りがあれば、彼らにとっても好ましいに違いない。近代西欧的な立場なら、彼らの方が間違いなく、数段上である。わざわざ下手で初歩的な西欧風手法を読みたくはなかろう。これに対し、私には古く親しい〈うぶすな〉からの取り扱いが、彼らにとっては珍しく、新しく映る見込みがある。彼らの当たり前が私には異質だが、私の当たり前は彼らの「特殊」思想となる――「未開」かもしれないが。これも〈お互い様〉なのである。労せずして、新しい刺激を受けられる〈お蔭様〉も加わっている。それでこそ、日本人があえて「西洋文明」を論らう意義もあろうというものである。

日本人でも、少し面白いことに、この事情を共にできるはずである。これまで多くの研究・解説書はあれど、ほとんどは「あちらの」思想を正確に、または分かりやすく述べることを目指していた。「日本人的な偏見」はなるべく入れないがよい、と考えたらしい。しかし私は、なるべくこの「偏見」を加えてゆきたいのである。その方が、日本人にとっても面白く、分かりやすかろうと思う。もっとも、多くの「忠実な紹介」は、じっさいには誤解や誤訳により、また意図せぬ「選択的不注意」から、かなり歪んでいる。私はそれを非難せずにおきたい――おそらく、日本人にとってよいことなのだから。しかし私はこれに、わざと取り組むのである（誤解や誤訳に至る前の、何を言っているのか見当もつかない新語羅列型の翻訳調だけは、真似する気にならないが）。

とは言え、足許の我が国の事情は、残念ながらほとんど採り上げられない。これは、軽んじているからではなく、やはり私の至らないせいである。また「心の近代」を体現する臨床心理学／心理療法の解明には、ひとまず誕生の地に話を限ったほうが、まとめやすいからでもある。我が国にはもちろん、それなりの心や魂の癒やしの仕来たりがあり、意識と無意識の区別も――ひとまずそう言っておくが――まったく異なるものであった。近代西欧起源の臨床心理学と、これの掲げる〈意識という想念〉の我が国に入った事情とは、明治維新と日米戦争の敗戦という二つの大きな政治的事件に、不可分に絡み合う。危機に伴い、脅威の原因となった西欧の仕掛けを輸入することで、相手の武器による対抗を試みたのではないか――そこから、いささかの独自展開も見られにせよ。この殊更な出会いを考えるのは楽しいが、また別の込み入った仕事となろう。

取り扱う資料には、格段に目新しいものがない。「新資料（史料）」の発見と解読などという離れ業は、私にはできない。そうした手柄は、やはり西欧人の独壇場であろう。ここで用いるのは、日本で暮らしてたやすく手に入る資料のみである。多くには日本語訳もある。「既存資料に新たな光を当てる」とは、言うほどにたやすくないが、やってみよう。これを言い換えれば、次に述べるとおり、西欧近代文明に開いた綻びを通してその仕来たりの彼方を望み見る試みとなり、そのとき「光は東方から」ではなく、〈うぶすな〉の内から差すのである。

個別事例から世界へ

臨床事例研究法の逆説――個人と意識の「尊厳」の破れから

〈世界学〉は、世界の質《たち》と備わる性《さが》を描き出そうとする。この目当てに沿えばよいので、採りうる手だては、場合に応じ異なってくる。ここでは「事例研究」の形に仕立てるのであった。臨床心理学でよく用いられる手法を、この学そのものに反射的・再帰的に用いるのである。事例研究法は医学をはじめ、歴史学、社会学、教育学、法律学など、多くの方面で見られる。だが、臨床心理学ではこれこそが、まさに王道と見做されている。ここで用いるにふさわしい事情の一つとなるであろう。

　事例研究法の有り様と有るべき姿とを、まず考えておきたい。そのために事例研究法が、臨床心理学／心理療法において今どのように行なわれているか、それでよいのかを見直そう。この学と技では事例研究法こそ王道なのだから、手法の特徴がよく表われるはずである。もちろん、この臨床心理学／心理療法という「事例」を支えている世界を解き明かす足掛かりとしてである。すでに述べたとおり、「事例」に再帰的に手法を適用するだけでは、この「事例研究」を終われない。臨床心理学／心理療法だけを明らかにしても、「心の近代」は知られないからである。それゆえに〈世界学〉の手筈を採るのであった。「事例」そのものの理解にも、これを産み出し育む世界全体を考えねば済まない。

　さて、臨床心理学の事例研究は、患者ないし依頼人となった個人を対象として採り上げ、その心の病理を調べる。また多くは、その個人への治療と経過も報告、分析する。その結果として個人が、「問題」の解決のため心を何がしか変えよと求められる――いや、ほんとうはそうではない。「問題」の根はその個人の「病んだ心」と決まっており、あとは細部を詰めるだけである。事例研究は、〈意識の個人主義〉に沿いつつ、しかも個人への要求を出すためにこそ行なわれる。けっして、研究の結果からそうなるのではない。「なおる」ことを求められるのは、その人が歪んで、あるいは壊れて外れているからだが、この結果は、心理学の外で決まっているのである。

　さてこのとき個人において、心の有り方の歪み、「心の病まい」の見出される場所、そして「なおり」の起こるべき場所とは、どこだろうか――それが意識なのである。その人の意識が正常に、ないし十分には機能していないと考えられてこそ、問題が現われる。原因はどうであれ、結果として意識に異常が見付かるとき、またその時に限り、「心の問題」「心の病まい」が登場する。

心理診断・治療・研究という一連の動きの中軸は〈意識という想念〉であり、しかも個人のそれである。近代臨床心理学は自他共どもに、「無意識の心理学」だと唱えてきた。意識の役割があまりに大きいので、かえって見過ごされたのである。すなわち、一瞬たりとも離れられず、頼り切りなのにあえて語られない空気の如き立場を、この想念は得ている。なるほど心理療法では、「無意識」に原因を求める場合が多い。しかしながら、いくら「無意識」を原因にしようとも、「問題」は必ず意識の働き損ないとして現われるのである。命のかかる罪と罰をはじめ、人としての有り方の最低限は、意識においてこそ問われる。言い換えれば臨床心理学の事例研究とは、近現代の秩序の破れ・綻びを、〈意識の絶対個人主義〉に沿って個人に嵌め込まれた〈意識という想念〉のもとに見出す手順のことなのである。

無意識の扱いばかりに気を取られて意識を顧みなければ、足許のおぼつかない学問となろう。だが臨床心理学では、これついての研究がたいへん少ない。これだけでも心許ないのに、さらに「空気」を引き裂き、自己撞着の鐘が響く――意識は個人の絶対性に護られ、その人にとってのみ明らかではなかったのか――それなのに、なぜ患者＝依頼人の心についてなら、事例研究が可能なのか。ここには、すでに述べた意識の逆説が表われている。〈意識の絶対個人主義〉の決まりを貫くかぎり、観察できる立場にない他人が意識に口を出すのは、不可能のはずであった。この主義には、〈お互い様〉の入り込む余地がない。それは厳しい孤独を伴う。けれども、これと引き換えの「独立自尊」は、「科学」の名における干渉さえ排除するはずであった。他との引き比べは原理的に成り立たず、序列への絶対的な拒否もまた導かれる。孤立の寂しさと引き換えに、いかに小さくとも絶対的な何か、宇宙でただ一つの「神聖にして侵すべからざる尊厳」が与えられたはずなのであった。

ところが、臨床心理学で事例研究法の行なわれることそのものが、こう告げている――「個人の意識」に口出しは可能なのだ、と。他人には不可知のはずの意識が、他人により、とくに「心の専門家」の権威によって分析され判定される。〈意識の絶対個人主義〉が、論理の板挟みをすり抜けて誇った絶対の権威より、心理学の権威のほうが強かったのである。〈意識の絶対個人主義〉は、意識の明証説と不可知説の辻褄を合わせる曲芸に過ぎない。だが臨床心理学と心理療法は、世の流れに沿ってじっさいに人間を扱っている。そう考えれば、勝負は初めからついていたのである。もしかすると〈意識の絶対個人主義〉は、専門家の強権をぼかすための煙幕か、麻薬の如きものかも知れない。少なくとも結果としてのその働きは、理論にも実践にも大いに利用されているのである。この主義は、見掛けとは裏腹に、世の中との繋がりがとても強い。これを進めれば独我論となるが、そこから記述してさえ、「個人」や「意識」や「我」の中身には、おそらく「無意識のうちに」世の慣らい、仕来たりが繰り込まれることを、隠す術がないのである。

　個々人の内側に意識を囲い込む思想そのものが、じつはその個人の明らかな意識の作り上げたものではなく、「個人」や「意識」という想念の形成を促した世界の働きだったと、こうして暴かれる。「社会的、文化的な公共の動き」と言い回しても、この場合にはよかろう。独我論は、生い立ちで世話になった〈お蔭〉を忘れているのだと言える。だが返す刀でこの点は、専門家の独占的権威と、これを振りかざして他の個人に口出しする事例研究にも、そっくり重なる。個人ばかりを相手にする臨床心理学の「専門性」は、もとはと言えば世の中から与えられている。それなのに世の中を振り返らないのでは、やはり〈お蔭様〉の心が足りなくないか。

　根方に矛盾撞着があれば、学問も技術も危うさを抱える。これはたいへん重い事柄であり、そこから目を離すのは許されない。だが、そこで立ち止まっても、〈意識の絶対個人主義〉や独我論から逃れられるのではない。むしろ、辻褄が合わないのに、それでも捉われてしまう我われ自らの有り様を認めつつ、これらをすべて含む「心の近代」について、考えを深める他に術はなかろう。その中軸をなすのが〈意識という想念〉である。これをめぐる動きから、我われのいま、げんに住み込んでいる世界の質《たち》と性《さが》とが、表われてくるに違いない。

臨床事例研究の建て前――隠し事と躓き

臨床心理学の事例研究が、個人の「内面」のみを対象にするとは、言い過ぎであろう。たしかに、その人を取り巻く周りも扱われている。だが、その周りの広さと扱い方は、いずれも極めて限られる。まず、当の個人の生育歴を調べるが、これは過去の家庭環境に限られる。現在の個人の周りも、調べるところはほぼ家庭環境に尽きる。これらを調べたらさっそく、両親との係わりなどが個人の意識の異常にどう寄与したか、論らうのである。これでも研究範囲は、たしかに個人から外に幾分か広がっている。異常を担った個人だけでなく、その裾野にも「なおす」べき「問題」を見出した。だがその人物の一族とは、極めて狭い裾野である。しかも周りがあくまで、「問題」を抱えた個人をめぐってのみ取り扱われることを忘れてはならない。治療において家族など変えようと図るのは、当の個人の心を変えたいからである。だから、基本的な単位としての個人の重みは、一貫して揺らいでいない。

　この他に、職場や学校、近隣など、その個人の身近な世の中も、少しは採り上げられことがある。ただし、こちらでの進め方は、家族などの場合とはずいぶんと違う。検討課題が、「問題」を抱えた個人をそこにどう適応させるか、に変わるからである。どうやれば学校に行かせられるか、職場で落ち着いて過ごせるのかと、心理療法が工夫され、その「成果」が事例研究に記される。周りの有様はほとんどの場合、疑いを容れない与件と見做され、「なおし」は試みられない。また、個人の意識を異常に導いた要因がこちらにあると見て考察する構えもないのである。近ごろでは少し別の見方の兆しもあるが、大勢は変わらない[13]。さらに広く、その時代の慣らわしや世の中全般となると、臨床事例研究は、もはやまったく扱おうとしない。この〈お蔭様〉知らずは、何ゆえなのだろうか。

　心理治療のなかで、世の中の流れや他の人びととの考え方が、話題とならないはずはない。げんに私の係わってきた事例でも、しばしば語られている。だが、もしそうした話題が患者＝依頼人から出れば、必ず「解釈」や「受容」の対象とせねばならない。つまり、世の慣らいそのものが語られたのではない、と見做される。裏から言えば、患者＝依頼人の世の中についての語りは、「無かったこと」にされるのである。そして、個人の「内面」や家族関係をそれで「象徴した」と扱うか、さもなくば、内容は省いて、そういう訴えをする「クライエントの気持ち」を受け止める。——こうした構えが、「心理療法の常道」とされている。世の中についての患者の話を「真に受ける」のは、心理療法ではタブーである。もしそんなことをすれば、「患者に振り回されている」とか「象徴的表現を読めていない」と、先輩や同僚から批判を受ける。

しかしながら、個人の心の成り立ちには、世の慣らいが係わるのだった。個人が大事ならなおさら、事例研究が世の中に言い及ぶのを避けられないではないか。もっとも、この詰問をかわす理由付けの支度はある。心理療法は世相の評論や井戸端会議でなく、病まいを抱えて悩む目の前の個人の救いに力を傾けるからだ、と——ほんとうにそうなのだろうか。いや、もしそうだとしても、個人の「内面」を越えた話題の扱いが、個人心理に結びつける「解釈」や「受容」抜きで心理療法にならないと、なぜ言い切れるのだろう。面接室の中で、治療者が患者＝依頼人と共に世の中を語り合うとき、心を癒やす場合はないのか。宇宙やあの世も含めたあらゆるものごとの根方について、個人の立場を離れて語り合うことは、患者＝依頼人のためにならないのか。重症とされる人ほどそうした事柄に気持ちが向かうのである。そのときに、「ほんとうは違うんでしょ」とか「あなたには関係がない」と言うしか、治療法はないのか——そんなはずはあるまい。それなら個人の「内面」への集中は、その外で確かに起こっている出来事の隠蔽を含みはしないのか。

「解釈」や「受容」の理論的な拠り所を強いて求めれば、おそらくは、「心を病む人は意識に異常をきたしているので、まともに相手にしてはいけない」であろう。もっと分かりやすく言い換えれば、「気狂いの言うことを真に受けるな」である。もちろん心理臨床家なら、そんな言い回しは口が裂けてもしない。だが、口にしないからとて、腹の中にまで無いとは言えまい。じっさいのところ「専門家」どうしの、ことに「非公式の」会話は、これに類いする場合が珍しくないのである。なにしろ臨床心理学の理論の組み立てがそうなっているのだから、避けがたい。あとはそれを、患者＝依頼人向けにどれくらい柔らかい言葉で、「害なく」「傷つけずに」伝えるかと腐心する。それが「倫理的配慮」だったりするのである。

この高飛車な構えは、〈意識という想念〉に絶対の信頼を置くところから導かれる。この上なく明らかな意識は、個人の人間らしさすべての源であった。したがって、意識の明らかさを失った者は人間らしさを失ったのだから、もうまともには扱われ得ない。理論をしっかり勉強すればするほど、患者＝依頼人の世界との〈お互い様〉は薄れてゆく仕組みなのである。ここにも隠蔽がある。「患者＝依頼人のため」と言いながら、じつは彼らを無みし、軽んじ、追い詰める本音が隠されている。それも「意識」という、何よりも明らかなはずの事柄をめぐる隠し事なのである。

なるほど臨床事例研究で、患者＝依頼人の言葉を逐語的にすべて「真に受け」ては、上策と言えまい。だが、それはもともと、どんな人の言葉でも同じである。患者＝依頼人に限ってこれを言うなら、不信感の表われと疑ってよかろう。あるいは、弱い立場にいるその個人への差別待遇とさえ言える。彼らは、これまでずっと「解釈」され続けてきたのである。これを逆立て、患者＝依頼人の言葉を、むしろ世の慣らいへの註釈、さらには警告と受け止める道があってよい。この立場を裏返し、彼らの立場から世の中を「解釈」する――それでこそ、〈お互い様〉となり得るのではないか。加えて事例研究は、治療行為そのものではない。報告であり、研究なのである。そうだとすれば、個人とその周りに留まらずに世の中や宇宙に向かう「解釈」が、治療場面でたとえ有害と仮定してさえ、研究において避ける理由にはできないことになる。

それでも事例研究を、個人とその周りに限りたいとき、どんな言い訳が残るだろうか。〈意識の絶対個人主義〉に訴え、個々人の意識が結局はすべての根源だから、とするのだろうか――根源をなす意識の問題さえ解決すれば、何であれ結果はついてくる、というわけである。その立場の弱さについては、だが、もう繰り返さなくてよかろう。すると、臨床事例研究が世の中を語らないほんとうの由来は、〈意識の絶対個人主義〉とも治療優先とも異なる何かとして、別にあるに違いない。

臨床事例研究の本音――〈論語読み論語知らずの原理〉

臨床心理学は患者＝依頼人を冷静に観察し、心理療法が彼らの立場に立って治療に当たるとされている。そのなかから病む人の心の仕組みと、心の病まいの癒やし方を見極めるとは、この学と技の自己宣伝の語るところである。これらを真に受ける限り、臨床心理学／心理療法の拠り所は患者＝依頼人の有り様と、彼らに向き合う心理学者／治療者の体験や考察にあると考えざるを得ない。だが、それは疑わしくないか。裏を読むなら、この学そのものの世の中への構えがすっかり抜け落ちていることに、怪しさを覚えずにはいられまい。だが――世の中に言い及ばないのは、〈お蔭〉知らずだからではなく、身の程を弁えるが故かもしれない。すなわち、事例研究における「非社会性」のほんとうの由来は、この学と技の拠り所を、じつは世の中の慣らいが与えるからではないか。より正しくは、世の多数派に馴染む世界の造りを足掛かりとしなければ、研究が成り立たないからではないのか。それ無くして自からが成り立たないほどの〈お蔭〉を蒙っているならば、口出しするなど以ての外でも、納得はゆく。

臨床心理学／心理療法は、世の中を批判できない立場にあるのではないか。なるほど臨床心理学者が、世の中に向かい、批判的と見える論評を行なう場合は、たしかにある。これについては、のちに触れよう。だが、こと事例研究から試みられる世の中への批判はごく少ない。目の前に現れた具体的な少数者の立場から、批判的に世の中を語る手法はまっとうとされず、希にあっても「異端の研究」として軽んじられる。〈世界学〉からすれば、臨床心理事例研究には、「心の近代」の世界秩序への強固な執着が疑われるのである。

「異常」や「問題」を描き出すには、「正常」ないし「健常」を「標準」とする必要がある。このとき「標準」は、確かなものでなければならない。なにしろすべての判断が、ここを「原点」に行なわれるからである。ことに事例が個人の意識をめぐるなら、なおさらそうであろう。なにしろ、「神聖にして侵すべからざる尊厳」の籠もった絶対領域に手を付けようというのだから。だが、臨床心理学は自から、その「標準」を支度できるのだろうか。この学の礎と頼む〈意識という想念〉には、「明らかな謎」が付きまとっていた。意識の明証説を掲げても、明らかなはずのその中身については何も言えないうちに、不可知説からの反論に遭う。「大人の建て前」としての〈意識の絶対個人主義〉さえ矛盾を抱え、じっさいにも頼りにならない。それなら、別の足場を探さねばなるまい。

けれども、これら頼りない建て前をすっかり捨てたと、公言するわけにはゆかないのである。意識の明証説を離れれば、学としての確実性の根方が揺らぐであろう。さらに〈意識の絶対個人主義〉を否めば、「心の専門家」といえども自からの体験を抱え込めない。すなわち「専門家」でもその心は世の中に曝され、働きを受けていると認めざるを得ない。ところが世の中についての研究は避けているから、もう丸腰で世間の荒波を受けることとなる。これらに代わる「確かな」拠り所を探すには、どうすればよいか。それこそ、他ならぬ世の中についての研究に活路を開くことではないのか。――さて、これがたやすくできればよいが、苦手だったが故に避けてきたのである。この新たなジレンマへの対策こそ、臨床心理学の事例研究がげんに採っている手筈に他ならない。世の中との、学説における係わりの事実を隠し事に留めつつ、じっさいには裏で取引きを行なうのである。取引き条件は、多数派の慣らいの丸呑みに他ならない――「ふつうはそう考えない。みんなの常識と違っている。だからこの人がおかしい。」こうして世間様から、「専門性」の礎が与えられ、仕事はそこから始まるのである。まさに〈お蔭様〉の極みで、「全面依存」という言葉もある。しかもこの隠し事は徹底し、「全面無視」をさえ装う。

なぜそこまでするのか――そのわけは、二つの面から考えられる。一つは、ただの世間知らずである。世の中の検討を苦手として避けているかぎり、新たな枠組みを言い立てられるはずがない。これはある意味で他愛もないが、もう一つは少し由々しい。それは、タブーに触れるからである。臨床心理学の事例研究は、世の慣らいを外れた人びとが対象となっている。これを語る「標準」の足場は、表向きには、おそらく〈意識の絶対個人主義〉なのであろう。だがそんなものは、ほんとうは頼りにならない。実態としては、世の慣らいの太い支えに乗ることではじめて、そこから外れたものを対象に、事例研究が成り立つ仕組みなのである。いくら世間知らずでもそのくらいは、ほんとうは心得ている。このとき、世の慣らいを変えようと図っては、己れの乗る枝に鋸を入れる如くで、息の根の掛かったタブーなのである。もっとも、ただの世間知らずも、おそらくこのタブーからの皺寄せであろう。だから、根は一つと言ってよいのである。

臨床心理学が事例研究の手筈を求めて、今の世の慣らいに行き当たったのではない。むしろ、そこから始まったのである。世の慣らいを外れた、異様・異形の「精神障害者」を前にすれば、シュッツの言う〈揺さぶり〉を体験する。しかし、臨床心理学はここでこそ「専門性」を発揮する。だから、揺さぶられてはいられないのである。切り抜けるには、世の多数派の世界に身を寄せるのが安心であった。すでにこの学と技術の研究そのものが、ある世界の造りにしっかり身を預けてはじめて成り立つ仕組みなのである。そして、この有り様を文字に記したものが、事例研究となる。患者＝依頼人とのあいだの〈お互い様〉を拒む一方通行の流れが出来上がるのは、これ故である。また、こうして臨床事例研究が世の慣らいから受ける〈お蔭〉も、一方通行となっている。もちろんこれらを、口にしてはいけない――「原抑圧」との言葉を、精神分析学から借りたくなるところである。

「論語読みの論語知らず」との言い草がある。字面だけ追っても教えの心は分からないとか、行ないで示せなければ意味がないなど、様ざまに受け取れる。私はこれを、「教えの意味も書き物の値打ちも、論語を読むだけでは知られない」と、取りなしてみたい。論語は、読む者が己れに引き比べ、他の人の考えや、世の中の他の営みに照らし鑑みて、はじめて意味と値打ちが知られるのであろう。「論語読み」には、これらが含まれない。臨床心理学に当てはめれば、「心理読みの心理知らず」である。もし心理学が論語ほどに立派でも、その内側に留まっては、ほんとうの良さは分からない。これを学び、患者＝依頼人の心理を読むのを専らにするだけでは、そもそも心理とは、心理学とは何かが知られないであろう。

ところが臨床心理学は、己れの「専門性」に閉じこもり、足下を照らそうとしない。それどころか、「専門性」を確立して他の指図も助けも受けないことこそが、この学と技術の誇りなのである。真面目な学生なら、学説と技法を学べば、己れの分析を試みるくらいは、やってみる。しかし、それを越えて踏み出す人は希である。つまり心理学とは、心理とは何かを問い、学の有り様がこれでよいのかと問い進める人は、まずいない。だからこの「自己分析」に、自己を明らかにする力はないのである。学派への忠誠心を育む効き目くらいしか、期待できない。つまりこの「洗礼」を受けると「専門性」はさらに強化され、「心理読み」から逃れる術が奪われてゆくのである。この流れの由来が、根方のあの隠し事、秘めやかな〈お蔭様〉にある。

なぜそこまで、隠し通すのか――己れに閉じこもれば安心、というだけではない。内に閉じこもらなければ、不安が襲う。なぜなら、自から支度したはずの確かで明らかな礎がほんとうは無いのだと、そして、かえって無みしてきたはずのものに頼っていると、明かされるからである。これを、〈論語読み論語知らずの原理〉と呼ぶことにする。かの「論語読み」も、老荘や仏教と比べられたり、論語の成り立ちや儒学の世の中での働きを考えるのが恐かったのであろう。[14] 振り返れば、独我論も〈意識の絶対個人主義〉も、この原理を支えにしていたと気付かれる。

おおよそ〈お互い様〉が拒まれるのは、こうした仕組みからが多い――一歩譲れば、己れが足を踏み外すかも知れないのだから。「明らかな謎」からしか得られない唯一の「正常」を「標準」に掲げ、世界の多元性を認めない頑なは、けっして思い上がりからだけではない。止むに止まれぬ保身もまた、与っているのである。

こうした行き方に、厳しい批判が寄せられたこともある。臨床心理学は、向かうべき問いの根を避け、保身のため権力体制にすり寄っている――心理療法の常道こそ、その身構えの「象徴」ではないのか。フーコー（Foucault, Michel）の大胆な暴きたての意義は、たいへん大きい。そして二十世紀後半の、我が国の臨床心理学／心理療法の歴史に大きな影響を及ぼしたのが、レイン（Laing, Ronald David）、クーパー（Cooper, David Graham）、サズ（Szasz, Thomas Stephen）らの代表する反精神医学であった。考え方を約言すれば、「精神病とは、世の中の都合で掛けた札に過ぎず、実体は存在しない」となる。このとき、タブーが破られたのであった。昭和四十年代の我が国での全国的な大学紛争は、この思想の流行に刺激された医学部の紛争をきっかけとしたのである。

こうした批判は、しかしながら身支度があまりに粗末で、長続きできなかった。まず、反精神医学の人びとはその理念を、連なる副作用を考えず実践に直結させてしまった。臨床心理学への批判が、直情的な振る舞いで的を突き抜け、支えとなっている世の中にまで届いた。我が国の大学付属病院でも、多くのところでたいへんな混乱が生じ、さる著名な国立大学では殺人事件にさえ至った。そうなればもとの視野の狭さから、足許がおぼつかないのも仕方がなかった。かくして内部からの批判は、自からの拠り所を掘り崩して潰えたのである。

加えて、タブー破りへの、守旧派からの反撃も激しかった。その頃の我が国で、臨床心理分野の学界の主流を占めていたのが、日本臨床心理学会であった。この学会の新しい役員は改革を目指し、心理の「専門家」の資格を公けの仕組みとすることに反対を決めた。心理職の国家認定の動きとそれへの批判をきっかけに、世直しに踏み出したのである。そして、個人に病理を見出すそれまでの枠組みを捨て、病院などでの実践に対しても厳しい批判を投げ掛けたのであった。学会の大勢はしかし、改革をよしとせず、大量の脱会で応えた。昭和五十年代になると、かつての流れに戻ろうと、このときの脱会者を軸に日本心理臨床学会が結成される。世の中への批判を封印し、「臨床心理士」の国家認定を至上の目標に掲げたのであった。こちらの勢力が急拡大していき、最大の学会として主流を奪い、今に至っている。精神医学界を代表する日本精神神経学会でも、似た改革が試みられた。だが、こちらは学会再編には至らず、なし崩しでもとの流れに戻って行った。これら政治的な経緯は、臨床心理学の研究で避けて通れない課題だが、詳しく立ち入るにはまた別の折りを待ちたい。

反精神医学は理論でも実践からも、肯える立場ではない。そして、いまやほとんど顧みられない。とは言え、「精神病」や「精神障害」という枠付けが世の中で出来るのだと言挙げたり、患者の扱いを批判した辺りには、一理を認めねばならない。捨て置けないほどの賛同者が現われ、大学紛争を刺激したのは、ただ扇動の効き目ではなかった。仄かに気付かれていた隠し事を、精神病院の惨めな実態を添えつつ、暴けたからなのである。[15]その身構えは今でも、例えばガーゲン（Gergen, Kenneth J.）らの「社会構成主義」に引き継がれている。ただ、こうした考え方そのものは、目新しくない。中国古代に楚の屈原が「衆人皆酔い、我独り醒めたり」と、汨羅の淵に身を投げた故事は、あまりに有名である。古くからの逆立ちの思想の、新しい装いで爆発的に甦った時代が、二十世紀後半なのであった。そして、かつてと同じく、世の大勢からは忘れ去られてゆくのである。

臨床心理事例研究への批判が巧みに封じ込められることの、分かりやすい具体例を一つだけ挙げよう。近ごろ「不登校」と呼ばれる事柄である。この有様は、かつて「登校拒否」の名を得ていた。さらに古くは「長期欠席」ないし「怠学」に収められていたのだが、これを「怠けているのではない」として、病まいの枠に入れたのである。

「怠け」とは、個人の心理の有様ではない。求められる働きを、体に差し障りはないのに、しないことである。「心掛けが悪いから」とされる場合が多いけれど、その「悪い」心だけが問われるのではない。「親方が甘いから怠ける」といった場合もある。求める側と応えない側との係わりなのである。これが「登校拒否」に変わると、「拒否」する者の心に眼差しが集まり、学校や世の中は視界から消える。「登校拒否」は、神経症の類いとなった。児童・生徒を、学校などの秩序への反逆者とせず、傷ついた弱い立場と見て護る構えは新しく、共感をも呼べたのである。しかし、悪者をどこかで見付けねばならない。主な原因は、家族内の葛藤に求められた。父親や母親が然るべき役割を果たさないため子供は心を乱し、または「未熟」となり、学校に行けなくなるとされたのである。多くの「研究」が、この理論で「登校拒否」を説明しはじめ、行政当局による啓蒙活動も行なわれた[16]。

昭和四十年代から五十年代にかけて、全国の主に教育学系大学院に、心理相談（治療）機関が併設されると、そこで扱う事例の多くを「登校拒否」が占めた。この「障害」は、心理相談室の「存在理由」の雄弁な語り手であった。児童相談所や教育研究所など子供が対象の公的施設でも、「登校拒否」は主立った仕事の一つをなしていた。日本心理臨床学会では、設立当初の数年間、家庭原因説に基づく事例研究が数多く発表された。事例が増えるにつれ、この理論の験証もまた積み重なるかのようであった。

しかしながら、研究の実態は寒ざむとしていた。——各おのの家庭の有り様から、なぜ、どのように学校に行けないか、詳らかに解き明かせたのではない。まず、学校に行かないとの、厳然たる事実があった。そしてどの家庭でも、探してみれば必ず一つか二つは、余所と違って目に付くところが見出せた。あとは、これを結びつけて報告すれば、「研究」になったのである。つまりは、両親という「原因」を見出して世の中の大勢を、とりわけ教育界を安心させたのであった。世の中の有り方も当の学校も考察から外れたからには、火の粉が飛んでこない。教育委員会などがそれなりの好意をもって迎えたのは、分かりやすい。この理論に対する疑問、批判は、主流に属する研究からは、皆無と言ってよい。もし書く人がいたとしても、主流の学会誌はこれを掲載する気構えを備えてはいなかった。反主流の排除が、研究の充実よりも大切だったからである[17]。

疑問や批判を込めた研究が、まったく出なかったのではない。最大勢力の心理臨床学会やこれに同調する学界の主流から外れた、目立たないところに限られていたのである。大量脱会によって少数派に転落した日本臨床心理学会が、反主流の旗手であった。例えば、1990年前後の横田正雄の一連の登校拒否論は、心理の「疾患」枠組みが作られた仕掛けを、学説史とその内側の矛盾から始め、世の流れに絡めて考えている。「登校拒否」学説そのものを「事例」に研究した労作である。その流れは、山岸竜治の仕事に引き継がれている。[18]

ところが、年号が平成に変わって間もなく、「登校拒否」の家庭原因説の言い立ては、急に減りはじめる。これに伴ない、呼び方が「不登校」に変わっていった。「拒否」という、子供個人の心への言及を避けたのである。[19] すなわちこの出来事への説明は、理論的にも資料的にも、再び大きく変わってしまった。にも拘わらず学界の主流においては、それまでの学説への反省や批判が、まったくと言ってよいほど現われなかったのである。反主流の理論を参照し、これまでの資料を見返して自からの誤りを正す動きはなかった。まず、「不登校」の研究の数そのものが、激減した。わずかに見られるものでも、過去の報告については沈黙を守り、なし崩しで学校環境を組み入れた複合的な説明に切り替えたのである。かくして、騒がしかった批判は、静かに封印された。

臨床事例研究と世の流れ——沿うが身のための同毒療法

「登校拒否」をめぐる学説変更の由来は、じつは「登校拒否」の当事者や家族が声を上げ、学校での苛めや体罰などの考慮を求めたことにある。それをマスコミが採り上げ、家庭原因説を批判する世論が高まった。つまり、世の中の多数派の流れが変わったのである。この経緯ももちろん、主流においては、決して語られることがない。このことはしかし、私の筋書きにとっては、好ましい資料となっている。語られなくとも、いや、語られないだけになおさら、世の多数派に頼り切る臨床心理学の性《さが》が、隠れた明らかさを以て滲み出ているからである。〈論語読み論語知らずの原理〉（ここでは「心理読みの心理知らず」）の身近な証しが、例えばこうして得られる。

さて、そうは言っても、一心理療法家として治療を行なうと、学校で習ったこともまんざらではないと、むしろ思えてくる。じっさいに治療経過は、患者＝依頼人が「自からの内面を象徴的に語る」向きに流れる場合が多いからである――理論のとおりだ。ほとんどの心理療法では、建て前として、治療者の側から進んで何事かを教え込んではならない。我われも、「先入観なく、虚心に」耳を傾けたつもりになっている。だから、患者＝依頼人が「自発的に」成り行きを進めたと事例研究に記しても、嘘をついたと思わなくて済んでいるのである。

けれどもこれも、「真に受ける」わけにはゆくまい。「理論どおり」に事が進むからとて、験証されたと喜んでは不用心に過ぎる。魔女裁判では、容疑者たちが口を揃えて悪魔との「サバト」を自白した。それどころか、十九世紀も後半に至るまでこの「証言」は、拷問にもよらず自発的に繰り返されたのであった。フロイトも自からの患者について、それを記している。[20]「サバト」はやはり、実在したのか――そう、少なくとも、患者＝依頼人の言葉と振る舞いが験証する心理理論と同じ程度には、確かなのである。時代錯誤の虚ろな迷信と、見くびってはならない。「登校拒否」の子供と親たちも、自分たちの「異常な」家庭生活を、自発的に告白していたのであった。虚ろなのに、かくもしたたかな力が、批判を静かに蝕んでゆくのである。

患者＝依頼人の「自発性」をどう見ればよいのだろう。治療場面で手前味噌を注ぎ込むことは、厳禁のはずである。だが治療者側は、ほんとうに何も話さないのか――そんなことはない。加えて、そこには力関係があるから、たとえ無言でさえ相対すだけで素振りや「行間」から、弱い立場の患者＝依頼人は圧力を受けるであろう。頷くか、首を振るか、微笑むか、顔をしかめるかだけで、効果は甚大である。訴えたのに、問い掛けたのに、何も答えが返らなければ、どんな気持ちになるだろうか。

いや、もともと彼らはすでに、「治りたい」と思って心理治療・相談に訪れたのである。臨床心理学の支度する治癒の形があらかじめ刷り込まれ、迎合してはいないのか。苦しむほどに、みんなからは「お前が悪い」と言われ、「自分の悪いところ」を探しに来たのではないか。これはフーコーが、近代の医者と患者の「共犯関係」として描く事態である。[21] さらに、次に述べるように、患者は世の中で病まいを得る。つまり、患者が「悪い」とは限らないのである。すると、むしろ直すべきところが「自からの内面」にあると思い込むことによって、病まいは始まったのかもしれない。すなわち、臨床心理学のもたらした考え方を原因の少なくとも一部として、患者は病んだのではないか。もしそうなら心理療法とは、「マッチポンプ」であろう。いや、病まいの原因をさらに処方するのだから、「同毒療法」の類いであろう。

「同毒療法（同種療法、ホメオパシー［Homöopathie, homeopathy］）」とは、十八世紀の終わりにドイツの医師ハーネマン（Hahnemann, Samuel: 1755-1843）の作り上げた治療法で、今なお用いられている。まず、病まいの原因物質を特定し水に溶かす。この水を振りながら繰り返し希釈すると、そのあいだに水が原因物質の有り様を記憶する。そしてこの水を「薬」として飲めば、記憶が体に伝わるので癒やす力が働くとされている。古代ギリシアのヒッポクラテースにまで遡れ、錬金術で重きをなし、パラケルススも従った「似たものどうしが癒やす」の流れを汲むものである。のちに述べる「永遠不変の自己同一での自足」という古代ギリシア・ローマの理想に連なる。同じであることを大切と見て、異なるものを斥けるから、〈お互い様〉とはかなり隔たった構えである。

この療法は、薬を化学物質として定めたうえ投与する今の医学の主流を外れている。西欧ではひとまず認められているが、我が国では「迷信」と見做され、患者の死亡が新聞紙上を賑わした。これを機に日本学術会議の会長などが、強い批判の声明を出している。[22] それは、医学の主流の利益を守る動きに違いない。ただ、少しく別の顔も備わっているかと思われる。「同毒療法」は、西欧の仕来たりを古い形で、あるいは素のままに示している。我われの〈うぶすな〉がこれに馴染めず、逆らったとも考えられるのである。それなら、欧米の動きを見境なく取り入れそうな我が国でも、篩い分けは働いていることになる。

今の世の「精神障害」は、個人の「内面の意識」に直すべき「問題」を集めてこそ成り立つ。その考え方だけが原因とは、もちろん言えない。けれども、この枠付け抜きでは、今の世の「心の病まい」は形を取り得ないのである。〈意識の絶対個人主義〉に基づく心理療法はこの病まいを、患者＝依頼人個人の「内面」の意識の異常に見出す。そこで「薬」として押し立てるのが、やはり意識の力なのである。意識こそがこの異常を知り、直すこともできるとされている。西欧近代風の意識を用いれば、西欧近代に産まれ出た意識の病まいを癒やせると語るのだから、すなわち「意識の同毒療法」に他ならない。

本家ハーネマンの「同毒療法」なら、病原物質は希釈を続け、濃度が低いほどよいとされる。ところが心理療法では、毒となる「内面の意識」の濃度を専門家が上げるのを治療と考える。さらに治療によって、患者＝依頼人自からも濃度を上げられるようにしてやろうと狙っているのである。〈うぶすな〉は、こちらなら拒まないのだろうか。

心理療法の形に入り込むときすでに、病まいを「内面」に取りまとめ、治療者を喜ばせる流れが出来ていた。患者＝依頼人は料金だけでなく、伺い知れぬ「内面」に隠して、「事実」としての病まいもまた、もたらしてくれるのである。それが、この技術への何よりの〈お蔭様〉である。心理療法は世の中から患者＝依頼人を受け取り、また世の中へと送り返すのを生業とする。目立たぬながらも、下地としてこの動きを支えているものこそ、世の慣らいの大勢である。

だからこそ、「臨床心理学／心理療法が患者＝依頼人を裏切り、世の多数派に密通している」などと言うつもりはない。それでは反精神医学になってしまう。「患者＝依頼人さんのために」は、必ずしも嘘ではない。こう本気で意識している心理療法家も、少なくはないからである。それに、世の流れに沿うことは多くの場合、ほんとうにその人のためになる。大勢に逆らうのは苦しく、危ない。一人醒めた屈原は汨羅に身を投げ、「暴を以て暴に易え」る非を悟った伯夷・叔斉も、飢えて死んだのであった。衆人とともに酔い、「暴」にも心広く交われば、命をまっとうできたに違いない。臨床心理学と心理療法は、その方が得だと教える。後ろ姿で、あるいは身をもって語るのである。

——間違っているだろうか。好き嫌いはあろうが、誤りとは言い切れまい。ありふれた、何気ない暮らしにこそ深いまことが籠もっているのは、間違いない。ただ、それのみが唯一の「現実」「客観」だと教え込めば詐欺であり、「正常」と「標準」の押し付けともなる。それに「心の専門家」は、日ごろのありふれた暮らしの奥を、ほんとうに知っているのだろうか。

「心の近代」の内にさえ、いくつもの異なる世界が並び立つのである。「学校の常識は世間の非常識」で、「原子力ムラ」もそうであった。まともな企業でさえ、各おのに「社風」が驚くほど違う。まして「異常心理」に於いてをやである。この錯綜のただ中から、明らかな意識を抱えたはずの個人の心の「正常」と「異常」とを、「病まい」と「健康」とを、権威を以て見分ける拠り所はどこにあるのか。「心の専門家」なら知っているはずではないか——いや、そうではない。「心の専門家」であること、これそのものが、まさに拠り所に他ならないのである。専門家は学問を身につけ訓練を受けているから、素人では及ばないことを知っている。だがここで、学問の真理が「唯一で、客観的で、不変で、普遍」だからかと言えば、そうではない。臨床心理学の扱うのは、多数の個々人に秘められた主観的な意識のはずであった。それらは常に変化し、各おのに個性を備えるはずであった。ただ、そのなかで「心の専門家」の意識のみが、他の意識を裁く権威を与えられているのである。では、この驚くべき権威はどこから来るのか——そこはかとなく匂えど、姿は見せない。のちに述べる〈一つ掲げ〉が絡むのは確かである。けれども、どんな働き方なのかは難しい。この学の世の慣らいへの寄り掛かりとその由来は、ともに根深く、しかも「明らかな謎」に覆われ、隠し事となっている。手品でもそうだが、手の内は明かさぬのが力である。

かつて反精神医学がこれを見咎め、「王様は裸だ」と叫んだ。正しかったのだが、叫びだけでは続かない。木霊が消えると、また静かな下地に戻る。隠れた下地の働きは表立たない。だが時として下地は、図柄に反転するのである。しかも、気をつければ常日ごろ目に入る姿で、気付こうと気付くまいと、じつは曝されてもいる。木霊が静まって、事が済んだのではない。知らん顔をしても力づくで抑えても、こんどはやがてどこかから、漏れ臭ってくるであろう。世の中との繋がりを、〈意識の絶対個人主義〉の如ききれい事で誤魔化さず、理論にも実践にも、しっかり組み入れる他にあるまい。心理療法の「自己臭」を腑分けし、匂いの元を断つには、息の長いまことの研究が求められる。

臨床事例研究法の両極――「個人か世の中か」とその不毛

病んでいるのは、また直すべきは、個人なのか世の中なのか――ここには二つの、両極で対立する見方がある。事例研究の進め方を見極める手始めに、この対立のあらましと、不毛について考えておこう。まず心理療法の常道をなす、「個人が病む」との立場を見よう。そこでは目当てが、個人の「内面」に絞り込まれる。しかし、「個人」とは何であろうか。〈意識の絶対個人主義〉は、必ずしも独我論にならないのであった。個人が虚空に孤立していないからには、意識が個人に占有されようとも、その成り立ちは個人を越える。世の中に左右されない「自立した主体としての個人」もまた、世の中で産まれ、そこに住む個人からの抽象でしかない。すると〈意識の絶対個人主義〉からしても、個人は人の世の慣らいのうちで、病まいを得たことになる。世の中で心を蝕まれた個人が、そこに馴染めず、世の中に脅やかされる――これが病まいなのだ。

だからこの立場は、より詳しくは、「個人が世の中で病む」ないし「世の中で個人が病む」と、言い回すのがよい。個人が病むとしても、世の中を外して考えるわけには行かないのである。世の中と言えばまず人の世、人どうしの係わりが思われよう。けれどその世の中もまた、技術、資源、山川草木・鳥獣虫魚、気候風土、神仏、霊魂などを抜きに考えられないはずである。人の世を知るには、人の世を成り立たせるものを知らねばならない。個人に目を留めても、考えの場は広がらざるを得ないのである。だから個人か世の中かで争っても、これが究極的な対立とは、はじめから思われない。個人の病まいを考えるとき世の中を外しては、〈論語読み論語知らずの原理〉に唆されたことになる。

とは言え、個人と世の中とがさしあたり両極なので、ここに絞って考えてみる。するともう一つは、「世の中が病む」との立場になる。常道を逆立ちさせ、臨床心理学主流への批判が籠められている。世の中の歪みが、特定の変わった人びとへの差別的な構えを産み出し、「心を病む人」を捏造するのだ——ほんとうに病んでいるのは世の中なのに。ただし、世の中が病むほどに、心理療法家の許には個人が訪れてくる。先ほどの裏返しで、世の中に病まいを見ても、病まいは個人に集まり、個人を考えずにはいられない。したがってこちらの極は、正しくは「世の中が個人で病む」とか「個人で世の中が病む」と、表現するのがよい。

これはひとまず、激しい対立に思える。個人と人の世が、個と集団が、互いに病まいの「責任」をなすりあうのである。しかしながら、対立の激しさが必ずしも根もとの違いではないのも、世の常である。立場が近いほど憎しみの増す仕組みは、宗教戦争などでもよく見受けられる。その「近親憎悪」が、ここにも顔を出したのではないか。

臨床心理学の事例研究では、「なおす」べき異常が、患者＝依頼人となった個人の意識に見出されていた。意識こそ、近代における人間の基本条件である。その異常に放置は許されない。「病まい」をもう少し広く取れば、「正すべき歪み」ないし「繕うべき綻び」と言い直せよう。それを個人の意識に見出すのが「心の近代」であり、個人に「なおれ」と迫る。——ところが、同じく近ごろの慣らいでは、個人の意識こそ、世の中を見通す「神聖なる」中心なのであった。当の個人にのみこの上なく明らかで、他人は誰も口出しできないはずではないか。その意識が、世の中に合わないのだ。それなら、綻びているのは個人でなく、世の中の方とならないか。「心の近代」は、個人の権利を支えるはずなのだから。このように考えれば、両極で対立する立場の、互いの尻尾に噛みつこうとしているのが見えてくる。

いま一度、整理してみよう。個人の心が病んでいるとは、「繕うべき綻び」が、個人の許に見出されることであった。ところで、なぜそれが綻びなのか。その個人の意識において、世の慣らいが正しく働かないからである。すなわち、主流の臨床事例研究が対象とする個人の許で破れているのは、世の慣らいに他ならない。すると、「個人の綻びは、すなわち世の中の綻び、慣らわしの破れ」だと、主流の立場からでも言える——病んでいるのは世の中なのだと。ところがこれこそ、まさに反主流の立場ではないか。重りの置き所をちょっと変えれば、主流と反主流とは重なり合う。

こうして、臨床心理学の主流と反主流とに、考えの筋の差はほとんどないことが明らかになった。どちらからどちらに移っても、根もとからの〈揺さぶり〉は感じられない。ただ、攻め所が違うだけなのである。〈世界学〉から見ればいずれでも、世界の造りは異ならない。もっと意地悪く言えば、同じ檻の中での食い合いに過ぎないのである。異なる世界の〈お互い様〉が入り込む余地は、いずれにおいてもない。突き詰めれば〈意識の絶対個人主義〉という一つの同じ原理が、両極で激しく対立するこれら二つの立場を同時に産み出す、そういう世界に、今の我われは住むのである。

さきに反主流の立場を「世の中が個人で病む」とか「個人で世の中が病む」と言い回した。だが力点を変えればこれは、問題・責任を個人に求める言い立てとも読めるではないか。「世の中が個人で病む」「個人で世の中が病む」としたらどうだろう。「世の中が個人で綻びる」とか「個人で世の中が綻びる」なら、さらにはっきりする。これらはまるで、「世の中の綻びの原因をなす問題の個人を処分せよ」と言うかに聞こえよう。対する主流の立場は、「個人が世の中で病む」「世の中で個人が病む」であった。これを「個人が世の中で病む」「世の中で個人が病む」としてみよう。さらに「個人が世の中で綻びる」とすれば、反主流の言い立てにそっくり——「個人を綻ぼす原因を作っている世の中はひっくり返せ」と言うかに聞こえるであろう。

この裏返しをただの言葉の綾とか、「日本語の曖昧さ」などのせいにしてはならない。そうではなくむしろ、主体と客体、能動と受動の対立を固めない〈やまと言葉〉の質《たち》が、ここで働いている。見かけは不倶戴天でも志の通う二人の、裏で睦みあう様が暴かれたのだと、言ってよかろう。

「精神障害者」の世界と多数派のそれとは、食い違いで葛藤を起こしていた。だが、軋轢あるところいつも世界が食い違うとは限らない。同じ世界を共にしてこそ、激しい対立が起こることもある。ここまでで、臨床心理学の主流と反主流の闘いが、患者＝依頼人と世の中との葛藤とは類いを異にすることが分かった。したがって、主流と闘う反主流でも、患者＝依頼人の立場を護っているとは、必ずしも言えない。敵の敵が味方とは限らないのである。迂闊に頼れば、使い捨ての踏み台にされる恐れさえあろう。少なくとも反主流の側に、「心の病まい」を産み出す世界に代わる受け皿の支度は、無いのである。反精神医学は、それ故に潰えたのであった。

世の中を、布地に譬えよう。滑らかに一続きであるべき布地が、綻びている——この綻びを塞げば「問題」は解決する。これが主流の立場である。相手は立場の弱い個人なので、目標の達成はたやすく思えよう。ところが反主流では、綻びを押し広げ、傷んだ布地を破り捨てることが解決となる——革命や世直しの立場である。屈原の運命はこの向きの難しさを雄弁に語るが、ずば抜けた異常な個人の出現が歴史の流れを変えた事実も、たしかにある。これまでの事例研究を逆立ちさせれば、こうした眺めを語り出す手立てが、無いとは言えまい。

繕いと世直し、どちらを採るべきか。この問いが、我が国の臨床心理学のこの数十年を迷走させてきた。個人に綻びを見出す立場が、今では片寄って強い。だが、これを裏返そうとの試みも、絶えることはない。もちろん我が国だけでなく諸外国においても、この問いは目立つと否とに拘わらず、心の病まいと治療・癒やし、ないし狂気の位置づけとその取り扱いに、わだかまりを蒸し返し続けてきたのである。

両極をともに支える〈意識の絶対個人主義〉とは、「心の近代」の屋台骨〈意識という想念〉に備わる「明らかな謎」を、論理の曲芸で宥める手だてであった。だが、筋は通しきれず、あちこち矛盾と綻びを抱える。〈意識の絶対個人主義〉は、「明らかな謎」の解決でなく、むしろ同じことの言い換え、名前替えに過ぎないのだと、もう仄見えているではないか。謎に寄り掛かっていて、わだかまりが消えるはずはない。

臨床事例研究法の「中道」――〈欠けの眺め〉と「反転図形」

さて、繕いか世直しか、この事例研究はどちらの立場で書くべきだろう。どちらにせよ、脇目もふらず走り出すのは、軽はずみに違いない。「個人対世の中」の構図の内にいる限りは、同じ下地から芽ばえたもの同士で、〈同一次元の両極対立〉に嵌まり込み、縄張りを争う。もし、この下地が唯一の世界なら、死力を尽くして取りあう他に術なしかもしれない。だが、いずれとも異なる「中道」はないのか。仏教に肩入れはしないが、対立を越えた境地の有り得る世界を求めたい。片寄った苦しい立場を逃れるには、両者に共通の足場を、すなわち「個人対世の中」の構図そのものを、問い直すしかなかろう。

対立の構図を先ほどの布地に譬えれば、繕って終わりか引き裂いて終わりかである。だが「布地の綻び」と「綻びた布地」とは、もともと同じ一つの事柄を、見方を換えて言ったに過ぎない。いずれも近代の根方を固める〈意識の絶対個人主義〉からのみ、その同一次元でだけ成り立つ――だから、これは反転図形の類いなのである。世の慣らいが背景の「地」なら、研究対象の個人は目立った「図」と認められる。図柄は下地の綻びなので、穴を塞げば「問題」は解決するかに見える。これが、ふつうの臨床心理事例研究である。革命や世直しの立場では、これが逆立ちする。こんどは個人が下地を引き受け、図柄としての「綻びた布地」を前に、嘆くのである。

反転図形は一般に、ある図柄が現われれば他方は見えない。だから、布地と綻びの係わりでも、片方に目を留めると他は無いも同じとなる。本当の反転図形なら、眺めているうちに図と地は反転する。ところが、ここでの「譬えとしての反転図形」では、不幸にしてこの点が違うのである。一方に与するともうそれで固定され、他は悪そうで醜い敵役に決まってしまう。

図形の反転を落ち着いて見取るには、たいていの場合、コツが要る。そして「譬えとしての反転図形」でも、工夫すれば反転はできるのである。ただし、ここでのコツには少しだけ、繕いか世直しかについて、非対称性が認められる。なぜなら、「綻びた布地」を図柄とする下地の扱いを、反主流の場合の「自立した近代的個人」から、ずらしてやらねばならないからである。これは、世直しの反主流の拠り所を覆すことに他ならない。だから、この書の立場が反精神医学などの流れでないことは、ここではっきりさせられるはずである。

穴を押し広げ、布地を破り捨てて解決となるのは、いまの世の中より強固な下地の上で、布地の欠陥が示せるときに限られる。このときささやかな個人を下地に持ち出してもうまくゆくはずがない。反主流の世直しにはこの傾きが強かった。「自立した個人」とは、詰まるところ、これを取り巻く近代の世の慣らいと同じ穴に住むムジナに過ぎない。その穴の名が、〈意識の絶対個人主義〉であった。「心の病まい」もまた、そこから産まれ出ていたのである。「心の近代」の産み出した個人だから、綻びた近代の世を浮かび上がらせる下地とはなり得ない。

「綻びた布地」が、ほんとうに捨てるべき図柄として浮かび上がるのは、穴の向こうに伺われる何かが、新たな下地となったときのみである。このとき布地ははじめて、その広さに隠れていた輪郭を現わす。「向こう見ず」な縄張り争いは、彼方に眼の届かない近視眼だし、「向こう側」への見通しもなく布地を引き裂くのは、荒みでしかない——確かな見通しを得たと錯覚して行なわれる場合は、なお恐ろしいのだが。

臨床心理学／心理療法の事例研究には、「向こう側」への見通しをとりわけ肝腎とする事情がある。それはこの学、この技の相手方が、異なる世界に住む人びと、まさに「この世の向こう側」に関わる人びとだからである。心理療法の患者＝依頼人は、今の世の中の流れに沿い難いという限りで、すべてが同じ性《さが》を備える。もちろんそれぞれに違う事情を抱えるが、多数派と異なる世界に住む点だけは共通するのである。

　この人たちの取り組んでいる事柄は、何ものでもないのか――「障害」「未熟」「非現実」などの言葉が示すとおり、何事かが「できない」とか「知らない」有り様としてのみ、捉えるべきなのか。こうした捉え方が、今の世の臨床心理学の基いをなす。無知、無能力か、さもなくば、本来なら「あってはならない」ことを考えたり仕出かす人との受け止めである。こうした「ない」の言葉で括り、何らかの「能力」の欠如・欠陥、つまり「欠け」として枠付ける手筈を、私は〈欠けの眺め〉と呼んでいる。[23]

「正常」ないし「健常」な世界の造りを唯一とすれば、そこに入り込めない人は、「標準」に及ばない欠陥を抱えるはずとなる。すなわち、〈欠けの眺め〉とならざるを得ないのである。だがこの眺めを、私は認めたくない。今の世での「正気」が、「永遠不変の真理」を体現するはずはないからである。今の当たり前には、未来の「迷信」や「妄想」が必ず含まれている。「昔の方が正しかった」と、見直されるかもしれない。今もげんに、違った世界に生きる「異文化」の、あるいは「未開」の人びとがいる。彼らを滅びる定めの、あるいは滅ぼすべき敵方と決めつけてよいのだろうか。進歩思想全盛の時期には、まじめにそう考えられたし、今もその流れは強い。けれども、大方の人びとの気付かない大事に、患者＝依頼人たちが取り組んでいるとすれば、どうだろう。多数派の世界がそれを軽んじるので、彼らだけでなく我われ皆が困難に追い込まれている――そういう事情を見込んでおくべきではないか。

　とは言え、「向こう側」の方がよいと決めつけて、この世界の布地を直ちに引き裂きにはかかるまい。また「向こう側」に見通しが立たないからとて、目の前の綻びを繕うだけにする気もない。まずは、よく調べることから始めたいのである。破れを塞ぐにせよ、我われを支える近現代製のこの「布地」に、どうして穴が開いたか分かったほうが、次への心構えができよう。穴の向こうにもっと頼れる下地があるなら、この綻んだ布地は破り捨ててよい。それにしても、そもそもこの布地の仕様が、まだ分からないではないか。布の造りにより、ハサミの使い方も違ってこよう。葬り、弔うにせよ、せめて戒名の手掛かりなりとも探らねばなるまい。

「布地の綻び」があり、「綻びた布地」がある。綻びは、布地から邪魔にされるので、怨んでいるかもしれない。だが、布地があるお蔭で、綻びも出来たのである。布地は、綻びにより傷物となろう。値打ちが下がったと、怒りも湧こう。だが綻びのお蔭で、布地は裏側、向こう側に通じ、風通しを得るのである。そうだとすれば布地と綻びには、共存の道があるかもしれない。繕うのも引き裂くのも、布地は傷のない完璧さ、「完全性」を備えるべきとの思い込みに由来する。――しかし、傷があってもよいのではないか。茶碗に金継ぎの逸品があるように、布地もスワトウ刺繍もどきに穴の周りをかがれば、行き来しやすく、ほつれを拡げず、かつ美しいのかもしれない。もしそうなら、〈欠けの眺め〉とは違う意味の「欠け」を探ること、完全からの後退ではなく趣きのある傷、有るべき綻びの姿を描くのが、この研究の目処だったことになる。

与えられた「布地」の向こう側を、つまり世の慣らいの彼方を気遣いつつ、「綻び」となった出来事とその周りとを調べること、これが私の考える中道の要めである。研究の果てに、ふさわしい繕い方が見つかるか、切り裂きに向かうか、共存の道がつくかは、はじめには分からない――むしろ、決めてかかるべきではない。とにかくよく調べること、そこから始まる。

この書は、一つの事例研究である。対象となる「個人」は、「臨床心理学／心理療法その人」となる。用いる中道では、綻びの「図」だけを調べない。図柄と下地を反転させつつ、綻びも布地もともに眺めるのであった。つまり事例の有り様に加え、これを「覗き穴」に、近代の世界の裏側や向こう側を見やるのである。病める人間としての個人、すなわち心理療法の患者＝依頼人を事例とする研究でもこれはできるし、取るべき構えと考えている。だが、それにはまたの折りを待ち、ここではまず本丸に切り込む。

「臨床心理学／心理療法」という事例

図柄となる研究対象の個人が、下地をなす世界の覗き穴でもあった。まず手掛かりに、この事例の「個人」すなわち「臨床心理学／心理療法その人」について、簡略にして暫定の診断ないし〈見立て〉を試みよう。

この患者は、人びとの心について「正常か異常か」「健康か病気か」を、専門的権威をもって独り決めし、心の仕組みを解明できるとの確信を抱いている。またこの知識に基づき、「異常で病気」の心を「正常かつ健康」に変える仕事を独り占めすべきだと言い張る。誇大妄想と言えよう。ただし、反対勢力からの攻撃を恐れる強い被害的な感情も認められる。この主症状は、個人の専有とされる意識への絶対的な信頼と密に繋がるらしい。意識はその当人にのみ明らかで、かつ他人には知りえないとの前提が置かれている。しかしながら、「心の専門家」を名乗るこの患者自からだけは、他の個人の心についても、当人以上に明確な知識を持ち得ると考えている。さらに、「異常で病気」の個人に対してはその意識に介入してよいし、むしろ介入すべきだと言い張る。また、この「専門性」の認知と業務の独り占めを求めつつ政治権力への接近を繰り返し、強迫的な傾向を帯びる。先の妄想がこの行為を促している可能性は高い。ただし世の中への適応は比較的に良好で、学問分野としての足場も得ている。以上から、パラノイア（妄想病）が見込まれる。

この〈見立て〉を、もう少し説明しておく。病まいの徴しは、意識との係わりの捩れに最もよく表われている。

この患者は〈意識の絶対個人主義〉に沿って、個人の「内面」に意識を囲い込み、本人にのみこの上なく明らか、かつ外からは直接観察が不可能との立場をとる。ところが、自からの扱う患者＝依頼人との係わりにおいてだけは、立場が逆転する。さらに、相手の意識を支配さえできると考えるのである。非常に大胆、雄大な想定で、かつ確信の程度が抜きん出ている。そして少なくともこれまでのところ、批判や説得に応じる気配はほとんどない。強固な確信と説得の不能とは、妄想としてありふれたものと言える。だがこの患者の場合、妄想に基づいて世の中で行動を起こし、かなりの成功をおさめてきた点が特筆すべきである。医療ではそれなりの地位を得ており、この患者の理論が精神医療に不可欠である。また教育、福祉などの行政に入り込み、司法にも、刑法犯などの判定を中心に組み入れられている。我が国ではまだ、世の中での単独の行為への制度的な裏付けは乏しいが、妄想の内容を高等教育のカリキュラムに広く普及させている。そして、「心の専門家」を名乗る「心理臨床家」の行為に法律の裏付けを求める運動を、今もなお活発に繰り広げ、多数の政治家の支援も得ている。

さて、この〈見立て〉はもはや中道でなく、この学と技を綻びと見て繕う立場ではないか、と言われるかもしれない。「妄想」や「強迫」など「症状」という捉え方からして、直すべき欠陥と決め込んでいないか。パラノイアという診断名はどうなのか。——なるほど、綻びと見る傾きが含まれている。私は世直しには突進しない。しかし、これで中道を踏み外すかといえば、そうではない。なぜなら、現状ではすでに臨床心理学自らが、中道とは外れた所にいるからである。すなわちこの学と技術は、その適応のよさから、世の中での片寄った動きに成功してきた。だから、ここでの〈見立て〉が、この動きへの衡りあわせに働くのである。片寄りを戻してはじめて、真ん中を進めるではないか。

ここで片寄りとは、隠れた裏取引きによる世の慣らいの丸呑みを指す。先ほど挙げた「登校拒否」の学説の移り変わりが、これを明らさまに語っていた。「心理学」と言えば、心の有り様を解き明かす学問と見掛けられよう。

だが臨床心理学は、それを目指してはいないのである。世の中からの「ニーズ」に応えたい、「社会的な現実問題」に取り組みたいのが第一である。[24]「専門家」の地位を固めるのも、これを行いやすくするためである。

ここで、なぜ「ニーズ」に応えたいのかと問えば、この学の立場がより明らかとなる。それは、世の中に認められたいからなのである。ことに我が国ではこれが著しく、また見えやすい形にもなっている。広く世の中に「臨床」の力を持つと認められれば、この学を修めた者の職場が増える。現業者は地位が安定し、発言力を増す。就職に有利となれば学生が集まり、学生が集まると学部・学科・大学院の新設・増設がしやすくなる。すると大学教員の椅子も増えるし、これでまた世の中に認められる。「専門性の確立」と言い回されているのが、この流れである。

学問として心の有り様を説明する力は求めない。心の理《ことわり》を学び、明かすのではない。「研究」において、論文でも口頭発表でも、理論、学説そのものの検討はほとんど見受けられないのである。心理療法事例の経過を報告し、これに在り来たりの理論を当てはめての説明を少し付け加えると「研究」になる。こうした臨床事例報告が学会誌の紙幅を占めてきたし、大学院での指導もここに最も力を入れている。「事例」研究は、こんな人がいたらこんな風に扱えますとの、世の中に向けた例示となってきた。またこれを通じての、業務の宣伝である。近ごろでは「エビデンス」重視の、つまり統計的な処理を施した報告に向かう流れが少し強まってきた。[25] だが、枠組みに手を付けぬまま重箱の隅をつついても、心の捉え方の見直される見込みはない。

「自閉症」と呼ばれる子供たちについても、母親の養育による心因説の強かった時期があり、これに基づいた治療が行なわれていた。やがて脳の器質因説へと道を譲ったが、この動きついてもきちんとした反省は無かった。脳の障害は特定されていないから、器質障害説もまた心因説と同じく仮説に過ぎない。だが、これに反論は行なわず、かと言って心因説を反省したわけでもない。なし崩しで、静かに手を引いたのである。下手に口を出すより、むしろ黙っていれば藪蛇が避けられる。[26] 世の中に認められるには、波風は立てないのが上策に違いない。「自閉」つまり「自からに閉じ籠もっている」との受け止めは誤りと考えるが、ここでは措こう。「登校拒否」の治療実績はほとんど無いに等しかったし、「自閉症」など他のところでも同じである。だが、どんな名医でもあらゆる病まいが治せるのではない。実績の乏しさだけからの批判は、恐るるに足りない。

間違ったことをしていないと言えるのは、意識の明らかさを支えとする理論を有名な外国の学者が唱え、それに従っているからだ。また、有名な外国の研究所で「資格」を取ってきた教員が指導するからだ。スイスのユング研究所で「日本人としてはじめて分析家の資格を得た」河合隼雄（1928-2007）が、京都大学教授となった昭和五十年代から平成十八年に文化庁長官として倒れるまで、「有資格者」の総代を務めた。これは「権威による証明」である。「心の専門家」の絶大なる権威は、これまた別の権威に支えられて成り立つ。権威とは総じて世の中の主流に支えられるから、世の中を目指すかぎり、これらに頼ろうとの動きは筋が通っている。世の中に認められるには貢献が必要で、その足場として「専門家」の地位を求めるが、また、これまでの貢献の証しあるいは褒美として、この地位を待ち望む――それらなしでこの「学問」は成り立たないと、問わず語りに語っているのである。

なるほどこの学が、世の中の現状を批判的に語る場合はある。例えば、凶悪な犯罪や異常な心理を感じさせる事件が起こると、世の中の風潮につなげて論らうことがある――母性が過剰とか、甘えているとか、「心のケア」が足りないなどと言う。するとたしかに、世直しらしい見掛けを帯びるであろう。だがこれは、ほんとうの世直しではない。つまり、下地と図柄を入れ替え、上下を逆立てるような世直しとは明らかに異なる。この学は必ず、「正常」と「健康」の側に付くと決まっているからである。「異常」からの異議申し立ては、決して行なわない。世の中を批判する「図」を演ずる場合でも、自からを、世の布地の綻びと枠付けることは決してない。譬えればむしろ、「正常」の世の中から地続きで聳える「丘の上の街」である――「心の専門家」として、「正常」のさらに上に昇り、高みから、他人の「内面」に隠されたはずの意識を覗き込む。

この足場を固めるのがしかし、意識の「明らかな謎」と、これに支えられた〈意識の絶対個人主義〉という、怪しげな所である。とは言えこれが「専門性」を傷つけると思ったら、大間違いである。近代の「聖域」たる個人の心の成り立ちを裁くほどの力は、不確かな隠し事からこそ湧いて出る。すなわち、〈意識という想念〉の備える最も強い力、「聖なる」とさえ言えそうな辺りを、専門家たる自からの意識だけに重ね、しかもそのことを隠しているのだから。絶対に確かで明らかな意識は、他から知られ得ない仕方で、この「専門家」のみが抱えている。そしてこの謎と矛盾を足場に、世の中をではなく、世の中から析出した綻びをこそ考察の対象とする。したがって自からは原理的に、綻びることがないのである。批判らしき見せかけのものは、世の慣らいに受け容れやすい理想の売り込みに他ならず、「上からの改革」となる。言うならば「世直しを掲げた繕い」、むしろ反抗を装った、丸呑みの踏み固めなのである。

こうした臨床心理学／心理療法の、これまでの位置取りを考えれば、その病理を言挙げ、繕うべき「綻びの図」に押し下げて、ようやく平らにできるのではないか。私は、この学と技が綻び病んだ人びとに行なった同じやり方を裏返し、「再帰的」に適用した。この学と技とは、すでに述べたとおり、論理においても事実においても綻びを抱えている。ところが、この綻び無しでは成り立たず、これによってこそ形を得るのである。いま下した「診断」は、こうした境涯を言い換えたものに過ぎない。ここまで言ってはじめて、激しく相剋する火と水のせめぎ合いを超えた、中道への地均しができたのである。同じことをし返し、同じ高さに引き下げたのだから、これもまた、〈お互い様〉の付き合いと言ってよかろう。

以下の事例研究は、この事例「臨床心理学／心理療法その人」とそのあり方を、綻びとして扱う立場から進める。もちろん、そうは言っても、はじめから破れを繕い、「更地」に戻したいのではない。むしろ心理療法の常道に従いつつ、綻びの事実をそのままに受け容れたい。外からも内からも、子細に見やる努力をしてみよう。破れて穴が開いているなら、そこをまず伺ってみる——穴の縁はどんな風にめくれているのか。穴から顔を出してみよう——「布地」の裏はどうなっているのか。そして穴の彼方を見やれば——地の底にか天の上にか、はたまた空と海の境にか草葉の陰にか、訪れ来る者があるかもしれない。

できることなら、あらゆる角度から洗いざらい調べ尽くしたい。だが、私の力には限りがある。思想史の辺りに絞るしかなく、先の〈見立て〉のうちでは、意識をめぐる妄想の中身の辺りである。政治権力をめぐる強迫行為は、ほとんど扱えないであろう。軽んじているからではなく、もっぱら勉強不足のせいである。それでも及ぶ分野は、心理学、医学だけでなく、哲学、宗教、民俗にも渡る。だから、いずれの分野からも「越境」となり、場合によっては「侵略」と映るかもしれない。臨床心理学／心理療法の事情を特に知りたい向きにはかえって、この領野の記述があまりに少なく感じられるであろう。だが、回転軸を知るには、回転の全体を見なければならないのである。

この書ではまず、この事例の最初期の一つの挿話を足掛かりとする。さっそくそこに踏み出してゆこう。

●註……………………

【1】齋野（1995, pp.2-3）と高山（1999, pp.20-21）。ただし細かく言えば、じっさいに意識があったかどうかよりも、「意識する可能性」があったかどうかで処罰を決める傾向が強い。

【2】Wittgenstein, Ludwig（1970, section 152）。

【3】渡辺恒夫（1999）。

【4】正式には「心神喪失等の状態で重大な他害行為を行った者の医療及び観察等に関する法律」。平成17年7月15日に施行。再犯の恐れがあると判定された「精神障害者」は、強制的な入院隔離などの措置を受ける。

【5】ブルーア／Bloor（1976）による「ストロング・プログラム」の提唱するreflexivity（反射性ないし再帰性）の適用の試みと言える。ただし、臨床心理学がこの要求を充たしたうえで成り立ちうるかどうかは、まだ見通せない。

【6】シュッツ／Schutz（1962, pp.231-232）。

【7】シュッツ／Schutz（1962, p.233）。ジャネの影響は明らかであろう。また、すでに魚住（1997）は、シュッツの立場のこの不徹底を鋭く指摘した。

【8】これについては拙論「ドン・キホーテ騎士道と超越論哲学の関連について—日常性と現実性にまつわるシュッツの悲劇から」（現象学年報 1998, 14, pp.229-232）と題する拙論で述べたことがある。彼はこの論文の発表から数年ののち、六十歳で他界した。

【9】ディルタイ／Dilthey（訳書 1989, pp.128-129）。

【10】この書を通じて年代は、一般的なキリスト教暦（グレゴリオ暦）で示す。近ごろの我が国ではこれを用いるのが、ことに学術的な著作においては、まったく疑問の余地のない行為と見做されがちである。しかし「西暦」なるものが、キリスト教の主イエス＝キリスト誕生伝説・神話に基づくのは、それこそ否定しようのない事実で、この年代記述の採用にはイデオロギーが伴わざるを得ない。私としてはなるべく用いたくない暦法である。だが、ここでの論らいの背景にはキリスト教の影があるし、また舞台は西欧が主なので、この書に関するかぎりはふさわしい暦法と考える。

【11】〈うぶすな〉からの研究法については、次の拙論で詳しく論らった。Expanding Religious Studies: The Obsolescence of the Sacred/Secular Framework for Pagan, Earthen and Indigenous Religion.（York, Michaelと共著（2007）*The Pomegranate: The international journal of pagan studies*, 9 (1), pp.78-97. London: Equinox Publishing.）および、「祝いと忌みをつなぐもの—『聖』に代わる『イ』について」

(2012) 比較民俗学会報 33 (4), pp.1-12.

【12】これは、抽象的な形式論ではない。生きた人間の心の扱いにも深く係わるところである。精神医学の診断基準は、かつては西欧においてさえ、国により、学派によりバラバラであった。この流れを受けた我が国でも同じで、また各おのの研究者が様ざまな診断基準や病名を提案してきた。背景には、それぞれの〈うぶすな〉の感じ方、慣らわしを映した精神病理学が控えていたのである。ところが、最近になってアメリカの影響が強まってＤＳＭを用いる場合が増え、これとほとんど重なる国際疾病分類（ICD-10: International Classification of Disease）を用いるべしとの圧力も高まっている。厚生労働省は、公式書類への記述にＩＣＤを用いよと求めている。これは思想統制の類いと言ってよい。これらの点はしかし、残念ながらここでは扱いきれない。

【13】最近になって日本の裁判所が、職場環境から鬱病や統合失調症が発病したとの因果関係を認める判決を出すようになった。これらは、かつては環境要因を原因と認めなかった疾患なので、その点では画期的である。だが、個人の心の病変を問題とする構えは変わっていない。

【14】さしあたり〈心理読みの心理知らず〉で足りるかもしれない。しかしここは、広く使えるであろう「論語読みの論語知らず」を「原理」の名としておきたい。置き換えによって、「原発作りの原発知らず」といった使い方もできるわけである。

日本原子力学会は東京電力福島第1原発事故を受け、歴代幹部に実施したアンケート調査の結果を公表した（２０１３年3月27日）。学会の事故調査委員会が策定する報告書に学会の責任を盛り込むための実施で、２８９人にメールや郵送で用紙を発信、１０１人から回答を得た。回収率は35％に過ぎなかったが、原発の安全性に疑念を抱きつつも発言を避けてきた専門家の意識の一端が明らかになった。「電力会社に遠慮があった」と、研究が金銭的な利害で歪められたことを認める発言や、「異議を唱えると原子力反対派と見られる」との、人脈にまつわるタブーが語られた。それらの根もとを言挙げたのが「安全性への言及は自己の足下を崩すという認識があった」との告白である。「原子力ムラ」の論理で黙認した流れには、「反対派が指摘する問題を科学的に議論する姿勢に欠けていた」との反省も寄せられた（毎日新聞と産経新聞２０１３年3月28日。強調は實川）。

原子力の研究にだけ、ことさら志の乏しい人びとが集まったとは考えにくい。心理学でも同じはずである。原子力には大事故の教訓が与えられ、ひとまず反省も始まった。だが臨床心理学には、今は表立った教訓が乏しい。ほんとうは、人的被害も多いのである。例えば、「精神医療被害連絡会」（代表・中川聡　http://seishiniryohigai.web.fc2.com/seishiniryo/）では、精神科医による手軽な診断が「薬漬け」に導く近ごろの流れのうちで診断に拠り所を与える臨床心理学と、心理臨床家の果たす窓口の役割が批判されている。しかしながら、こうした発言にはかつてほどの広がりがないので、学会の反省にまで結びつかないのである。

巨大な寡占企業の電力会社や原子力の保持を国策とする日本政府は、たいへん強い圧力団体である。臨床心理学については、これほど力のある団体は認められない。それどころか、各種の医療団体が心理職の国家資格化に警戒心さえ抱いている。けれども臨床心理学の根方を支えるのは、「心の近代」の全体なのである。目立った集団はなくとも、いや、的が絞れないだけに、抗うのは難しい。まして、この分野の最大勢力をなす日本心理臨床学会は、のちに示すとおり、世の中での利害を第一に掲げて設立されたのである。

心理学の学生からも、心理や心理学の根方を問う者が出ないわけではない。例えば「心理臨床の現状を考えるページ」（http://www8.ocn.ne.jp/~mental/index.html）は、卒業論文のためのアンケートを実施しつつ、「このページの作者自身が、長年に渡る心身の問題を抱え、様々な心理療法や治療者といわれる人達に関わることで、強い疑問や怒りを感じざるを得ませんでした……」と記している。しかしそうした動きの芽は、のちに述べる世の中の「ニーズ」に応えるのを何よりと考える教員たちの「指導」、例えば「臨床に集中する」などの掛け声により摘み取られてゆく。人生経験を経た先輩たちは、タブーに触れる恐ろしさを身をもって知っているのである。このアンケートはついに論文に活かされず、ホームページもいまは活動を止めてしまっている。

【15】阿部（2010）に、要領のよいまとめがある。

【16】自治体の研究所で「登校拒否」児童についての相談を指導していた金岡（1985）は、「登校拒否の指導の本質」を、次のように書いた。「症児の弱い、未熟な（あるいは歪んだ）自我をはぐくみ（修正し）、主体性を育て、望ましい自我の確立を図ってゆけるようにするところにある」。児童相談所の臨床心理士であった小野（1986）は、「原因としての親子関係、したがって治療における親への働きかけの必要性がしばしば論じられながらも、直接的に親を治療対象とした報告例は、きわめて少ない」として、親を対象としたグループセラピーの実践を報告し、これに基づいて「登校拒否児童」の「変化段階」なるものを作成した。そして、「親が児童本人の変化段階を認知し、順次段階を踏んでいく方が有効なことを理解し、次段階に進めるための有効な方法を探索できるように、援助していくこと」を「課題」として挙げている。また、堺市立教育研究所が１９８３年に作成し、その後数年間にわたって初等中等学校に配布した冊子『登校拒否―理解と指導の手引き―』には、「登校拒否の子どもに共通する主要なメカニズムとして、親からの心理的独立への葛藤を指摘できる」と記されている（p.2）。

【17】日本心理臨床学会の理事長（当時）鑪幹八郎は、学会創立25周年記念の挨拶で、次のとおり述べている。「心理臨床の国資格問題も現実のものとなり，国会のレベルで検討される段階にきています。心理臨床の専門家としての資格を国が認定する方向で進むように努力していますが，日本の心理学界全体の微妙

な心理力動が働いており，現在のところどのようになるのか，働きかけの努力をしながら，推移を見守っているところです」（鑪 2006, p.3）。

私は主流の一角を担う日本人間性心理学会で，理事を務めていたことがある。この学会はもともと，心理資格の国家認定を求める動きには距離を置いていた。ところが理事会は急に，十分な議論のないまま，認定を求める向きに転じようとした。このため私が，別の立場もまじえての討論会を企画したところ妨害に遭い，さらに理事を解任されてしまった。また，これらの動きへの批判を続けたところ，会員からも除名された（２００６年）。「資格反対派のうるさい人物」と認められたのであろう。原発建設の批判者が「原子力ムラ」から，「反対派」だからとの理由で閉め出されたのと同じ動きである。

【18】横田（1989, 1990a, 1990b, 1991, 1992, 1995）／山岸（2005, 2008）。【補註】あり（73頁参照）。

【19】江澤（2006）。

【20】フロイト／Freud １８９７年1月17日付けのフリース宛て手紙（1986［Masson, J. M.］, p.239）。

【21】フーコー／Foucault（1972 第二部）。

反主流学会の機関誌『臨床心理学研究』には，精神病と診断された当事者の寄稿による，「当事者手記」という連載がある。ある患者がそこに，「二つの精神世界で生活」していると記した。一つは，「私が女性のセンスをアップし，日本に活力を与えた国家的にも尊い人物だという妄想の世界」で，ここから「なかなか抜けきれないでいる」という。そして，「私が真剣に考えていることが，他人から見ると，馬鹿げた考えにすぎない世界です」と述べたうえ，「患者に必要なのは，常識的に話し，常識的に行動するための訓練が必要なのです」と結んでいる（黒沢 1992）。けっして珍しくないこの記述の受け止めは，しかし，なかなかに難しい。彼は「常識的」な言葉と行動の訓練を，自から求めている。世の多数派に馴染む人には，この患者が「現実感覚」を取り戻し，己れの症状を批判的に見るに至ったと受け取れるであろう。たしかに、そうも読める。理論どおりであり、己れの「内面」を「改善」したので、治療の成果とも言ってよかろう。だが他方、この患者は、「妄想の世界」を誤りだとか、ほんとうは無いなどと、どこにも書いていないのである。この大切な世界を侵されないために、他人に合わせる「常識」の訓練を二つ目の世界で求めているとも読める。そうだとすれば、治療は上辺の飾り、あるいは目眩しの工夫に留め、もう一つの真剣な世界に入ってこないで欲しいと言っている。臨床心理学のありきたりの理論への蔑みを含むとも読めるのである。これも〈お互い様〉への、一つの道であろう。

【22】天然痘の膿を接種する予防法は、古くから行なわれていた。しかし、ジェンナーが微生物の病原性の発見に先駆けて種痘を断行できたのは、「似たものどうしが癒やす」との思想に支えられてのことであった。彼の成功が「同毒療法」の発明に繋がると言われる（オッペンハイム／Oppenheim, Janet　訳書1985, pp.294-5）。

我が国では、頭蓋内出血防止のためのビタミンK2シロップを与えず「同毒療法」で治療を受けた乳児が死亡し、親と助産師の訴訟となった事例がある。日本学術会議は会長の金澤一郎の談話を発表し、ホメオパシーの治療効果は科学的に明確に否定されているので、医療関係者が治療に用いるべきでないと述べた。唐木英明・同会議副会長も「ただの水なので効果はない」と訴えた（毎日新聞・読売新聞２０１０年８月24日）。また、日本医師会（原中勝征会長）と日本医学会（高久史麿会長）も、医療関係者がこの療法を用いないように求める見解を共同で発表した。原中会長は「科学的にはまったく無意味」と述べた。長妻厚生労働大臣も、「仮に、本人の意思に反して病院に行かないようなことがあるとすれば問題。省内でよく議論し、実態把握の必要があれば努めていきたい」と述べた（読売新聞２０１０年８月25日）。

日本学術会議会長談話は、結びで次のとおり記している。

日本ではホメオパシーを信じる人はそれほど多くないのですが、今のうちに医療・歯科医療・獣医療現場からこれを排除する努力が行われなければ「自然に近い安全で有効な治療」という誤解が広がり、欧米と同様の深刻な事態に陥ることが懸念されます。そしてすべての関係者はホメオパシーのような非科学を排除して正しい科学を広める役割を果たさなくてはなりません（http://www.scj.go.jp/ja/info/kohyo/pdf/kohyo-21-d8.pdf）。

【23】より詳しくは、拙論「心の病まいをめぐる哲学的問題と，新たなパラダイムへの展望――ないし心理療法の危険性と進歩への希求」（『心理臨床大事典　改訂版』第5部第15章（2004）培風館）に記した。

【24】1990年には財団法人日本臨床心理士資格認定協会が発足し、心理職の国家認定を求める運動に弾みがついた。所管官庁の文部省（当時）における担当者・体育局主任体育官は、次のとおり述べていた。「臨床心理士への期待とニーズは，学校の場のみならず今後様々な分野で大きく広がっていくと思われる」（長谷川裕恭 1999）。

先にも引いた日本心理臨床学会の創立25周年記念の挨拶で、理事長（当時）鑪幹八郎はこう述べていた。「学会はまた，日本臨床心理士資格認定協会および日本臨床心理士会の組織と緊密に連携して日本における社会的な現実問題などに取り組んできました。地域の事故や犯罪被害への心理的援助，文科省のスクールカウンセラー事業への支援，また阪神淡路大震災を契機に，外国も含めて災害後の心理学的な援助に積極的に支援をしてまいりました。現実の心理的な問題に密着している心理臨床学会ならではの重要な仕事ではないかと考えております」（鑪 2006，p.4）。

2013年4月に設立された「一般財団法人　日本心理研修センター」は、設立趣意書を「国民のこころの問題……への対応が急務」と書き出している。臨床心理学の主流団体が協力して作ったもので「国家資格によって裏付けられた一定の資質を備えた専門職」の必要を説く。「この職が人々のこころの安定に資する職務を担うにあたり、その資質の向上のためのさまざまな研修及び心理支援に関する情報の収集と提供」を業務とするという。そして、「基本事業」の1．として、次を掲げている。

1．心理支援を必要とする人々のニーズに応えることができるよう心理職の資質向上を継続的に図ることを目的とする研修を実施する。研修目標は次のとおりとする。

（1）高度な倫理規範を順守し、関連法規を理解し、関係職種との適切な連携と協働のもとに遂行される心理職の役割について説明できる。心理支援について、その基本原理を理解し、実際の基本技術を有し、個別への適用に留まらず、臨床実践の場を全体から理解し説明できる。

（2）心理支援を必要とするさまざまな領域に応じた心理職の役割を理解し、適切な心理支援を計画・立案・実行・評価することができる。

また、その他の項目においても、例えば

3．各領域の機関において業務上必要とされる技術、知識等の研修を受託する。

など、世の中の求めに応ずるを何よりの身構えで貫かれている。この職での「資質の向上」は、このように理解されるのである。

2013年のはじめに臨床心理学の主流を担う三つの団体の長が連名で呼びかけた国会請願書の「請願の趣旨」（後掲）は、始めの一段落が「日本心理研修センター」の設立趣意書とそっくり同じである。この請願書は短い文章のうちに、当事者のこうした考え方をよく示しているので、全文を掲げておく。生活安定のための国家資格への渇望と、これを支えとして世の多数派に貢献したい気持ちが、ひしひしと伝わるであろう。

議院議長 殿

『心理師（仮称）』の国家資格創設早期実現の請願

臨床心理職国家資格推進連絡協議会会長　鶴　光代
医療心理師国家資格制度推進協議会会長　織田正美
日本心理学諸学会連合理事長　子安増生

■請願の趣旨

今日、国民のこころの問題（うつ病、自殺、虐待等）や発達・健康上の問題（不登校、発達障害、認知障害等）は、複雑化・多様化しており、それらへの対応が急務です。しかし、これらの問題に対して他の専門職と連携しながら心理的にアプローチする国家資格が、わが国にはまだありません。国民が安心して心理的アプローチを利用できるようにするには、国家資格によって裏付けられた一定の資質を備えた専門職が必要です。

昨年、心理職の国家資格化を推進する議員連盟を、自民党、民主党で設立していただいておりますので、国家資格創設の早期実現のために請願を行います。

1．国家資格化要望の経緯

これまで長い経緯がありましたが、２０１１年より心理職者は国家資格化に向かって結集し、「三団体要望書」を確定し、上記のお願いを続けています。２０１２年3月には超党派の国会議員１００名超の参加を得た集会を行い、6月には自民党による「心理職の国家資格化を推進する議員連盟」、8月には民主党による「心理職の国家資格化を推進する民主党議員連盟」が設立されています。

2．心理職の資格制度の現状
心理職の資格に関しては、約2万5千名の臨床心理士がおり、既に167の大学院による養成システムもできています。更に、学校心理士、臨床発達心理士、特別支援教育士などが約1万1千名人、また、各関係学会や職能団体により認定された心理士も沢山います。しかし、国家資格制度になっていないことから、養成レベルはさまざまであり、社会制度の中では安定した活用が困難な現実があります。大学院修士修了レベルを基本とした国家資格の創設により、国民のだれもが安心して心理支援を受けられるようにすることが必要です。

3．社会のさまざまな領域での心理支援における国家資格をもつ心理職の必要性
東日本大震災をはじめとして、社会のさまざまな領域でこころの疲弊を懸念する声はますます高まっていますが、国家資格がないために、専門的に心の支援に関わる技能をもつ心理職を必要な数、迅速に派遣することがなかなか難しいという現実があります。

先進諸国では、心理支援の専門職は国家資格として整備されていますが、以上のようにわが国では学会等、さまざまな団体の認定資格に依存している状況が続いています。国民にわかりやすく、安心して支援をうけることができるよう、「心理師（仮称）」国家資格創設の早期実現をお願いします。


【25】 山下（1987）。

先にも引いた文部省（当時）の心理職担当・長谷川裕恭は、次のとおり述べた。「我が国の大学院は研究者養成を重視するあまり，職業人養成の面が等閑視されてきたが，昨年10月の大学審議会答申で高度専門職業人養成のための大学院修士課程の充実の方向性が強く打ち出された」（長谷川 1999）。

また鑪は、次のとおり述べている。

特に，心理臨床学会の特色として「事例発表」に重点をおいて研究がなされ，これによって心理臨

床的な事例の理解を深め，また研修の実をあげることができました。今日では研究の幅も広くなり，事例研究を中心に，さらに調査研究とともに統制された実験的研究も増加し，科学的心理学としての心理臨床学がその大きな姿を現してきているといってよいと思います（鑪 2006, p.3）。

事例研究が主軸を占めてきたとの証言である。これには、かつて調査・実験研究が、生身の人間を見ていないと批判された経緯も係わっているはずである。他方、調査・実験を重視する流れからは、事例研究の一例提示では実証性がないとの批判が続いていた。これらの折り合いのないまま、二つの方法が併記されるに至った。また、研究法の分類を挙げ「研究の幅」の広さは語っても、成果については何も述べられていない。

【26】『心理臨床学研究』第24巻第1号は、「編集委員会広告」として「執筆要領」（後掲）を示し、論文で用いるべき用語に制限を設けた。その意図は、医療関係者との摩擦と、「障害者」差別をめぐってる批判を避けることにある（２００６［平成18］年4月30日発行 p.126）。

★論文中で用いる用語

10．論文中で用いる用語については，以下のような点について熟考し，使用すること。

a）「診断」「治療」「治療者」「患者」「症例」などの医学用語は可能な限り使用を避け，「アセスメント」「セラピー」「援助」「セラピスト」「面接者」「クライエント」「事例」などの心理臨床学用語を用いることが望ましい。ただし，医療機関における処遇を記載する必要がある場合や，文献の引用部分にこうした用語が用いられている場合，あるいはそうした表現を特に用いる必要がある場合については，この限りではない。

b）「精神分裂病」という表現についても，十分に考慮すること。可能ならば用いることを避け，「統合失調症」に置き換えることが望ましい。

心理臨床学研究「執筆要領」は、２０１３年3月26日現在、下記で見られる。
http://www.ajcp.info/writing-outline.htm

b）「精神分裂病」
を削除し、
b)差別的な用語や言い回しがないか点検する
と改めたので、「差別批判対策」の意図がより明らかとなっている。

学術団体が、己れの世の中での利害から研究発表の表現を制限する。ここに、この分野のあり方がよく表われている。「そうした表現を特に用いる必要がある場合については、この限りではない」とされてはいるが、この時期に、主流に属する別の学会誌で「却下」となったある論文の不採択理由の一つには、心理療法の活動を「治療」と表現したことが挙げられている。こうした構えが言葉遣いだけでなく、内容の制限にまで及ぶのは避けられない。拙論「どんな論文がどのように不採択となるのか　二つの事例研究から」（『心の諸問題論叢』2009, Vol.4, No.1, pp.27-61）では、この経過の詳細と査読所見を示している。https://www.jstage.jst.go.jp/article/kokoro/4/1/4_1_27/_article/-char/ja/

【補註】日本臨床心理学会は１９７０年ごろ、「改革」を断行した若手が柱の集まりであった。大量脱会で少数派となっても、専門家が独占を図る既存体制への批判を次々と打ち出し、影響力はしばらく健在であった。けれども若手は、多選を経てそのまま年寄りとなった。次世代の役員を人脈で継いだこともあり、活動内容に変化が乏しく停滞に陥った。１９９１年には再分裂し、急進派が社会臨床学会として独立した。残った人びとは「現状の矛盾をみきわめ」と革新的な看板を掲げつつも、保守色を強めてきた。国家資格問題では日本心理臨床学会と共同歩調をとり補完勢力となったが、会員の減少は止まらなかった。近ごろでは最短で十年、長くは四十年も在任を続ける役員の恣意的な運営に流れ、責任者の指示が通らず、会則・議決の無視さえ珍しくない。運営副委員長職にあった宮脇稔は、学会活動は会員のためにあるのではないと明言し、さらに「共感と理解がかなわなければ、自分が委員になるか脱退すればよい選択の自由があり、その分、運営委員会への縛りも弱い」と述べている。ここ二、三年は、新たに加わった運営委員による改革の動きも見られた。しかし、2013年8月の第49回定期会員総会（議長＝亀口公一、選挙管理委員＝西田久美江）では、選管と議長が議論を封じたまま投票を強行する前例のない役員選挙となった。委任状を含めた多数決集計の結果、改革派の現役編集委員長が不信任されたほか新人二人も落選し、旧来の顔ぶれに戻った。会員にはこの動きを批判する力がなく、すでに学会としての役割を終えつつあると考えられる。

2

境目に立つ男の挿話
——メスメルについて

臨床心理学／心理療法という「覗き穴」から西欧近代の心の扱いを見やると、まず、とば口で出会うのがメスメル（Mesmer, Franz Anton: 1734-1815）である。今の世に連なる心理療法の「開祖」にこの名を挙げるのは、すでに固まった仕来たりとも言えよう。ここでは、彼をめぐる出来事の荒描きを通して、「心の近代」の一側面を炙り出したい。それは臨床心理学／心理療法という名の「事例」ないし「患者」の身の上の興味深い、それも誕生のごく初期か、胎生期の挿話となる。

もとより、メスメルを心理療法／臨床心理学の開祖とはしない歴史もまた書きうるであろう。だが、かのエレンベルゲルも、メスメルを「力動精神医学」の開祖と位置づけていた。これには、私の立場からも意味がある。エレンベルゲルは、霊などによる治療を含む「原始的」ないし「前近代的」治療と今の世の心理療法とのあいだに、深い繋がりを認めている。私もそのことを考えつつ、書き進めているのである。その彼が、やはりこの位置づけを採っていた。ただし、気をつけるべきは彼が、今の有り様こそ進んだ姿であり、古いものを乗り越えて総合したとの立場にいることである。

先回りして言えば、私の結論は、エレンベルゲルとは逆さまである。意識しか知られていなかったところに無意識が「発見」されたのではない。むしろ、〈意識という想念〉こそが、近代のただ中で「発明」されたのであった。この新しい工夫が人間にとって何よりの宝となり、心の病まいを癒やす薬とさえ考えられた。これは人類史上、おそらくかつて一度もなかったことなのである。かつてなら、今で言う「無意識」こそが、むしろ当たり前の心の有り様であった。アフォーダンス説の組み上げに力をつくしたリード（Reed, Edward）も、彼の斬新な心理学史『魂から心へ』（1997）で、これを言い立てた。心が周りとの係わりで成り立つかぎり、個人の「内面」の絵の如きものではあり得ない——本来の心であったその何ものかが、「意識の発明」に伴い、新たに「無意識」という名を与えられ、立場も値打ちも大幅に動かされたという。私も、そう考えている。臨床心理学の誕生とは、心全般のこの大いなる遷ろい、すなわち「心の近代」の立ち出でを徴し付ける一つの出来事なのである。

エレンベルゲルは、心理治療の今の世への成り行きを、当たり前で望ましいと見做していた。けれども、彼が「原始的」とか「前近代的」とした営みは今でも、我が国はもとより、地球上でさかんに行なわれている。つまり今の世でも、「生きた治療」なのである。彼がこれらを、近代の世の中には無いかの如く扱ったのは、明らかな誤りである。「進歩」への軽はずみな信頼が、そうした癒やしの営みを軽んじさせたのではないか。さらには、げんに行なわれている癒やしの排斥にさえ連なる。私は、これに与しない。

近ごろ見られる心理療法は、十九世紀半ば以降の殊更な歴史の流れから組み上がった、殊更なる治療法に過ぎない。つまり、「心の近代」の申し子なのである。自然科学の手順と成果のみを学問の絶対的な掟＝基準と見做し、これに合わないものを排除する動きを「科学主義」と呼ぶ。この主義は近代の表舞台で脚光を浴び、ちょっと見には心理療法と対立する。だが両者のあいだには、〈意識という想念〉を介した連動が隠れているのである。「科学主義」もまた、臨床心理学誕生の時代に産まれて、今の世までを貫く考え癖の一つに他ならない。多くの心理療法家や臨床心理学者が、これには異議を唱える。そのやり方では、彼らの重んじたい「感情」や「情動」が無みされると、受け取られがちだからである。けれども、すでに見たとおり、対立は必ずしも親近の否定ではない。論証と験証を重んずる科学主義の背後を支えるのもまた、「明らかな意識」に他ならない。両者は同じ宝を共有しつつ、その使い方で対立しているのである。だから、両者ともに〈意識という想念〉が元締めの、殊更なる世界の住人である。それぞれの陥る〈論語読み論語知らずの原理〉から、世界の造りの認知を阻まれているに過ぎない。

メスメルはいくつかの観点で、前近代から今の世への「境目を跨ぐ」人物と捉えられる。この境目で、何と何がどう出会うのかを調べると、今の世の臨床心理学の性《さが》が、あぶり出されるであろう。二十一世紀に入ったいま、それらは再び大きな転換期を迎え――再び境目を越えようとしていると、私は考える。

境目の成り方を、大きく五つに仕分けてみる。物と心、宇宙と人間、宗教と科学、素人と専門家、そして意識と無意識のあいだに、それぞれ境目がある。ただし、境目を跨ぐとの言葉は、それらをこじ開けた開祖としてメスメルを賛えるものではない。つまり、彼が境目を越えたから、この学と技術の今の姿が出来上がったのではない。メスメルはむしろ、半ばは古い体制の世界に属したので、今の世では疑いを容れないこれらの境目を、はっきりと認めなかった。そのため、結果として跨いで見せられたのである。彼はその自づからなる振る舞いにより、ここに線を引く構えが、必ずしも唯一でも必然的でもないと、示してくれているのである。

メスメルの行なったことは、近ごろの見方からすれば、おそらく心理療法にちがいない。だが彼には、今の世の主流に連なるフロイト、ユング、ロジャーズらの立場とは、対照をなす色合いが備わっている。メスメルはだから、これらの技術と学問を、自ら始めた人物とは言えないのである。今の世の臨床心理学が産まれ出るには、この人物と我われの時代とのあいだに、新たに大きな捩れを挟まねばならなかった。しかし彼は、いま扱おうとしている「事例」の成り立ちに先立つこと百年の時点で、ようやくおぼろげに形をとりかけた境目の辺りを行き来した。だから、近ごろの世界から振り返るかぎりメスメルは、ここに境目が引かれたと、我われに告げる人物なのである。その意味ではたしかに、「ここから始まった」という言葉がふさわしい。

物と心の境目――心が物理的に運動する

動物磁気の物質性と心理性

メスメルはまず、物と心という二つの在り方の境目に立っている。物と心は、西欧の今の世界で主流をなす世界観では、まったくと言ってよいほど接点がない。唯一の例外が、おそらく人間の脳なのだが、それでさえ具体的な仕組みとなれば、雲を掴むような話である。「物質の心」といった表現は譬えか、さもなくば「迷信」となる。学問的には、いずれか片方の研究を進めるにあたり、他方を考慮する必要がない。つまり、二つの在り方はきっぱり分断されたも同然である。だが、動物磁気（magnétisme animal）というメスメルの理論こそ、まさにこの二つを跨ぐものであった。

日ごろの我われは、物と心の区別にほとんど無頓着で生きている。無残な「自然破壊」の跡を見れば、自ずと心が痛むのに不思議はない。日々の〈うぶすな〉の暮らしの世界では、物と心は今も一体なのである。世の中に物質は不可欠だが、ものごとを知り、振る舞うには、心が必ず係わる。それなのに、物理学者と心理学者とが研究課題を共有せず、交流がまずないのは、おかしなことに違いない。[1] だが、こうした傾きが著しくなるのは、西欧文明においてさえ、じつは二十世紀に入ってからなのである。それ以前には、古代より此の方ずっと物と心とは一体か、少なくとも互いに密に働きかけあうのが、学問的に見ても当たり前であった。

十七世紀はじめのデカルト（Descartes, René: 1596-1650）による物心二元論は、近代批判の敵役代表にしばしば挙げられ、物と心の分断が「デカルト的」と形容される。なるほど、デカルト説の響きは力強かった。しかし、まだ直ちに学問一般の方法を統べるほどの力は持ち得なかったのである。研究全体を眺めれば、まだ多くの思想家たちが、あい変わらず物と心の繋がりを当たり前としていた。例えば、近代的な原子論の嚆矢を放ったボイル（Boyle, Robert: 1627-1691）は、気体の弾性を機械論で説明したが、すぐに霊的な力を考慮すべきとの批判が寄せられた。著者はこれに丁重に反論しつつ、己れの説の限界を認めざるを得なかった。[2] ラマルク（Lamarck, Jean Baptiste de: 1744-1829）は、十九世紀になっても統一的な「火」の理論を構え、感情はもちろん知覚をも神経内の「火」の流れから説明した。[3] デカルトは、ほぼ三百年後の「科学」の姿を予見したのであって、その実現に要した歳月こそ、彼の偉大さの証しである。

とは言えデカルト自からが、己れの立場によってもなお物と心は互いに連関し対応するのだと、全力をあげて証明を試みていた。その成果たる松果腺説も「神の誠実」も、すでに当時から根拠薄弱とされ、彼の哲学の弱点と見られてきた。裏返せばしかし、そんな無理をしてでも、物と心の接点を探さずにいられなかったのである。

物理と心理をはじめから別々の専門分野と見做し、互いに見知らずに研究を進めてよいと疑いなく思える世の中は、二十世紀の初頭まで訪れなかった。そしてこの二十世紀初頭こそまさに、ここでの「事例」たる臨床心理学／心理療法の、確立の時なのであった。しかしメスメルはまだ、物と心の境目に躓くことがなかった。彼が回想録の付記にまとめた動物磁気についての二十七箇条の「命題」には、こう書かれている。

1　天体、地球、生体の間には、互いの影響が実在する。

2　宇宙全体に広がり、また連続しているので真空の余地を与えないある流体（fluide）が、微細さにおいて比べるものなく、そして運動より来たるあらゆる印象を受け容れ、伝播し、伝達するを持ち前として、この影響の媒体なのである。【4】

気取った文体でこう述べられた「流体」こそ、動物磁気である。この「物質」は心理的な働きを備え、しかも宇宙全体に満ちていた。物質が「心理的に働く」ことは、近ごろでも、例えば精神安定剤や麻薬などの効果として知られている。だが薬物は自からが心理的なのではなく、脳という特別の器官の内部に入り込み、神経の活動に影響を及ぼすかぎりでのみ心理的となり得る。つまり、心の作用を発現するのは脳神経の活動だと考えられており、薬物それ自からが心理的なわけではない。メスメルの動物磁気はしかし、自からがすなわち心理的な物質であった。物と心の境目を、ここで跨いでいたのである。彼の書き振りに染み渡る星占いの雰囲気も、このことを裏書きするであろう。人間の運勢は、いつも物と心が合わさって成り立つ。占星術は、十七世紀までは、れっきとした科学であった――もちろん今も、廃れてはいないが。

この心理的物質は人間に病まいを起こし、また治しもする。メスメルの患者＝依頼人は、臨床心理学の立場では、主にヒステリーとされるであろう。心理的な原因による神経症（ノイローゼ）の一種で、「転換性」あるいは「解離性」の障害ともされる。しかし、人びとの暮らし向きは、その頃と今の世とで、大きく異なる――世界の造りが異なるのである。近ごろの考えを、手軽に持ち込んでは危ない。正確な病態は不明と考えるのが正しかろう。ただし、体と心を別次元にしないのだから、心の係わりの大きい病まいが扱われていたとまでは、言えるに違いない。

ところが、この観点からメスメルの記述を読んでみると、驚くべきことがある。物質とか流体との言葉は多用されるものの、肝腎の「心理」を書いた箇所が、ほとんど無いのである。シェルトクとソーシュール（Chertok, L. & Saussure, R. de, 1973）によれば、メスメルが感情の役割について述べたのは、全著作中でたったの一箇所だという。[5] そうなると、彼は薬になる物質を探しただけで心の癒やしは考えていかった、との疑いが浮かぶかもしれない――心理学から見るのは、後付けではないか。むしろ当時の制約のなかでの、向精神薬の開発努力ではなかったのか。なるほど、動物磁気の働きは「潮の干満と同じ種類の運動」で、これが直かに神経に入り込み、反応を惹き起こすというのであった。[6]

ここで押さえておくべきは、動物磁気が物質で、かつ物理の法則に従うとしても、それにも拘わらず心理なのだ、という点である。メスメルがデカルトの躓き、いわゆる心身問題を理論的に解決したのではない。そうではなく、彼は思想的にはデカルトの「手前」にいたので、心身結合の謎に悩まなくてよかった。そしてメスメル理論のこの持ち前は、けっして彼の妄想でも独創でもなく、この時代の世界の雰囲気に馴染んでいたのである。シェルトクらは、メスメルの無知ないし鈍感を批判したいようなのだが、それこそのちの枠組みの押し付けになる。我われの世界での「感情の言い回し」に当てはまらないからとて、これに通ずるものが描かれていないとは言い切れないのである。

例えばド・ラ・メトリー（La Mettrie, Julien Offroy de）の『人間機械論』[7]を挙げてみよう。この本は1747年に刊行され、フランス大革命に思想的な刺激を与えたとされる。書名からすると今の世の読み手には、歯車やバネなどからなるロボット人間が想い浮かび、「機械的な運動」のみの、何も感じない人間論と思われるかもしれない。けれども、この本の趣きは違う。ド・ラ・メトリーは、どんな組成の物質でも余所からの刺激を受け容れると考え、これで生ずる感覚を当たり前として出発したのである。だから「機械人間」と言えども、感覚を基いとする心を備えることに、いささかも疑いはない。体の働きと、それに伴う物質的な心の働きだけで、人間の活動はすべて説明できるとの言い立てであった。こうした世界では「機械の動き」が感覚、感情を含んでいる。「胸が張り裂ける」が、感情表現そのものをけっして譬えでなく含んで、矛盾はないのである。

では、敢えて人間を「機械」と呼ぶ意義はどこにあるのか。それは、体の「機械的な働き」に含まれる心の他に、「非物質的な」魂・精神を持たないことである。人間はその限りでのみ「機械」なのだ。この魂・精神は、キリスト教の教義の臍とも言えるところである。だから、その否定はキリスト教批判に他ならない。すなわち『人間機械論』は、キリスト教の教義と権威を支えとした政治体制への、反逆の書なのであった。これらの点は、のちに述べる〈心の囲い込み〉における〈精神／物質系〉とも繋がっている。

メスメルは、自らを自然科学者と位置づけていた。この時代には、物質の研究を行なう自然科学者でも、心に無関心ではいられなかった。したがって、物と心の境目を同時代人たちとともに跨いだ彼自らの位置づけに、矛盾はいささかもない。感情について述べた、たった一箇所とされる記述でメスメルは、動物磁気という物質が、治療の初めのころには感情を介して伝わると語っていた。ただ、この「感情」も、おそらくは物質なのだ――こう聞いてもし戸惑いが感じられれば、それが異なる世界に触れたときの〈揺さぶり〉体験なのである。

ニュートンとメスメル

心に関連する自然科学と言えば、科学史の全体を通じて、まず物理学である——これは逆説ではない。メスメルが己れの理論の手本に選び、さらに自らをその後継者と任じた相手こそ、他ならぬニュートン（Newton, Isaac: 1642-1727）であった。時代は下って、近代心理学の産まれた頃にひとときの円熟期を迎え、この新しい学問の手本に選ばれたのが、やはり物理学だったのである。メスメルの活躍からちょうど百年ほどのちだが、二つの時期の物理学と心理学の親密な係わりは、決して偶さかではない。ただ、あとの方の絡みについては先延ばしで、いまはメスメルの身辺に戻るとしよう。

メスメルが「動物磁気の発見」に与えている日付は1774年7月28日である。だが彼は、すでに1766年の医学部卒業論文で「動物重力」説を唱え、後年の基いとなる枠組みを打ち出していた。論文題目は「人体疾患に及ぼす惑星の影響」であった[8]。この論文がニュートンの影響下にあるのは、「重力」という言葉からも伺われる。メスメルがニュートンを受け継いだとは、近ごろの常識からは、勝手な片思いくらいにしか感じられないだろう。だが公平に見れば、つまりニュートンの「自然哲学」、すなわち自然科学に相当する当時の学問から、今の世に都合のよい面だけ抜き出して満足するのでないかぎり、メスメルの言い分も、少しは認めざるを得ない。

ニュートンの研究生活の過半が錬金術で占められていたことは、かの経済学者ケインズが二十世紀の初め見出した。ドッブズ（Dobbs, B., 1975）の詳しい研究が現われてからは、もはや科学史上の常識となっている。錬金術師たちは、似非科学の実験を無駄に繰り返しただけでなく、瞑想し祈っていた。この技術の目指すところは、金を作ることそのものよりも、金をも産み出すほどの万能の力を得ることにあった。最終産物となるのが「賢者の石

(lapis philosophorum)」で、万能の妙薬としての働きも見込まれた。効能には、体のみならず、魂の癒やしと解放も含まれていた。つまり錬金術師たちもまた、物と心の境目をしっかり跨いでいたことになる。

ニュートンが十七世紀の末に著わし、近ごろから眺めれば主著と映る『自然哲学の数学的原理(Philosophiae Naturalis Principia Mathematica)』第二版には、「一般註」という文章が添えられている。本文全体への註釈の意味であり、付属論文とでも言うべき位置にある。そこに、このような記述が見られる。

われわれはここで精気、すなわちあらゆる粗大な物体内に瀰漫し、潜在しているところの、ある極めて微細なものについていくらか付け加えることが許されるであろう。この精気の力と作用とによって、諸物体の各微小部分は、近い距離にあってはたがいに引き合い、接触していれば結合する。また電気的な諸物体にはもっと大きな距離でも作用し、近くにある微粒子を引きつけたり、斥けたりする。また光が発射され、反射され、屈折され、曲げられ、また物体を熱する。そしてすべての感覚が刺激され、動物の体の各部分は意志の命令のままに動く。すなわち、この精気の振動により、神経の固体繊維に沿って、外部の感覚器官から頭脳へ、また頭脳から筋肉へと交互の伝達が行なわれている。[9]

この「精気(spiritus)」の記述が、先のメスメルの動物磁気のそれと極めて似ていることは、改めて説明の要もあるまい。引力を作り出すが万有引力とは別種で、電気と熱にも繋がりがある。物質でありながら、ふつうの「粗大な」ものとは異なり、「微細」を性《さが》とする。そして動物磁気と同じく、物理的作用を有しつつ、かつ感覚や意志、運動など、心理・生理的な働きをも担うのである。心理作用の仕組みははっきりしないものの、ニュートンが神の実体としての遍在を認めていたことを思えば、脳への局在でないことは推測がつく。メスメルはこの、ニュートンがすでに気付き、しかしいまだ実験と観察にもたらせない実体を、発見したと思ったのである。

「一般註」は、ニュートン物理学が熱力学の原理としても用いられ、宇宙の唯一の基本法則と考えられ始めた十九世紀になると、科学者たちを困惑させるのが常であった。ほとんどの場合、ニュートンのごとき天才でもときには気まぐれでおかしな文章を書く、とあしらわれたようである。だが、「一般註」の趣きは、決してたまさかの筆の荒びでなく、彼の基本思想の表われであった。かの力学もまた、その延長にある。本文の数学的な記述だけでは示せないところを、このような形で添えたのである。

ニュートンは、力や運動がひとりでに衰えると考えていた。摩擦、弾性の不足、液体の粘性などから、なるほど運動は、いつも我われの目の前で弱ってゆく。彼は熱力学を知らず、熱の運動論にも与しなかった。エネルギー保存則の確立は彼の死後、百年あまりを経てからである。「この世界に見出されるさまざまな運動は、常に減少しつつあることが明らかだから、能動的諸原理によって運動を保存し回復する必要がある」とニュートンは考え、[10]「精気の力と作用」に期待したのであった。こう考えて彼の力学に矛盾するところは、何もない。

ニュートンの住んだ世界は、我われのものとはっきり異なっていた。そこから万有引力、運動方程式、微積分などいくつかの業物が我われに、世界を跨いで受け継がれたのである。ニュートンにとってそれらは、まったく異なる光を放っていたに違いない。感覚や意志や、筋肉を動かす「能動的」な原理が無ければ、物理法則も維持できないのであった。磁気に望みを託したメスメルの着想が、ニュートンから見て荒唐無稽であったはずはない。

磁力は、もちろん古代から知られていた。だが、小さな物体から、ときに重力に打ち克つ力さえ出る不思議の目立つ一方、学問的な把握はまったくの手つかずであった。重力の法則が確立したので、次に磁力へと期待が向くのは素直な成り行きであった。じっさい、メスメルの活躍から百年足らず遅れて１８６５年にマクスウェル(Maxwell, James Clerk: 1831-1879) の発表する電磁方程式は、ニュートン力学と並ぶ宇宙の基本法則と見做された。そして相対性理論が出てからも、こちらは訂正を受けなかったのである。メスメルがニュートンの残した仕事を継いだと考えたのは、成功か否かはともかく、正当なことと言えるであろう。

宇宙と人間の境目——穴のあいた革袋

宇宙からの動物磁気

メスメルの跨ぐ次の境目は、宇宙と人間とのそれである。近ごろの世界で、表向きに通用しやすい世界観では、人間は環境に対峙する。生理学的には、おおむね皮膚を境に内側と外側とが仕切られて命の営みは成り立つ。なるほど人間を含む生物の個体は、外界と物質や情報を交換・交流する。だがそうしながらも、体の内部を定常状態を保ち、自律的に振る舞うことができる。ホメオスタシスと呼ばれる仕組みである。しかしながら、こうした考え方が出て来たのは、クロード・ベルナール（Bernard, Claude: 1813-1878）の「内部環境」説（1870）以降、つまり、この百年くらいのことである。

これと歩調を合わせ、近ごろの世界では、心もすっかり個人の内に閉じ込められている。〈意識の絶対個人主義〉が、この発想の行き着いたところである。心についてなら、内側と外側の境目は、今では脳の神経に位置するのかもしれない。だが、ベルナールより百年早いメスメルの頃には、古代・中世より此の方と変わらず、人間の皮膚は言わば「穴の開いた革袋」であった——ひとまず形はなしても開かれた造りで、様ざまな物や心が自在に出入りした。脳だけを特別扱いできないのは、もちろんである。

さて、動物磁気が発見されたのは、一人の患者への集中的な治療経験からであった。メスメル夫妻は、広壮な邸宅にフランツィスカ・エスタリンク（フランツル）という二十代の女の同居人を置いていた。彼女は周期的に、痙攣、硬直、過呼吸、失神、嘔吐、腸炎、排尿困難、疼痛、麻痺、幻覚、盲目などを伴う激しい発作を繰り返していた。その度に、メスメルが治療に当たったった。彼は、これらの症状には原因物質があるはずと考え探っていたが、ついに発見の日が来た。その折りの有り様は、次のように記されている。

1744年7月28日、この患者には、いつもの発作が再発していた。私は磁石を三つ、胃の上に一つと両脚に一つずつ置いてみた。すぐさま現われたのは、尋常ならざる感覚であった。体内に微細な物質が流れて痛むのを彼女は感じ、それがあちこちと向きを探ってから、陰部へと流れ込んだのだが、これで発作の症状すべては、六時間のあいだ止まったのである。翌日になって、患者の容態から、私は同じ処置を新たに試み、同じ成功を収めた。[11]

ここには物質と感覚とが描かれている。したがって「感情」も記されている、と考えてよいはずである。この類いの華々しい出来事は、「分利（フランス語でcrise、ドイツ語でKrise、英語ならcrisis）」と呼ばれる。[12]病まいの癒えるときに、一時的に病勢が激しくなり、これを境に急に回復する成り行きを指す医学用語である。西欧の出来事を指すにはこう訳す仕来たりだが、我われの〈うぶすな〉では、「（病まいの）峠」との言い方に馴染みがある。漢方で「瞑眩《めんげん》」と呼ばれるものも、これを含むと考えてよかろう。西洋では、古代ギリシアのヒッポクラテースやガレノスの時代から、十九世紀の中頃まで、医学全般で公式に用いられていた。近ごろでも、ある種の感染症などには当てはめてよいと思われる。メスメルの当時、熱病などが極まったときの治療の決まりは、「峠」を越える患者を、医者が「じっと見守る」ことなのであった。今に比べれば薬らしい薬も無かったからは、どのような病まいにも、心の手当てが等しく求められたのである。

メスメルの導いた「分利」が、医学的な意味で本当にそう言えるのか、のちに問われる。その結果、メスメリズムは「異端の医学」への運命を辿ることとなる。だがメスメルは、もちろんこれを分利と信じ、正統医学の範囲内の治療と考えていた。この治療には、鉱物の磁石が用いられている。当時の医学界の一部で、磁石の効用が説かれていたからである。メスメルの磁石治療も、鉄を含んだ薬を飲ませたうえで行なわれた。だが彼は鉱物の磁気の治療効果ではなく、何か別の流体が、メスメルの体を通じて患者に流れ込んだと考えた。推定の拠り所の一つは、この流体の働きが、磁石の形によって変わることであった。形が影響するのは、鉱物の磁気ならせいぜい磁力の分布くらいまでであろう。だがメスメルはこの物質に、形についての、あたかも人間のような判断力を認め、これを「模倣理論（Théorie Imitative）」と呼んだのであった[13]。この磁気に生物・心理性を疑わせるに足る性《さが》である。

神経系での動物磁気の流通不足が、フランツルの病まいの原因と考えられた。磁気が不足したり流れが悪くなるとまず神経系の働きが鈍り、これが生理機能を低下させる。すると体液は粘着性を強め、こちらも流れが悪くなって、動脈硬化などを起こすという。ここで言う体液とは古代ギリシアから引き継ぐ四体液、すなわち粘液、胆汁、黒胆汁、血液のことで、周知の如くそれぞれに心理的な働きをも備えていた。二千年を越えて続いていたのだから、その頃のこの体液説の「常識」としての力は、今からでは思い描くのも難しいほどである。その世界では、心が物質として皮膚を出入りするのに、何らの不思議もなかった。例えば「瀉血」で血を抜くと、心理的な効果ももちろん現われた。天体の運行が何らかの物質的かつ心理的な働きを、人体に及ぼしていた。メスメルの理論はこの「常識」に素直に沿っている。病まいは、個人の内側だけの出来事ではなかったのである。

鉱物磁気に誘われた動物磁気は、まず神経に沿って流れ、直かに生理的かつ心理的に働く。引用では、感覚の大いに刺激されたのが分かる。そして感覚こそ、『人間機械論』も説くとおり、肉体を含む物質の担う心理作用なのである。感覚が変わると、それがまた体液の循環に働きかける。動物磁気がもういちど、間接的に身心に働きかけたのだと考えてもよい。メスメルによれば病まいとは、こうして出来上がる「悪循環」の働きなのだ。[14]「分利」でそれが、差し当たりの極みにまで進んでいる。

さて、鉱物磁石を用いたものの、治療の作用はほんとうは動物磁気で起こったと、メスメルは考えていた。それも、メスメルと患者とのあいだに、磁気のやり取りが起こったからなのだ。彼の記述から、強い感覚を得たのは患者だけでなかったことが伺われる。治療者もまた「感じた」のであった。さらにこのやり取りは、人間どうしのあいだにも限られない。先の、メスメルからの引用の一つめで明らかなとおり、動物磁気は全宇宙に満ちていた。これを用いてこそ有効な治療ができる。なぜなら、人間一人の抱え込める磁気の量は高が知れているからである。治療効果を発揮した磁気の起源は、地上の物質あれこれはもちろん天体にまで及び、それがメスメルの体を通って患者に流れ込んだのだ。

したがって、治療者に振られた役割は、脇役に過ぎない。課題は、宇宙からの磁気流体が過剰にならぬよう、患者の宇宙との係わりを調節することであった。まず、磁気を少し流し込む。すると、これがきっかけで、ちょうどパイプのつまりを除いたときのように、流体はどっと患者に流れ込む。流れ始めるとすぐに止まらないのは、物質である動物磁気に、ニュートン力学の慣性の法則が当てはまるからである。そこで治療者は己れの体の、やはりニュートンの発見になる引力を利用することになる。流体が入りすぎないよう、引っ張って調節してやるのだ。ところで、作用反作用の法則により、流れ込む作用は反作用を導くはずだ。患者の体の反応とはこの反作用のことで、両作用の拮抗が分利として体験される。磁気の流入が極大に達すると、分利の頂点が来る。これを境に少しずつ反作用が優勢となり、過剰な動物磁気が押し戻されるとき、病まいは癒えるのだ。[15]

こうしたやり取りが、宇宙と地球と、人間との間で起こると考えられた。近ごろの心理療法とは違い「対人関係の力学」に囲い込まないのが、肝腎なところである。メスメルはこの治療で、潮汐作用における月と同じ役割を担う――海水を引き付けて流れ込ませ、また流し出す。動物磁気に伴う生理・心理的作用とは、潮汐と同じ物理作用なのであった。病まいは宇宙から起こり、宇宙から癒やされる。占星術は必ずしも迷信でなく、動物磁気を介在させれば科学的に説明できると、彼には思われた。

人間に起こる生理・心理作用は、皮膚の区切る内界では終わらず、全宇宙と連なり、〈お互い様〉で行き来する物理の出来事だったのである。したがって患者を治療するとは、見方を変えれば、宇宙を動かすことでもあった。こうした身構えは、我われの暮らす近代の世界からは、並外れて見える。だが、メスメルの住んだ世界では、これがさほど無理なく導けたのであった。その違いを〈揺さぶられ〉つつ味わうことが、「心の近代」を捉えるためにも役立つに違いない。

とは言え、こうした考え方が今も死に絶えていないのを、忘れてはならない。それどころか、「代替医療」と呼ばれ、一部は健康保険の適用も認められる伝統医学の理論に広く認められる傾きである。例えば漢方では、症状は基本的に「虚証」と「実証」とに分けられる。前者は命を支える「気」の力の弱まり、後者は病まいに逆らう気の盛んになりすぎた有り様で、これらの力を出し入れするのが薬や鍼灸なのである。[16] メスメルは身を以て磁気を操ったが、漢方なら薬や鍼の力を用いる。それでも治療者の身が巻き込まれるのは避けられず、用心が説かれる。伝統医学の多くの理論でも、気はやはり天地万物に通ずるからである。

また、「整体」「カイロプラクティック」などの名称で行なわれる手技療法にも、似たことが見られる。表向きは「マッサージ」と分類されるが、手で体を触りつつ身心の治療の行われる場合が、少なからずある。原理と技法は必ずしも教科書になく、多くの治療者たちが実践のなかから感得するのである。治療者が自からの力を用いるのは、そこでもほとんどの場合、上手なやり方でないとされる。これでもし患者が治っても、力を奪われた療法家は病んでしまうからである。それを避けるために、どこからか力を取り込みつつ患者に流し入れる技術が必要となる。[17]

いずれの場合でも、心と体とのあいだで治療原理・説明に区別はない。そして、宇宙と人間のあいだにも断絶がない。メスメルの住んだ世界は、今もなお目立たない姿で、我われの周りに息づいているのである。この世界との共存を探ることは、ここでの「事例」たる近代心理療法／臨床心理学を癒やすための、鍵の一つになると思われる。

宇宙への繋がりと対人関係

メスメルの技法と学説は、「天才」の個人的な産物ではない。西欧の思想伝統の「裏」の面を代表する一つ、ミクロコスモス（小宇宙）を顧みれば、通ずるところが多い。この説は、遅くとも古代ギリシアのピュータゴラース（紀元前六世紀）が説いていたとされ、新プラトーン派に流れ込んで発展し、紀元前後ごろに作られたらしい有名な「魔術」の書『ヘルメース文書』にも絡んでいる。もっとも、この「魔術」という名付けには具合の悪いところがある。英語のマジックなどの語源はペルシャ語とされるが、「魔」に通ずるところはない。日本語の訳が、後年のキリスト教神学の解釈に引きずられているのである。不都合なことだが、この書でもひとまず、広まってしまったこの用語を用いる。

したがって西欧でも古代なら、「魔術」は必ずしも邪な業と考えられなかった。携わる人びとも、悪魔を語らい悪事を働こうなどとは、まったく思っていなかった。キリスト教によって悪魔と結びけられたのは、中世に入ってからである。有名な異端審問官ベルナール・ギー（Bernard Gui: 1262-1331）は、取り締まり対象の「魔術」を数多く記録した。彼を重用したローマ教皇ヨハネス二十二世の教書（１３１７年）が、錬金術に正式な異端宣告を行なったのはその集大成である。このため、かつてなら正統派のキリスト教会の中にも、ミクロコスモスの思想を抱く者が、少なからず見られた。「全世界は人間の内に隠されている」と述べつつドイツの十二世紀を生き、女子修道院長を務めたビンゲンのヒルデガルト（Hildegard von Bingen / Hildegardis Bingensis）は、宇宙論的な医学を説いた著明な例となっている。

「魔術」弾圧の時代を挟んでルネサンス期になると、アリストテレースの影響を受けた中世のスコラ学への対抗意識もあり、新プラトーン派の研究が盛んになった。ミクロコスモスの色が、そこには濃かった。例えば十五世紀イタリアのピーコ（Pico della Mirandola, Giovanni）によれば、こうなる。

人間の本性は、あたかも世界の絆と結び目であるかのように、宇宙の中間の段階に置かれている。そして、あらゆる中間物が両端の部分を分有しているように、人間は自己のさまざまな部分によって世界のすべての部分と結びつき、それらに適合している。このために、人間は「ミクロコスモス」、すなわち「小宇宙」と呼ばれるのが常なのである。[18]

人間を「中間者」とするのは、キリスト教の思想であった。ただし、この場合には天使と動物との中間である。動物と共通の肉体を備えつつ、かつ神に由来し天使を動かしている理性をも、人間は備えているのだという。けれども、ヒルデガルトやルネサンスの人びとはこれを拡大解釈し、あらゆるものの中間へと、人間を滑り込ませた。これにより人間の領域が拡大し、ほぼ宇宙と重なるに至っている。

十六世紀のブルーノ（Bruno, Giordano: -1584）になると、この世には「世界魂（anima del mondo）」が満ちており、人間の魂はその個別的な現われとなる。「世界魂」は命の原理でもある。だから宇宙とは、無限の広がりを持つ命の海に他ならない。条件さえ整えば、どこからでも生き物は産まれるのだ。心と命とがともに宇宙に連らなると、より明らかに主張され、生物の自然発生説にも拠り所が与えられている。[19] こうなると人間は「中間」というより、質《たち》のうえで、宇宙の他のところとほとんど区別がつかない。すなわち、宇宙と人間の境目が、しっかり跨がれているわけである。

「世界魂」の元をたどると、起源はやはり古い。すでにプラトーンが、世界の製作神デーミウールゴスの初めに造ったものこそ「世界魂」だと考えていた。それは人間の体に魂が宿るのと同じく、宇宙の質料を体とする。宇宙に命を与え、万物を形成する神だという[20]。数百年後のストア派哲学での「プネウマ（pneuma）」もこれに似ている。プネウマとは、もともとギリシア語で風ないし息だが、ストア派ではこれが万物を支配する神かつ理性に発展した。風や息として宇宙を流れる物質が、人間の生理機能をも掌り、心の最高機能さえ果たすことになる。新プラトーン派のプローティーノスもまた、これを重んじた。メスメルにこの思想の流れ込んでいるのは、彼の自覚はともかく、疑いの余地が無い。

ブルーノにとっては、産まれた時代が不幸であった。この時代のキリスト教は、ルネサンスへの反動から偏狭さを増して異端審問が荒れ狂い、魔女狩りにも拡大した。こうした言い立ての末に、彼は火炙りの刑に処せられた。キリスト教での火炙りは、肉体だけでなく、何よりも大切な魂まで滅ぼす極刑である。けれども「世界魂」の考えは生きのび、メスメルの場合のように、折りに触れて形を得たのであった。近代臨床心理学の誕生した十九世紀の末ごろになっても、催眠術師たちの多くは、「神経エネルギー」の欠乏を病まいの源と考えていた。このエネルギーは、「プネウマ」や「世界魂」を引き継ぎ、宇宙に流れていたのである。催眠術師だけでなく、大学出の正統派の医師にも、この見解の支持者は少なくなかった。これがフロイトらの心理エネルギー説に繋がってゆくのは、見やすいところであろう。メスメルを経たミクロコスモスの流れが、ここにも確かに及んでいた。

ところが、新しい心理学に人間と世界との境目を問えば、答えはガラリと違うのである。フロイトらの説は、〈意識の絶対個人主義〉を採る。つまり、心は個々人に完結し、宇宙と繋がったり皮膚を出入りすることがない。したがって、心理療法は二人の個人の交わす象徴のやり取りとなる。治療者個人の技量が問われ、治療対象も個人としての患者である[21]。メスメルの場合には、宇宙の流体が相手で、治療対象もまた、患者個人に限定されてはいなかった。物差しがあまりにも違っている。メスメルとフロイトのあいだでは世界の造りが、明らかに異なるのである。けれども、その異なりを越えて「エネルギー」は受け渡された――ひとまずそう言って、間違いはなかろう。

だがこれで、同じ「エネルギー」がそっくり伝わったと速断してはならない。世界が違えば、名前は同じでもものごとは異なる。クーン（Kuhn, Thomas, S.）が、「パラダイム（手本・模範）」の違いとして述べたところにも重なる。十五世紀のフィチーノ（Ficino, Marsillio）の語る人間と宇宙の結びつきを読むと、メスメルの立場は、フロイトよりも彼に近いことが感じ取られるであろう。

　魂とは、あらゆるものを真に結合するものであり、あるものへと移るときも他のものを放棄せず、個別的なものへ移っても常に全体を保有する。したがってそれは、正当にも自然の中心、あらゆるものの中間物、世界の連結、万物の面、世界の結び目と紐帯と、呼べるであろう[22]。

ここにも宇宙の全般を繋ぐ、広大な「中間者」が顔を出している。ここでの「魂」は人間のものだから、人間中心主義の匂いは感じられる。だが、これが万物を結び、宇宙の全体に常に係わるのである。「人間の魂」とは言うものの、働きが人間に限定されず、これにより宇宙のすべてが互いに結ばれるから、むしろやはり「世界魂」に似たものと考えられる。フィチーノによれば、人間の体の臓器が互いに連関するのと同じ仕方で、世界中のものごともまた互いに同調・同情しあう。その連関を貫く原理は「愛」であった。人間の体がうまく機能しないときは、愛が足りないので、これを補えば癒やしとなる。同じく、世界のものごとのあいだに愛を育めば自然も人の世も運行が活発になり、本来の姿を取り戻すはずなのだ。その実現のため、愛を自在に操る業を磨くべきで、これこそが魔術の神髄と説かれる。

この「愛の魔術」をフロイトのリビドー説の宇宙版と呼んで、悪くはあるまい。動物磁気が宇宙に充満し、どこでも同じ仕方で働くのとも似ている。人間と宇宙とは造りが対応し、じっさいに繋がっているとされ、これも月の引力を治療に用いたメスメルを思わせる。メスメルに先がけること三百年のフィチーノが、やはり癒やしの原理を、人体と宇宙について同一と認めていた。ここからは、人間を癒やすとはすなわち宇宙を癒やすこと、宇宙が癒やされなければ人間も癒やされないとの立場が導かれる。個人には宇宙が見えるし、宇宙には個人が見えるのである。——これが、事例研究の中道にも重なっているのを、改めて述べるには及ぶまい。〈意識の絶対個人主義〉のない時代なら、こうした立場の説得にとくに苦労は要らなかったであろう。

同じ発想に基づくメスメルが晩年に向かい、宇宙や世の中との繋がりをより強く志向したのも、こう考えれば当たり前となる。磁気を掛けられた人は、長い距離や障害物を通して物が見え、未来を予言し、他人の考えを感じ取れるとされた。メスメルはアリストテレースより此の方の「共通感覚」を、感覚器官を経ずに宇宙全体に直結する能力と受け止めていた。透視、テレパシー、未来の予知など、いわゆる超能力ないし「オカルト」を科学的に基礎づけようと考え、ユングに百年以上先立って、錬金術をも再評価した。さらに、それらの能力の認識と使い方の適否が世の中に与える影響について語ったのであった[23]。人間と宇宙の境目は、どこにも見当たらない。あるいは、あらゆる所が境目なのである。

関係や交際を意味するフランス語ラポール（rapport）は、近ごろでも心理療法での望ましい治療者／患者関係を指して用いられるが、その源はメスメルにある。ただし彼におけるラポールは、互いの完全な信頼に基づく一体化のことで、共通感覚による動物磁気の交流で成り立つとされていた。心理作用を持つ物質の交流なのだから、ただの一体感に留まらず、心が本当に一体化するのである[24]。これとて、その足場となる宇宙との一体化から見れば小さなことだし、周りとの境目の開いた人間観からの避けがたい帰結であった。この理論の支えには、動物磁気発見の日の彼の体験・体感が、おそらく欠かせない。とは言え、一人の個人の思い込みと決めつけるわけには行かない。それを受け容れる素地が、この時代の西欧世界には、まだ備わっていたのである。

そういう事情なら、治療者と患者の間がどれほど近しくても怪しむには及ばない。十九世紀初頭のロマン主義時代になって、やはり動物磁気による治療を行ったドゥルーズ（Deleuze, Josephe-Phillippe-François: 1753-1835）は、こう書いている。

ある意味では磁化される者は磁気術師の一部をなすと考えなさい。そうすれば術者の意志が相手に及んだり相手の動きを左右したりしても、もう驚くことはないだろう。【25】

近ごろの世界では、これでもかなり不思議な、怪しげと言える書き振りであろう。だがメスメルの立場からは、「科学的に」見て当たり前のことだった。その流れは半世紀ののちにもしっかり受け継がれている。だが、二人の「個人」のこのような一体化がほんとうに驚くに値しないなら、わざわざそう書き記すにも及ぶまい。こうした記述の現われは、この頃すでに単位としての個人の形成が進みだしたこと、〈意識の絶対個人主義〉の兆しを語るものでもある。

宗教と科学の境目——物質か想像力か

宗教に対決する

メスメルの跨ぐ三つ目の境目として、宗教と科学のあいだを挙げたい。近ごろではこの両者は、対立というより無関係と見做される傾きが強い。だが歴史的に見れば、周知のごとく宗教と科学とは、特にキリスト教の正統と科学者とが、激しい軋轢を経験している。まったくの疎遠なら、出会うところが無い。ぶつかり合うのは、繋がりが深いからこそである。ガリレオ・ガリレイ（Galilei, Galileo: 1564-1642）が、地動説をめぐりローマ教皇庁と争ったのは、宗教を否定したからではない。むしろ熱心なカトリック信者の立場から、聖書解釈を競ったのであった。十九世紀も後半になると、科学の名を背負ってのキリスト教攻撃も現われたが、これも係わりの深さゆえと言ってよい。

今の世の科学は宗教を否定するのでなく、無関係だからこそ正しいと思われている。我が国の行政や教育の扱いも、この考え方で貫かれているかに見える。だが、ほんとうにそうだろうか。今でも、科学が縄張りにしたつもりのところに宗教が顔を出すと、必ず排除への動きが起こる。例えば、まさにここで扱う、治療という分野がそうである。アメリカの教育現場には進化論をめぐる争いが、なお続いている。だとすれば、この二つは今も無関係でなく、張りつめた出会いを続けていると考えるべきではないか——我が国の当事者には、〈論語読み論語知らずの原理〉から、自覚されないだけである。

メスメルには、二つの分野を比べる意図が、はっきりと働いていた。境目を跨ぐと言えども、彼自からは宗教と科学を、どっち付かずでしのごうなどと考えなかった。彼は、科学者として治療し研究する立場に、あくまでもこだわった。そして宗教的な治療を、少なくともその理論については、否定したのであった。メスメルの科学寄りの立場が、はっきりと示されている。

だが、メスメルにとって「科学」とは、何だったのだろう。この文脈で用いざるを得ない「科学」という言葉は、日本語に特有のものである。西欧語での対応を探せば、フランス語・英語での science、ドイツ語の Wissenschaft などとなる。しかしこれらの言葉には、古い用法の歴史から、もっと広い含みがある。ラテン語のスキエンチア (scientia) に由来し、推測でなくきちんと知るのが原義と言える。スコラ哲学では、全知全能なる神の備える知恵こそが、これなのであった。神のスキエンチアは「永遠で絶対の真理」であり、かつその「真理」の確実な認識であった。これらの一端にでもあやかることが、人間の正しい生き方とされていたのである。ただ素直に神を信ずるのもよかった。だが、人間のうちでも知恵に優れた者は、「真理」を確かに知りたいと願う。この「真理の確実な認識」が、人間に与えられるスキエンチアなのだ。すなわち「科学」は、この時代の世界では、すっかり宗教に組み込まれていたのである。日本語からは、とうてい思い浮かべられない西欧事情である。

啓蒙時代より此の方これが少しずつ変わり、「科学」は、経験的事実と合理的推論による知識との意味を帯びてくる。メスメルの時代は、この転換の真っ最中だったのである。十九世紀の半ばからは実証主義の風を受け、哲学と距離を取りたい心組みが、自然研究では力を得てきた。それが、新しい科学の「方法」であった。実証主義そのものも明らかに一つの哲学、と言うより、自からの批判する形而上学の典型なのだが、この点をいまは措こう。さらに、十九世紀の後半に入ると、近代的な大学制度の整備とともに、個別の専門分科に分かれた学問を指すことが多くなった。あまたの専門のなかで、研究の手本となったのが自然科学、なかでも精密な実験と高度な数学化を駆使する物理学であった。日本語の「科学」は、ほぼ西欧のこの時代の知識の理想に特化された言葉なのである。[26]

十九世紀後半の心理学の誕生は、まさに時代の最先端に乗り掛かっていた。だから、実験心理学も臨床心理学／

心理療法も、生粋の「科学」である。それも、新しい科学なのである。だが西欧語なら今でも、古い語源の響きは消えていない。このことに、異なる〈うぶすな〉の我われからは、なかなか気付きにくい。それが、思想史を辿るなら忘れてならない点――「永遠で絶対の真理」を掲げて他を排除する、キリスト教という宗教由来の自信である。実験系を含む近代心理学は、宗教との無関係を自任する。しかし、じつは「科学」の性《さが》において、古い「真理」の仕来たりをしっかり引き継ぐのである。もちろん、この書での「事例」もまた、すっかり同じである。

このような意味の「科学」は、メスメルの一件から、ほぼ一世紀あとの話となる。そのあいだに、世界の造りはすっかり変わってしまった。とは言え、彼の「科学」にも、新しいそれに通う部分は、すでに含まれていた。宗教に反発しつつもその要めをなす成分、すなわち「永遠で絶対の真理」と「真理の確実な認識」の自任を受け継ぐ科学主義である。メスメルの理論は数学的でないし、験証法も古い時代の学問に似ていた。また、世の中からは「科学者」としての称賛が受けられなかった。それでも彼の振る舞いのうちに、のちの「科学」の先取りはたしかに見受けられる。そこが、境目に立つ一つの所以となる。

ちょうどその頃、ガスネル（Gassner, Johann Joseph: 1727-1779）がスイスの東部で悪魔祓いを始めていた[27]。オーストリア産まれで、メスメルより七歳年上のカトリック聖職者であった。ガスネルは、原因不明の己れの病まいを悪魔祓いで治し、それを多くの患者に適用したのであった。患者の身分は貧農から貴族に及び、さる伯爵夫人を治してからは押しも押されもせぬ人気を博した。巡回先に、人びとが泊まりがけで押し寄せたくらいである。ただし、「ガスネル来たる」と予告が出れば悪魔憑きが発生する、とも噂されていた。

治療は公開で行われた――秘密めかすなどの姑息さとは縁がなかった。それもあり、ガスネルの治療法を真似て悪魔祓いをする人が増えてきた。やはり身分は色々で、なかには子供さえ含まれていた。手順ではまず、「試し祓い（exorcismus probativus）」が、病まいは悪魔によると証明した。「この病まいが自然でないものによるのなら、正体を現わせ」と命じ、症状が現われれば証明となった（現われなければ、「自然な」病まいなので、医者の許に送られる）。これが済むと、ガスネルは片手に十字架を握り、その手を患者の額に置いた。もう一方の手は首に置き、ラテン語で権威を示しつつ、祓いの呪文を唱えた。患者の全身を激しく揺さぶると、悪魔は腰の辺りから出てゆくのが常であった。メスメルの動物磁気治療での体感報告と、どうやら似ている。ときにガスネルは、患者に息を止めるよう命じ、気絶させて悪魔を退散させた。再び息をせよと命ずれば、呼吸は戻った。あたかも、命そのものを支配する如くであったという。

しかしながら、この治療法の大筋に、新しい発明はまったくない。悪魔祓いは中世より此の方の正式な作法で、カトリック教義からの見咎めはあり得ないはずだった。ローマ・カトリック教会は、今でも彼を正統の「祓魔術師」と認めているくらいである。この宗教では、公式の悪魔祓いが今も続いている。ところが、メスメルの生きた啓蒙の時代は、近ごろに負けず劣らず、「合理的な精神」を求めていた。進歩的な立場を自負する人びとにガスネルの評判は悪かったが、これはむしろ、「古くて正しい」仕来たりの復活ゆえにであった。そこでバイエルン選帝侯ヨーゼフが、ガスネルを対象に審査委員会を組織した。

公開実験に招かれた「科学者」こそ誰あろう、メスメルであった。スイス産まれの彼だが、十八歳でイエズス会の神学校に入学したので、カトリックとの縁は薄くない。メスメルは、廷臣と学士院会員の居並ぶ前で、患者にみごと、痙攣をはじめ色々な、ガスネルの起こしたのと同じ出来事を再現して見せた。患者には、バイエルン学士院事務総長を務める神父も含まれていた。メスメルは、ガスネルが自から知らずに動物磁気で患者たちを治していると、結論づけたのであった。ガスネルは、辺境に左遷されてしまった。

しかし、メスメルが彼を「決してハッタリ屋ではない」と弁護したのは、情けをかけたのでも、勝利者のゆとりでもなかった。ガスネルが科学的に見て正しい治療を実践したのだと、メスメルははっきりと認めた。むしろ治療者としてなら、彼に及ばないとも考えた。ガスネルの磁気のあまりの強さをメスメルは恐れ、直接対決に尻込みしたくらいである。メスメルに優位があるとすれば、「物質としての動物磁気」の発見者だからだ。加えて、この事実を支える正しい理論を見出した科学者だからこそなのだ。ガスネルを否定したのは、悪魔祓いという「誤った科学理論」についてのみであった。

動物磁気は、全宇宙に満ち、いつでもどこでも、同じ原理で働いているのであった。これには「全般要因(l'agent général)」との表現が与えられている。[28] 人間はもちろん、宇宙の一切の活動で、この立場から説明できないものは、何もなかった。これがメスメルの科学観をはっきり徴している。彼の構えは、ある範囲内で、十九世紀後半以降の物理学の一元論的な方向を先取りしていたのである——例えば、マッハの感覚一元論、オストヴァルトのエネルギー一元論「エネルゲティーク」、さらには統一場理論などを予感させるところがある。科学者の風上に置いて、耐えられないほどではあるまい。

片や、正統の自然科学はまさにこの頃、ラヴォワジエ(Lavoisier, Antoine: 1743-1794)の「新化学」により、今の世に通ずる大きな飛躍を始めたところであった。だが、ラヴォワジエの狙いは、各おのの元素を分離、同定し、一覧表を作ることであった。これは要素主義であり、個別化に向かっている。したがって、統一を志すメスメルとは、ぶつかるか食い違うかしかない。それがのちに、メスメルに悲劇をもたらすのである。

メスメルにとって、自らの学説は「永遠で絶対の真理」だった。この点では、たしかに「科学主義」に通ずる。しかし彼の場合には、永遠で絶対なればこそむしろ何も排除せず、すべてを抱え込もうとした。自からの「科学」に権威を認めつつ、他の活動も排除しない構えを保ったのであった。これにより宗教と科学の境目を股にかけ、この両者を取り仕切るつもりだったと、あとから見れば言いたくなる。ここにおいてメスメルは、半世紀あまりのちの実証主義の流れとは、はっきり異なる向きに歩んでいた。なぜなら、十九世紀半ば以降になると、「非科学的な」ものを、「無意味で有害な迷信」として排撃する動きが強まるからである。つまり「永遠で絶対の真理」とこの「真理」の「確実な認識」を独り占めし、反逆を許さない構えが現われる。こうして、宗教的なるものの性《さが》が、むしろ際立ってくるのである。

同じく「永遠で絶対」でも、「抱え込み型」と「排除型」とで、この差が出ることは重い。科学思想家としてのメスメルは「遅れて」いたのか、それとも「進んで」いたのか——その答えは、おそらくまだ明らかでない。

科学に対決される

メスメルの許にはあらゆる階層の人びとが治療に訪れ、賛否の両論が巻き起こった。だが、さる有名な盲目の女ピアノ弾きの治療には失敗した。おそらく今で言えば器質性の疾患で、ヒステリーのようには治らなかったのであろう。オーストリア政府は磁気治療を禁止した。追放されたメスメルは、しかし、やがてパリに現われ、そこでさらなる活躍を始める。かつては「科学者」として勝ちを収めたメスメルだったが、間もなくガスネルよりなお悪い立場に追い込まれることになる。これも、境目に立つ所以である。

治療形態には集団療法と個人療法とがあった。ガスネルと同じく秘密を作らず、公開の席で行なった。集団治療には、名高いかの「磁気桶（baquet）」が用いられた。木製の桶に水を満たし、石、鉄屑、瓶、ガラスのかけらなどを入れたもので、メスメルの誘導により動物磁気が込められていた。桶から出た鉄棒を握る患者たちは、磁気流体の循環をよくするため、互いに綱で結ばれた。楽器が鳴り、髪粉を振った頭で紫色の上着を纏い、魔法使いもどきに杖を振るメスメルと助手たちが立ち働く、演出効果満点の趣向も用いられていた。患者はすぐに分利に入り、痙攣を起こし、一気に治癒した。個人治療では、動物磁気は体の触れ合いで作用した。磁気術者が手や指で患者の体を撫でさすり、両足で患者のそれを挟んだりもした。いずれも、患者に磁気を効率よく流し込み、分利を誘発するためとされた。しかし、指先で軽く触れられただけで、激しい発作の起こることも珍しくなかったという。[29]

メスメルの人気は凄まじく、宮廷にまで進出し、かの王妃マリー・アントワネットの信頼を得た。しかし、その面前で磁気治療を供覧するに至ると、評判に比例して批判も高まった。「進歩的な」人びとは、ガスネルと同じくらい、メスメルをもうさん臭く感じはじめていた。彼を題材の風刺劇も上演された。ついにルイ十六世が、動物磁気についての調査委員会を組織したのは、1784年春のことであった。大革命まで、あと五年である。

もっとも、この委員会の設立を働きかけたのは、じつはメスメルの側であった。一番弟子のデスロン（Deslon, Charles: 1750-1786）は、メスメルの弟子には珍しく、大学教育を受けた正式の医師であった。度び重なる攻撃に業を煮やし、科学的な立証で批判を抑えようと企てたのである。そういう考えには、メスメルも賛成であった。彼は『動物磁気小史』（1782）で、次のように書いている。

治療の実演を求められたとき、私はきっぱりと断った。瞠目すべき治癒例でさえ私の理論を立証しないことは、ウィーンで経験ずみだったからである。……私はこう言った。「私の主たる目的は、かつて観測されたことのない物理的実体の実在を証明することに存するので……医師ではなく科学者として、私は他ならぬ科学者の皆様方にお願いしたい。どうかこの自然の出来事を調査し、私の理論が正しいか否か、ご判断いただきたい」。[30]

委員会の長に就任したのは、かのラヴォワジエその人であった。革命後最初のパリ市長となる天文学者のバイィ（Bailly, Jean Sylvain de: 1736-1793）が、報告書作成の責任者となった。電気の研究家でもあり、当時アメリカ大使としてパリにいたベンジャミン・フランクリン（Franklin, Benjamin: 1706-1790）のほか、「王立科学アカデミー」

の会員が名を連ねる淙々たる顔ぶれで委員会の席は埋まった。のちにラヴォワジエとバイィの命を奪う機械「ギロチン」の提案者、医師のギヨタン（Guillotin, Joseph: 1738-1814）も加わっていた。委員会には、科学と倫理の二つの部会があった。ラヴォワジエは自から、科学部会の調査計画を立てた。この調査の目的は、メスメルの希望どおり、動物磁気の物質としての存在を確かめることであった。【31】治療効果については、誰しも疑い得なかったのである。ただしどういうわけか、自らの診療所で実験をとのメスメルの申し出は認められず、デスロンを対象とする数ヶ月に及ぶ調査が、主にデスロンの診療所で行なわれた。

ラヴォワジエの実験計画は、さすがに洗練されていた。どこに磁気があるかを知らせないため、被験者には目隠しをさせた。フランクリンの高齢を盾に彼の宿舎に出向いて行った実験では、果樹園の中で、磁気を掛けた木を選び出せるかが試された。十二歳の少年の被験者は、デスロンの磁化した木の近くで反応を示し、体が痺れたり様ざまな幻を見た。ただしその反応は、木から離れるほど、さらに強まってゆく。やがて少年は失神して倒れた。フランクリン自らもデスロンの磁気を受けたが、こちらは反応が起こらなかった。磁気を受けた他の委員たちも、一人として反応しなかった。いっぽう、目隠しされたある女に、委員の一人がデスロンを装って近づくと、すぐに全身の引きつけが、痛みを伴って起こった。

委員たちは全員一致で、動物磁気の実在を否定する結論を答申した。報告書の結論部分には、こうあった。

委員会の認めるところでは、動物磁気というこの流体は、我われの感覚のいずれにも掛かり得ず、委員たち自からにも、委員会の提供した患者たちにも、まったく働かなかった。また、圧迫と撫でさすりとが動物組織に、まず好ましくはない変化を、また想像力（imagination）には、常に不都合な動揺を惹き起こすことが確かめられた。かくして、これらの決定実験（expérience décisive）により、想像力はこの磁気なしでも痙攣を生じ、かつこの磁気が、想像力なしでは何も生じないことを示したので、動物磁気の実在（existence）と有用性（utilité）の問題につき、委員会は一致して次の結論を得た。動物磁気流体の実在の証明は何もなく、したがって実在しないこの流体に有用性はないし、公開治療で見られる激しい効果は、撫でさすりと、行動化した想像力、それに感覚を驚かすものを思わず繰り返す機械的模倣（imitation machinale）に基づくのである。[32]

動物磁気治療と呼ばれるものに何らかの効果は認められても、物質としての動物磁気によるのではないとの判断が下された。報告書の結論を支える拠り所は、主に二つである。一つが、動物磁気の感覚に捉えられないこと、もう一つは、「想像力」および「機械的模倣」という、別の原因が想定できることであった。委員たちは反応しなかったから、磁気が在るとされても反応の起きない場合がある。したがって、磁気は反応を起こすに十分な条件ではない。また、偽デスロンが反応を導いたように、磁気が無くとも反応の起こる場合がある。だから、磁気は反応に必要でもない。おそらく「想像力」と「模倣」の作用であり、その証拠に、これらが欠ければ反応は起こらない。

この結論を導いた操作は、「決定実験（expérience décisive）」と位置づけられた。動物磁気が実在するなら得られるべき結果が出ていないと言い立てたのである。結果がなければ実在もない——動物磁気の実在が反証されたのだ。この筋立ては、仮説から導かれる予測を観察・実験結果に照らせば、仮説が検証か反証できるとの考えに基づいている。いわゆる仮説検証法で、フランシス・ベイコン（Bacon, Francis: 1561-1626）の精神を引き継ぎ、次の世紀の実証主義を先取りする記述となっている。

ただし、あとで改めて考えるが、この実験により、ほんとうに動物磁気の実在が否定できたのかは、極めて疑わしい。近ごろの科学基礎論では、「デュエム＝クワイン・テーゼ」と呼ばれる立場から、特定の実験結果が仮説を検証・反証することはないと、概ね考えられている。なお、想像力を刺激する「撫でさすり」は、体感への関わりからも注目されるが、ここでは深入りしない。

科学から外される

メスメルにとっては、治療効果があるだけなら悪魔祓いでも同じであった。彼は、物質としての動物磁気を発見した科学者になりたかった――失望は、察するに余りある。しかし私の論旨にとってなら、不都合はない。宗教と科学の境目を跨ぐ彼が、名うての宗教家を却けながら、科学者からは宗教の側に、少なくともほとんどその近くに分類された事件だからである。ラヴォワジエの「新化学」確立の努力は、新しい時代の「科学」を、信用の置ける学問として、魔術とは別の縄張りに位置づける試みでもあった。錬金術との決別が肝要の課題であった。当時の錬金術師には、詐欺師まがいの人物が多かったのである。メスメルの活躍したパリにも、自称サン＝ジェルマン伯爵（Saint Germain: 1710頃-1784）、カザノヴァ（Casanova de Seingalt, Jacques: 1725-1798）、カリオストロ（Alessandro di Cagliostro: 1743-1795）など、見せ物上手なペテン師たちが溢れ、もっともらしい外見と口上、それに手品で人びとを欺き、人の良い金持ちから金品を巻き上げていた。サン＝ジェルマンに至っては、鉛を金に変えて国家財政を建て直すと称してルイ十五世を手玉に取り、年金と実験室を与えられたくらいである[33]。

メスメルは自からが、ペテン師たちとは次元の違う科学者だと確信していた。それだけでなく、当時の知識人のあいだにも、彼の治療を支持する動きは見られたのである。だがまた多くの人びとには、芝居じみた道具立てと演技の効果からなる、錬金術と同断の「見せ物」とも映っていた――ここで決着をつけねばならない。新時代の先端を行く科学者たちには違いが明瞭なはずと、メスメルには思われた。ラヴォワジエらの努力で急速に開かれつつあった新しい物質科学の縄張りに自からも入りたいと、メスメルは心から望んでいた。それが当の科学者たちによって、拒まれたのである。

メスメルが勝ちを収めた先の公開実験で、ガスネルの参加は許されなかった。同じように、委員会の実験にもメスメルは立ち会えなかった。ただし、メスメルがガスネルを避けたのは、彼も係わった治療という縄張りの内でなら、むしろ優位の立場を相手に認めたからであった。少なくともメスメルに、ガスネル排除の意図はなかった。なるほど悪魔祓いの理論は認めないが、その治療活動は、紛れもなく彼の「科学」の枠に収まっていたのである。これに反し、動物磁気に実在性を拒否した委員会は、メスメルを科学者の仲間に迎えようとはしなかった。正式な医師であったデスロンのみを調査対象としたのは、頭からのメスメル排除とも言えるであろう。なぜなら、委員会にメスメルを怖れる必要はなかったはずなのである――無意識まで含めればともかく。公式の見解に関するかぎり、メスメルは埒外の人、縄張りを異にする人物であった。

動物磁気は、新しい科学の物質から排除された。この「磁気」が心に係わるのは、おそらく間違いない。ただしそれは、新しい科学の誕生のずっと前から続いてきた仕方であった。すなわちメスメルはここで、「新しい心理学を開いた科学者」とも認められなかったことになる。委員会の科学者たちには、彼は古い仕来たりに沿う人間で、この意味でガスネルの仲間だったわけである。メスメルは、宗教の世界へと追い払われた。そして彼の、世の中を騒がす活動は、これによって終止符を打たれたのである。なるほどラヴォワジエらの報告書に「宗教」という言葉は使われていない。だが、それでも彼の活動に、「宗教」枠組みを当てはめて、誤りとは言えない。なぜなら、我われの用いる「宗教」という枠が当時はまだ出来ておらず、その言葉も使われていなかったからである。

「宗教」という枠付けは、十九世紀末のマックス・ミュレル（Müller, Max）らの比較宗教学の誕生とともに立ち上がった。すなわち極めて新しく、近代心理学と同時期のものなのである。メスメルの活動した当時には、英語のreligionなど、ラテン語のreligioに由来する近代西欧語の単語自身が滅多に使われず、用いられた場合でも意味は異なっていた。「異教」や「異端」も、近ごろから見れば「宗教として同類」に違いない。だがこの時代には、「正しい信仰」つまりキリスト教の正統の有り方（この中身には、様ざまの異論があるにせよ）と、そうでないものとの区別が、圧倒的な力を振るったのである。「異教」や「異端」を「正しい信仰」と同列に置くなど甚だしい冒涜で、うかつに口にすれば命にも係わった。したがってメスメルの説が科学でないなら、「正しい信仰」としてキリスト教会の活動の延長か、さもなくば、これとは無関係の「世俗」の営みとなるしかなかった。その「世俗」のうちに「異教」や「異端」が、また「魔術」も「オカルト」も含まれたのである。だから今の我われの世界で語るかぎり、メスメルの行なったことが、ラヴォワジエらによって「宗教的」活動に分類されたとして無理はない。報告書に見られる彼への扱いは、百年遅れて確立する「宗教」の枠組みへの組み入れだと、我われなら見做してよいのである。[34]

さて、動物磁気は「想像力」などに帰せられた。「想像力（imagination）」とはしかし、何であろう——じつはこの点が、そう簡単でなく、諸説紛々なのである。〈意識の絶対個人主義〉のはびこる近ごろ、ことに我が国においてなら個々人が「内面」で勝手に心像を描くことと、受け取られがちである。そして「内面」で描くからには、外側の「現実」とは異なるか、少なくとも繋がりはないと考えられている。だが、メスメルの頃の西欧なら、そうではなかった。むしろ概ね、この世の「現実」のものごとを知るのに不可欠な心の働きなのであった。「想像力」という訳語では伝わりきらない、もっと幅広い中身が込められていたのである。おおまかには、物質と精神の中間に分類され、したがって「物と心の境目」を跨ぐものであった。「穴のあいた革袋」に譬えうる人体を出入りし、世界と人間を繋いで作用する、何らかの力だったのである。これらの点は、あとでまた、別の角度から検討する。

したがって、この報告の論旨なら、メスメルの活動がペテン師の同類だとまで断じられてはいない。当時の研究水準なら、人間の心や体に、実験室で扱える物質と別の原理があっても、不思議はないはずであった。報告書から言える確かなことはせいぜい、その原理の担い手を、ラヴォワジエの化学の扱う物質には分類できない、というところまでである。ニュートンが、自からの物理学に対してとった謙虚な構えは、そういうものであった。ラヴォワジエ自からも、化学が見出しつつある元素だけで宇宙のすべてが説明できるとまで、言い張らなかった。この新しい物質の外には、依然として別の世界が広がっていた。メスメルは、そこに押しやられたのである。

当初は不満だったメスメルも、晩年になるにしたがい、錬金術やいわゆる超能力、「オカルト」に類するところに興味を移したことは、すでに述べた。患者はこの能力を用いて、自分や他人の病まいを診断し、治療法を指示できるという[35]。そういう辺りにメスメルは、自らとその理論の納まり所を見出したのであろう。これは、近ごろの世界なら、やはり広い意味での「宗教」的活動に入れてよいものである。

片や、メスメルを拒んだ科学の側の有り方は、どうであろう。ラヴォワジエらの「新化学」の徴す新しい科学には、メスメルの居所がなかった。その意味で、宗教を抱え込もうとしたメスメルと比べ、懐に浅いところがあるのではないか。なるほど、たしかにそのきらいはある。だが、料簡が少し狭いにせよ、ラヴォワジエらの科学に、目の届かないところを見逃す鷹揚さは備わっていたのである。物質としての磁気が非実在でも、動物磁気治療がそれを理由に、「無意味で有害な迷信」とまで弾劾されることはなかった[36]。科学でないのだから、お墨付きは与えないが、それなりにやってくれというわけである。科学で説明のつかないことがあって、まだ当たり前の世界なのであった。

したがって、この時代の「新しい」科学は、十九世紀半ば以降の「排除型」の実証科学に比べれば、まだしも懐は深かった。実証主義は、これに合わないものを無価値・無意味として排除することで際立つ。これはまさしく、ある類いの宗教の特徴なのである。ただ、〈論語読み論語知らずの原理〉が効いて、実証主義者自からはまずこれに気付くことがない。ラヴォワジエは、そこまで行かなかった。裏返せば、十八世紀には新しい科学がまだ、「永遠で絶対の真理」および「真理の確実な認識」という古い宗教の性《さが》を、しっかり取り戻せていなかったとも言える。

メスメルは、己れの「科学」を携えて、宗教的治療の域にまで越境を企てていた。学問的には、己れの理論の通用しない「外側」を認めようとしなかったのである。すなわち、科学への信頼の強さでは、あるいは「永遠で絶対の真理」への希求については、「新しい」科学の方が、彼に後れを取っていたことになる。だがメスメルは、治療の営みにはあくまで受け容れの構えだった。やがて実証主義が、唯一無二の方法論を目指し、丸抱え好みでなら彼に追い付こうとする。だが、他の方法の排除を掲げる点で、メスメルとはあくまでも異なる。両者の異なりは、あるいは宗教の類別の違いに通じているかもしれない。こう考えると、宗教と科学の境目を跨ぐ者としてのメスメルは、さらに際立つであろう。そして、この点にもう少し立ち入ると、また新たな境目が姿を現わしてくる。

素人と専門家の境目——排除の理由

メスメルと委員会の科学性と非科学性

メスメルは、ラヴォワジエの委員会が要請した治療の実演を断わり、科学者による実験での証明を自から提案した。結果は、「相手の土俵に押し込んだつもりが、体を入れ替えての送り出し」のような事情である。ただし、これを「科学の勝利」と言って済ましては、手軽すぎる。筋道を通すのは「科学の条件」の欠かせない一つに他ならない。ところが委員会の説明には、じつは一貫しないところが認められる。つまり、「完全な勝利」とは言いがたいのである。それなのになぜメスメルは、活躍の場を奪われるに至ったか。その観点から、ここにはもう一つの境目が見出せる。

メスメルの足許に引かれた境の四つ目は、クーンの言う科学の「パラダイム（手本・模範）」の遷り行きに絡む。すなわち、これを担う専門家集団の働きが学説の当否をどう決めるかについてである。メスメルとラヴォワジエとのあいだで問われたのは、人間の感覚を用いた観察・観測の信頼度であった。したがって突き詰めれば、感覚や知覚そのものの定義にまで問い掛けが広がる。論理の整合や事実の証拠をめぐる争いではない。世界の造りそのものの遷り行きが、映り出ているのである。一つめの境とした物と心の区別にも絡みつつ、そこから観察、実験の「公共性」ないし「間主観性」と呼ばれる「科学の条件」のもう一つにも繋がってゆく。

メスメルが宗教治療を批判し、動物磁気説の優位を信じたのは、「科学的に説明できる」と考えたからであった。治りさえすればよいのではない——その点ならむしろ、メスメルは一歩下がった辺りで満足した。ガスネルへの批判は、その原理ないし仕組みの知識に向けられたのであった。ガスネルの治療は、取り憑いた悪魔を、信仰の力で追い出すとされていた。原理は神の思し召しで、人間の手も目も届かない。メスメルには、これが不満だったのである。メスメルはキリスト教の伝統的権威に、科学の名を以て戦いを挑んだ——過去の権威を新しい力で覆す。だが、権威そのものを否定してはいないのである。自からが取って代わる野望と言えるだろう。科学主義の性《さが》の一部が、たしかに、ここに見えはじめている。

では、どのような治療なら「科学的」であったのか。メスメルは、方位磁石の針が、違った方向に向けられても、すぐに元に戻ることに着目した。磁針には、自然の磁力が掛かっており、この力によって、調和した自然な状態に復帰するのだ。人の体の癒やしでも、同じことが起こるに違いない。

かくして、有機体の調和においても、崩れてしまった場合、私が実在を認めたあの「全般要因（agent général）」が作用し安定させるのでないと、私の最初の前提——それのみがこの調和を自然状態に復帰させ得る——は、不確かと言われよう。……私は己れの考えを実験に委ね、十二年を費やし、あらゆる種類の病まいに、精密を極めた観察を行なったが、すると、予期していた規範がつねに検証されるのを目にして、満足を覚えたのであった。[37]

メスメルの文章にはいつも気取りがあり、持って回った言い方が分かりにくい。しかし、次のような意味に違いない。――自然のうちで働く磁力は「全般要因」つまり、どこでも働く力なのだ。ただし鉱物の磁気については、磁針が普通の鉄でなく磁化されているからこそ、この作用は起こる。ところで、人間の体は有機体だから、やはりただの物体とは異なる。したがって、人体の自然な調和を取り戻すには、鉱物の磁力に似つつも、別の力が働いて然るべきだろう。そう考えて続けた長年の実験、観察の結果はいつも予想通りであった。――動物磁気の実在が、こうして推定されたのである。ただし、古代からの慣らわしを受けた「調和（l'harmonie）」という考えは、鉱物の磁気よりもはるか広範囲に適用されてゆく。

観察・実験と予測の実現による仮説検証の手順が、メスメルにしっかり自覚されていたことは、この文章からも分かる。彼はガスネルの悪魔祓いを、冷静な科学的実験によって却けたつもりであった。ラヴォワジエの委員会の「科学的方法」の自覚とメスメルのそれとのあいだに、大きな隔たりはない。なるほど、今どきの雰囲気なら、メスメルの学説は、時代遅れの似非科学と判断されよう。しかし、当時においてそう断定できる理由が揃っていたかは、別問題である。

魔女狩りの終熄から、すでに百年が過ぎようとしていた。これは、悪魔と魔法の実在を足場にできる時代の終わったことを意味する。産業革命は進展し、合理的な設計による機械が、力を見せつけていた。合理主義は古代より此の方ずっと有力な思潮であったが、必ずしも機械論とは結びつかない。スコラ哲学はまさに「合理性」に則り、すなわち「理性に従う」方法で、神の「存在」を証明していた。「魔女」の悪魔との契約も、そうして立証されたのである。だが、科学と産業の時代を迎えると、「合理性」とは機械仕掛けのことだとの思いが強まった。だから

「想像力」についても、かつてのように宇宙を巡って行き来する働きには、疑問が抱かれつつあった。ある種の人びとをペテン師と決めつけられたのには、そうした時代の勢いが加勢していたのである。メスメル自からも、動物磁気に古くささがあることに、しっかり気付いていていた。

いかがわしい説とはいつでも、人の心は掴まないにせよ、馬鹿げていようがハッタリを咬まそうが、原初より認められてきた真理の名残りとしか考えられないところを、少なからず含むものである。[38]

彼は、自説への顰蹙を気に病みつつも、古代から引き続く根源的な知恵を信じていた。占星術などの「古い」学説が、啓蒙主義の時代にあって、批判され貶められるのを擁護し、科学として再興したいと考えていたのである。「永遠で絶対の真理」を求める気持ちでは、キリスト教聖職者にも劣らないと言えよう。悪魔祓いこそ批判したものの、この宗教への表立った攻撃は出てこない。メスメルは、啓蒙精神による伝統批判への反批判を、古い宗教の知恵を擁護する立場から企てたのである。ただし、世の中の多数の認める正統とは異なるところにこそ真理は隠されていると、彼は信じていた。アリウス派の信仰を秘める異端の錬金術師ニュートンの心積もりもまた、これであった。

しかしメスメルは、自説の時代への適合について謙虚でありすぎた――または、己れの「独創性」を買いかぶりすぎていた。メスメル派の出した委員会への反論文書は、彼の学説と「王立科学アカデミー」会員たちの唱える理論のいくつかに、共通点が多いと言い立てている。これが、こじつけではなかった。メスメルの理論は、孤立していなかったからこそ、影響力も持ち得たのである。委員会報告書の作成責任者バイィですら、アカデミー会員の幾人かの理論が「メスメルの理論と人を困惑させるほど似ている」と認めざるを得なかった。ダーントンは、メスメルのそれに似通う著作を著わしたこの時代の学者として、ライプニッツ、ディドロ、ヒューム、ルソー、コンディヤックなど、二十人ほどの名前を挙げている[39]。

動物磁気の実在を否定した報告書の筋を点検すると、さらに思いがけぬ脆さが浮かび上がる。この時代に「想像力」とは、物質ではないにせよ、「実在しない非現実」でもなく、正体不明ながら人間に不可欠の何かであった。だから動物磁気をこれに帰せば、説明を投げ出したに等しい。少なくとも実在の否定とはならないはずなのである。動物磁気が「想像力」を介して伝わった可能性は否定できるのだろうか――その論証はなされていない。デスロンのふりをした別人が分離を誘発したことでも、「想像力を刺激したので磁気が仲介された」と反論すれば、さしあたり有効であろう。

「機械的模倣」も、説明とは言い難い言い回しである。人間の体に、感覚で捉えたものを再現する機械的な仕組みが備わるとの考えだが、詳らかな説明はない――「人間機械論」に通ずるところだが、正体は不明である。近ごろの用語を用いれば、「反響動作」といった症候分類に入り、「ミラーニューロン」と呼ばれる一群の脳細胞にも繋がりがあろう。けれども、「反響動作」は分類項目であり、説明ではない。「ミラーニューロン」とは、知覚と動作で共通に興奮する細胞群があるとの事実に過ぎない。模倣の際に重要なのはたしかだが、それで説明が完了するのではない。もちろん、当時はまったく知られていなかった。だとすればこの出来事が、動物磁気という「未知の物質」で起こった可能性も、排除してはならないであろう。

物質科学の最先端を走っていた「新化学」の最大の特色、そしてラヴォワジエにもっとも苦労の多かった点が、新しい物質枠組みの確立であった[40]。彼は、心の働きまでもが「錬り込まれた」かつての錬金術の物質観に対決した。百年前のニュートンの枠組みを、新しい化学の手並みで覆す戦いとも言える。この試みはしかし、まだ道半ばであった。そしてそれは、今も同じである。ラヴォワジエ委員会の報告書は、物質科学のこの性《さが》を照らし出す貴重な事例となっている。

ラヴォワジエの感覚偏重とその歪み

調査委員会の報告書には、もっと大きな、かつ目につきやすい傷もある。動物磁気は物質でないから非存在とされた——だが、実在するために、そもそも物質である必要があるのだろうか。「想像力」を持ち出すまでもない。重力（万有引力）も（鉱物の）磁気も、もちろん当時すでによく知られていた。それらは、なるほど物質にまつわる出来事で、物質に力を及ぼす。だが、それ自からは、物質とは考えられていなかった[41]。ラヴォワジエその人もこれらを物質と見做さなかったのは、彼の元素表に、重力も磁力も載っていないことから知れる。ところがこれらの実在は、当たり前ながらラヴォワジエによっても疑われていないのである。

メスメルの動物磁気は、磁気の一種とされていた。なるほど、彼はそれを「物質」と呼んだのである。だが、ラヴォワジエの意味での物質と言われたわけではなかろう。じっさいのところ、その必要もなかった。しかしラヴォワジエらはこれを、「物質ではない」との理由で実在の否定に導き、しかも鉱物の磁気や重力については、実在を疑わなかったのである。

報告書の筋書きだけで、メスメルの起こした出来事は説明できない。まして動物磁気の非実在は、証明されないのである。したがって、彼の活動を抑制するほどの説得力があるものか、疑わしいと言える。ちなみに今でも、この事情がすっかり変わったとは思われない。ほぼ百年の後には、電磁波が確認される。ラヴォワジエが生きていたとして、実在を否定したであろうか。どうも、考えにくい話である。物質の本性の考察に留まらない、何か捩れたものが、ここに感じられるのではないか。

動物磁気否定のもう一つの拠り所、「感覚に掛からない」を検討すれば、その感はますます深まる。錬金術と戦う「新化学」では、物質に心は認められない。それなら研究は、心と無関係に進められるだろうか——けっして、そんなことはないのである。人間の感覚が事実を与え、理性的な思考がそれを判断して認識に至ると、ラヴォワジエもはっきり考えていた。化学の理論に明示されずとも人間の心の働き、なかんづく感覚は、「新化学」をはじめとする「新しい」科学の、基本的で不可欠な条件であった。すなわち、新しい時代の自然科学は、心の働きを無みしたのでなく、人間の行う実験と観察、およびこれについての思考に限定したとするのが、正しい言い方となる。〈意識という想念〉の蠢きが、すでに感じ取られるところである。

ラヴォワジエは心の在り処、働きをそのように限定したうえ、その範囲内で整合性のある物質像を描こうとした。それはまだ、作成途上にあった。だからこそ、「ニュートンの後継者」メスメルの動物磁気判定に、乗り出してくる理由を見出したのである。ラヴォワジエにとっても、これは真剣勝負であった。動物磁気は、新しい世界の備えるべき物質観からはみ出すと思われた。そこで、もはや物質ではないはずの「想像力」に、組み入れられたのである。

しかしながら、五感の捉えないものが物質でないなら、今の我われの知見とは明らかに矛盾する。放射線は、まぎれもなく物質だが、五感では捉えられない。原子や分子も、単独では五感にかからない——だからこそ、十九世紀の後半になってさえ、マッハのような優れた物理学者が原子論に疑問を抱いたのであった。もちろん、遡ること百年の時代に、こんな要求を持ち出すのは酷であろう。しかしラヴォワジエらの、五感に決定権を持たせる筋立てが、直かに観察できない微細なものへの探求を妨げたのは間違いない。

もっと分かりやすい例がある。ジェンナー（Jenner, Edward: 1749-1823）が、この報告書の十年ほど後に行なった種痘である。天然痘を撲滅に追い込む第一歩で、感染症の激減を導く偉業として名高いが、正統派の医学は長く承認に反対していた。その理由がまさに、病原体が五感では捉えられないことなのであった。加熱による消毒法を確立したパストゥール（Pasteur, Louis: 1822-1895）が蚕の病原体微生物を推定し、さらにコッホ（Koch, H. H. Robert: 1843-1910）が炭疽菌を単離したうえ培養、接種する実験で細菌の病原性が公認されるまでには、こちらもまだ百年近くを要する[42]。のちには天然痘の病原体も顕微鏡下で視認されるが、結果としての話である。ラヴォワジエがもし断頭台を免れていたら、種痘反対の列に加わったのかもしれない。

フランス大革命の年に出版されたラヴォワジエの『化学原論（*Traité Élémentaire de Chimie*）』には、三十三種類の元素の名が挙がる。「燃素（フロギストン／フロジストン：phlogiston）」に取って代わった酸素のほか、窒素、水素、金、銀、鉄など、大方は今でも元素と認められている。だがこれらに加えて、光と熱も元素となっているのが、近ごろから見れば奇妙に映る。ラヴォワジエにとっては、熱もまた、立派な物質であった。彼は燃素は否定したのに、質《たち》のよく似た「熱素（カロリック：calorique）」を採用したのである。

燃素の追放は科学史上の金字塔だが、熱素はラヴォワジエ最大の誤りとして、ともに後世に名を残すものとなった。そして、ラヴォワジエが熱素の提唱に至った大きな要因こそ、感覚の偏重であった。熱は我われの肌に、いかにもありありと感覚される。これが、物質への分類に大いに寄与したのである。人間に感じられるかどうかで、物質の存否が左右される。ここは心と、そして意識の実在をめぐる役割に係わる肝腎なところである。感覚と実在との結びつきが、「新しい」科学の根もとで決定的な役割を果たしたし、今も果たしている。

> 感覚としての熱、言い換えれば感覚される熱とは、周辺の物体から放出される熱素の通過が我われの器官に及ぼす効果に他ならない。一般に我われが感覚するのは、何らかの運動によるしかなく、これは次の公理で表現できる。運動なくして感覚なし（*point de mouvement, point de sensation*）[43]。

熱は、我われに明らかな感覚を与える。「公理」により、これを生じさせる運動があるはずだ。ここで運動とは、物質の振る舞いに他ならない。したがって、物質の実在が推定される。その物質を「熱素」と呼ぶのだ。ラヴォワジエはこの「公理」で、感覚から物質への直通路を手に入れたのである。

ひるがえって、動物磁気はどうであろう。これもたしかに、五感には感じられたのであった。メスメルの患者たちが、そう証言している。ラヴォワジエの「公理」からすれば、そこには必ず運動がある。すると、その運動を起こしている物質こそ、動物磁気ではないのか——それなのに動物磁気は、実在を否定されてしまった。熱素に与えた物質への直通路をラヴォワジエは、動物磁気には拒んだのである。「公理」なら、いつでも、どこでも、誰にでも「普遍的」に当てはまりはしないか。彼とその「公理」の動物磁気への振る舞いに、歪みや片寄りはないのだろうか。

動物磁気と熱とを比べれば、熱なら、まずほとんど「誰でも」が感じられる点を、違いに挙げられるかもしれない。動物磁気はそうではなかった。一部の「感じる人」には感じられたが、委員たちをはじめ、「感じない人」もいたのである。ここには、「公共性」ないし「間主観性」と呼ばれる論題が現われている。熱が「誰にでも」感じられるなら、この事実を以て熱素は動物磁気より、実在性で有利となりそうではないか。

けれども、そうはゆかないのである。この種の公共性・間主観性のみで、物質としての実在は定まらない。これは、簡単な例で明らかになる。感覚での公共性だけなら、「冷」でも同じである。だが、そこから直ちに物質としての「冷素」を持ち出しては、勇み足である。温度の測定、系外への漏れの遮断、さらに比熱など「熱」の振る舞いの枠付けを加えてはじめて、「熱という何ものか」が見立てられる。すなわち、「熱」なる何かを理論的に固め、しかもこれが観察と実験に結びついたとき、「冷」をも含めた把握が出来上がるのである。音が「誰にでも聞こえる」からといって、（言語学的な意味ではない）「音素」物質が設定できるのではない。「誰でも熱いと感ずる」

のは、まさに「誰でも熱いと感ずる」ことでしかなく、「誰でも熱素を感じる」のとは異なる。——もしかすると、動物磁気が熱さを感じさせているのかもしれないのである。

　他の元素についても、まったく同じことが当てはまる。今どきの先端研究、ニュートリノなどを引き合いに出すまでもなく、実験と観察は高度な知識と技術を求める。ラヴォワジエの時代でも、試薬を調合し、反応での色の変化を見取り、匂いを嗅ぎ分け、精密な天秤で計量する化学の実験は、「誰でも」できたのではない——今も学生は、初歩の実習にさえ苦労する。つまり、熱素も他の元素も、「五感に捉えられる」ことについて、制限のない公共性・間主観性を帯びてはいなかったのである。動物磁気がこの点で、他の物質に劣っていたとは、まったく言えない。

　どんな人にも共通する「純粋な」感覚や知覚など、どこにもない。もしあるなら、これが誰にも文句の付けようのない「裸の事実」を与え、何ものかの実在や非実在、また法則が成り立つかどうかを直ちに立証するであろう。〈意識という想念〉をめぐる明証説は、これが有るとの立場である。だがじっさいには、我われの「事実」と認める事柄のうちに、すでに特定のものの見方が組み込まれている。これは、「知覚の理論負荷性」と呼ばれる筋立てである。[44] 厄介なことに、「理論」は多くの場合、無意識のうちに働く。「何の先入観もない」と思っていても——いや、そう思うからこそ、先入観は強固である。[45]〈論語読み論語知らずの原理〉が、ここにも顔を出したと言えよう。科学というものの性《さが》を論らううえで、とりわけ肝腎なところである。

　ラヴォワジエ委員会の報告は、結果の正否を今から問えばともかく、判断の下し方としては偏見に基づいていた。偏見がどこから来たのか、調べねばならない。考えてゆくと、素人と専門家の区別をめぐる心理学が浮かび上がる。それはまた、ここで「事例」としている臨床心理学／心理療法の足許を照らす明かりともなろう。

専門家の「権威ある感覚」

ラヴォワジエは諸元素の実在をほんとうは、「五感に捉えられる」ことから導いていない。理論を用いて実験・観察を計画し、巧みな技で捌き、結果を鋭く読み取り、そこからまた理論で推理したのである。「誰でも感ずる」という点なら、燃焼する火こそ、文句なくありありしていた。それなのに、彼は燃素を否定できたのである。他のすべての科学者と同じく、ラヴォワジエ自からも、己れの研究の動きを隅々まで自覚してはいなかった。自からの意識においては、「運動なくして感覚なし」の「公理」に従って研究成果を得たと考えていたのである。おそらく世の中を説得するための「公理」だったろうが、彼自からもこの建て前に捉われてしまった。すると正しい推論は、むしろ無意識のうちに行なわれていたことになる。

このためラヴォワジエは、理論にも技術的にも欠かせない手順を、熱素（カロリック）においては、不当に省いてしまった。鎧は外敵を防ぐが自からの重しにもなり、動きを鈍らせる。多くのふさわしい手順を無意識で済ませられたのに、意識がここでは妨げとなったのである。これも己れの立場を忘れたことなので、〈論語読み論語知らずの原理〉にどこかで足を取られたと言ってよかろう。躓いたのは、一つにはたしかに、熱が「五感に捉えられる」からであった。

> 熱素はすべての物体中で平衡を保とうとする。このため、冷たい物体に触れると私たちの手から、手が触れている物体へと移動し、私たちは冷たいと感ずる。熱いものに触れるときは逆の結果で、熱素が物体から手へと移動するため熱さを感じるのである。物体と手が同じかほぼ等しい温度なら冷たくも熱くも、いかなる感覚も生じないが、それは運動がない、つまり熱素の移動がないからで、繰り返すが、引き起こす運動なくして感覚はない。【46】

意識の自覚における感覚偏重の弱みである。だが、この罠は燃素のときなら、すり抜けられたのであった。足取りを狂わせる何かが、新たに働いている。ともあれこの躓きの石を、彼は振り向きざま、メスメルに投げつけた。日ごろの暮らしではたしかに、誰もが熱いと感ずる。だが、そこから熱素も分子運動も、感じ取れはしない。もちろん、科学教育の行き届いた近ごろだから、「熱いのは物理的な現象だ」とすぐに思われよう――「熱い虫」が住んでいるのではない。けれどもこれは、日ごろの経験の理論による説明に他ならない。もとはと言えば自明でないのに、重ね合わせに馴れたので理論が自覚されないのである。今では小学生が知っている知識も、出来上がる道すがらでは、高い素質と訓練で鍛えられた「選ばれた人びと」にのみ手が届くのであった。公共性・間主観性が見かけほどたやすくないと教えられる――昔の人はみんな馬鹿だった、と言い切れるのでなければ。

メスメルの頃でも同じである。公認された化学元素も動物磁気も、すべての人びとに平等に現われてはいなかった。ともに一部の、何らかの意味で「選ばれた」人びとのみが認め得るのであった。「誰もが熱いと感ずる」のは、誰もが熱素を知り得ることではない。一部の人のみに感じられた動物磁気だが、「公共性」で熱素に劣りはしないのである。では、両者の立場の違いは、どこから来たのか。それは、熱素などの元素を認めるのが権威ある科学者なのに、動物磁気に結びつく感覚を得たのが多くの場合に素人で、しかも治療を受ける患者＝依頼人を多く含んだ点に他ならない。

ラヴォワジエらの委員会は科学者によって人選され、フランス国王から任命されていた。多くがルイ十四世創立の流れを汲む「王立科学アカデミー」の会員であった。委員会の人事には厳しい基準があり、無作為抽出ではない。これに対しメスメルやデスロンの選んだ被験者は、科学の素人であった。たとえ貴族でも、その意味では「市井の」人びとである。とは言え、彼らも無作為に選ばれてはいない。メスメルらの眼鏡に適った、動物磁気を感ずる素質を持つであろう人びとが選ばれたに違いない。結果がそのことを示している。

二つの恣意的な選考基準が、二つの群れを作ったのである。そのうち勝ちを得たのは、ラヴォワジエらの専門家であった。学問の筋で考える限り、動物磁気の実在らしさは熱素に劣らないのだから、勝ち負けを分けた因縁は別のところにある。すなわち学問上の権力が、権威ある専門家に委ねられたためである。時代はすでに科学研究を、金と暇と熱意のある貴族など好事家の余技から、専門家重視に組み替えつつあった[47]。百年あまり前ならガリレオの地動説を葬れたキリスト教会さえ、もはや学問の個々の成果には介入しづらい雰囲気となっていたのである。

委員会の実験が二つの群れで比べたのは、感覚の有無であった。だから専門家が勝ったのは、五感による判断においてである。専門家の感覚の特権と排他性の出来上がったことが、ここに見取られる。専門家が知識で優れるのは当たり前だろう——じっさいにどうかは別として。だがさらに、彼らは最も「基本的」ないし「原始的」とされる感覚、知覚さえ、独り占めを謀った。専門家は、自からの感じない「物質」に実在を拒めることとなったのである。

専門家が感じなければ、素人は感じても対象は「物質」でない。このことは、心理学にも重い含みを与える。専門家が拒めば、素人の感じた感覚すら「存在せず」となるからである。心の、しかも意識の内にまで、専門家の手が及んできた。〈意識の絶対個人主義〉では個人の「聖域」だったのはずのところである。「誰もが熱いと感ずる」と先ほど書いたが、これはほんとうは誤りである。熱さを感じない人も、確かにいる。ところが、これを以て熱の実在が拒まれることは決してない。そうした人びとは、むしろ感覚や知覚に「障害」があると見做される。すなわち患者＝依頼人となってしまうからであり、専門家とはならないからである。この線引きは、多数派の世界の力に沿ってなされる。幽霊が見えたり神の声が聞こえたりする人のことを考えると、この事情は分かりやすい。今なら患者＝依頼人の候補で、ガスネルもその仲間だったかもしれない。「ふつうの人にできないことができるから」専門家になるわけではないのである。

動物磁気という「流体」は、この流れに押し流されてしまったが、熱素はこれとは逆立ちの扱いを受けた。だが、この「物質」の難点はいくつも、夙に知られていたのである。例えば単離できず、質量がないなどであった。近ごろの素粒子論なら、質量のない物質はありふれているが、当時は違った。それでも専門家の「感じた」ことが、いや正しくは専門家が己れの感覚を理論に重ね合わせたこと――これが支えとなり、熱素は物質の扱いを受けられたのである。

熱素説には反対も多く、すでに運動説が有力な対案であった。つまり、物体の温度とはその物体を形作る微細な粒子の運動の速度だと、多くの学者がもう考えていた。だがそう言えば、ラヴォワジエの「公理」の要めを占めるのもまた、運動であった。だから運動説は、彼の「公理」と矛盾しない。それなのにラヴォワジエの感じ取ったのは、他の物質のそれではなく、熱素の運動なのであった。つまりラヴォワジエの感覚は、物質の運動のみならず、物質の種類の創設へも直か付けだったことになる。ここには、明らかな筋道の乱れがある。それでも熱素は、動物磁気のような扱いを受けなかった。むしろ十九世紀の初めまでは、ほぼ定説として通用していた。熱力学の基礎となるカルノーサイクルさえ、熱素説から導かれたくらいなのである。他の専門家もラヴォワジエの感覚に、またその実在への近さに、それなりの信を置いた徴しと言える。

メスメルの学説は、今の我われの目で振り返るかぎり、証拠となる事実や論証で否定されたのではない。科学の「パラダイム（手本・模範）」に、通約不能の転換の起こったよい例がここに見られる[48]。通約不能とは、公約数を持たない数どうしに似て、互いの立場を比べる物差しがないことである。同じ言葉を用いても意味するところが違い、勝負を付けようにも土俵が造れない。動物磁気は感覚されないとして、「想像力」に帰せられた。このとき「感覚」とは何か、「想像力」とは何かについて「科学的説明」が施されたわけではなかった。ラヴォワジエら科学者が、専門家たる科学者集団の合意したある仕方でのみ「物質」「実在」「感覚」「想像力」などの言葉を用いると決め、違う仕方を排除しただけである。すなわち専門家たちは、もう自分たちの感覚の妥当性を疑わなくてよい仕方での線引きを行なった。その理由は、彼らが専門家だったからに他ならない。学問の内側の事実や論理からの決定ではないので、この線引きへの反証や論駁は不可能となっている。世界の造りが、「根拠」など求めることなく、移り変わったのである。

「実在」独り占めと権威主義の自覚

専門家としてのラヴォワジエの感覚が、熱素という「物質」を捉えた。先には「感覚の偏重」としたが、あやふやな言い回しであった。偏重はあくまでも、専門家の感覚に片寄って認められる。もちろんすでに述べたとおり、じっさいには感覚のみで判断されていない。だがラヴォワジエの自覚は、感覚から運動を導く「公理」に置かれていた。それが己れを含む専門家の感覚だけに適用され、しかも物質へと直通したのであった。〈論語読み論語知らずの原理〉に手前味噌を塗った如きもの、と言ってよかろう。己れを省みるゆとりが、何ゆえにか奪われていた。

昔の偉い人を引きずり出して、揚げ足を取りたいのではない。いきさつが、この書で「事例」となる臨床心理学／心理療法への〈見立て〉に直かに連なるので、見逃すわけに行かないだけである。熱素という誤りのお蔭で、今の世界からは、この筋の歪みが見えやすい。だがパラダイムの交替は、どんな場合にも、論証も証拠も抜きで当り前である。殊更この場合に、権威に阿ったのではない。他にも、うまく行っているところならなおさら、同じ歪みは隠れているはずなのである。

動物磁気が捨てられたのは、科学者集団の合意の枠組みが変わったことによる。しかも、この歩みの理由は語られなかった。クーンは科学者集団の自律性を信じ、政治、宗教、仕来たりの権威とは離れてパラダイムが決まると考えていた。ラヴォワジエらの場合、古くから理知の権威であったキリスト教会との表立った係わりは無いらしい。

それでいて、アカデミーを軸とする委員会の人選と国王への報告書の提出が、外の権威の入り用を伺われせている。すなわち、科学の専門家集団がキリスト教会をひとまず切り離し、権威の近代化を果たした初期の重要な一例と言えよう。ガリレオの『天文対話』(1632)が1838年までカトリックの禁書だったことを考えれば、なるほどこの新しい権威の心意気は感じ取られる。ここにもまた別の、小さな境目が顔を見せている。

さて、この書での「事例」ないし「患者」は、万能感を伴う誇大的な妄想を抱いていた。本人にのみ明らかで絶対的に確かなはずの個人の意識を、本人以上に熟知し、判定し、さらには「なおれ」と求める権利があるという。それに通ずる源が、思いがけぬところに顔を出している。物理学と心の繋がりが深いことは、すでに述べた。化学は物理学と並らんで、「自然科学の総代」を務め得る地位にある。ここでもまた、「心の近代」への胎動が、心理学に先んじて始まっていたことになる。その眼目が、「新化学」における専門家の感覚の偏重に他ならない。

ラヴォワジエら調査委員会の専門家たちは、誰も動物磁気を感じなかった。おそらく彼らはこの「物質」に、はじめから好意を抱けなかったのであろう。思い込みが専門家の感覚を変えたと、疑ってみるべきではないか。それが心理学の務めではないか――いや、これこそ妄想を疑われよう。あまり人を信じないのも、たしかによくない。だがそれなら、素人たちの感覚はどう扱われたのか。彼らの側はあっさりと「想像力」による感覚の変成を認められ、物質への道を塞がれていた。素人の感覚は思い込みで変わると考えられたのである。素人のうちでも殊に、患者＝依頼人となりそうな人びとは「想像力」で狂いがちなのだ。「想像力」は必ずしも非実在でないはずだが、調査委員会では、当てにならない面を重く見ていた。素人の五感は有って無きが如く、片や専門家は、「絶対的」と言えそうに権威ある感覚を備えた。鮮やかな手のひら返しではある。

学問について、あるいは「真理」について人間を、立場を異にする二種類か三種類に分けたことになる。まず、実在に直結した感覚を備えて科学の研究を進められる人と、新しい学問の出発点のところでもうすでに信頼を失った人とである。「永遠で絶対の真理」に与れるであろう人と、そうでない人と言ってもよかろう。これが、専門家と素人の別である。さらに素人のなかでも「真理」から、はるかに遠い人びとがいる。患者＝依頼人がそれであり、彼らの訴えることはすべて真に受けず、「解釈」してやらねばならない。これはどうも、予定説に基づくキリスト教の救済論に似ている。このことは、のちに論らう〈一つ掲げ〉で詳しく扱うであろう。

専門家の感覚が鋭さ、細やかさで素人を凌ぐだけなら、感心すれば済む。しかし専門家の感覚は、実在の審判者という特権を認められた。言い換えれば「現実と幻とを区別する権威」なので、ここでの「事例」に直かに繋がる。しかもこの出来事は、一つか二つの専門領域に限られない広がりを備える。「感覚」という、新しい時代の「真理の礎」が変わったのだから、「心の近代」における心全般の変質をも仄めかし、人の暮らしに丸ごと及んでくるはずである。専門家の特別な感覚が「実在」と「真理」の枠付けを独り占めすれば、この新しい感覚は、一つの世界をはっきり限る力を備えたことになる。しかもその外に、他の世界を認めない。〈お互い様〉を伴わない区別ないし差別が、専門家による世界組み上げの請け負いから産まれ出てきた。

異なる世界のあいだを身をもって行き来してこそ、〈揺さぶり〉が味わわれる。けれども、これは必ずしも心地よいものではない。いつも、足許に気を抜けないからである。〈論語読み論語知らずの原理〉に頼れば、むしろ安らぎが得られる。これに味を占めると、〈揺さぶり〉はなおさら「不快」となる。絶対権を以て世界の〈お互い様〉を拒めれば、足許は安心かと思われよう。「論語を読み続けるだけでよい」と、専門家たちが居直りはじめたのである。違う世界を入り口で拒むなら、動物磁気の扱いはもう結論が出ていた。科学の公共性・間主観性ないし「客観性」は、「科学的思考」の特性として、さらに学問の必須条件としてしばしば語られてきた。[49] しかし、動物磁気の排除を眺めると、公共性・間主観性と呼ばれるものをじつは特定の集団の力が組み上げる有り様が、よく見通せるであろう。

ラヴォワジエら専門家の判断の独り占めは、パラノイア風と言える。この書での「事例」への〈見立て〉の兆しが、メスメルとラヴォワジエの対立ですでに、それもラボワジエ側に現われていたことになる。自然科学と臨床心理学とは、いわゆる「方法論」で相容れないと見られがちである。だが〈意識という想念〉の中核、「明断」で「健康」で「正常」な意識の兆しは、こうしてむしろ自然科学の側に早く見られた。

ところで、ラヴォワジエらの委員会が「王立科学アカデミー」の権威に頼ったのは、科学と非科学の裁断を下すのに科学者だけでは力が足りないとの、自覚の表われかもしれない。すなわち、権威主義の自覚である――恥ずかしいことではなく、これが重い「真理」である。そうだとすれば、ここでは〈論語読み論語知らずの原理〉の目隠しが外れ、足許を踏み固めたことになる。専門家集団とこれをめぐる様ざまな権威の働きは、もちろん今の世にまで続いている。しかも、ここでの「事例」ではことのほか重きをなし、むしろほとんどこれのみを支えとしている。国家資格化を追い求める我が国の臨床心理学の振る舞いには、これがよく見取られるのであった[50]。

メスメルは、新しい時代の科学者と自から任じ、仲間の一人として、専門家集団に自説の立証を委ねた。今で言う「ピア・レビュー」すなわち「同輩査定」を望んだのである。彼はしかし、この集団の質《たち》を見誤っていた。メスメルは、彼の患者をはじめ「市井の」人たちの感じる力も、科学者と同じく信頼していたのである。しかし、二つの世界の違いに鈍感だったわけではない。質《たち》の違いに気付き、そのうえで股にかけたからこそ、治療の実演と科学的な証明とを分けようと努めたのであった。だがその彼も、専門家と素人で感覚までもが異なり、しかも実在の有無を隔てさえするとは、思い至らなかった。この辺りの「感覚」は、なるほど鈍かったのであろう。なにしろこの区別は、今ではまったく当たり前なのだから。けれども、メスメルはこの鈍感のお蔭で、股にかけた二つの世界のあいだで、さほど大きな〈揺さぶり〉を味わわずに済んだ――そうでなければ、アントワネットの前で立ったままではいられまいから。

したがって専門家と素人の、またさらに患者＝依頼人との〈お互い様〉は、メスメルにとってなら、あえて言うほどのものでもなかった。この意味で彼は科学の専門家以上に、科学の公共性・間主観性を信じきっていたのである。そう言えば、委員会がメスメルを追いやった世界、つまり宗教治療においてなら、かつてガスネルを真似て治療する素人があちこちの村に自生していた。公共性・間主観性を物差しに採る限り、非科学の方が科学よりも「科学的」となる皮肉が、図らずも仕組まれているのである。

もっともこの事件を経ると、メスメルも考えを変え、分かる人にだけ開かれた秘密結社「調和協会（Société de l'Harmonie）」を設立した。そして晩年に向かい、さらに秘密への傾きを強めていったのである。[51] ただしこの協会では、専門教育を受けた医師も素人の非医師も、磁気術師としては対等に扱われた。会員は多額の会費を求められたが、それで基本教義を教えてもらえた。そして互いの治療結果を討論に委ね、一致した結論を導いたのだった。[52] このようにして彼は、素人と専門家との境目に立つ。世の中の彼への処遇のみならず、彼の側からの学問・知識・技術の扱いについても、当てはまることである。

意識と無意識の境目——「革命」の手前で

無意識の理論と科学の意識

並らべてきた境目のしんがりに、いよいよ意識が登場する。メスメルに跨がせたい、今の世で疑いを容れない境目の締めは、意識と無意識のそれである。彼をここに位置づけては、少なからぬ人に、すっきりしない響きが残るかもしれない。精神分析をはじめ近代の心理療法の多くが、この二つを跨ぐと受け取られがちだからである——彼だけではないと。とは言え、もし彼が初めてこの境目を跨いだのなら、あるいは近代臨床心理学の創始者の地位を与えてよいのかもしれない。

二つのことが問われている――ここでの「事例」が意識と無意識の境目を跨いでいるのか、そしてメスメルはどうだったのか。まず、最初の問いを私は否む。つまり、今の世の臨床心理学の主流は、意識と無意識の境目に掘られた溝を跨いではいない。なぜならこの「近代知」は無意識を、意識の岸から眺めているに過ぎないからである。両者のあいだに越えがたい溝が横たわっていると見るのが、近ごろの世界でのまともな考え方である。この世界の造りに沿って臨床心理学は、意識でないものとしての「無意識」を論らい、心理療法は、意識の立場から「あちら」へと橋を架けようとする。いずれも、跨いでいないからこそできることである。けれども二つ目の問いは、肯わねばならない。メスメルはたしかに、この溝のある所を、跨いでいたのである。

しかし私には、メスメルに「近代臨床心理学の創始者」の誉れを許すつもりがない。すべて彼が始めたのではなく、仕来たりに従ったに過ぎないからである。彼には、溝が見えていなかった。何より、溝そのものもまだほんの浅く、掘削工事は始まったばかりであった。メスメルはこの二つの縄張りを、その後の成り行きを読みつつ、その意味を知りつつ跨いだのではない。「科学者」たらんとしたメスメルだから、こうした場合、「創始者」とは認めないのが、彼の気持ちにもふさわしい扱いではないか。

ラヴォワジエ委員会報告から半世紀あまりが過ぎた十九世紀の半ば、科学主義と歩調を合わせつつ〈意識という想念〉を高く掲げる動きが、新たに起こった。私はこれを、あとで詳しく述べるが、〈意識革命〉と呼んでいる。宇宙のすべてを意識に呑み込ませたい思わくとさえ、言ってよい。意識の側に足場を置いて無意識を研究し、意識に取り込もうと構える臨床心理学と心理療法は、すなわち、この「革命」の直系なのである。これらの学問と治療法について、晩年のフロイトが、自らの体系の総まとめに書いていた未完の著作『精神分析概説』にある次の言葉ほど、これらの事情を雄弁に語るものはなかろう。

この研究の出発点をなすのは、どんな説明も記述も受け付けない、意識という並ぶもののない事実である。意識を語る場合でも、己れの経験から直かに、何のことなのかを知っているものである。[53]

メスメルがどう考えたか比べるのは、もはやたやすい。彼は臨床家で、かつ物理学者をも目指した。いずれの顔においても、彼の扱った心理作用を近ごろの世界の物差しで仕分ければ、大部分は無意識となる。なるほど彼自からが心を、意識と無意識の突き合わせで論らうことはない。だがそれはこの時代の世界に、そもそもこの区別が無かったからに他ならない。これは、とても大切なところである。意識と無意識を区別しつつメスメルを語る構えが、すでに怪しい。しかしながら、ここでは近ごろの常識と引き比べたいので、あえてメスメルの知らなかった区別を採り上げてゆく。

まず物理から見ると、すでに述べたとおり、この時代の物理学者は、心にも大いに関心を払っていた。動物磁気は、物質でありつつ心理作用を含むのである。そしてこの作用は、宇宙に広がっているのであった。動物磁気についての「命題」の第一は、こうなっていた。

1　天体、地球、生体の間には、互いの影響が実在する。[54]

しかも動物磁気は、ただ宇宙に満ちるだけではない。動植物はもとより、天体も他の物質も含めた宇宙の働き全体を、この磁気が統一しているのだ。第七でそれがはっきりする。

7　物質と有機体とに備わる質《たち》は、この作用に基づく。[55]

ものごとすべての有り様を仕切る「全般要因」が、動物磁気であった。有機体も含まれるからには、心の作用を除外できるはずはない。第十六では、磁気の作用が音により伝わるとされる。言葉は声で運ばれるから、かなり「心っぽさ」を感じさせる質《たち》である。さてここに、無意識は含まれるのだろうか。

動物磁気は、流体の物質であった。だから、重力や運動の法則に従うし、潮汐作用さえ起こる。他の点でも、他の物質と同じように取り扱え、第十四、十七条ではこう言われている。

14　それは光と同じく、ガラスで増幅、反射する。
17　この磁力は蓄積、集中、移動が可能である。【56】

意識にこんな扱いは、少なくとも今どきの世界では、考えられないだろう。したがって、動物磁気に心の質《たち》が備わるなら、我われの言う無意識が含まれていると考えざるを得ない。物質と心の境目、宇宙と人間の境目を軽々と越える動物磁気なのだから、心が扱われるかぎり、意識に限られるはずもなかろう。

　こうした記述では、動物磁気の心としての質《たち》のほとんどが無意識のままで取り扱われる点を、重く見たい。ここでの無意識は、後のちのように意識の「間隙」として、あるいは「象徴」から推定されるのでない。それどころかフロイトらとは逆さまに、無意識そのものとして研究の出発点に置かれているのである。動物磁気の無意識は、少なくともメスメルにとって、意識にも増して明らかなのだった。言い換えれば、彼は理論において、無意識の側にしっかりと片足を置いているのである。

　片やメスメルは物理学者らしく、実験での験証を求めた。このやり方は、ラヴォワジエらの場合と同じく、結果を人びとの心に明白に現わそうとの試みである。〈意識という想念〉の兆しが見られる。動物磁気を、「科学者」として世の中に認めさせる脈絡でなら、彼が意識を重んじたことに疑いはない。これについてはすでに述べたので、繰り返しを避けよう。すなわちメスメルはもう片方の足を、確かに意識の側にも掛けていたのである。意識と無意識の〈お互い様〉が成り立っているとも言える。フロイトらとは、その点でもはっきり違う。この違いの重みには、またのちに触れよう。

無意識の臨床と橋渡しの迂闊

メスメルの理論は物質を扱い、無意識から出発して意識に渡った。ではもう一つの顔、臨床治療ならどうであろう。ここでは流体の働きによる体感が、患者から様ざまに報告されるのを常とした。明らかに意識される痛み、痺れや電気に触れた感じ、また、たまらない眠気が襲ったり、体が麻痺して動かせないとか、声が出なくなる場合もあった――鍼灸や気功などでの体の反応にも似ている。体感報告は多くの場合、感じた人の意識を通したであろうし、メスメルも意識を介して受け取ったと、今の世の語りでなら言うべきに違いない。つまり彼は、臨床においても意識に係わり、それなりに重んじたのである。だからこちらでは、まずは意識に片足を掛けている。

とは言え、その意識が起こった心の出来事の全部とは、とうてい考えられまい。分利を徴し付ける華やかな痙攣は、ほとんどが無意識に起こる。その他の体感でも、患者にとっては「思いがけず」起こったであろうから、無意識が働いたのは明らかである。言葉で報告されない反応も、もちろん大切な手掛かりとなった。言葉にならなければ無意識と、もちろんすぐには決められない。だが、無意識を含ないと考えるほうが、よほど不自然である。メスメルにとって無意識の役割が、臨床的にも大きかったのは疑いないのである。

とりわけ重みのあるのは、無意識の働きを軸に病まいが癒やされた点である。これは今の世の主流と、鮮やかな対照をなしている。近ごろの臨床心理学がどう考えるかは、やはり次のフロイトの言葉に代弁される。

私どもの療法は、無意識的なものを意識的なものに変えることによって効果をあらわし、この変換をなしとげうるかぎりにおいてだけ効果をあげるのです。[57]

メスメルの治療は、これとはまったく違う。彼は、無意識の働きを意識にもたらそうとしていないのである。加えて、なにしろ動物磁気は物理的な流体だから、仮に意識に現われても、すっかり意識に成り込むとは考えられない。すなわち磁気流体の心は、無意識に留まりつつ本来の力を発揮するし、それ以外に有りようがないのである。この違いが動物磁気をフロイトらの無意識から、臨床的にきっぱり隔てている。動物磁気についての「命題」第八には、こう書かれていた。

8　動物の体はこの要因の干満を感じ取るが、作用が即座に起こるのは、要因が神経の実質に染み込むからなのである。[58]

動物磁気に反応するのは、まず体なのである。流体の作用が「神経の実質（la substance des nerfs）」に入ってゆく。すなわち意識を介していないし、意識を目指しての治療でもあり得ない。なるほど、患者は治療者の言葉を聞き、治療室の神秘的な雰囲気を感じ、磁気桶の鉄棒を握り、術者の手が体に触れるのを感じていた。だから、なにがしかの意識は働いたに違いにない。また公開治療のめざましい効果は、見る人びとの無意識のみならず、もちろん意識にも刻み込まれたであろう。だが、理論的にもじっさいにも、メスメルが意識に何ものかをもたらして解決を図ることはなかった。分利において、患者は失神してしまうことが多く、その場合なら、治療がほとんど無意識に進んだとは、説明するまでもあるまい。

メスメルの治療した病まいは、痙攣、麻痺、失神、内臓の機能的な異常などで徴し付けられ、近ごろの主流に従えば、神経症や心身症に属するであろう。患者自からは、多くの場合、なぜこれらが起こるのか知らなかった。これらの症状はまた、分利でも惹き起されるが、メスメルの頃の世界でも分利とは、一過性ながら症状の憎悪であった。すなわち無意識の心理過程は、メスメルの立場でもやはり、病まいを惹き起こし得たのである。けれどもその同じ無意識の働きが、治癒のためにもまた求められたのであった。無意識だからとて悪者ではなく、扱い方で薬にもなる。まさに向精神薬に似て、直かに神経に作用し、意識の関与なしに効果を挙げたのである。

自から惹き起こした分利でメスメルは、患者の意識を奪ってしまいさえした。精神分析の理論からは、一時的な軽快に過ぎず、また新たに症状を形成するとの予測が出よう。ところが無意識に跨がるメスメルは、治療技法の上でも正反対の結論を導いていたのである。動物磁気を知らないガスネルでも治療ができたのは、心の癒やしが無意識下で進行するからに他ならない。無意識という枠組みを知らないメスメルは、このことを、それこそ「無意識に」考えていた。治療におけるメスメルは、自からの心までもを無意識の力で支えていたことになる。

そしてこの無意識からの治療論が、十九世紀半ばまではむしろ主流の地位を保ち続けることを、忘れてはならない。水、金属、（鉱物の）磁気などを用いた治療が精神病院では盛んだったし、催眠においても意識の役割は限られていた。正統医療の外を見やれば、悪魔祓いもまだ続いていた。メスメルの活躍からまもなくの1796年にハーネマンの作り上げる「同毒療法」では、水の分子の保つ記憶に効能があると考えられていた。ハーネマンが水に意識を認めなかったとは言い切れないが、まずは無意識の働きと考えておくべきだろう。

無意識のお蔭で治療のできる実演だから、意識に片寄った科学者の前では学説を証明しないと、メスメルは感じ取ったに違いない。それが、筋の通った構えであった。〈意識という想念〉は、説明を拒むほどに、何よりも明らかなのであった。言い換えればこの絶対の権威は、〈お蔭様〉を受け付けないのである。専門家のみの持ち物とされたにせよ、最先端の科学ですでに兆しており、メスメルもこれに気付いていた。ただし彼は、この無意識の治療を何とかして意識的な科学へと橋渡ししたかったのである。言うまでもなく、近代臨床心理学の採ったのとは、別のやり方においてだが。

しかし、この彼の絶っての願いは、叶わなかった。それはもしかすると、今の世におけるほどの深い溝が意識と無意識のあいだに掘り得ると、彼には見込めなかったからかもしれない。繰り返すが、そもそも彼には、この区別は仮初めのものであった。臨床の支えはもちろん、理論の始めも無意識に置かれていた。これをただ、新しい科学の新しい権威へと繋ぐところにのみ、意識の役割があったのである。そのなかで、〈意識という想念〉の性《さが》の独り占めして譲らないしぶとさを読み間違えたとしても、無理はなかろう。けれども、それが致命傷となった。彼は、専門家の感覚をはじめとする特別な意識が、〈論語〉の高みにまで登り詰めるべく蠢き出したのにも、ほとんど気付かなかった。つまりこの辺りでは、メスメルもまた、己れの足許を見失っていたのである。意識と無意識を跨いだとは言えこの読み違えは、彼の世界における意識が次の時代の〈意識革命〉でのそれから遥かに隔たっていたと、教えている。しかし、だからこそ、この境目を照らし出すことができたのである。

付け足し

おしまいに、「まとめ」ではなく、少し違った見所から五つの境目を振り返る。メスメルの跨いだこれらの五つはいずれも近代において、人間が「一人前」となるのに見失ったり、越えてはならない線でもあった。したがって西欧世界の人間観、ことに人間中心主義がはっきり表われる区切りを、ここに見出せるとも言ってよかろう。

まず、物と心の境目――物質が、あるいは人間以外の「環境」が、人の利用すべき「資源」となった世界で、物と心の混同は、人権侵害という重罪に繋がる。心を、少なくとも理性的な心を抱くのは人間のみとの考えが世の慣らいの根方にあり、それが人間に特権を許すのである。この境目は、近代の世界における「人間の尊厳」に係わる。

次に、宇宙と人間の境目――これが破られると、いわゆる「同一性の拡散」である。人間は「主体」として独立し、自律的に判断、行動しなければならない。得体の知れない他者から動かされたのでは、「主体性」を失ったことになる。この境目は、近代の世界に出で立つ「人間の足許」を支えている。

宗教と科学の境目では――区別の出来ない者が、無知蒙昧の誹りを受ける。知るべき事と、信じてよい事との区別ができないのだ。知識は明晰な意識内容から来るし、信仰は意志による「選択」だと信じられている。この境目は、近代の世界において「人間の品格」を護る。

そして、素人と専門家の境目――公共性・間主観性の建て前と実態の矛盾は、二十世紀も後半になってようやくしっかり気付かれた。しかし近代の教育は長いあいだ、この建て前により、有史以前からの人の営みの多くを「迷信」として斥けてきた。そして、今もそうなのである。近代の世界に備わる「人間の権威」が、ここに結晶している。「人間の分断」を導くのもこれある。

さらに、意識と無意識の境目――近代の人間の知識と行為は、意識に基づき、当人に帰属する。個人が称賛され、また指弾されるのは、その人の意識に基づいてである。無意識に操られる人は、狂っているのだ。意識が、心の病まいの妙薬とさえ期待された。ここには近代の世界の「人間の正気」が宿る。

●註

【1】例えば「現象学」のような一部の哲学説では、物と心の一体が説かれている。このような学説は、十九世紀以前の主張の生き残りである。しかし、近ごろの哲学は特殊な専門分野のひとつと位置づけられ、学問全体への影響力がほとんど無い。そもそも専門分化が進み、哲学もその一分野となった成り行きそのものが、心と物の分断を反映し、またこれに寄与しているのである。

【2】シェイピン／Shapin（1996）（訳書 p.136）。

【3】ギリスピー／Gillispie（1960）（訳書 p.173）。

【4】メスメル／Mesmer（1779, p.74）。

（1）Il existe une influence mutuelle entre les Corps Célestes, la Terre & les Corps Animés.

（2）Un fluide universellement répandu, & continué de manière à ne souffrir aucun vuide, dont la subtilité ne permet aucune comparaison, & qui, de sa nature, est susceptible de recevoir, propager & communiquer toutes les impressions du mouvement, est le moyen de cette influence.

(http://fr.wikisource.org/wiki/Mémoire_sur_la_découverte_du_magnétisme_animal)

【5】シェルトクとソーシュール／Chertok, L. & Saussure, R. de（1973）（訳書 p.11）。

【6】メスメル／Mesmer（1779, p.75）。

【7】ド・ラ・メトリー／La Mettrie, Julien Offroy de（1747）。

【8】ブラネリ／Buranelli（1975）（訳書 p.140）。

【9】ニュートン／Newton（1687）（訳書 pp.652-653）。

【10】ニュートン／／Newton（1730）（訳書 p.350）。

【11】メスメル／Mesmer（1779, p.15）。ここで「微細」と訳したのは subtile で、「精妙」とか「霊妙」とし

てもよかろう。すでにルネサンス医学や錬金術において、物質が五感に捉えられないのは微細の故との考えが定着していた。また、仏教を含むインド思想では、粗大な体と別に、細かな物質から成る「微細《みさい》身《しん》」を認める。これらを踏まえて、ここでは「微細」と訳しておいた。「あちこちと向きを探ってから」は、après différens efforts pour prendre leur direction で、この物質が生きもののように、どこへ向かおうか探りを入れていることが分かる。無機的な流体ではないのである。また、「陰部へ」としたのは、vers la partie inférieure である。この箇所は、「足の方に」（Ellenberger, 1970 の訳書上 p.68）「手足に向かって」（Buranelli, 1975 の訳書 p.75）などと訳されているが、ホトの婉曲表現と解するべきである。「恥部」としてもよかろう。

【12】ただしこれらの言葉は、特別な医学用語として作られたものではなく、一般的に（運命の）分かれ目、ないし暮らしの節目といった意味である。

【13】メスメル／Mesmer（1779, p.16）。西欧では、祈願や感謝のために「エクスヴォート（ex voto）」と呼ばれる造形物を捧げる地域がある。病気平癒の祈願のために、悪い部分を象った模型の用いられる場合があり、同じ発想を伺わせる。

【14】ブラネリ／Buranelli（1975）（訳書 pp.151-152）。

【15】ブラネリ／Buranelli（1975）（訳書 p.159）。

【16】大塚敬節（1972, pp.744-750）など。漢方は、理論的には『傷寒論』や『金匱要略』など中国古代医学を受け継ぐが、我が国の〈うぶすな〉での実践から、独特の進化を遂げてもいる。

【17】戸田弘子（2003）。類書にもその旨の記述は多い。私自からも、霊能治療者を含むこの種の療法家から、同種の聞き取りをしている。この点を気遣わずに行ない、治療者が頓死した例もある。

【18】ピーコ／Pico della Mirandola（1486）／根占献一ほか（1995, p.78）により引用。

【19】ブルーノ／Bruno（1584）／根占献一ほか（1995, pp.185-186）により引用。

【20】プラトーン／Platon（訳書「ティマイオス」41以下）。

【21】厳密に言えば少し違って、フロイトは最晩年にテレパシーを認めるのだが、ここでは主要なところを押さえておく。ユングの場合は、個人を超えた心の関係は、「同時性（Synchoronizïät）」と呼ばれる原理によって、不可知の非因果的な仕組みに基づくとされる（ユング／Jung とパウリ／Pauli, 1952）。つまり、メスメルの場合とは異なり、人間も物質も関与することはない。

【22】フィチーノ／Ficino, Marsillio／根占献一ほか（1995, p.81）により引用。

【23】ブラネリ／Buranelli（1975）（訳書 pp.287-289）。

【24】エレンベルゲル／Ellenberger（1970）（訳書 上巻 p.175）。

【25】ドゥルーズ／Deleuze, J. F.（1819）（シェルトクとソーシュール／Chertok et Saussure 訳書 1973, p.33 より）。

【26】石塚・柴田（2003, pp.36-37）。我が国ではこれが明治時代にあたり、西欧化と富国強兵が急務とされるなか、「科学」の言葉を冠して、自然科学と工学技術を中心に西欧の学問が輸入された。つまり science などの言葉の、この新しい用法に特化した翻訳語が、日本語の「科学」である。歴史的に見てごく最近の傾向を強調した言葉であり、これにはよい面と悪い面がある。今の時代の学問の精神を、ある意味で的確に映す点は評価できる。他方で、science などの言葉の古い含みが消えて、これには困る面もある。この言葉が近ごろもなお宿す、反論を許さない「絶対的な真理」の響きの由来が隠されるからである。すなわち、ユダヤ＝キリスト教の神の性《さが》に重なる科学主義の、宗教性がぼやけてしまう。とは言え、この辺りにかまわずやれるのが、我われの〈うぶすな〉の強みでもあろう。

【27】エレンベルゲル／Ellenberger（1970）（訳書 上巻 pp.64-65）。以下の記述は、他に、ブラネリとターン

トンも参考にした。

【28】メスメル／Mesmer（1779, p.15）。

【29】シェルトクとソーシュール／Chertok et Saussure（訳書 1973, p.10, p.17）。

【30】ブラネリ／Buranelli（1975）（訳書 pp.122）より引用。

【31】哲学的な厳密さを期そうとすれば、ここで「存在（ラテン語で esse）」と「実在（existentia）」は区別する必要があるかもしれない。おおまかに言えば、「存在」はそれが何「である」か、すなわち「本質（essentia）」に絡む考えであり、「実在」は何であろうと、げんにこの世に立ち出でていることを指す。しかしながら、まさにこの時代以降、両者は融合してゆく傾向にあり、これには「実在」が「存在」を呑み込む面と、「実在」が「存在」に変質して行く面とが見取られる。両者の区別が截然としない文脈では特に用法を整理せず、ここで採り上げる多くの著者たちもまたそうであるように、適宜混用しつつ、ほぼ同じ意味で用いることとする。なお existentia には、「実存」という奇妙な訳語も当てられるが、これについては場を改めて検討する。

【32】バイィ／Bailly et al.（1980, p.77）。

【33】ブラネリ／Buranelli（1975）（訳書 p.186）。もっとも、いい加減な研究を売り込んで公的・私的な資金をかすめ取る活動は、こんにちの我が国を含め、いつでもどこでも絶えることがない。私自からも、公的な資金を得ているのに研究手続きがまったくいい加減な、ほとんど詐欺と言うべき大規模な事例を、心理関連だけで複数にわたり目撃している。その意味では、当時のパリの動きをあまり特別視してはならないだろう。ただ、そうしたペテンのはびこっていた事実と、当時の人びとにもこれが甚だしい不都合と映っていたのは、間違いのないところである。ラヴォワジエによる化学の革新には、こうした腐敗の排除を目指す面があり、それが十九世紀の実証主義思想にも繋がってゆく——もっとも、実証主義と

「見せ物」との間には、むしろもう少し込み入った絡みがあるのだが。

【34】スミス／Smith, Wilfred Cantwell（1962）。

【35】ブラネリ／Buranelli（1975）（訳書 pp.25-26）。メスメル以前にこの類いの症例が報告されていたかどうかは、これまで私の調べたところでは分からない。しかし、病まいについての患者によるこのような予言は、わが〈うぶすな〉でも物語や伝説、民間伝承に多く語られていることなので、おそらく西洋でも昔からの仕来たりだったのであろう。

【36】報告書はこれに続いて、磁気治療の有害な結果について警告している。ただしその理由は、「想像力」の動揺と「機械的模倣」の、ここでの働き方に帰されている。つまり、「倫理的な逸脱」を誘う恐れを警戒したのであり、治療の「非科学性」ゆえの排除ではなかった。

【37】メスメル／Mesmer（1779, pp.10-12）。

【38】メスメル／Mesmer（1779, p.5）。

【39】ダーントン／Darnton（1968, pp.38-39 訳書 pp.50-51）。

【40】メスメルの時代の自然科学の最先端は、ラヴォワジエに代表される化学であった。化学はルネサンス期より此の方あまり進展がなく、物理学に比べ遅れていたが、十八世紀の後半に至り急に変革の時期を迎えた。ラヴォワジエは1772年に、化学変化を経ても関係する物質の質量の総和は変わらないとの立場を打ち出した。「質量保存の法則」と呼ばれ、「物質不変の法則」とも解される。ここを足場に、ドールトン（Dalton, J.）の「倍数比例の法則」などが現われ、元素の種類と量は変わらないまま、原子が定まった仕方で結合と分離を繰り返すという、今の化学観への道がつけられた。そして、元素の変化を前提とした錬金術には、訣別が宣言されたのであった。

【41】両者とも、近ごろでは場の性質と捉えられる。細かく言えば、場の波動には粒子としての性質もあるの

で「重力粒子」も想定される。だが未確認であるし、もちろんここでは問題の位相が違う。

【42】バナール／Bernal, J. D（1965）（訳書 p.396）。種痘の知識はイスラーム圏で普及しており、西欧でも民間で古くから知られていたと言われる。しかし、ジェンナーの発表をきっかけとして広く行なわれるに至った。また、ジェンナーの方法では有効性が疑問との説もあるが、ここでは踏み込まない。

【43】ラヴォワジエ／Lavoisier（org.1789/1992, p.21）。強調はラヴォワジエ。じつは、熱素の質《たち》は動物磁気によく似ていると、当時から評されていた。しかし、この点にはここでは深入りしない。また、ラヴォワジエ自からが、熱素は物質でなくてもよいと言っているので（p.5）、この点でも動物磁気に対し不平等があった。

【44】二十世紀後半からの科学史・科学基礎論の大きな転換を支えた論点で、ハンソン（Hanson, Norwood Russell）、クーン（Kuhn, Thomas, S.）、ファイヤアーベント（Feyerabend, Paul）らにより、詳しく述べ立てられた。

【45】多くの心理療法理論が、先入観を捨てるよう求め、「自由に」とか「すべてを受け容れる」などを標榜する。こうした不可能事は、追求するだけでもなにか歪みをもたらしそうだが、自分たちはこれを実現していると言い張るに至れば、非常に危険である。

【46】ラヴォワジエ／Lavoisier（org.1789/1992, p.22）。

【47】この頃はたしかに、科学者の職業人としての立場は未確立であった。だからこそラヴォワジエでさえ、研究と生活のための収入を、市民の反感の的であった徴税請負人に求めたのである。フランス革命を経て、高等工科学校（エコル・ポリテクニーク）が、この革命の科学思想面の制度化の最初の成果として１７９５年に開校されたことは、科学の専門化への歩みにとって画期的事件であったという。これにより、解析幾何学などを組み込んだ専門教育が組織的に行なわれ、素人には近付きにくい自然科学の専

門性が確立していった（佐々木 1995, p.356-）。ただし、こうした方向への準備は、すでに革命以前から着々と進んでいたことが、この事例からも分かる。

【48】クーン／Kuhn（1962）。

【49】よく整理して説かれた例としては、ポパー／Popper, Karl Raimund（1959, 1-1-8: 訳書 pp.54-55）、中谷（1958, pp.3-5）など。

【50】こちらの場合は、自分たちの専門性を認めよと国家に求めている。形の上で学問と技術の専門性の権威が先立つかの如くである。外の権威の力を弱く見るかにも思われる。だが、そうではない。国家と世の中に承認を求める理由そのものが、国家と世の中の「ニーズ」に応えているとの自覚なのであった。すなわちここでは、学問と技術の権威そのものが、政治と社会の権威に置き換わっている。もしかすると我が国の臨床心理学こそ、学問の権威主義の自覚においては、最先端を走っているのである。

【51】ブラネリ／Buranelli（1975）（訳書 p.219-）。

【52】エレンベルゲル／Ellenberger（1970）（訳書 上巻 p.80）。

【53】フロイト／Freud（1940a, p.79）。

【54】メスメル／Mesmer（1779, p.74）。

【55】メスメル／Mesmer（1779, pp.75-76）。

【56】メスメル／Mesmer（1779, p.78）。

【57】フロイト（1916-1917, p.290: 訳書 p.352）。

【58】メスメル／Mesmer（1779, p.76）。

3

「心の近代」の三筋の〆縄

メスメルの挿話には、五つの境目が現われていた。物と心、宇宙と人間、宗教と科学、素人と専門家、意識と無意識という五本の線——あるいは少し幅のある帯だろうか——が引かれている。近ごろでは馴染み深く、当たり前と感じられる境だが、メスメルにならば、そうではなかった。だからこそ彼は、さして気にもせず跨げたのであった。彼に先立つ多くの人びとも、また同じであった。もし彼らが、今の世の厳しい線引きを前にすれば、境目を軽々と跨がれた我われの戸惑いに勝るとも劣らないそれを、覚えるに違いない。その〈揺さぶり〉を産み出すに足る、今までの世界の移り変わりとは何か、これを考えねばならない。

五本の線が示すのは、境目の仕上がった姿である。線の引かれてゆく動きの元を見取るには、別の支度が要るであろう。境を仕切る「縄」を探すのである。「心の近代」を結界する〆縄、と言ってもよい。その大筋は、いま述べてきた一人の男の挿話を振り返れば示せると思う。これは三筋の縒り縄で、それぞれの筋に〈意識革命〉、〈心の囲い込み〉、〈一つ掲げ〉との名を与える。

意識革命

〆縄のはじめの筋を、〈意識革命〉と呼ぶ。推測もたやすく、「科学革命（Scientific Revolution）」をもじった名付けとなっている。それは、十七世紀西欧におけるコペルニクス、ガリレオ、ニュートンらの、天文学と物理学を軸とした学問の革新のことで、[1] メスメルの登場に百年あまり先立つ。これにあやかって考えたいのが、近代の世界に至るもう一つの、その頃にはまだ無かった道筋である。すなわち、メスメルからさらに百年を経て十九世紀末に登場するフロイトまでのあいだに、ふたたび「革命」の名に恥じぬ激しさで、新たな遷ろいが起こった。それが〈意識革命〉である。「心の近代」に特有の筋であり、その旗印とさえ言ってもよい。

十九世紀の半ばには、古いものはすべて間違いか見当外れで、自分たちの新しいやり方だけが学問的、科学的な「真理」に導くと信ずる人たちが、数多く排出した。いかにも「革命」の名に値する成り行きではなかろうか。同じことを、十七世紀の「革命家」たちも口にしていた。ただし、十九世紀の新しい「革命」の根方には、かの〈意識という想念〉が据えられていたのである。それが心の、新しい主じであった。意識の明証説こそ、この「革命」の前衛部隊に他ならない。これあってこそ、守旧派の強固な抵抗も撃破できた。心の有り方の受け止めがこれほど激しく変わったのは、地球の歴史を見渡しても希なことである。ただ、そこに生い立った科学主義の特高警察は、「真理の確実な認識」を独り占めする「永遠で絶対の真理」の番人であった。そこには思いがけず、古い宗教の影が濃い。

〈意識革命〉の、意識と無意識の境目への縁の深さは言うまでもなかろう。無意識の物質を信頼したメスメルと、意識を研究の出発点としたフロイトとの隔たりは、目眩くほどに大きい。メスメルにとってなら、始めの手掛かり足掛かりが、異質なものに塗り潰されて消えたのだから、腰を抜かさんばかりに違いない。意識の明証説の気配さえ感じられない動物磁気は、フロイトにとってなら、無知蒙昧でしかなかった。登場における新しさ・珍しさにかけて、この〈意識革命〉の筋の右に出るものは稀である。ただしこの筋は、メスメルの跨いだ他の四つの境目にも、あれこれの向きから絡みついている。〈揺さぶり〉は、思いがけず他の溝に足を取られることからも起こる。これに気を配りつつ、眺め渡してゆこう。

〈意識革命〉の枠取り

ほんとうにそんな大転換が起こったのか、と訝しく思われるかもしれない。また、たかだか百数十年前という新しさからも、疑いが生じやすいかろう。——意識はいつの世にも人間に必須で、これが明らかでこそ正気でいられ、暮らしも成り立つのではないか。なるほどメスメルは、意識と無意識の境を跨いだらしい。だが疑似科学で血迷った末のことだから、世の中全部に広げるのはおかしい。その頃でも、健全な人たちはみな意識を信頼し、意識に基づいて暮らしていたのではないか——。しかしながら、こうした常識こそ、〈意識革命〉の成果なのである。

我われは、明らかなはずの意識の中身を、はっきり示すことができない。意識は「明らかな謎」であった。これほど頼りない信念が人類の長い歴史を支え続けたとは、考えにくいではないか。〈意識という想念〉こそむしろ、歴史のことさらな局面での一時的な流行と見た方が、すっきりする。来し方を振り返れば、この「革命」の新しさ、珍しさはすぐに明らかとなる。とくに新しい資料は要らない。西洋思想史をかじったほどの人なら誰でも知るあたりを、ちょっと見直すだけで充分なのである。

すると、著名な思想のほとんどが、じつは無意識からなる心の仕組みの解明を志していたと、知れるであろう。人の営みの解き明かしが研究実績となるのは、それらのほとんどが無意識のうちに行なわれればこそである。考えてみれば当たり前のこの前提が、かつての思想史には長く、まさに当たり前に置かれていた。それは必ずしも「無意識の前提」ではなかったが、これまで表立って採り上げられることは希であった。なぜなら一つには、かつてなら意識・無意識の枠組みでの論らいそのものが、極めて希だったからである――意識に頼り切る思いがなければ、これと引き比べても仕方がない。ところが〈意識革命〉を経ると、こんどはいつの間にか、心の働きは意識が当たり前に思われてきた。そこで、かつてなら無意識であったはずの心の働きまでもが、あたかも意識であるかの如くに思いなされたのである。革命のどさくさに紛れて、かつての当たり前がこっそりと無きものにされた。

この、かつて当たり前だった前提の成り行きがすでに、〈意識革命〉の珍しさと新しさとを照らし出す。とは言え詳しい跡付けは、それだけで大仕事となろう。ここでは「革命前史」として、ごくかい摘んでなぞるだけとしておく。目安になりやすいところで、〈意識という想念〉にとって欠かせない「表象」と「感覚」の扱いを軸に考えてゆく。

「表象」の頼りなさ――革命前史1

意識がどのくらい当てにされていなかったか――まず古代では、プラトーンのイデア説が、分かりやすい例となる。そこではイデアこそがもっとも明らかであった。だが、人はイデアを意識しているのだろうか。彼によれば、この世で知識を得ることもまた、産まれる前に天上で見ていたイデアを思い出すことに他ならない。だが、イデアそのものは、この世にはない。だから、我われは忘れているのだ。しかし、すっかり忘却しきっているのでもない。なぜならこれに似たもの、例えば不完全な三角形とかブチの犬などを見て、「三角形」や「犬」そのものの完全なイデアを思い出せるからだ。

さてそれなら、イデアは思い出されるまでどうしていたのか——無意識の記憶に留まっていた。認識ができたからには、イデアの働きがあったに違いない。しかしこのときでさえ、イデアそのものは、またその働き方も、まだ無意識でのみ知られている。なぜなら、これらが意識できていたら、改めて「イデア説」を唱えたり教えたりは要らないはずなのだから。人びとは昔から、この世のものごとを様ざまに考え、論らってきた。そのなかには、正しい認識がたくさんあったはずで、そうでなければ人類は滅亡していたであろう。この正しい認識は、イデアの働きなのだ。だが、プラトーンの師ソークラテースの登場まで、こうした仕組みは知られていなかったらしいのである。その解明は、ソークラテースとプラトーンの天才に負うしかなかった。ゆえに我われは古来、おおかた無意識を頼って生きてきたことになる。これに引き換え、『国家』篇の名高い「洞窟の比喩」が語るように、我われが日ごろ意識する姿や思いは、誤りに導きやすいのであった。したがって哲学とは、心の大もとをなす無意識の解明なのだ——少なくともプラトーンはそう考えていたことになる。西欧古代の世界は、おおむねこのようであった。

心がけて見やれば、アリストテレースはもとより、他にも多くの無意識の思想家を古代に見出すのに、難しさはない。だが、ここではいきなり千年あまりを飛び越し、中世に移る。スコラ哲学の大成者とされるトーマース・アクィーナース（Thomas, Aquinas: 1225-1274）は、人間がキリスト教の神を認識できると考えていた。だがその際、「表象」を用いることはできないのであった。

神の本質はいかなる表象を通しても見られえないし、またいかなる被造的な可知的形象を通しても、見られえない。【2】

さて、「表象（phantasma, ギリシア語から借用したラテン語）」とは何だろう。西欧の古代から今に至るまで語られ続けているが、その正体は、極めて分かりづらい。おおむねは、五感を介した感覚を素材として心に何かの姿を想い浮かべたもの、と言ってよかろう。これが人間と動物にとっての、心の必須の働きをなす。なぜなら、遅くともアリストテレースより此の方の多くの思想家が、ものごとを知るにはこれを介さねばならぬと考えてきたからである。プラトーンは、先に述べたとおり、この類いにあまり信を置いていない。だが、これなしでふつうに暮らせないとまでは、認めざるを得なかった。それがアリストテレース以降、役割を重くするのである。

そしてなんとこれを作り出すのが、かの「想像力（ラテン語なら imaginatio）」なのである。「表象」と「想像（力）」の二つの言葉は、したがって、入れ替えのきく場合が多い。気をつけるべきは、メスメルのところでも述べたとおり「表象」は、「空想」つまり実在しない何かの想い浮かべとは限らないところである。「想像力」が作るとは言え、むしろ今風なら「実在する現実」のものごとを知るためにこそ「表象」は用いられる。

ところがメスメルの動物磁気は、この力によるからとして、学問の縄張りを追われたのであった。「表象」は「実在」を知るのに必須なのだが、にもかかわらず、「実在」から逸れる場合がある。欠かせないのにどっち着かずで頼りない頼みの綱が、この「想像力」である。日本語の訳語にも難があるのは確かだが、人間を知恵と愚かとの、また精神と物質となどの「中間者」と見る古くからの幾筋かの流れが、ここに束ねられたとも言えるであろう。

ふたたびところが、十九世紀の〈意識革命〉の拓いた世界では、のちに述べるとおり、まさにこの「表象」（と「想像力」）が、もっとも明らかなものの一つとなる。これが「革命」たる所以である。心のすべてを「表象」と見做す人さえ出てきた。そして、「表象」こそが意識の中核を担う知識の基いだと、さらには「実在」に他ならないとまで担ぎ上げられるのである。そうでなくとも、我われの意識には必ずこれが伴うし、これなくして意識の活動はないと、〈意識革命〉以降はほとんどの人が考えてきた。

この「表象」が十三世紀には、まったく当てにならないものだったのである。この頃には、神の認識こそが、人生の肝腎要めであった。トーマースは「表象」が神の認識には届かないと、はっきり言挙げている。人生の目標から「表象」を締め出すとは、すなわち意識が軽んじられていたことに他ならない。なるほど肉体を備えた人間は、これに頼らざるを得ない。だが、省略できればそれに越したことはない。しかも、肝心なところでは役に立たないのだ。なお彼は、アリストテレースの流れを多く汲むが、このあたりではプラトーンの響きも聞こえる。

「被造的な可知的形象」とは、「創造神自から以外のもので、かつ知性によって捉えられる姿」との意味である。引用の後半ではしたがって、「被造物」を通して「創造者」は見られないと、つまり「神自からを見るには神自からを見るしかない」と言われているのである。「表象」その他の意識はすべて、もし最大限に明らかだとしても、神の前では何の役にも立たない。スコラ哲学の主流において、最も偉大な事柄には、意識が届かなかったことになる。ともあれかくして、もし〈意識革命〉以降の世界からタイムマシンを駆り中世を訪れるなら、〈揺さぶり〉が避けられないのは、覚悟のできている衣食住の不便よりも、心の扱いの方だと知れるであろう。

無意識の感覚――革命前史2

「表象」を頼りとしては、人生の肝腎要めが捌けない。〈意識という想念〉を織り成すに欠かせぬ太い筋が、中世では擦り切れかかっていたのである。さて、ここで意識が役立たないのは、務めが重すぎるからだろうか。神様では相手が偉すぎて、意識の間尺に合うまいとも思われよう――ところが、そうではないのである。トーマースによれば、人生のうちでも最も「低俗」なところにさえ、意識は届かないのだから。そこでは、意識のもう一つの元締めをなす「感覚」が問われる。

原罪を子供に伝えるところの情欲は、実現した情欲ではない。なぜなら、ある者が神的な力により、生殖の行為において何らの反秩序的な情欲も感じないという恵みを与えられたと仮定しても、やはり子供に原罪は伝えられるであろうから。むしろこの情欲は、感覚的欲求が原初の正義の絆によって理性の下に包みこまれていないかぎりで、慣らいとして見出される情欲なのだと解さねばならない。そして、こうした情欲は万人において等しいのである。[3]

「生殖の行為において何らの反秩序的な情欲も感じない」とは、どうやら「不感症」である。なんと、これが神の恵みらしい。だが、それほどに「恵まれた人」でも、理性の軛を逃れた「情欲（libido）」が慣らい（habitus）となって、感じられないままに親から子に伝わるという。すなわち無意識の情欲が遺伝するのだと、はっきり記されている。しかもこれが、人間の「堕落」の根源なのだ。トーマースからすればもっとも忌まわしいものだが、これにさえ意識は無力なのである。つまり相手が立派でも卑しくても、おそらくその中間でも、ここぞという所になると意識は役立たない。フロイトらの説が少しも新しくはないと、ここから知れるのも面白かろう。

近代に入れば、ルネサンスは無意識に満ちていた。だが説明に手間取るので、ここでは省く。十七世紀にはデカルトが、たしかに意識の明証に大きな信頼を置いた。少なくとも一面においてはスコラ哲学に反抗した彼が、〈意識革命〉の先駆者なのは間違いない。しかしこの先取りこそ、彼の偉大さなのである。デカルトの死と踵を接して産まれたライプニッツ（Leibniz, Gottfried Wilhelm: 1646-1716）が、「微細知覚（petites perceptions）」という名で、無意識の働きを論らったのは、よく知られている。彼は人間のみならず、また生き物にも限らず、あらゆるものごとに、すなわち「モナド」に、これを認めた。意識は心の高度な作用ではあるが、世界のごく一部を覆うに過ぎない。もっとも、詳しく読めばデカルト哲学にも無意識の心は認められるが、ここでは触れないでおく。

ライプニッツの死と、これもほぼ入れ替わりで産まれたヒューム（Hume, David: 1711-1776）になると、意識の役割はかなり高まる。心の働きとは、感覚器官に与えられた印象に始まり、その名残りが観念となって、連想により離合集散することだという。ここでは感覚が、全面的にではないが、かなりのところで意識されつつ、かつ重い役割を果たす。自然の秩序の認識や倫理的判断といった「高度な精神作用」も例外でなく、感覚の延長上に置かれるのである。言い換えれば、理性が姿を消してしまう――さすが「不信心者」として悪名高いだけのことはある。観念は、互いの類似性や時空間的な接近によって連合する。例えば我われが因果性と呼ぶものも、この一種に過ぎず、けっして必然ではないのだ。すると、「高度」とされる思考も、キリスト教徒が位の低い、穢れた「被造物」として蔑む「肉体」の働きに過ぎなくなる。「永遠で絶対の真理」の如き有り難いものは、どこにもないことになる。『人間機械論』の立場に近く、神に由来する深遠な理性を追放した分だけ、感覚に始まる意識の重みが増している。ここにはたしかに、〈意識革命〉への、ある一面からの仄かな予感がある。

さてところが、ヒュームの言うこれら思考の仕組みは意識されているのだろうか――そんなはずはない。なるほど印象や、そこから形成される観念は、多くの場合に意識に上るかもしれない。だが、全部のはずはない。さらに、それらの相互関係、連想の仕組みとなれば、もう意識されてはいない。なぜならこれらは、彼が観察や思考実験を苦心して行ない、筋道を工夫したうえ、新説として世に問うたものだからである。『人性論』（1739）は、意識の明証説と無意識の否定を採るなら、書けない著作であった。ヒュームは感覚印象の残存や連合を、人間の有り方を支えるものと考えた。しかしそれらは、これまで誰も知らない仕組みで、すなわち無意識で動き回っていた。だからこそヒュームはそれを研究し、明らかにしたかったのである。感覚と印象そのものも、多くは無意識と考えた方が自然であろう。

ヒュームの影響を受けたカント（Kant, Immanuel: 1724-1804）は、やはり感覚経験から出発し、構想力（想像力)、悟性・理性が認識を組み上げる様を描いた。このとき感覚の一部には、意識が働いているのであろう。しかし、感覚から得られた素材の処理されてゆく有り様を、カントはやはり苦心して書き記した。のちにも述べるが、この精密な分析は、凡人にはなおさら意識できない。明晰なはずの悟性も理性も、処理される素材の動きも、この天才の難解な文章の奥をあえぎつつ覗き見て、ようやく姿を現わす。だからこそ、カントは偉大だったのである。

彼の流れを引く「ドイツ観念論」の大成者ヘーゲル(Hegel, G. W. Friedrich: 1770-1831)なら、意識の役割はさらに小さい。彼にとって、世界史は理性の論理的な展開だが、有と無との弁証法の根方に、意識はありえない。それはようやく人間に至って、自己意識(Selbstbewußtsein)として産まれ出る。だが範囲が狭く、真理からはほど遠い。感覚の役割は味付け程度である。そのうえ意識はしばしば乱れ狂い、フランス革命の恐怖政治の示す如き惨状に導く。理性の「狡知(List)」が、浅く愚かな意識を操りつつ自己を実現してゆくのだ。彼を受け継いだマルクスにおいて、民衆の意識が指導と改造の対象でしかなかったのも、頷けるところである。

大急ぎで二千年あまりを見た。ここから、その後の二百年足らずに移る。我われの世界の常識は、この短くはかない礎の上に乗っているのである。

革命の過激と意外

〈意識革命〉のさなかには、臨床心理学のみならず心理学一般が、新たないわゆる「方法論的自覚」の許で組み上げられた。その登場には、一つの新しい「科学」の付け加えに留まらない意味があった。近代心理学の枠取りが「古い」学問の形態、つまり神学や形而上学への、根もとからの批判を含んだからである。この時代には、自然科学に留まらず「文科系」の学問もすべて根こそぎ、新しい時代に即した実証性を求めるべしと言い立てられていた。しかもこのとき、なんと心理学こそがすべての学を基礎付けると、いや、最終的にあらゆる学問は心理学に還元されるとさえ、多くの人が見込んだのであった――過激な思想ではある。

かくも大いなる地位を求め得たのは、心理学の「意識に基づく学」との自覚からであった。意識の明証説が時代の衣装を纏って、主役に躍り出たのである。卑しい肉体の蠢きに過ぎず、ただの印象か、どっちつかずの「想像」に多くを占められていた意識がはじめて他の何より明晰で、人間が完全に知りうる唯一のものとされた。完全な知識に基づけば、学問は確かな歩みを得られるに違いない。そこで科学的な「真理」とは、人間の心理に他ならないこととなった。物質と無意識とに信頼を置いたメスメルでは、とうてい思い及ばない。なるほど彼は意識にも、学問での証明に役割を認めたが、〈意識革命〉でのそれに比べればはるかに小さなものに過ぎない。

これに引き換え、先のフロイトの言葉は、〈意識革命〉への承認と進んでの参加をはっきり表明している。極めて大切なので、繰り返し引いておこう。

> この研究の出発点をなすのは、どんな説明も記述も受け付けない、意識という並ぶものない事実である。意識を語る場合でも、己れの経験から直かに、何のことなのかを知っているものである。[4]

意識こそ最高の「並ぶものない事実」と述べられている。この言い回しが筆の荒びでないことは、添えられた行動主義批判の註からも分かる。「アメリカでの行動主義のごとき極端な向きでは、この基本的事実を無みして心理学を築けると考えている」と、彼は嘆いて見せたのである。彼の名からすぐに無意識を連想するのは、この人物へのこれまでの誤った評価から、致し方ない。しかし、研究の組み立てにおいて彼が頼りとしたのは何よりも意識であり、つまり精神分析とは、意識を土台に立ち上がる理論なのである。

フロイトの理論研究の出発は意識からだが、それはまた治療の終着点でもあった。精神分析が効果を上げるのは、やはり先に引いたとおり、「無意識を意識に変える」ことによる。それに続く文章も加えて抜き出そう。

私どもの療法は、無意識的なものを意識的なものに変えることによって効果をあらわし、この変換をなしとげうるかぎりにおいてだけ効果をあげるのです。……ノイローゼは、まさしく一種の無知、すなわち知っているべきはずの心的な過程を知らないでいることの結果となります。それは、悪徳すら無知にもとづく、あの有名なソークラテスの説に非常に似ていると言ってもよいようです。[5]

見解が述べられたのは、これらの箇所に限られない。フロイトにも限らず、ユングやアードレルなどをも含む広い意味での精神分析運動の全体を、この原理が貫くのである。しかし、この治療法はいつも有効なのだろうか。じっさいには、必ずしもそうではない。いやな意識に付きまとわれれば悩ましいくらい、誰でも体験から知っていそうなものである。けれども、そんな素人のありふれた体験など、専門家の「実在」と「真理」への直結権の前では、世迷い言に過ぎない。もし、無意識を意識に変えて病まいが治らなくても、この原理の誤りではない――意識化が足りないだけなのだ。無意識の底は深いから「終わりなき分析」に導かれるにせよ、意識を立てる原理には反省の余地がないのである。[6]

しかも意識の効用は、ただ病まいが治るに留まらない。まず、心の病まいが「一種の無知」の結果とされている。無意識を意識にもたらすのは、すなわち知識を得ることだと、フロイトは言う。意識と知識とが、ここで重ねられたのである。すると、治癒をもたらすのは知識なのだ。さらに、無知つまり知識の無いことは、悪徳すらもたらす。それなら意識は、積善のもとに違いない。意識とは、病まいを追い善をもたらす大いなる知識の光なのだ――正しい知識とは「真理」である。かつてなら神の無意識に宿った「永遠で絶対の真理」の面目が意識の許に現われたことを、見紛う者はいるのだろうか。それなら、「知っているべきはずの心的な過程」があるのも、無理のないところである。神に代わって意識が、我われに「真理」の義務を負わせたのである。この義務を果たさなければ、病まいと悪徳に染まるしかない。

意識という明るい光はこうして、手抜きを許さぬ強面《こわもて》の主とも知れた。無意識の動物磁気で治療したメスメルの手並みは、フロイトにとってなら、「無知と悪徳」の吹き込みに他ならない。無意識と意識の立場が、真っ逆さまになってしまったのである。健康と善、そしてそれらの源なる「真理」が、そろって意識に見出される。従わなければ、病まいと罰で脅しつける――〈揺さぶり〉どころではない、まさに「革命」と呼ぶべき「意識賛歌」ではなかろうか。そしてなんとこれが、〈意識革命以後〉の世界では、ほぼ常識となってしまったのである。

広い流域と三本の支流

ところがこの大胆な説はやはり、すべてがフロイトの独創ではなかった。大筋で見るかぎり精神分析は、十九世紀半ば頃からの革命的な意識尊重の流れのうちに、目立って浮かび上がった教説の一つに過ぎない。ここに重みを掛け過ぎないでこそ、〈意識革命〉の広がりが見えてこよう。「真理」に加え、健康と善をも意識に託すのは、なるほど甚だしい徹底である。しかし、これができたのは、〈意識革命〉の流域の広さゆえである。この事情をリードは次のように書いている。

１８８０年代に批判の的になったハックスリ、ティンダル、クリフォードといった「唯物論者」はみな、ある種の現象主義者だったのであり、唯物論者などでは全くなかった。これは驚くべきことだが、真実である。実証主義に刺激を受けて、さまざまな汎現象主義が活気を取り戻した。……理論も関心も異なるさまざまな思想家たちが、すべての科学の基礎になる基本的な「データ」は感覚であると考える点では、皆一致していた。[7]

名前を挙げられた三人はいずれも、キリスト教会をはじめとする保守的な人びとから、「唯物論者（materialist）」として非難されていたのである。生物学者のハクスリー（Huxley, Thomas Henry: 1825-1895）は、「ダーウィンの番犬」を自称する流行の思想家となり、進化論の啓蒙に努めていた。著名な物理学者ティンダル（Tyndall, John: 1820-1893）は、キリスト教を批判し「唯物論」に肩入れした廉で「悪名」も高い。クリフォード（Clifford, W. Kingdon: 1845-1879）は数学者で、宗教的な権威は自然科学に比べて信用度が低いと公言していた。「批判の的」だったのは、進歩派を自任する彼らが、キリスト教を表立って攻める先陣の旗振り人だったからである。ティンダルの「ベルファスト講演」は英国科学協会の総会で、自然科学の方法を知識に導く唯一の正しい道とする科学主義を公然と言い立て、話題となった。多くの科学者からの熱烈な支持の反面、倫理的に危険として激しい攻撃も受けたのである。けれどもティンダルの「唯物論」は、心を今で言う物質に「還元」するものではまったくなかった。

我われの聴き、見、触れ、味わい、嗅ぐすべては、ただ我われ自からの変化に過ぎないのだと言わざるを得ず、これを越えては毛筋ほども進めない。我われの外側に、我われの印象（impressions）に応ずる何かが実在するというのは、事実ではなく、推論である。[8]

非難を受けた「唯物論」の中身とは、我われの知る物体を、ここでは「印象」と呼ばれる意識の中身から説明する企てであった。百年あまり前の、ヒュームからの流れが感じられる。近ごろの「脳科学」とはむしろ逆さまで、ここでは脳神経さえ意識の有り様に「還元」されてしまうのである。独我論の匂いもするが、「我われ」と言うからにはそうではあるまい。ともあれ、感覚に始まる意識の明証性を信じ、またそれ以外を信じないこと――これは間違いない。すなわち、〈意識革命〉の大もとが語られているのである。

精神分析もまた、その汎性欲説から保守的な人びとの非難を浴びた。しかしフロイトの理論の中身は、どの面から見ても、孤立はしていなかった。汎性欲説そのものがすでに当時の流行であったし、あまつさえここに示した意識中心主義において、当時の進歩派の人びとと彼はぴったり歩調が合っていた。科学史家のゲイ（Gay, Peter）は、フロイトの徹底した科学者振りを描き出している。[9]したがって、少なくとも研究の出発点と治療原理とに関するかぎり、科学者たちから強い批判を浴びることはなかったのである。

専門家に限られるとはいえ感覚に決定権を与えたラヴォワジエ委員会の裁定は、〈意識革命〉の先駆けとして、重い役割を担う。トーマースのあれほど蔑んでいたものが、実在の決め手になったのだから。さらに遡って捜せば、デカルト、ロックといった十七世紀の「科学革命」の同時代人たちにも、たしかに行き当たる。十七世紀以降、今の世の〈意識という想念〉に連なる枠組みの提唱、考察はかなりの数に上る。しかしながら、この流れが滝となり、奔流となって学問の根方を洗うのは、あくまで十九世紀半ば以降のことである。以下では、この流れに棹を差した人びとの代表を挙げつつ、革命の有り様を荒描きしてみる。

〈意識革命〉は、さらに三本の支流に分けられる。すべてを意識で塗り潰す流れ、意識に不可欠な役割を与えつつも限界を設ける流れ、意識を植え付けることで無意識の支配を企てる流れ、これらの三本である。それぞれを〈意識一色流〉、〈意識棲み分け流〉、〈意識植え付け流〉と呼び分けることにする。〈意識棲み分け流〉はさらに、意識の外側への構えから、〈排他実証派〉と〈認識批判派〉に分けられる。

〈意識一色流〉――「心理主義」という中軸

心理学者ヴントによる「表象」の哲学

まずは、〈意識一色流〉である。この名付けが、意識の〈ひといろ〉に染めることなのはすぐに知れよう。加えて、〈いっしき流〉を「意識流」にも掛けてある。ここに括った人びとの世界では、「意識の流れ」が、宇宙の仕組みを根もとで束ねる。必ずしも皆がこの言葉を使うのではない。だが、そうした思いの持ち合いが、この支流を徴すのである。

代表者には、思いがけなかろう人を推したい。この書の「事例」とする臨床心理学／心理療法に並らぶ、そしてしばしば対立するもう一つの心理学の流れ、すなわち実験心理学の創始者とされるヴント（Wundt, Wilhelm: 1832-1920）が適任である。彼から続く内観主義心理学は、行動主義に押されての頓挫まで、アカデミックな実験心理学の王道であった。この心理学を支えた枠組みは、きちんと紹介されることが少ない。だが、科学的実験で意識を探求し、また意識で科学を基礎づけるヴントの哲学こそ、〈意識革命〉を研ぎ澄ました形で示すのである。また、こと意識への信頼についてなら、二つの心理学が呉越同舟を避けなかったことに、この革命の勢いが感じ取られる。

ヴントの考えでは認識は、経験によると思考によるとを問わず、すべてが意識の「表象（Vorstellung）」から成るという。「表象（ギリシア語・ラテン語なら phantasma）」とは、先にも述べたとおり、説明の難しいものである。かつても今も、多くの場合に、これを組み上げるのは「想像力（imaginatio）」だとされている。「想像」の言葉で我われならまず、事実とは異なる想い描きを考えるが、西欧語の意味は違う。ラテン語はもちろんその変形の今の語彙も、世の中のじっさいを想い浮かべる場合にこそ用いられる。これなしに人間は知識が得られない。「表象」も同じで、「見掛け」「幻」などを指す場合もあるが、これなしに世の中の事実は知られない。

そのあらましを、ごくかい摘んで述べよう。まずは感覚が、外界から報らせを伝えてくる。ところが感覚は、刹那に消える。そこで「想像」で繫ぎ、補ってこそ正しい認識ができるのだ。今風に言うなら想起と予期が、時間の広い範囲への認識を導く。目の前・手近になく、それ故に感覚を与えないものごとについても、心像を用いて考えれば判断できるのだ。いずれも日ごろの暮らしに欠かせないのは、言うまでもあるまい。こうしたことがみな、「想像」の働きなのである。事実でないものも想い浮かぶのは、時たま乱れて独り歩きするからに過ぎない。自然において意味あることのすべてに、人間の側の働きを認めるのが西欧風である。人間が働かなければ、自然は何ものでもない。これは古代ギリシアより此の方、中世、近代を通じ、今の世まで一貫して揺るがない構えである。「想像」はいつも働いており、西洋人は今も「想像界」に住んでいる。――「万象来たりて我を照らす」が苦もなく分かる日本人には、まことに納得しづらい話なのだが。

ヴントに先立つこと百年のカント哲学でも、そうであった。経験されるこの世の姿は、「表象」で与えられる。これを組み立てる働きが、ドイツ語で Einbildungskraft と呼ばれる。「像に仕込む力」が直訳となるが、もとを質せばラテン語の imaginatio のドイツ語訳であった。仕込まれた像が「表象」で、これを表わすドイツ語の Vorstellung は「前に立てたもの」である。これが人間の理知性を事実にも、虚構にも導く。だから「想像」はほとんど誤訳と言えるが、さりとて適訳もすぐには見つからない。ともかくも「想像」こそが、「現実」や「実在」の基いを占める。古代から今まで、ずっとそうなのである。

ヴントの場合の「表象」は、意識の流れに色々な「要素」が、様ざまに浮かんでは消え係わりあう様を指すと考えれば、まずはよかろう。〈思い浮かべ〉や〈おもかげ〉などとしたほうが、あるいは分かりやすいのかもしれない。ともあれ、そうしたものが何よりも明らかで、説明は要らないと言い切れる落ち着きこそ、〈意識革命〉の面目なのである。この「表象」は、もとを質せば感覚から生ずる。だからこそヴントは、精密な実験で感覚要素を取り出そうと企てたのであった。

心の働きはさしあたり、経験と思考とに分けて記される。のちに述べる〈心の囲い込み〉での〈精神／物質系〉を産み出す区分だが、古代からの西欧の仕来たりでは、この二つは本性を異にする。なぜなら、前者は肉体・物質的で感覚に、後者は精神・論理的で、理性にほぼ割り振られるからである。ところがヴントでは、これがまったく意味のない区分けとなっている。それこそ、革命家の心意気なのであった。

まず経験とは、ヴントによれば、「表象」の中身を言い換えたものに他ならない。その「表象」の元になるのが感覚だから、およそ我われに知り得ることのそもそもの始まりは、感覚にある。感覚から、つまり意識の一部から独立し、その原因となる対象・客観が意識の「外界」に実在するとの説は、理由のない思い込みに過ぎない。さて片や思考、つまり筋道立った考えはどうして産まれるのか。論理とは、複数の「表象」の係わり合いにおける、変化の形式のことなのだ。すなわち思考とは、意識流に漂う各項の相互関係に他ならない。したがって、思考が論理的に正しいかどうかも、まさに「表象」の有り様のみによって決まる。これをヴントは、次のように言い表わした。

論理的思考はいまや認識機能と別物でなく、むしろこの機能の直接的な働きそのものなのだから、心理学からは、もとをただせば客観に他ならないそうした意識の内容が、つまりは表象こそが、論理的思考のもともとの内容でなければならず、したがって論理的思考の流れとは、心理学からすれば表象の動きの一部なのだということが、直ちに明らかとなる。【10】

「直ちに明らか」のはずが、かなり込み入った文体なので、繰り返しになるが分かりやすく言い直してみよう。――論理は認識を離れてあり得ず、むしろその別名である。ところで認識とは、客観を知ることを言う。ところが客観とは意識の有り様のことで、つまりは表象なのである。それゆえ、客観を支配する法則とは意識の法則に他ならず、それがすなわち論理的な思考である。したがって論理とは、つまるところ表象の動きで、これを研究する心理学こそが、経験はもちろん思考のすべてをも解明するであろう。――意識の明証説に沿いつつ「表象」が、感覚の中身から論理の形式までを呑み込むのである。あらゆることが、意識の内側の事情でのみ決まるのだ。この構えは批判者たちから「心理主義」と形容されるが、なるほど、そう言われて仕方のないところであろう。〈意識革命〉への情熱が、意識とこれを研究する心理学になら何でも与える無償の愛へと、進化した。

ヴントの〈意識一色革命〉

意識一色の中に、すべてがある。この世界では、何でも意識が抱え込んでくれるのである。今なら、ヴントは独我論に誘い込まれたと考える人が多いかもしれない。だが、それは行き過ぎである。「内観」を重んじたとは言え、彼は個人の内面を探究したのではない。ヴントは経験主義の徹底を図っていたのである。彼の「内観」とは、意識の内を観ずることに他ならない。意識が個人の中にあるのではなく、意識の内からこそ個人も産まれ出る。つまり、個人ないし自我という考えそのものも、「表象」の組み合わせで出来ているのだ。

ヒュームの「知覚の束」の自我説を思わせる。けれども、ヴントはもう少し骨のありそうなことも言う。カントから受け継いだ、能動性を伴う「統覚（Apperzeption）」も語られるからである。経験がてんでばらばらでなく一纏まりで把めるのは、常に「我思う」との自覚に結びつくからとの説である。正しいかどうかは別として、「近代的個人」の組み立てでは、中核を担うところと言えよう。それが、ヴントによればこうなる。

能動的な統覚も意志の決断も、自由に行動しかつ同時に動機に縛られているという感じ（Gefühl）に結び付いている。この感じは、振る舞う主体が自らの内にある制約とともに振る舞いの原因になっているのだという、直接の意識から（aus dem unmittelbaren Bewußtsein）生ずる。[11]

「統覚」は「感じ」に過ぎない、とされているのである。なるほど「近代的個人」の中核は担ぎ出したが、それは消去するためでしかない。「主体」としての個人が「意志」や「自由」を発揮し、制約を受けるのではない。じつは、そういう「感じ」がするだけなのだ。ところで、「感じ」もまた「表象」のうちである。だから、「統覚」が加わったといえども、これで「表象」の縄張りが増したに過ぎない。そしてこの「感じ」は、「振る舞う主体」が制約を感じつつも原因になるとの意識から産まれているという。すなわち意識が「感じ」を作り、それが「主体」の正体だと語られている。「主体」が意識を備えるのではなく、意識が「主体」を感じさせるのだ。

　個人の「内面」は、「外面」と比べてのみ意味を持ち得る。だから「直接の意識」が個人と自我とを組み立てるなら、独我論ではいられない。「外面」あっての「内面」、他人あっての自我である。すなわち、意識からは出られなくとも、我われは個人の外側なら知っている。そういう意識なら、個人をはみ出すに決まっている。だから、個人と自我を組み立てた意識は、少なくともはじめは、誰のでもなかった――すべての源なる、誰のでもない、ただひたすらの意識一色あるのみ。それなしには個人もあり得ない。

　したがってヴントの立場は、〈意識の絶対個人主義〉にも与しない。彼は実験室の被験者に、意識の有り様を言葉で報告させていた。他人の報告が頼りになるのでなければ成り立たない実験である。彼の世界では、自己観察も他人の報告も、いずれも等しく意識に表われた「表象」である。だから自分も他人も、原理的には対等となる。他人による報告の方が込み入った経路を経るけれど、同じ「表象」の法則に従うのだから、辿ってゆけば自己観察と同じものが得られるはずなのだ。〈意識の絶対個人主義〉を採るなら、他人の報告は間接性ゆえに不確実となる。「内観主義」の実験心理学は、少なくとも厳密な科学として成り立たない。ヴントが、自からの学説の実証を他人に委ねたのは、自分も他人も等しく意識から組み上がり両者の公共性に違はないとの、生半可ではない信念と判断からこそなし得た業なのである。

物と心の境目と、宇宙と人間の境目を彼はいずれも、メスメルとともに跨いでいたことになる。ヴントの世界は、近ごろのそれとはまだ、ずいぶん隔たっているのである。〆縄の二本目の筋〈心の囲い込み〉も、これに係わる。ところが行動主義からの攻撃は、この点を突いてきた。行動主義者にとっての「内観」は公共性を欠き、ヴントの当たり前が行動主義の非常識であった。これは、この新しい主義の拠って立つ所が、〈意識の絶対個人主義〉だと示すものである。これも一つの哲学、形而上学なのだが、行動主義が己れの説を証明できたわけでは決してない。ヴントからすれば、行動主義を支える物質・物体での出来事こそ、不確かな推測、思い込みに他ならない。〈意識一色流〉の原理からは、個人本人の特権も他人の間接性もあり得ない。行動主義の言い立てこそ、意識と「表象」の原理への無知から来る野卑な実用主義なのだ。

この戦いは、同じ世界のなかで、行動か感覚かと採めたのではないのである。異なる二つの世界にあって比べることのできない二つの事実の、ないしはそれら世界どうしの勢い比べであった。勝負の帰趨は、時の流れが行動主義に味方したことによる。心理学説の「パラダイム」が変わったわけである。だがそれに留まらず、〈心の囲い込み〉を進めるもっと広い下地の遷ろいが透けて見える。

「外界」の実在は思い込みだと、ヴントは言う。ところがもとの言葉遣いでは、「表象（phantasma＝Vorstellung)」こそ「思い込み」であった。思い込みに頼ってしか「現実」を生きられないのが、人間の切ない性《さが》とされていた。ところが近代の西欧人は、この革命で神の「真理」を追い払い、居直ったのである。人間の知りうることがすべて「思い込み」なら、「思い込み」こそ事実なのだ。言葉のうえでも革命的な逆立ちの企てであり、かつて軽んじられていた「思い込み」に、経験かつ思考かつ自我の全権が与えられた様を物語る。

ヴントは経験と思考とを、いずれも「表象」の有り方としてひと括りに扱っている。古いものをすべて覆すからには、不思議はあるまい。これはしかし、大胆と言えるのかどうか、先ほどの物理学者ティンダルの説とまったく同じなのである。この説は感覚と精神とを、つまり肉体・物質と理性とを綯い交ぜにしたため、西欧の仕来たりでの挑戦的な一歩であった。水と油どころか、天と地ほども違うはずの二つの類いが横並びにされた。上下、貴賤の際立った二つが、「表象」の漂う意識の共和国の内で対等となった。こんな政変をも企てるからには、「唯物論」との非難さえ必ずしも的外れではあるまい。究極の平等主義かもしれない。あるいはこの世界が〈お互い様〉の極みなのか——もう少し問い進めてみよう。

〈意識一色流〉の足許

新しい革命説は、守旧派から「唯物論」と罵られた。しかしもともとの「物質」は、おおかた消え去っている。「表象」は、肉体から来る感覚そのものでなく、人間の側からの仕事が入っている。のちに〈意識棲み分け流〉の〈白〉無意識として述べるが、この仕事には理知の働きが認められてよい。だから、「観念論」にもかなり歩み寄っているのである。それでも守旧派が怒るのは、大事な二分法の踏み越えがなにより腹立ちだったのであろう。ともあれこの踏み越え・綯い交ぜを、怒りを買ってまで推し進める自信はどこから得られたのか。それには「外界の客観的な事情」への照合など実行不可能との理由が立てられていた。——「外界」など誰も、見たことも触れたこともない。我われが「外界」と呼ぶものは、そういう我われの意識に他ならない。意識を超えるという不可能に根拠を置くから、不毛な形而上学に陥るのだ。ここで、誰も見たこと触れたことのない「外界」とは、長いあいだ実在と信じ込まれきた「物質」のことだ。もう、そんなものを考えるには及ばない。意識の流れの内側だけで宇宙の有り様は、内容も形式も出尽くしている。知識はすべて、ただひたすらの意識一色から作られ、この外に拠り所はないのだ。――「物質不在の唯物論」が、こう説明してくれる。

この考え方は〈お互い様〉を、違うもの同士の対等な付き合いを組み込んでいるだろうか。なるほど、異なるものをすべて含むかの如くではある。だが、「外界」の物質は切り捨てられていた。かくもの大事を締め出しては、〈お互い様〉と相容れないではないか。――いや、締め出したのではない。我われの知り得る宇宙には始めから「外界」など無いとの立場が、〈意識一色流〉であった。

さてここが、〈意識革命〉らしい見せ場となる。〈意識という想念〉への無条件で絶対の信頼無しに、この筋は通らないからである。「外界」を追放した理由は、「知り得ないから」であった。では、意識なら知り得るのか――どうやら、そう決めて掛かっているらしい。しかもデカルトの流れを汲んで、意識は絶対確実に知られ、意識することが知ることだと言う人さえ出てくる。意識のこの確実性、すなわち明証説を土台にしてのみ、〈意識一色流〉は成り立つ。この土台はしかし、頼りになるのだろうか。

日ごろの己れの意識を知っているかと問われたとき、素直に答えればどうなるか。我われは、身の回りのものごとを知っているから、暮らしてゆけるのである。だがそれは、意識なのだろうか。我われが知っているのは「身の回りのものごと」であり、それについての意識を知っているのではない。我われを取り巻く身の回りそのものを、学者が改めて「意識」と呼ぶだけではないのか。そうでなければ、意識はいったいどこから出てくるのか。学者には実在をつくり出す力などないはずである。ならばとどのつまり「外界の物質」こそ、ほとんどの場合、意識の正体かもしれない。――もしそうなら、物質とは不確かなものだから、意識は不確かということにならないか。理念や空想も意識だろうが、それこそ当てにならない。

いや、そんな下世話な話ではないと、言われるかもしれない。「真理」を求めて、「自分の意識」はと問い進めればどうなのか。だがそういうとき、我われは日ごろの暮らしと違う世界に入ってゆく。「自意識過剰」は、暮らし流れに必ずしも沿わない。〈意識一色流〉なら、それこそ「真理」と言い募るのが見識なのかも知れない。けれども意識は、ほんとうは「外界」に委ねてこそまともではないのか——「感覚遮断」の多くの実験が、「外界」を失った意識の戸惑いを告げているからである。この向きに歩み続けると、下手をすれば心理療法の出番が近づく。もちろん、そこで開ける世界にも、〈お互い様〉で大切にすべきものがある。しかしながら、今の話題は確実性・明証説なのである。意識を探せばこうした世界に歩み入るということ、このことは、少なくとも〈意識一色流〉の拠り所を崩すには足りるであろう。

このあたりの入り組んだ綾に、いまは深入りを避けよう。ただ、こうした足許のふらつきは、〈意識一色流〉ならどこを取っても認められるのである。いやさらに、〈意識革命〉丸ごとの足回りの乱れに連なる。意識を離れた「外界」が実在する、と言いたいのではない。ましてやそれで、〈意識革命〉を貶そうというのでもない。「外界」も意識も、お互いそれぞれに頼りなく、怪しいところがある。まず、そこを認めよう。すると、なぜ意識だけが持ち上げられたか、質したくなる。意識の明証説そのものは、証明できない——いやその前に、ほんとうに「意識」なるものが実在すると、なぜ言えるのか。あまりに「明らかな」ものを前にして、言葉は途切れる。むしろ、膨大な実験と大部の考察ではじめて明らかになる「意識」とは、ほんとうは無意識かとさえ思えてくる。「明らかな謎」がもう一つ別の顔を見せつつ、ここでも蠢き出すのである。

「外界の物質」の追放は、意識なら知り得るし確実に知っているとの、寄る辺なき思い入れの裏返しに他ならない。確実性において選ぶところないなら、意識一色と「外界」の実在と、どちらを取ってもよかろう。だがそれでは、〈意識革命〉が成り立たない。革命とは、いつの世でも、旧体制への非難から己れの正当化を導くものである。

ティンダルら「唯物論者」の、形而上学への攻撃の激しさも、確かな拠り所を得た自信の為せる業ではない。彼らもまた「永遠で絶対の真理」にこだわり、しかも「確実な認識」で捉えねばならぬと考えていた。鬨の声と聞こえるものは、それらを探しあぐね〈意識という想念〉に呑み込まれての戸惑いの呻き、ないしその果てに意識を支える「外界」を見失なっての、絶望の叫びと言った方が近かろう。

「永遠で絶対の真理」と「真理の確実な認識」を唆すのは、正体を隠しつつ近代まで生き延びた神のスキエンチアを措いてあり得ない。〈意識一色流〉は、彼らの非難した形而上学と同じ穴の狢である。したがって彼らの雄叫びは、科学主義として産まれ替わった「見えない宗教」の、かん高い産声とも聞いてよい。永遠で絶対のものに拠れれば、安心この上なきは間違いない。絵に描いた餅でないと、信じたくもなろう。額縁の外さえ見なければ、絵の世界が「すべて」である。どうやら〈意識一色流〉も、〈論語読み論語知らずの原理〉に支えられていたらしい。意識さえ「読み」続ければ、君子は愚か小人の境地まですべてが一抱えとは、大風呂敷を広げすぎに違いない。だが、こうした考え方が大方の支持を受けたことそのものは、〈意識革命〉の勢いを印象づけるに足る、紛れもない事実である。そしてこの勢いが、ここでの「事例」のパラノイア症候に流れ込んで行ったとは、たやすく察しがつこう。

哲学者ブレンターノによる意識と志向性の心理学

〈意識一色流〉のもう一人の立て役者が、ヴントとほぼ同じ頃合いに、心理学を哲学の手筈としたフランツ・ブレンターノ（Brentano, Franz: 1838-1917）である。彼は名講義で鳴らし、人気役者並みの評判をとるウィーン大学教授であった。フロイトも彼の講義を聴いて、理論の組み立てに影響を受けている。

ブレンターノは「先入観を倒せ」の標語のもと、[12] どうしても疑いようのない事実の記述から学問を始める、と言い立てた。ここで「明証（Evidenz）」として見出されたのがやはり「表象」であった。明証とは、これだけで直ちに完全に明らかとの謂いである。ただしヴントとは異なり、「表象」とは別立ての心の「行ない（Akt）」もまた、意識の明証を備えていた。そこから、彼の心理学の二つの顔が導かれる。「表象」の有り様を記述する「記述心理学」と、これを作り出したり取り扱ったりする「行ない」を検討する「作用心理学」とである。「表象」と「行ない」とが意識の事実で、これらより明らかで確かに知られるものは、何も無い。「明証」という言葉は英語のevidenceや、これの訛った日本語「エビデンス」と同語源である。〈意識革命〉の始まった時代には、これが意識に置かれていたのであった。近ごろではもっぱら物証と数値化に用いられるので、世界の造りが裏返ったかに思われよう。必ずしもそうではないのだが、これについての論らいは、また別の折りを待つこととしたい。

もっともブレンターノの著作に、「表象」と「行ない」とが、なぜどのように明証なのかの説明は見当たらない。彼は、先入観を捨てれば分かるのだと声高に叫んで、この問いを素通りした。ヴントの場合とそっくりである。とは言えこの時代にも、意識に明証を認めない論者は、確かにいたのである。例えばハミルトン（Hamilton, W.: 1788-1856）など、スコットランド常識学派と呼ばれた人びとがそうであった。[13] 彼らは、心の働きは知覚の対象と一体で、分離しては考えられないとしていた。つまり、「表象」や心の「行ない」は、明証どころか、取り出すさえできないことになる。ブレンターノは彼らを、自説の明証の証拠は挙げずに、ひたすらに非難する。なるほどそれは、きっぱり筋の通ったことである。なぜなら、説明の前提となりつつ、あらゆる説明を拒むものこそ明証の名に値するのだから。デカルトの「我思う」も、まさにそうであった。

ただ一つ、明証についての説明らしきものは、「内知覚（innere Wahrnehmung）」に絡めて見出される。こう呼ばれるのは、「表象」と「行ない」そのものを振り返る、珍しい見取り方である。ただしブレンターノによればこれも、いささかも珍しくない。誰にでも備わっており、それどころか、本来ならこれだけが「知覚」の名に値するとまで言うのである。[14] これを知らないとは、すなわち先入観に捉われた人なのだ。この決めつけ、押しの強さこそ、革命たる所以である。「内知覚」を当たり前と見たブレンターノは、おそらく凡人とは異なる意識の境地に達していたのであろう――上座部仏教で用いられるヴィパッサナー瞑想などなら、そうしたものも現われてくるらしい。「表象」は、「想像力」により作られるのが慣らいであった。メスメルの追いやられた怪しげな界隈がここでは、最高の「真理」を担っている。驚くべきことであり、革命の徴しとできるかもしれない。ただ気をつけるべきは、言葉が同じだからとて、中身まで同じと限らないところである。天地も揺らぐほどなら、言葉の意味くらい、裏返っても不思議はない。とは言え、言葉遣いを引き継ぐことによる思いの連なりもまた確かなので、軽んじてはいけない。だからこそ現象主義でも、「感覚」を重んずる限り「唯物論」との非難を受けたのであった。ともあれ〈意識革命〉は、このような分かりにくさの中を、この上なき明証の旗を掲げて進むのである。

「表象」や心の「行ない」などを疑いなく明らかに見出せる人の数は、先にも述べたとおり、さほど多いとは思われない。私自から省みても、ハミルトンと同じく、知覚の相手と心の働きとは区別ができない。それでも、先入観に捉われていると繰り返し言われれば、まあ、「表象」と「行ない」が見取れる気もしてくる。この類いは、言った者勝ちである。ここにも意識の「明らかな謎」振りが顔を出している。

ブレンターノがヴントと違うもう一つは、これらの意識が外部へと、「志向性（Intentionalität）」により関わるところである。意識は、己れの外のものごとを「対象」として抱きつつ、人間ないし自からに内在するという。

> あらゆる心の出来事は、中世のスコラ哲学者たちが対象の志向的（ないし心的）内在と名付けたものを持ち前とする。ここでは、やや紛らわしい言い方だが、内容への関係とか、対象（現実性と解すべきでない）への向かい方、あるいは内在的対象性とでも呼んでおきたい。……表象の内では何かが表象され、判断の内では何

かが認められるか捨てられ、愛の内では愛され、憎しみの内では憎まれ、欲の内では欲されるなど。[15]

ヴントは、意識の内側だけですべてを語ろうとした。しかし、我われはいつも、ぐるりのものごとと付き合って暮らす。それらを望んだり、恐れたり、知らんふりをしたり、様ざまに係わらざるを得ない。相手方は「外知覚(äußere Wahrnehmung)」という見取り方で与えられているという。ただし、「外知覚」は明証を伴わない。我われは、直ちに完全に明らかな「内知覚」と、そうではない「外知覚」の二重造りの世界に、常に住んでいることになる。志向性の考えの取り柄は、我われのふだんの心地を捨てずに、かつ意識の明証に信頼を置き続けられるところにある。

しかしながら、ここでの内と外の絡みは、まことに込み入って分かりづらい。「内在(Inexistenz)」と言うからには、「外界」があって当たり前かもしれない。だが、意識の係わらない「外界」について、ブレンターノは存否を一切語らない。もちろん無いとは言わないが、有るとも決して言わない。不思議にも思えるが、これまたよく考えると、筋の通った構えである。なぜなら、彼の立場でそうしたものは、語ることはおろか、考えることさえできないのだから。もし考えれば、その刹那に志向的な意識が、すなわち「外界」との関係を備えつつも内在的な意識が、ありありと立ち現われてしまう——はずだ。するともはや「外界の独立」は、言葉の綾でしかない。考えられないものは、考えても語っても馬鹿げている。「外界」とは、「内部から志向されたもの」のことなのだ。

このようにしてブレンターノは、「外界」を手放すことなく、それでも意識の内部で完結する心理学かつ哲学を思い描いた。宇宙は、意識そのものではない。「外界」無くしては意識も、少なくともいまの有り方においては、成り立たない。だが、この世全体とはすなわち意識の対象のことなのだ。したがって意識さえ調べれば、分かる限りのことはすべてが分かる。別の言い方をすれば「外界」は、意識によって示されつつ、当の意識によって覆い隠されている。隠し事を作るつもりはないが、隠されてしまっているのなら、とやかく言うべきではない――綱渡り的妙技と言えるであろう。ブレンターノは、意識をめぐる〈論語読み論語知らずの原理〉に、幾ばくか気付いていた。それでも、これを論破するには論語を読み続けるしかないと、思い詰めたのである。彼の世界では意識が、「外界」の〈お蔭〉を受けていると言ってよかろう。また、意識が宇宙を人間に知らせるなら、宇宙の側でも少しは意識の〈お蔭〉を蒙っているかもしれない。〈お互い様〉が、仄かに見えているのである。

ヴントとは、志向性と心の「行ない」の他に、感覚の要素主義を採らない点でも違いがある。また、やみくもな一色主義でないことが、彼の世界を〈意識の絶対個人主義〉に、少しだけ近付けることとなる。まず、意識の外部には、己れ以外の他人が含まれる。独我論は採らないので、他人も自分と同じような「表象」を抱いている。しかしここで、他人の抱く「表象」は直かには見取れず、「これこれの表象を抱いている人」として、器付きで受け止めねばならない。他人の抱く「表象」そのものは、明証を備えていないのである。その限りで、他人の心は隠されている。ただし、「表象を抱いている人という表象」なら、直ちに完全に明らかなのだ。だから、他人の心が知られないのではない。「外界」の物体と同じ程度になら、確かだと言ってよいのである。人間の知識に誤りが付きものなら、それでも不都合はなかろう。

ブレンターノは意識の明証説を、志向性の工夫で我われの常識に折り合わせようと努めた。それでもやはり、哲学・心理学が意識の内部で完結する建て前だから、〈意識一色流〉に含めてよい。「心理主義」の仲間として、批判に曝されたことがあるのも、故無しとはしないのである。

ヴント・ブレンターノの末流と「無意識発見」伝説

「心理主義」批判にも拘わらず、意識の明証と志向性の二つの考えは、広く受け容れられた。いや、きつい批判はむしろ、十九世紀の後半からの百年ほど、様ざまに及ぼし続けたその力の強さを示していたのである。例えばフッセルル（Husserl, Edmund: 1859-1938）は、意識の明証説を基いに世界の存在を語る「現象学」の運動を起こした。彼も、教えを受けたブレンターノを批判して語る。だが、世界のすべてを意識の志向性から眺める企ては、半ばが師匠譲りなのであった。そして、意識の万能ではヴントを継いでいる。「事柄そのものへ」との標語も、師とヴントを合わせての焼き直しなのは見やすいところであろう。現象学については解説書も多いので、ここではごく手短かに済ませたい。

フッセルルは、意識によってものごとの「本質」を明かすと言い立てる。だから現象学とは、「認識論」でなく「存在論」なのだ。なんと、スコラ哲学の本流を継ごうというのである。まず、我われのふつうに知るものごと、世の中すべてを「括弧に入れ」、判断を停止するところから始める。すると、世の有り様がすべて、意識の事実として現われてくるという。ブレンターノの「内知覚」とほぼ同じである。もっとも、「内知覚」は先入観を捨てれば現われたが、フッセルルでは「現象学的還元」という特別な心構えが求められた——ある類いの瞑想と言ってよかろう。彼のほうが、このあたりの心の綾はよく感じ取っていたと思われる。

「現象学的還元」ができると、明証を備えた意識の、その外部に対象を組み立ててゆく有り様が現われるという。これが、フッセルルにおける意識の志向性である。まず感覚に、「素材（Hyle）」が与えられている。それを自我の「働き（Leistung）」ないし「ノエーシス（noesis：知り）」が組み立てを行なうので、我われの知るものごとが出来上がる。ここで素材と組み立ての有様は、すっかり意識の内側に収まり、明証を備えるとされている。ブレンターノは感覚素材を認めなかったので、ここはヴントに近いが、「働き」はブレンターノの「行ない」と変わらない。外部の対象は「ノエーマ（noema：知られ）」とも呼ばれ、中身は我われに馴染みの世界と同じである。ブレンターノなら、不確かな「外知覚」の与えるものごとであった。「ノエーマ」も、「外知覚」の対象と同じく明証は備えない。意識は対象を外部の、明証を欠くものとして組み立てるのだ。しかし、そういう意識自からは明証を備える。これらの有様を記述するのが現象学で、「存在」の全体を解き明かすはずなのだ。大風呂敷はあい変わらずだが、その上になお、ヴントやブレンターノとは異なり、正確で厳密な学なのだという。

正確で厳密、絶対に正しいとの売り言葉は、多くの人びとを惹きつけた。この辺りこそ「究極の真理」の在り処かと、求道の心がさざめくのも珍しくはなかったであろう。しかしながら、〈意識一色流〉の人びとが、この「真理」を伝道すべく和気靄々と研究を進めたかと言えば、決してそうではない。マイノング（Meinong, Alexius: 1853-1920）やリップス（Lipps, Theodor: 1851-1914）が、フッセルルの論敵であった。だが激しく敵対しても、意識の明証への信頼と、独立した「外界」を認めない点では、みな同類である。

> 自然科学は実在の感覚の有り様の合法則性を、認識しているのである。つまり、実在の合法則性の認識と言われても、感覚の現わす出来事という言葉があってはじめて実在が捉えられている。このため自然科学は、実在自から、実在そのものとは何かとの問いに、関わるところがない。
> これに反し心理学は、唯一の直接に体験されうるもの、したがって真の本質を把握し得る実在を対象としている。この実在とは、意識のことである。[16]（強調は原文）

これはリップスの文章である。――自然科学は、外界の物質の法則を認識したつもりになっている。しかしながら、これは感覚の語る何ものかの法則であり、すなわち、まことは感覚の法則に過ぎない。だから自然科学では、ものごとの本質は隠され、忘れられている。感覚を扱う意識の研究こそが確実で、ものごとの本質を暴くのだ。外界の実在への知識も、正しく言えばここから作られてゆく他ないのだ。内容としては、しっかりと志向性の考えが語られている。ここで「心理学」を「現象学」に置き換えてしまったとき、フッセルルのものでないと言い切れる人が、どれほどいるだろうか。対立し論争していても、考え方は必ずしも大差ないという「法則」が、ここからも見て取れよう。

似たもの同士の仲間たちが、むしろ同じ世界観を共有するがゆえ、陣取り合戦を繰り広げていたのである。いかに狭苦しくとも、外に世界は無いと思い込めば、コップの中の嵐こそが「世界戦争」となる。厳密を期した、誠実な批判的議論が深まるほどに、「論語」の紙背を見透かす目は曇ってゆくのであった。

志向性の考えはまた、ハイデゲル（Heidegger, Martin: 1889-1976）、ヤスペルス（Jaspers, Karl: 1883-1969）、サルトル（Sartre, Jean-Paul: 1905-1980）らに刺激を与え、「実存主義」に組み込まれた。これらの思想が二十世紀半ば過ぎまで西欧哲学の主立った一角を担ったのは、記憶に新しいところである。また「意識流」と言えば、ジェイムズ（James, William: 1842-1910）とベルクソン（Bergson, Henri: 1859-1941）を外すわけには行かない。人脈からすれば、ここまでに挙げた人びととは少しずれる。だが、彼らもやはり、宇宙全体を心の像とする行き方を共にしている。彼らに影響を受けたプルースト（Proust, Marcel: 1871-1922）とジョイス（Joyce, James: 1882-1941）が、「意識の流れ」の世界を小説に具体化したことは、よく知られている。西田幾多郎（1870-1945）も、ここに加えてよかろう。次の〈排他実証派〉のところで述べるマッハも、本人に関するかぎり、間違いなくここに入っている。〈意識一色流〉の仲間は、こんなにたくさんいるのである。

さて、〈意識革命〉の響きは、思いがけぬところからも聞こえてくる。「フロイトが無意識を発見した」との言い伝えである。歴史始まってより此の方、心といえば意識のことだったと、この伝えは語り出す。フロイトが意識の底をえぐり出し、心についてのまったく新しい眺めをもたらしたことになっている。彼こそが、別の「革命」の担い手だったと、説いてきた人びとがいるのである。今でさえ、まだ時折り語られるこの誤った学説は、フロイトの

「公式の」伝記作者ジョウンズ（Jones, Ernest: 1879-1958）の広めたものであった。[17]

エレンベルゲルは、無意識の心理学の歴史をあぶり出し、フロイトの新しさがごくわずかだと示した。精神分析など「力動精神医学」の考えたことの大方はもう、ロマン主義の精神科医たちが先取りしていた。[18]だが、そのエレンベルゲルも、十八世紀より前の無意識には、ほとんど考察を及ぼせなかった。こうした誤りには、しかし、それなりの由来がある。近代の臨床心理学が歴史上はじめて無意識を扱ったかに見えたのは、当時あまりに意気盛んであった〈意識一色流〉に比べられたからである。言い換えれば、この流派の後押しを得たからなのである。正しくは、むしろ意識で塗り潰す思想こそが新しく、慌ただしく押し寄せていたのであった。ところが、その新しさを忘れさせ、有史より此の方の当たり前に見せるほどの勢いが、その頃の〈意識一色流〉にはあったことになる。

精神分析は、〈意識一色流〉を踏み台にして際立った。だがそれはけっして、意識について、己れの踏みつけたものの立場を越えてはいなかったのである。精神分析とはむしろ、意識に始まり、意識を目指す手筈であった。「無意識」を言挙げた一点で異なるものの、精神分析は、〈意識一色流〉と紙一重の仲間に他ならない。両陣営のあいだに、争いはあり得ても、〈揺さぶり〉を突きつける食い違いはない。フロイトやその流れの独創性は、〈世界学〉から見れば、さらに薄まらざるを得ないのである。

ただしフロイトらの無意識にも、いささかの新しさは認められる。それは、まさにいま述べてきたところである。すなわち彼らの無意識が、〈意識一色流〉の磨いた新しい意識を横目に眺めつつ形を整えてきたことに他ならない。意識の相手方として仕上げられたが故に、それまでとは違った色合いを帯びざるを得なかった。このことはのちに、〈意識植え付け流〉における〈黒〉無意識の名で、論らうことになる。その限りではたしかに、新しい芽ばえも認められるのである。無意識なるものを、今の世に通ずる形に整えたのが近代臨床心理学なら、それを励ましたのは〈意識一色流〉であった。こうした因縁からも〈意識一色流〉には、〈意識革命〉中軸の位置づけが似あうところである。

〈意識棲み分け流〉の強面分派――〈排他実証派〉の急進と限界

「真理」を目指す棲み分け

次は、もう少し込み入った、ないし捻りのある流派を語ろう。ここでは意識に、はっきり限界が設けられる。ただし、その持ち場の内では、際限なく腕を振るわせる。全面制覇を目指さず、その代わり縄張りはしっかり仕切り、かえって意識の特権を確かにする構えである。これを〈意識棲み分け流〉と名付ける。

〈意識一色流〉は、〈意識革命〉の立場を素直に示してくれた。大風呂敷ゆえに傷も目立ったが、「どこも破れていない」と言い続けることで、〈意識という想念〉の頑固さと頼りなさとを、双肩に担ったのである。それでも〈意識革命〉が、もし〈意識一色流〉の奮闘だけで終わったなら、目に付く流れが一つ出来ただけで、「革命」の名は大げさかもしれない。しかし、全体として「コップのなかの革命」でなかったことは、ブレンターノの教鞭を取ったウィーンから、半世紀ほど遅れて、力強い支流がもう一つ得られたことから知れる。論理実証主義である。この思想は、のちに述べる急進的な排他主義から、〈意識棲み分け流〉のうちでも〈排他実証派〉として分類する。

論理実証主義はマッハ（Mach, Ernst: 1838-1916）や、初期のウィトゲンシュタイン、ラッセル（Russel, Bertrand A. W.: 1872-1970）らの影響下にあり、シュリック（Schlick, Moritz: 1882-1936）、ノイラート（Neurath, Otto: 1882-1945）、カルナップ（Carnap, Rudolf: 1891-1970）、エヤー（Ayer, Alfred J.: 1910-1989）らを有力な担い手とする、これも思想運動と呼んでよい流れである。ライヒェンバッハ（Reichenbach, Hans: 1891-1953）、ヘンペル（Hempel, Carl G.: 1905-97）も、この仲間である。

この運動は、初期には「マッハ協会」を名乗っていた。この著名な物理学者の思想の強さが伺われる。彼はブレンターノと同い年で、つまりヴントとも同世代となる。思想的にも〈意識一色流〉に属することは、次の言葉から知られるとおりである。

赤、緑、温、寒、等々、これらはすべて何と呼んでもいいが……さらにわれわれの関心を惹き得るものは、これらの要素間の関数的相互依存関係（数学的な意味における）である。要素間のこの関係を物と呼びたければ呼んでいい【19】。

ここでも、人間の感覚を越えた実在は否定されている。では、宇宙は何で出来ているのか——もちろん、物体から成る。ところが、その「物」とはすなわち、感覚のある種の数学的秩序のことなのだ。宇宙のものごとすべては、やはり意識の内にある。数学を前面に出したことを除けば、先に引いたヴント、リップスらの言い立てと、ほとんど重なっていると知れるであろう。この気持ちのよい一元論は、古い形而上学を攻め立てる強面《こわもて》の構えと相俟って、強い魅力を放っていた。

心理学者なら、意識を持ち上げても怪しくはあるまい。だがマッハは、名高い物理学者であった。〈意識革命〉の勢いが、物質の研究でも心を、とくに意識を採り上げざるを得なくしていたのである。マッハの思想の全体は、論理実証主義に納まらない。だが、この主義への橋渡しとして働いたことは確かである。

論理実証主義は、言葉のとおり二つの部分からなる。すなわち「論理＋実証」で、記号論理学と実証主義との、棲み分け的な結合を目指していた。まず、「論理的な真理」と「経験的な真理」を峻別する。つまり「分析性」と「総合性」とが、原理において互いに独立と見做され、またどんな場合にも区別できると考えられたのである。いずれもが別の仕方で、しかし各おのともに、別種の絶対的な「真理」を与えるはずだ。

さてここで、経験からなる実証面つまり「総合性」の明証を担うのが、意識に与えられる感覚なのである。あらゆる認識は、ここからのみ始まる。エヤーによれば、次の通りとなる。

現象界を超越する実在の知識があると主張する形而上学者を攻撃する作戦の一つは、どんな前提から彼の命題が導き出されるかを問うことである。彼もまた他の人達と同じで、彼の感覚の明証から出発せねばならないのではなかろうか。もしそうなら、そこから超越的実在の概念に導く、どんな確かな推論法があるのだろう。経験的な前提からは何事でも、超経験的な何物かの有り様についてなら、いやその存否についてすら、正しい推論はできないないのである。[20]

意識の明証性へのこの信頼は、〈意識一色流〉と異なるところがない。我われは、感覚に基づく意識を超えては進めないのだ。やはり根拠抜きの確信の強さが、「形而上学者」への攻撃となって表われている。しかし感覚は、そのままでは知識として単純すぎる。より高度な認識、つまり知的な理解に至りたいなら、感覚に留まってはいられない。そのため、感覚を前提とした推論を用いる。別の縄張りを持つ二つが、それぞれに分かち持つ「真理」を与え合いつつ、手を携えるのである。それでも意識を材料とする推論だから、その結果も意識を超えるところには至れない。したがって、意識を越えた実在を論らう「形而上学者」は誤っているのだ。

なるほど少し捻りが加わり、〈お互い様〉も感じ取られる。そのゆとりが、攻撃への自信をさらに裏付けているらしい。とは言え、推論を行なう論理そのものは、どこにあるのか。「分析性」における絶対的な「真理」は、感覚にはない――こうして、意識の縄張りが限られる。そこを埋めるのが、論理学である。現代論理学はこの頃、フレーゲ（Frege, Gottlob: 1848-1925）の仕事を嚆矢に、急激な発展を見せていた。アリストテレースより此の方、不変と考えられていた論理学に、二千年ぶりの展開が訪れたのであった。ただし、論理とは筋道の形式だから、経験から来る知識の中身については、何も語らない。そこで意味論、つまり言葉・記号と対象との係わりの考察が、重い課題となったのである。【21】

ヴントにとってなら、論理もまた、意識における「表象」の絡み方に過ぎない。したがって帰納からの法則とならざるを得ない。この筋は、ヒュームの懐疑論に繋がるところである。だが、フレーゲも論理実証主義者も、絶対に確実な知識を求めていた。論理もまた数学と同じく、時を経て変わらず、周りの有り様にも左右されない必然性を備えるべきだった。「真理」がそういうものとは、しかし、古代ギリシアに始まりスコラ哲学の「形而上学」にも受け継がれた考えであった。権威への反逆者のはずが、ここでは素直に仕来たりに沿ったのである。

それなら「分析性」を、経験からの帰納に委ねるわけには行かない。論理実証主義はフレーゲに従い、論理についての「心理主義」を激しく拒否した。計算問題「5＋7＝」の正しい値は12と決まっており、答案の平均値ではあり得ない。したがって論理も数学も、心理の働きを受けず、さりとて物理でもない独自の領域で成り立つはずと考えられたのである。

この流派の意識による認識には、こうして縛りも設けられた。だが、意識の明証説そのものは、いささかも揺らいでいない。縄張りに限りがあるだけである。「永遠不変の真理」のおそらく半分はここが担い、己れの持ち分を越えない限り絶対に確かなのだ。身の程を弁えようとするこの考え方は、次に述べる〈認識批判派〉も共にする。論理学と実証主義との棲み分けによる、〈お互い様〉での「限定的絶対権」の保証こそ、この硬い理論のもたらす安心であった。心理でも物理でもないとは、しかし、どのような質《たち》であろうか。これについては、またのちほど考えることとする。

感覚を飼い馴らす

論理実証主義での意識の働きは、〈意識一色流〉に比べれば限られている。しかし裏を返せば、論理からの独立が意識に、他にはない権限を与えてもいる。我われの日々の暮らしのうちには疑いなく確かなものが、論理に拠らずとも確かに有るのだ。いかに単純でも絶対に確実な知識なら、至宝として扱うべきだ。それを公理として前提に置けば、そこからは論理の助けを借りて、確実で異論の挟めない学問ができるに違いないのだから。ここには、十七世紀の科学革命で手本とされた、幾何学的秩序が香っている。デカルトの思想もこれを持ち合うところで、やはり古代ギリシアより此の方の仕来たりである。

とは言え論理実証主義を、新時代の斬新な哲学として喜び迎えた人は多かった。なんとカール・ロジャーズもその一人であった。彼の理論には、この主義からの影響が濃く見られるのである。[22] だが、守旧派からの反発・攻撃もまた強かった。理由の一つに、彼らの物差しでの検証に耐えなければ「無意味」とする、切捨御免の強面《こわもて》振りがあった。論理実証主義は、「統一科学」の理想を掲げていた。彼らの手筈であらゆる科学を連結し、宇宙のすべてへの、同じ原理での説明を謀った。まさにパラノイアではないか。もっともこれもまた、古代ギリシアからスコラ哲学を通じての、「真理は一つ」との信念の焼き直しであった。病まいの根は深いのである。

意識の限界を認めるので、〈意識一色流〉に比べて謙虚にも見えよう。だが、論理と合わせて得られる領分はやはり全宇宙へと拡大し、その外側には「無意味」が広がるだけなのだ。論理実証主義は、強引さの点でも〈意識一色流〉と歩調が合っている。論理実証主義とその亜流を、〈意識棲み分け流〉のうちでも〈排他実証派〉として分類するのは、これ故である。西欧の思想界を覆っていた「形而上学的混乱」を彼らは、実証と論理だけで放逐できると考えていた。心の健康について、表立っては語られない。けれども、「すべて」の他に「無意味」しかないなら、「統一科学」の懐の内には、健康で正しい生き方も含まれないはずがない。その限りでこの流派は、ここでの

「事例」に寄り添っており、ロジャーズの気持ちを動かしたのにも不思議はない。

新参者のくせに、異分子を一切認めない傍若無人だから、権威を重んずる哲学者たちの反感は当たり前であろう。たしかに、革命的で過激な挑戦であった。だが、これを支えたのは古い仕来たりと、もう一つはやはり〈論語読み論語知らずの原理〉であった。なるほど実証と論理とは互いに譲り合い、認め合い、うるわしく〈お互い様〉を築いた。だが、「二人の世界」だけですべてとは、燃えすぎである。彼らは、なまじ異なる相手を認めたが故に、かえってそこに閉じ籠もってしまった。己れの懐は広いと思ったら、それが了見の狭い徴しである。古い哲学者たちの怒りは、必ずしも老いの繰り言ではなかった。頑固だったのはむしろ、「すべて」を抱え、最上の「真理」に酔ったパラノイアの側であった。

論理実証主義は、確実性を何よりの値打ちとする思想であった。実証の面では、「感覚」が確実かつ単純な、究極の要素的事実とされた。ここでは、感覚は意識に含まれる。だから、経験の内容についてなら、意識を差し置いて出る者はいない。〈意識革命〉の性《さが》はっきりと出ている。要素主義の点からも、論理実証主義とヴントとは、思いがけず近いのである。「感覚要素」の取り出し方で両者はまったく異なるのだが、ここでは深入りせずにおく。両者の持ち合う「革命的」成り行きはもう一つあって、その方がここでは重い。それは感覚が、「データ」として扱われたことである。

肉体の欲望を伝えることが、古代より此の方、感覚の要めをなす特性であった。先に引いたトーマースが、「感覚的欲求」を理性の「正義の絆」で抑え込もうとしたのは、感覚のこの力を怖れたからに他ならない。それは人に、罪の源をさえ受け渡すのであった。ところが、新しい時代の感覚は、もうこれをしない。「感覚与件（センス・データ：sense data）」と呼ばれるほどに、自から仕掛ける「力」をすっかり奪われてしまった。言い換えれば、人間を脅かす怪しい力だったものが、人の持ちものとなり、論理的判断力にとっての「可処分所得」へと化けたのである。これは〈意識革命〉ではじめて現われた、この革命の金看板と言うべき成り行きである。感覚はいまや、確実かつ不可欠ではあれ、飼い馴らされ毒抜きされて、「処理」されるのをただ待つ「羊」のようなものに過ぎない。これが〈意識という想念〉に欠かせない部材となり、学問の礎にさえなろうというのである。かつての感覚は、トーマースも述べたとおり、必ずしも意識ではなかった。

まぎれもない〈革命〉の響きが、このあたりからも聞こえる。たしかにメスメルは、学問において意識を頼ろうとした。だが動物磁気、すなわち無意識の物質の深い力こそを何より重んじたのもまた、彼であった。その物質の力に、体と心とは、叫び声を上げ気を失うほどの激しさで応えたのであった。その大いなる力、喜び、痛み、気持ちよさ、怒り、美しさ、悲しみなどは、どこへ行ってしまったのか。それらは論理実証主義でも、もちろん「無意味」とはされない。ただ、嬉しさの「データ」、爽やかさの「データ」などとして、言わば平らに均され、「感覚与件平面」に貼り付けられるのである。生々しい力が、「与件という括弧」の中に入れられてしまう。うるわしく燃え上がった「二人の世界」もこの「括弧」に入れられ、またはこの「絵」を収める額縁で結界され、もはや人びとを唆しも脅やかしもしない。〈意識革命〉には、〈見えない軛〉の力が、常に働いている。そう言えば、「現象学的還元」でも、世のものごとは「括弧に入る」のであった。

論理実証主義は、なるほど意識を、とくに感覚からの〈お蔭〉を有り難がる素振りは示した。感覚の立場からすれば、ちょっと譲った代わりに、立派なお役目をいただいたのかもしれない。だが廂を貸せば、母屋を取られることもある。無力な「データ」と論理の形式からすべてが組み上がれば、古い意味での物質性の中核は、もうどこにもない。毒抜きされ「データ」となった「感覚」は、いまや名前だけのそれではないか。かつての「唯物論」の、キリスト教からは最大の非難に値する生々しい欲望や誘惑の力は、すべて取り上げられてしまった。すなわち、トーマースたちの精神主義の理想が、図らずも、名目上の「唯物論」によって達成されたのである。

論理実証主義の攻撃した「形而上学」とは、たしかに、スコラ哲学の流れを汲む思想のことであった。しかし仲の悪さは、必ずしも立場の遠さを意味しない。この新しい革命思想は、トーマースたち正統の形而上学の目指したことを、言い換えれば「永遠で絶対の真理」とその「確実な認識」を、ほんの少し違ったやり方で実現できると踏んでいたのである。同胞がいなくなれば、相続分は増えるというものであろう。

この急進思想は、しかし、あっけない挫折で終わった。はじめこそ華々しかったこの運動の舞台で〈意識という想念〉に振られた役、つまり「感覚与件」は、まぎれもなくヒロインであった。だがいまや彼女は、近代哲学で随一とも言うべき悪名とともに語られるのを常とする。後期のウィトゲンシュタインやクワイン（Quine, Willard van O.: 1908-2000）らの示したとおり、感覚要素を論理の前提に組み込むための表記法は、用意できなかった。ヴェルトハイメル（Wertheimer, Max: 1880-1943）らのゲシュタルト心理学者は、仮にそうしたものを取り出せたとしても、経験全体を組み立てるにはこの要素以外のものが、論理以外にも必要なことを見出した。つまり、ドイツ語のままにゲシュタルトと呼び習わされている「姿かたち」ないし「纏まり」のことである――もっともこれも、アリストテレースの「形相（エイドス）」の再発見なのだが。また、ゲーデル（Gödel, Kurt: 1906-1978）の１９３１年に発表した不完全性定理が、経験に言及する場合の、論理の証明力の限界を示した影響も大きかった。[23] 仮にすべての感覚要素を揃えても、そこから論理の力だけで世の中を組み立てるのは不可能だと、論理的に証明されてしまったのである。こうした成り行きから、論理実証主義には近ごろ、破綻した哲学の代表の趣きさえ漂う。

けれども、この強引な説を多くのすぐれた学者が、また心理療法家さえがまじめに考えたという事実は、何かを示すのではなかろうか。それが〈意識革命〉の勢いであり、〈意識という想念〉の力強さである。論理実証主義と実存哲学とは、同時代に勢いを得ながら対照の色合いを帯び、敵対するとさえ捉えられてきた。その両者がやはり、意識への信頼の点では立場を共にする。ラッセルも初期にはブレンターノから影響を受けていたくらいである。【24】なお、この思想の流れに物理学の絡む点を、〈排他実証派〉が強面振りを採れた事情の一つに挙げ得るであろう。相対性理論への道を拓いたとされるマッハはもちろん、シュリックとカルナップも、物理学の研究から哲学に転じた。ウィトゲンシュタインは機械工学を研究するなかから、数学基礎論と論理学への関心を育んだのであった。相対性理論への熱狂から間もないこの時代の世界では、物理学の成果を掲げれば人びとがひれ伏すことさえ、不思議と思われなかった。その名残りは、今にまで及んでいる。

ニュートンの主著の題名に記されたとおり、物理学はかつて哲学の一部であった。ようやく十九世紀になってから、両者はたもとを分かちはじめた。高等教育機関での専門家養成体制の確立などに伴い、物理学は、ラヴォワジエらの開いた「新化学」の道と刺激しあいつつ、「自然科学」の独立を求めはじめた。この新しい学問分野は、古い「迷信」や「空論」との訣別を言い立て、新しく確実な学問として地歩を固めようと謀っていた。世の中もまた、それを認めるのに傾いたのである。この新たで強固な砦から、古里の哲学へと凱旋の動きが起こっても、さほどさほど驚くに及ぶまい。

心理学は今でも、ことに実験心理学は、また「エビデンス」に支えを求める最新の臨床心理学も、物理学への憧れを隠さない。しかしこれこそ、本末転倒の見本のようなものである。十九世紀の物理学の進展は、他でもない、心理学への憧れで生じたものなのだから。なるほど、ヘルムホルツの物理学研究はヴントに先行していた。だがヘルムホルツは、のちにも述べるとおり、実証的な物理学は心理学に還元されてこそ完成すると、考えていたのである。

論理実証主義を作った自然科学者たちも、心理学を否定するどころか、その改良を考えて自説に至った。彼らは、ヴントが成り行きに任せた「表象」の動きを、必然の論理に委ねようと企てたのである。そして、両者がどうしても相容れないのは、ここだけであった。感覚に秩序を与えて世界を組み立てる論理実証主義だから、理論的な心理学の類いと見てまったくおかしくはない。だからこそ、ロジャーズも惹かれたのであろう。なにしろ物理学はもともと、心と魂を離れては成り立たない学問だったのである。新時代の学問としての心理学が自然科学と呼ばい合っても、驚きには値しない。

〈意識棲み分け流〉の弁え分派――〈認識批判派〉の〈白〉無意識

カント哲学の復興と〈認識批判派〉の登場

〈意識棲み分け流〉にはもう一つ、少し控えめな〈認識批判派〉がある。「認識批判」とは、限りある人間の知恵には認識できないものがある、との論証である。世界を意識で一色に塗り潰すことへの批判も、ここには含まれている。十八世紀の後半にカントは、画期的な「批判哲学」三部作によって、この趣きを念入りに磨いた。〈認識批判派〉はこの哲学を直接、間接に参照しつつ、意識の棲み処を定めようと試みたのであった。したがってこの派は発生が、先の〈排他実証派〉より時期的には早い。いや、〈意識革命〉諸流派のうちで飛び抜けて早く、その限りでいささかの例外とも言える。しかも、目立たないとは言え、近ごろでも命脈を保っているのである。

意識への「批判」は、もちろん否定とは異なる。カントも意識を、経験的な認識の足掛かりとして、大いに重んじていたのである。物質からなる宇宙についての知識は、感性への与件に始まる「現象」、つまり我われの心の有り様以外には求め得ないとされている。経験についての知識は必ず意識に基づくのだ。けれども、我われが知りうるのはこの「現象」のみで、本体とは異なる仮の姿でしかない。したがって、「ものそのもの（Ding an sich）」は不可知なのだ。もし、ものそのものへの認識を意識に基づいて語れば、必らず誤る――これがカントの認識批判であった。

だが、意識が批判されたとは言え、〈意識革命〉の後退ではない。論理と自然科学的な因果法則は、心の「現象」についてなら絶対に確実とされたからである。意識は、己れの縄張りの内でなら「真理の確実な認識」を与えるのだ。「ものそのもの」にさえ関わらなければ、神のスキエンチアに似たものが得られる。ここにもやはり、確実性への偏執と、それを実現してくれそうな意識への信頼が、はっきりと見て取れるであろう。意識を批判しつつも、やはり〈意識革命〉の一派なのである。メスメルはカントより、ちょうど十歳若かった。ほぼ同世代だが、メスメルの視野にこの哲学者は入らなかったようである。しかし、もし彼にカントを語らせたなら、よい顔はしなかったに違いない。確実性はもしかすると歓迎したろうが、物質本体への足枷に納得の行くはずがなかろうからである。

十九世紀も半ばに入ると西欧の思想界は、この世紀の前半に政治権力とも結びついて大流行となったヘーゲルに飽き、カントへの回帰をあちこちで試みていた。ファイヒンゲル（Vaihinger, Hans: 1852-1933）、リッケルト（Rickert, Heinrich: 1863-1936）、カッシーレル（Cassierer, Ernst: 1874-1945）らによる「新カント派」の運動はまとまって目に付く。だがそれに留まらず、この大哲学者の影は狭い意味での哲学を越え、ほとんどの学問分野を横切っていたのである。ただし、片やヘーゲル主義も、決して死に絶えはしなかった。マルクスに受け継がれ、世直しの運動となっていったからである。この「東側」の世界においてなら意識の役割は小さく、「西側」の〈意識革命〉が大いに批判を受ける。興味深いところだが、これに詳しく触れるゆとりはない。

さて、少なくとも「西側」では、専門領域として立った自然科学の勢いなどから、哲学はかつての諸学の王の地位を追われつつあった。縄張りは縮小し、流行とも言うべき「空疎な形而上学」との批判をさえ、甘受していたのである。ここで振り返れば、カントはかつて「諸学問の基礎付け」役を目論んでいたのではないか。ヘーゲルに比べ自然科学に親和性のあるカントに帰れば、哲学はその地位を保てるかに思われた。そしてこの企ては、そこそこの手柄を立てたのである。〈意識革命〉の時代には、カント哲学の最大の功績がニュートン力学の哲学的基礎付けとさえ考えられたのだから。そしてまた次に述べるとおり、時代の寵児たる物理学理論の成り立ちをも、力強く支えていたのである。

『純粋理性批判』で、論理および因果法則が「絶対に確実」とされるのは、独特な内閉的理論からである。外界にあるらしい物体の秩序は、まことは感覚から来る心の「現象」の秩序だとされる。さて、この秩序つまり法則を与えるのは、理知性の一部をなす「悟性（Verstand）」に他ならない[25]。ところで、法則の正しさを判断するのは悟性の仕事なのだ。つまりなんと、法則の審判役を務める悟性が、自から法則を作っていた。製作と評価の自作自演が、悟性により行なわれている。したがって、身の程を弁え「ものそのもの」を知ろうとなどしないかぎり、法則には誤りの出ようがない――己れは己れと一致するに決まっているのだから。この馴れ合いとも言える論法でカントは、自然科学の認識に確実性の基礎づけをもたらしていたのである。

キリスト教プロテスタント倫理の現世主義、合理主義に馴染むこの思想は、産業革命の進展とともに力を増した機械論ともよく息が合った。「時計のように」が座右の銘だったカントは、『実践理性批判』で同じように組み上げた倫理と併せて、普遍的な「人間性」を見出したつもりであった。普遍的なら、あたかも中世の教会の時計塔が人びとの生活を仕切ったように、全世界に、すべての分野に適用すべきであろう。心理学にもこの力が及び、ヴントもフロイトも、カントには言い及んだ。ユングの理論もまた、カントから強く影響を受けつつ作られたのであった。また、先に〈意識一色流〉として述べたフッセルルの現象学にも、カントの影が色濃く認められる。〈認識批判派〉については、新カント派を除けば、人びとの頭数を数え上げるよりも、とりどりの領域の言い立てのうちに「モジュール」の如く組み込まれているのを見出す方が、むしろ分かりやすい。

「現象」とは、現われた見掛けのことだから、これとは別に本体が見込まれている。つまりカントは、「ものそのもの」からの〈お蔭様〉を、たしかに感じていたことになる。「現象という論語」を読むだけですべては分からないと、悟っていたのである。ところがこの悟りが、意識を巡っては、居直りにすり替わる。「現象」についてならすべてを知り尽くすと言い張り、他からの口出しを拒むからである。違った有り方の世界を認めなければ、まことの〈お互い様〉はあり得ない。それでも、お山の大将だけならまだ可愛げがある。我が侭な内弁慶が、家の中だけで「論語読み」を無理強いする如きで——逃げ場のない当事者には堪え難いが。けれどもこれが外に向いて、知り得るすべてのものに「普遍的な人間性」を押し付けにかかると、片寄りは桁違いとなる。

「批判哲学」では、「現象」に秩序を与えるのが人間の理知性なので、「自然」の認識に関する人間中心主義となる。カントの考える「人間性」は窮屈なものである。だが、これを受け容れさえすれば、その「人間」以外に対してなら、大威張りができる仕組みとなっている。異なる世界との〈お互い様〉を捨てた引き換えに、この「条件付き傍若無人」という宝が得られた。「自然」を好き勝手に利用できるお墨付きを「哲学的基礎付け」として、ここで手に入れたのである。人間「以外」のなかには、「未開人」や「精神障害者」、さらには子供まで入ってくる。つまり、のちに述べる〈意識植え付け流〉の芽生えも、ここには宿っているのである。

〈排他実証派〉にもカントの影が濃いのは見やすい。論理実証主義の「感覚与件」は、感覚からかつての怪しさを剥ぎ取り、飼い馴らして「羊」としたものであった。「現象」への理知性の優位と支配により確実な認識を得たカントは、すでにその準備を九分通り済ませていたことになる。論理実証主義にかかれば、古い哲学の権威など張り子の虎のはずであった。だが、彼らの絶対視した「分析性」と「総合性」の区別も、カントに由来する。だから、〈意識棲み分け流〉の形成全体にカントの学説が、少なからず手本として働いたことになる。それでもカント哲学の直系は、やはり〈認識批判派〉である。

哲学が、かつての栄光を失うまいと足掻き掴んだものこそ、〈意識という想念〉であった。正体はともかくこの「藁」は、さしあたり期待に応えたと言ってよかろう。この時代に圧倒的であった物理学の自信の一端が、やはり〈意識という想念〉から滲み出ていたことからも、これは知れる。〈意識革命〉を支援したばかりか、先頭に立った一人と言える物理学者マッハは、けっして特異ではなかった。彼より十数歳年上のヘルムホルツ（Helmholtz, Hermann L. F. von: 1821-94）は、いまなお物理学の根底をなすエネルギー保存則をまとめ、十九世紀を代表する学者の一人であった。ところが彼はこの業績のあと、生理心理学の研究に進み、この分野の初期に大きな足跡を残したのである。十一歳年下のヴントは、ヘルムホルツの許で数年間、助手を務めた人物であった。〈認識批判派〉の代表に、ここではこの物理学者を挙げておく。

物理学に、錬金術の延長の怪しげで涜神的な「魔術」でないとの保証を与えたのが、他でもない――論理法則とこれに基づく因果律が「真理の確実な認識」を与えるとの、カントの証明であった。魔女狩りの終焉から百数十年が過ぎたとは言え、物質などという怪しげなものにまじめに向き合えば、キリスト教の守旧派はすぐさま「唯物論者」と非難する。政治的な力も大きい彼らだから、かつて異端宣告を受け幽閉の憂き目に遭ったロジャー・ベイコン（Bacon, Roger: 1214-1294）と似たことにもなりかねなかった。ダーウィン（Darwin, Charles: 1809-1882）が、進化論の考えを秘かに纏めつつ、ウォレス（Wallace, Alfred R.: 1823-1913）に先を越されそうになるまで発表をためらった下地がこれなのは、よく知られている。守旧派にとっての大事は、非物質的な精神である。物理法則が理知性そのものに他ならないとの証明は、物理学者には盤石の盾となった。そうなると、物理学もカント哲学に恩返ししたくなろう。物理学に絡んで〈認識批判派〉の誕生したことが、この事情の勘案で分かりやすくなるに違いない。

さて、ヘルムホルツの心理学研究は、近ごろの常識から見れば大胆な転進となろう。しかし彼にとって、心理と物理とは、別の分野ではなかった。物理学とは、最終的には感覚の学に他ならないと、ヘルムホルツもまた考えていたからである。たとえ感覚の外に出られなくとも、感覚はまさに肉体という物質から起こっているはずだから、物理学にふさわしい。物理法則もまた、心理学と同じく「表象」の秩序に他ならず、原理的には二つの研究分野が心理学のもとに統合されるとの立場であった。[26] すなわち彼の物理学は、「ものそのもの」の学ではない。すでにエネルギー保存則（「力の保存」）の論文でさえ、カントの強い影響下で書かれていたのである。[27]

ここまでならヘルムホルツも、弟子のヴントに驚くほど似ている。〈認識批判派〉の意識への信頼は、〈意識一色流〉にも増して絶大である。だが次のところで、師弟には違いが出てくる。ヘルムホルツによれば、我われの日ごろの暮らしでも、感覚に始まる心理的経験のうちで、物理学の実験と同じことが行なわれているというのである。そうでなければ我われの経験は、ただの音や、色や、匂い、味、触感の洪水であろう。周りの有り様を正しく知覚し、適った行動ができるのは、すでに高度な「表象」の形成と判断の行なわれている証しなのだ。しかしながら、その成り行きを我われは知っているだろうか——そんなことはない。なにしろヘルムホルツの説を聞いて、驚いた人が多かったのだから。したがって、我われの心のなかの実験とその解釈過程は、無意識で進んでいる——これが有名な「無意識の推論（unbewußte Schlüsse）」説である。[28]

高名な物理学者が、ちょうどフロイトの産まれたころに、もう「無意識」を口にしていた。けれどもこの「無意識」には、フロイトら臨床心理学のものと大幅に異なるところがある。ヘルムホルツの無意識は、無知どころか、科学的認識を組み上げさえする。意識の及ばないところに、理知的な働きが語られているのである。物理学など勉強しなくとももののごとを正しく知覚できるのは、この働きが生得的だからだ。我われは皆、産まれながらに、無意識の物理学者なのだ。

この思想の源も、カントに求められる。彼の哲学では、感性への与件や認識の内容は、おそらく意識されるらしい。けれども、推論と判断を行なう心の仕組みは、ほとんどが意識の外である。なるほど、カントその人は「無意識」という言葉を用いない。しかし凡人は、彼の哲学を知るのに、額に皺して勉強する他ないのである。ヘルムホルツも「批判哲学」を勉強してから、心の出来事の規範としての物理学と生理心理学を、やはり苦労しつつ追求したのであった。そしてラヴォワジエの「新化学」が、無意識の力にも導かれていたことを思い起こそう。

カントやヘルムホルツの扱った無意識を、ここでは〈白〉無意識と呼ぶことにする。フロイトらの、無知と病いの本なる無意識から区別するためである。こちらの方は、〈黒〉無意識と名付けよう。ラヴォワジエの意識が掲げた「公理」に逆らい、研究を正しく導いた無意識も、強いて類い分けするなら〈白〉無意識である。このように働く〈白〉無意識は、たしかに意識を越えている。だから、フロイトら臨床心理学者から「無意識の発見者」の名を奪うには充分である。けれども〈白〉無意識の性《さが》は〈黒〉無意識と相容れず、理知性の系譜を引いている。つまり〈白〉無意識は、「真理」と「善」の源なる〈意識という想念〉に、本性では重なるのである。なお〈白〉と〈黒〉の使い分けは、言うまでもなく、物理学の祖先たる「魔術」に因んでいる。

〈排他実証派〉の掲げた論理の意識からの独立性も、〈白〉無意識から考えれば掴めてくる。論理と数とを、経験から独立の「絶対に確実」な何かと考えるのは、プラトーン主義の流れに他ならない。イデアとは、理知性の捉える非物質的な観念だから、まさに心理的な対象のはずであった。それなのに、フレーゲやラッセルらからは「心理でない」とされた——不思議な言葉遣いではある。その理由の一つが、「感覚与件」との区別を際立たせるためであった。ラッセルは次のように書いている。

ある哲学者たちは、数学の対象が明らかに主観ではないから、物的な経験にもとづくべきだと論じた。別の哲学者たちは、数学の対象は明らかに物的でないから、主観的な心理なのだと論じた。いずれの側も、その否定に関して正しく、積極的な主張では誤っていた。対するフレーゲは、双方の否定を受け入れつつ、心理でも物理でもない論理学の世界を認めて、先の二つとは異なる第三の主張を発見した功績を担っている。[29]

分析と総合との峻別は、論理実証主義の屋台骨であった。それを考えれば、論理と感覚との距離を極大にせねばならない事情は分かる。だが、内容に沿って見れば、数と論理の扱われる第三の領域とは、カントとヘルムホルツの研究した無意識の心理機制に他ならず、まさに理知性そのものである。詰まるところ、名付けの違いに過ぎない。〈認識批判派〉は、改めて次のように定義できる――決められた縄張り内での意識の確かさと、これに基づく意識の優越を信ずる〈意識棲み分け流〉の一派で、そのうち合理的な〈白〉無意識に理知的な思考を委ね、かつ意識の外側に認識のできない「ものそのもの」を認める一派である、と。

「表象」の「唯物論」と理知性の仲間割れ

〈白〉無意識は、名前こそ違え、〈排他実証派〉にも認められる。したがって〈意識棲み分け流〉は、〈白〉無意識を共通の徴しとするわけである。言い換えれば、経験を超えた理知性こそ「永遠で絶対の真理」とその「確実な認識」を担うとの考えが、この流れを徴し付けている。なるほど、フレーゲに始まる近代論理学は、その体系を二千年ぶりに塗り替えた。この成果は、今の世の電算機にも用いられている。けれども、理知性にまつわる構えそのものは、決して斬新でも独創的でもない。古代ギリシアより此の方の理知性への偏愛と、これを受けたキリスト教神学によるその絶対化が、新たな装いで甦ったに過ぎないのである。

〈意識棲み分け流〉では、意識と〈白〉無意識とに別々の確実性が認めらる。だから、柱が二本となる。とは言え、二本にすれば堅固とは限らないであろう。意識の備える確実性とは、かつて怪しかった感覚を飼い馴らし、毒抜きして「データ」としたものであった。〈白〉無意識は意識に似ていると、先ほど述べた――だが、ほんとうは逆さまである。正しくは、古代からある理知の無意識に似せて、新しく〈意識という想念〉が拵えられた。だから両者の本性は、限りなく近いのである。なるほど、意識に与えられる感覚は、刹那に消える。だから、「永遠で絶対の真理」とは言えないに違いない。だがこれを欠いては、世の中についての「確実な認識」はあり得ないとされている。「真理」への、省けない道行きなのである。

二本が互いに睦まじく支え合うのは根が同じだから、あるいはそもそも、同じ理知性の別の現われだからかもしれない。それでも二本立てに拵えたので、「真理」と確実性への執着と追求が、よりはっきりする得はあった。そしてこの執着こそ、〈意識革命〉の推進力なのである。

ティンダルが「ベルファスト講演」を行なったのは、ヘルムホルツの「力の保存」論文の発表された１８４７年から二十七年後の１８７４年であった。ティンダルはヘルムホルツ、マッハと同じく、意識を重んずる物理学者であった。〈意識革命〉への支持は、物理学の世界に浸透を続けていたのである。先に述べたとおりこの講演は、倫理的に危険な「唯物論」として激しい攻撃を受けた。だが、守旧派のやみくもな抵抗に遭っても、革命はまだ意気軒高であった。ティンダルはブレンターノにも影響を与えたJ・S・ミル（Mill, John Stuart: 1806-73）に従い、そしてヘルムホルツを引きつつ、こう述べた。

物理学の概念形成に欠かせないある特性……それは、筋の通った図解で心に示せることである。ドイツ人は図解すること（the act of picturing）を「表象する（vorstellen）」の語で表わし、図（picture）を「表象（Vorstellung）」と呼ぶ。……心に描くことについて、ポンプの中で水が上がるのを自然の真空嫌いのせいにしたアリストテレース派と、ピュイ・ド・ドーム山に登って大気圧の問題を解く提案をしたパスカルとを比べてみよう。前者では、説明の用語が物理的な像（image）にはまらない。だが後者なら、像はくっきりとして、気圧計の上がり下がりが、二つの拮抗する圧力の変化から鮮やかに描き出せる（clearly figured）のである。[30]

物理学は、物体そのものの有り様ではなく、「表象（Vorstellung）」から出来ている。この「表象」が、ヴントとブレンターノにとって、意識の要め成分だったことは繰り返すまでもあるまい。〈意識革命〉の中軸たる〈意識一色流〉との近さを先に述べたが、ここにも伺える。しかし、「唯物論者」ティンダルが、ここではもう一歩踏込んでいる。「表象」は、感覚のただの名残りではない。「表象する」働きが、心には備わっているという。それが、物理的な像を描くのだ。ブレンターノの心の「行ない」に近い考えだが、そこでは「表象」の明証性はみな同じであった。だがティンダルは、「くっきり（distinct）」と「筋の通った（coherent）」像でなければならないと言う。これは「観念論者」カントの「構想力（想像力）」が、心に図式を描く有り様に通ずるところとなる。つまり、敬虔なる〈認識批判派〉に近付いているのである。それにも拘わらず、守旧派の攻撃は激しかった。もっともそれがこの演説を、人びとの記憶に、今に至るまで留めさせているのだが。

ただしティンダルは、別の箇所になると、体の生理的な働き重視の発言も行なっている。建て前としては、生理学もまた「表象」の学に他ならず、心理学に吸収されるはずである。それでも彼は、ヘルムホルツと異なり意識の直接研究よりも、物質的とされる言葉で語りたがった。なるほどここには、守旧派を苛立たせる動きがある。「外界」の物質を、つまり生の肉体の同類を頼る度合いが高そうだからである。意識の内側でまとめ上げる建て前でも、ティンダルは文字通りの物質を気にしていた。本音としては彼も、意識の彼方の物質を信じていたのであろう。けれどもこの肉体・物質は、ティンダルの語り口ではもはや飼い馴らされており、罪に誘うことなく、理知的・科学的な認識に奉仕する。つまり、〈白〉無意識の担い手なのである。これらの点を合わせ考えれば、彼は〈認識批判派〉に分類して構わないであろう。

醒めた目で見る限り、意識ないし心の「現象」への信頼を「唯物論」と攻めたてては、リードも言うとおり筋違いである。しかし何にせよ、新しい動きは足を引っ張られやすい。「羊」でも、なるほど物質には違いないのである。そして〈意識革命〉への賛同者の大勢が、理知的な精神主義を「古くさい形而上学」と見做し、これとの対決に身構えていた。まことはその古い仕来たりから、己れがどれほど〈お蔭〉を蒙っているか、気付いていなかったのである。守旧派も、表向きのところだけ見て被害感を先立てた。同じ穴の狢が狭い縄張りを取り合っても、外が見えなければ、宇宙を二分する争いに思える。これもまた、〈論語読み論語知らずの原理〉の手の内であろう。

革命の息苦しさと「意識」の本音

〈意識革命〉へのうねりは、自然科学のみからではなかった。社会科学者もまた意識を支えに、新しい時代の学問を掲げていた。この革命の広がりが、そこからも知れる。社会学の草創期の二人、コント（Comte, Isidore A. M. F.: 1798-1857）とスペンサー（Spencer, Herbert: 1820-1903）が、やはり感覚を出発点に、疑いなく確かな知識を得よと述べ立てていたのである。実証主義を主唱したコントこそ、この成り行きをまさに「革命」と捉えた人物であった。

> 人間の知性の成熟期を示す根本的革命とは、本来いかなる分野についても決定の不可能な、いわゆる「原因」を追求することをやめ、その代わりに「法則」、すなわち観察された諸現象間の恒常的関係のみを追求することにある。[31]

「原因」とは、事柄そのものが成り立つための必要にして充分な条件に他ならない。これを辿ってゆけば、世界の創造者に行き着かざるを得ない。だから、そんなことを議論してみても、人間であるかぎり成果は望めないのだ。不可能なことは諦めて、人間として確かに知りうることにのみ学問の方向を限ろうとの提案である。それが「法則」であり、言い換えれば「観察された諸現象間の恒常的関係」に他ならないという。「諸現象」を観察するのは、感覚による以外にあり得ない。

マッハとそっくりなのには、驚かされる。だが、半世紀近く古いだけあって、「外側」への心配りが残っている。「原因」の追求は斥けられたものの、その存在まで否定しないのは、必ずしも口先だけではあるまい。「原因」とは創造者としてのキリスト教の神で、これを論らうのが古い神学と形而上学であった。「原因」も独立した「外界」も、無いとまでは言われない。手を出すな、との戒めなのであり、カントの「批判哲学」と軌を一にしている。先に挙げた物理学者たちの誰よりも早く、コントは〈認識批判派〉の立場で動き出していたのである。ただし彼はここからさらに、「見えない星についての天文学は無い」[32]との勇み足にまで進む。だから、切り捨ての味では、〈排他実証派〉に少し近づくのである。それも、感覚への強い信頼の為せる業であった。成熟した理知性は、心の学へと向かうのだ。「永遠で絶対の真理」は手放すが、「確実な認識」への執着は健在である。ここでも、感覚はすでに深い力を失って、「恒常的関係」を観察されるのみとなっている。

しかしながらコントは、個人を対象とする心理学が学問の総元締めとは、考えていなかった。感覚による観察は、世の流れのなかで行なわれ、人類の「共有理性（la raison commune）」が法則を判断するというのである[33]。世の中に広がる感覚と理性とは、はたして意識なのだろうか——その呼び方は、ふさわしくなかろう。強いて言うなら、ここでは理知性に加え、感覚もまた〈白〉無意識に繰り込まれているのではないか。だが、どう呼ぼうとも、最も明らかで最終的な拠り所が、感覚に始まる人間の心の有り様として見出された。手近で・確かな人間の心の他に拠り所なし——これが〈意識革命〉の核心なのである。

半世紀あまり遅れたデュルケム（Durkheim, Émil: 1858-1917）も、やはりまだ、意識を頼っていた。そして彼もまた、それを世の中に見出すのであった。最高潮を迎えようとしていた個人主義に抗いつつ、デュルケムは次のように言い立てた。

歴史の各時代の文明を構成する知的および道徳的財の総体は、その集合体の意識を座とするのであり、個人は意識の座ではない。【34】

メスメルよりも少し早いルソー（Rousseau, Jean-Jacques: 1712-1778）の「一般意志（volonté générale）」が、百年を超えて命脈を保ったとも言えよう。【35】この有り様は、「意識」の受け止め方そのものを揺るがせる。「文明の総体」が意識の座だというなら、我われの一人一人は誰も、詳らかに知ることがない。それならこの「意識」は、むしろ〈白〉無意識に近くはないか——ルソーに心酔したロベスピエールだけは、「一般意志を意識している」と、意識したのかも知れないが。

この綻びからは、「意識」と「無意識」の用語法のきしみも仄見える。個人が知らないものを「意識」と呼ぶ人もいるのである。デュルケムが〈認識批判派〉なのか、つまりこうした「意識」の及ばない実在や働きを認めるのかも、はっきりしない。いずれにせよここで意識は、また新たな捉えにくさを身にまとった。だがそれでも、〈意識革命〉を論らうのに障りはない。〈白〉無意識は、意識と同じ穴の狢である。意識がどこにあるにせよ、そもそも何ものであろうとかまわない。かつて権威を欲しいままにしたキリスト教の神ではなく、これに替わる人間の「心の内」の「手近で確か」なものが頼りになると、あるいはそれしかないのだと、十九世紀半ばから二十世紀初頭にかけ各界の学者たちが口々に語り、論らいの足場にしていた。〈意識革命〉に言い及ぶには、それで事足りる。何であれ、表紙に「意識」と書いてありさえすれば、それが読むべき〈論語〉であった。あまりに明らかなものは、語るに及ばない。だから、互いの本の中身は比べられない。それでも話は通ずるものである。

もともと「明らかな謎」を抱えた〈意識という想念〉は、捉えがたいのであった。ここで「意識」について、何か明らかな述べ立てができなければ先に進めないと思っては、まさにこの謎の思うつぼである。何か明らかなものが、人間の手許に新たに現われたとの信念、そうした自信に伴う学問や世の中の必ずしも明らかではない動きがあること、ただし、世の有り様が等し並みとなり、異なるものの居所が無くなりつつあることだけは明らか——これが〈意識革命〉の実相である。それが、このあたりの事情からも汲み取れるであろう。

心が世の中へ広がることには、社会学者たちと同じく、メスメルも異論はなかろう。確かめられないが、ルソーの言葉遣いが彼に響いているのは、疑いない。ただ、コントでもデュルケムでも、その広がりは人間に留まっている。宇宙はおろか山川草木にさえ及ばないから、メスメルに比べて縄張りがとても狭い。しかも、社会学者の見る人間たちはカントと同じく、共通・共有の理知性を備えるのである。「人間ならみんな同じ」ではないのだが、集団としての「同じ」ところに基づいて、世の中は回る。新たな自信と信念の裏面に粘り着く、「心の近代」の世界の息苦しさが、メスメルの追放から百年を経て、さらに強まったのである。パラノイアは、こうした世の中でうまく立ち回る。

〈意識植え付け流〉――〈黒〉無意識の征服

閉ざされて高まる圧力

しんがりに控える〈意識植え付け流〉は、無意識あっての流派である。意識を恃んで無意識と向き合い、無意識を意識に変えて消滅を図る。〈意識革命〉のうちで、無意識をいちばんはっきりと認めるので、革命として不徹底とも見かけられよう。じっさい、ここで「事例」となっている近代臨床心理学は「無意識を発見した」と称し、あたかも「意識の時代の終焉」を支度するかの押し出しであった。だが、見掛けとは裏腹に、意識の役割への自信と信頼が、この派ほど大きいところは他にない。「真理」と「善」と、そして「健康」までもを、ここでは意識が独り占めする。〈黒〉無意識が、意識一色の洪水のただ中で、なるほど再発見されたとは言えよう。だがそれも、征服されるためにこそであった。

理論から実践に与えた影響の最も大きかった支流も、ここ〈意識植え付け流〉である。見掛けの勇ましさで〈排他実証派〉に劣らないし、またその理論が、人間の行動の説明を通し世の中への提言が出せる質《たち》なので、イデオロギーとしてもしたたかに普及した。〈黒〉無意識には、〈意識棲み分け流〉が飼い馴らし「データ」とした感覚の、肉体の欲望に添う怪しくも深い、そして「罪深い」ところが取り戻されているのである。古い仕来たりの立場を含みつつ、かつ当世の流行に逆らう目新しさをも掲げている。けれども、古い感覚を呼び戻すのはもっと飼い馴らすため、いや、鼠を捉えた猫の心境かも知れない――これが「上からの世直し」である。

これまでの流派と同じく、革命はここでも自然科学と手を携えて進んだ。〈意識革命〉に加わった自然科学者は、物理学者に限らなかった。クロード・ベルナール（Bernard, Claude: 1813-1878）といえば、影響力が各界に及び、死去にあたってはフランス政府が、学者として初の国葬をもって遇したほどの大立者である。彼は生物学、医学、生理学を、計画的な実験を基いに固めようと図り、仮説演繹法の思想を確立した。いまも読み継がれる著書『実験医学序説』(1865)を、出版直後から絶賛したのがパストゥール(Pasteur, Louis: 1822-1895)で、生化学、細菌学などにわたる彼の歴史的業績は、ベルナールの思想を実践に移した結果とも言える。その枠取りこそが、〈意識植え付け流〉であった。言い換えれば、無知と病まいのもとになる無意識も、臨床心理学の専売ではない。

『実験医学序説(Introduction à l'étude de la médecine expérimentale)』の前書きには、先に引いた、二十年ほど早いコントの文章に見まがうばかりの「革命宣言」が記されている。

> 実験家の精神が形而上学者やスコラ哲学者のそれと違うのは、謙虚さ(modestie)の点においてである。……実験家が人間の傲慢さを結果として減らしてゆくのは、第一原因も、ものごとの客観的現実も永遠に隠され、知りうるのは関係(des relations)のみということを日々証明し、人間に教えることによる。[36]

形而上学に別れを告げる実証精神は、ここでも解決不可能な問いへの諦めを掲げていた。諦めは、否定とは異なる。〈認識批判派〉と同じく、隠された深い真実を認めつつも、これに手を伸ばす動きは批判したのである。この諦めに支えられつつ、手に入る「真理の確実な認識」へと向かうのも、〈認識批判派〉譲りである。なるほど、「謙虚」さが伺われよう。だが、形而上学と分類される「旧弊」の切り捨ては、「現象」を認識する意識の確実性への、絶対の自信の為せる業であった。そこが〈意識革命〉の一派たる所以である。やはり意識こそが、「真理」の源なのだ。「数学の真理は意識的かつ絶対的だが、それは存立の理想的条件がいずれも意識され、絶対的な仕方で知られるからである」――こう彼は、ヴントよりもさらに強い心理主義を表明していた。[37]「絶対的な真理」とは、すなわち、意識において完結することなのだ。

ヴントなら、さすが心理の実験家らしく、表象どうしの関係には曖昧さが避けられないと考えた。フレーゲらは、数学と論理の曖昧さを嫌う点でベルナールに与したが、確実性を預けるほどには意識を信頼できなかった。ベルナールの立場では、意識あってこその数学である。そうなるとしかし、意識で完結するのは数学と論理だけではない。体の働きである感覚、体の動きとしての振る舞いにも意識できるところが、間違いなくある。

外界の対象について推理していても、対象が引き起す快適か不都合かを追う我われ、つまり対象が有用か不便かを追っている我われとの係わりでなら、自からの感覚の内に、やはり内在的な決め手を所有している。同じく、自からの振る舞いについて我われが推理するときも、考えること、感ずることを意識すればこそ、我われには等しく確かな導きがある。【38】（傍点は實川）

自からの感覚と振る舞いについても、これへの意識が備わる範囲に限れば、絶対に確かなものがあるのだ。ベルナールは感覚と判断にも、数学並みの確実性に与る部分があると認めていたことになる。ただし彼はここで、論理と数学の場合とは異なり、「真理（vérité）」をけっして用いない。感覚については、あくまで「確かな導き（guide certain）」などの言い回しに留めている。それは、のちにも記すとおり彼が感覚を、理知性よりはっきり格下に見ているからである。感覚を、いかに確実であれ、理知的な認識より劣ったものと考えるアリストテレースより此の方の、そしてスコラ哲学において全盛であったまさに西欧の正統をなす慣らわしが、ここにまだ生きている。しかしそれでも確実性についてなら、感覚は数学に肩を並べた。この限りで〈意識という想念〉がたしかに強くなり、縄張りを広げたのである。

物質に向かった十字軍

絶対的な「真理」、あるいは少なくとも何らかの絶対的「確実性」が、意識の内部に宿っている。縄張りがいかに狭くとも、揺るがないものなら「真理」か、それに準ずる。さあもう、己れの足許を省みるには及ばないのだ。いやむしろ、そんなことをしてはならない――この〈論語〉を読み続けてこそ、至高の営みなのだから。こうなると、「虚偽と不確実」に向いては、当たりが厳しくなる。足許に目を落として迷いを呼び込まないためにも、それは求められる。「真理」が意識に結びついたからには、無意識は「非真理」とならざるを得ない。ベルナールは、自然の有り様を研究するかぎり、意識を越えた心が「真理」を眩ますと言う。すなわち、〈黒〉無意識の登場である。

> 体の支点といえば、足の感覚する大地なのに、精神の支点は知られたもの、つまり真理であり、すなわち精神の意識する原理である。……自然の有り様を推論する場合に……正しいか間違いかを知る基準が無いのは、繰り返すが、その原理が無意識（inconscient）だからであり、このため感覚に訴えねばならないからである。[39]

「真理という支点」を精神に差し出すものこそ、意識に他ならない。精神とは理知性を備える魂に他ならず、キリスト教文明における人類の至宝、「人間性」の証しである。ベルナールの立場では、それさえが意識に支えられる。意識をここまで持ち上げた構えは、〈意識革命〉の他のどの流派にも見出せなかった。これに引き換え、物質の作り出す自然の出来事には「真理」の拠り所がない。なぜかと言えばそれは、原理が無意識だからなのだ。彼が実験の必要を説くのは、自然の有り様を感覚にもたらせば、その無意識の仕組みを意識できると考えたからである。ベルナールが自然の仕組みをただ「知らない」とはせず、「無意識」と言い回したのは、けっして言葉の綾に留まらない。彼の研究対象は生体、人体であった。彼はこれらを相手に、実験科学の手筈を論らっているのである。「自然」とは、彼にとってはまず、自からを含む生きものの体である。これが日々、環境の移り変わりに応えつつ働いていることに、疑いはない。しかしその仕組み、原理、法則は、ともに暮らす己れの精神からも覗けない。だから、無意識なのである。この無意識が、我われの命を支えてくれている——ここまでなら彼も、しっかり気が付いていていたのである。ところがこれが、いっこうに有り難くない。むしろ、知識を阻む、好ましからざるものなのだ。〈意識棲み分け流〉の〈白〉無意識が理知性を担い、永遠に確実な「真理」に仕えていたことを思えば、同じ「無意識」でもあまりに違う。

さて、この好ましからざる〈黒〉無意識の起源とは、物質つまり体と、これの接する大地なのだ。体こそ物質の典型で、大地へと接し、だからこそ怪しく、信用ならない。こうした見方は、やはり古くからの西欧の慣らわしに沿っている。〈意識一色流〉なら、これら我われの知る物質がすべて意識の内に抱え込まれていた。だからこそ、「唯物論」と責められもしたのである。〈認識批判派〉もこの点では同じながら、ただ、〈白〉無意識の理知性がしっかりとタガをはめていた。また、人間の理知性の及ばないところを敬して遠ざける慎みも与って、こちらなら「観念論」とも呼んでもらえたのである。

〈認識批判派〉と同じく、ベルナールの世界でも、意識は宇宙を塗りつぶさない。過半は〈黒〉無意識に満ちているので、宇宙が二色に塗り分けられたことになる。ここで、意識も無意識も、ともに心であることには変わりがない。すると、メスメルの跨いだ五つのうち物と心の境目が改めて、別の仕方で越えられたことになる。宇宙と人間の境目もやはり、体が大地に繋がることで踏み越えられている。しかし、意識と無意識の境目はしっかりと、しかもかつてない仕方において、押し立てられているのである。

意識の及ばない縄張りが画される点だけなら、〈意識棲み分け流〉と変わらない。だがこの流派に、〈黒〉無意識は無かった。〈認識批判派〉なら意識は、あらかじめ（ア・プリオリに）与えられた範囲を越えられない。〈排他実証派〉なら、明らかな意識と必然の〈白〉無意識の外には何も無いと考えていた。だからいずれの流派でも、意識を植え付けたり押し付けたりは、あり得なかったのである。〈意識植え付け流〉が際立つのは、場を限られたとはいえ、意識が権限において一歩を先んずるところである。なるほど、境目ははっきりした。だがこの線は、踏み越えるためにこそ引かれている。

実験科学の奨めは、意識の優位を強めるための具体策であった。意識が、無意識を認めつつ、無知の源と見て向き合う。このとき、〈黒〉無意識への取り組み方は、意識への絶大な信頼から自づと導かれる——意識に変えればよいのだ。観察と実験により、人の体を始めとする全宇宙の無意識に、変われと迫る。あたかも、「非真理を悔い改めよ」と言うが如くである。意識に現われない「ものそのもの」という、カントならしり込みしたに違いないところへと、ついに意識が踏み入った。カントの言う「ものそのもの」とはいささか異なるにせよ、〈意識植え付け流〉の意識には、かつてのタブーの少なくとも一部分が取り払われたのである。禁じられた領域を恐れない自信こそ、意識への「革命的」信頼と呼ぶに値しよう。ここに、意識の戦いの「前線」が構えられている。〈意識植え付け流〉との名付けは、無意識に意識を植え付けて領土の拡張を謀る、植民地主義にも似たこの支流に与えたものである。

ベルナールが、無意識を意識と区別するのに肉体・物質を持ち出したのは、〈意識一色流〉とも〈意識棲み分け流〉とも、すっかり違う枠付けであった。意識を精神に通じさせ、それを拠り所に、肉体・物質への優位を与えたのである。これは斬新とも思えるが、やはり〈排他実証派〉のときに同じく、見掛けは必ずしも実質を伴わない。すなわち〈意識植え付け流〉の基いは、ここでも古代ギリシアからキリスト教の慣らいに受け継がれた、かの理知主義に他ならないからである。

非物質的精神が意識として掲げられ、無意識の肉体・物質は貶められる。体のもたらす感覚は、なるほど用いねばならない。だが、いかに確かでも、やむを得ずである。感覚は、数学や論理ほどには頼りにならない。もともと無意識の物質に根付いており、確かな意識に支えられて「真理」に与る非物質的精神に比べると、下賤でしかないのだ。しかし我われはこれを通してのみ、自然の仕組みを知り得る。藁をも掴む思いなのだが、感覚は、それでも意識され得る。そして意識されるかぎりは、非物質的精神にもたらされて、「真理」に通ずるはずなのだ。デカルトも語ったこの理知主義だが、かつてはスコラ哲学を徴し付けていた。したがって、ここでは宗教と科学の境目もまた、新たな仕方で跨がれている。人間の許に限られ、宇宙全体から見ればあまりに狭い意識がここまでの信頼と押しの強さを勝ち得たのは、古い「精神」が装いを変えて後ろ盾に立ったからである。すなわち、改めて宗教に片足を置いたからなのである。

感覚とこれをもたらす肉体・物質が蔑まれるのは、あの怪しい力ゆえである。さすがにベルナールは、原罪までは語らない。しかし、不満も言わず無意識で働き続け、この世の命を支えてくれる仕組みを、「真理」への妨げとしか見ない構えである。それはほぼ、断罪に類いする居丈高ではないか——あるいは、奴隷への蔑みかもしれないが。無意識の働きを無害な「データ」として意識に組み込み、理知性の「可処分所得」に変えてはじめて、〈意識植え付け流〉は満足を覚える。感覚の毒抜きは、〈意識棲み分け流〉の専売ではなく、〈意識革命〉の全体を貫く〈見えない軛〉の為せる業である。そしてこの飼い馴らし、毒抜きが、〈意識革命〉諸流派のうちでも最も自覚的に、かつ抜かりなく行なわれたところこそ、他ならぬ〈意識植え付け流〉なのである。

「文化事業」としての侵略と支配

ここでの「事例」である臨床心理学の諸派も、〈意識植え付け流〉に含まれる。ただし気をつけるべきは、近代心理療法の「後進性」である。ベルナールはフロイトより四十歳以上も年上で、『実験医学序説』出版の年に、フロイトは九歳であった。フロイトの最初のまとまった著作『ヒステリー研究』が出たのは1893年だから、ベルナールの死後すでに十五年を経ていた。〈白〉無意識はもちろんのこと、〈黒〉無意識でさえ、正統の自然科学のなかで、少なく見積もっても一世代は先んじて、研究課題となっていたのである。トーマースの、無意識の原罪による性欲論から数えれば、五百年を超える歴史がある。

したがって、近代臨床心理学による「無意識の発見」は、意識中心の科学研究の妥当性を揺るがす事件では、決してなかった。この動きが、世の中にいささかの驚きを与えたとすれば、人の生き方ないし「倫理」への口出しを含むと見えたからである。それが、この理論と実践の備える「新しさ」であった。無意識の本拠である「エス」について の次のフロイトの文章を、下部が開いて体へと繋がる有名な図を参照しつつ読むとき、ベルナールやトーマースとの重なりは、驚くに値するだろうか。

> エスは我われの人格の暗く、近寄りがたい部分です。わずかに知られるのは、夢の仕事と神経症の症状形成研究での経験からですが、ほとんどが否定で示せるだけで、「自我」の対立者としてのみ記述できます。比喩を以てエスに近付けば、渾沌、沸き立つ興奮に満ちた釜、と名付けられます。それは身体的なものに出会う端が開いており、そこで衝動の要求を拾い上げると、要求は心理的表現を得ると考えられますが、しかし基体(Substrat)がどのようなものかは分かりません。[40]

これはフロイトが晩年に、ベルナールの先の著作から半世紀以上も遅れて、『続精神分析入門』(1932)に記した文章である。添えられた図の最上部には「知覚=意識系(W-Bw)」があり、その下には「自我(Ich)」が控える。

これらが人間の理知性の座である。「自我」は、それ自からはほとんどが無意識だが、「現実原則（Realitätsprinzip）」に沿って働くという。つまり合理的判断で自己保存を図るため、外界の「現実」に沿うのを性《さが》とする。[41] したがって、フロイトの「自我」の大部分は、〈白〉無意識から成るのである。彼はこの別種の無意識をはっきり言挙げなかったが、理論の筋からはそうならざるを得ない。精神分析の修正型である「自我心理学」などでは、リビドーの「中性化」ないし「昇華」の役割が、よりはっきりと理知性に重なってゆく。[42]

さて、「自我」が合理的な活動を行うのは、知覚に由来する意識を用いてである。ここでも〈白〉無意識は、意識との繋がりが深い——起源をどこに求めるにせよ。それに対し下部の体からは、渾沌と興奮を紡ぎ出す「本能の欲望」が入り込んでくる。〈黒〉と〈白〉両無意識の質《たち》と働きの違いが、ここでも明らかである。「エス」には、「自我」に欠かせない言葉と論理が通用しない。すっかり異なる二つの世界の出会いである。「エス」の世界は、触れただけでも激しい〈揺さぶり〉を伝え、「自我」の担う理知性が挫かれる。だがフロイトも、ベルナールと同じく、ここで尻込みはしない。

精神分析療法は自我を強め、超自我からの独立性を高め、自我の知覚野を広げ、その組織を作り上げ、そうして自我がエスの新たな部分を取り込めるようにと、狙っているのです。エスだったところは、自我になるべきです。

それはゾイデル海の干拓にも似た、文化事業なのであります。[43]

『続精神分析入門』第十一講の末尾の、やはりしばしば引かれるこの文章には、〈意識植え付け流〉の「フロンティア精神」が、包むところなく表われている。「自我の知覚野を広げる」とは、「自我」のために意識の使い勝手をよくすることに他ならない。それが、「自我の組織を作り上げる」ことになる。その「自我」の生ずべき場所とは、「エスだったところ」なのだ。「エスの新たな部分を取り込」むとは、言葉を換えれば、〈黒〉無意識への、意識と〈白〉無意識による侵略と支配である。

オランダのゾイデル海干拓は、十九から二十世紀にかけての西欧技術の総代とも言える歴史的な大土木工事であった。その成功の決定打こそまさに、当時の先端技術たる大型の蒸気機関を用いた大規模な排水作業に他ならない。そう、水蒸気の「沸き立つ釜」の力を、人間の操作に従わせたのであった。近代西欧人たちは、「自然」の力を用いつつ、その領分をさらにもぎ取った――このとき相手方に、〈お蔭様〉を思ったのだろうか。蒸気機関の開発途上で、爆発により数多く命を落とした技術者たちのなかには、あるいはそうした人がいたのかもしれない。だが、少なくともフロイトは違った。

症状が成り立つには、この意味が意識されてはなりません。意識的な過程からは、症状は形成されないのです。その無意識が意識されるやいなや、症状は消失せざるを得ません。……ブロイアーのこの発見は思弁の成果ではなく、患者の厚意でできた幸運な観察の成果でした。みなさんは、こんどもまたこの発見を、別の既知の事実に還元して理解しようと苦労なさるには及びません。この発見を一つの新しい基礎的な事実と認めればよいだけです。この事実の助けで、他の多くのことが説明されてゆくでしょう。[44]

症状とは病まいの徴しで、有ってはならないものだ。有ってはならないものが、無意識から起こっている。そして、無意識であった「症状の意味（Sinn）」が意識されると、病まいは癒える。意識からは、病まいはけっして起こらない。「健康」は意識の許にある――これに説明は要らない。むしろそこからこそ、他の様ざまが説明されてゆくのだ。

この「新しい基礎的な事実（eine neue fundamentale Tatsache）」とは、もう遡りを許さない究極の何かである。病まいは無知から起こり、知識を得れば治るのであった。「健康」さえも「真理」から産まれるとは、理知主義の極みである。〈排他実証派〉には、それを越えれば「無意味（Unsinn）」しか見出せない一線があった。〈意識植え付け流〉でも、この点が同じなのである。この発見は患者の〈お蔭〉だが、それでも無意識からは〈お蔭〉を蒙らない。患者は「厚意（das Entgegenkommen）」によって応えた——医者を喜ばせるのは、よい患者たるに不可欠な条件である。【45】顔なじみから和気靄々で手渡されたのが、「意識」という名の〈論語〉であった。あとは、いつでもどこでも、この「本」を読み続ければよい。

パラノイアはこのように、世の流れから支えを受けられるのが強みである。患者の「厚意」は、個人の保身である。とは言え、この振る舞いが保身として働くには、世の仕組みが患者をそこに追い込まねばならない。そうなると心理療法の側でも、世の中に恩返しがしたくなる。精神分析は、〈意識という想念〉を掲げつつ人の生き方に口出しするが、中身となると「現実原則」の弁えがせいぜいであった。言い換えれば、〈論語〉の下の隠し事たる、今の世の慣らいを繰り返すのみである。理論としては、西欧の古い仕来たりに沿った理知性に通じ、実践では、順法や勤勉の「倫理」が掲げられた。フロイトはこれらにより、肉体・物質からなる「自然」の支配を目指したのである。

ベルナールからの風を受けつつ、フロイトの立場はさらに目配りの届いたものとなった。〈論語〉の読み方が巧みとなり、あるいは注釈が整ったとも言える。読み取るものが増えれば、世界は豊かになったと感じられよう。それでも、己れの〈論語〉から目が離せない限り、世界を異にする相手方との〈お互い様〉はあり得ない。むしろ、世界の豊かさが誇れるほどに、余所には目が向かなくなる。ただ意識への前進あるのみ——それが「文化事業」として、精神分析の目標に据えられたのである。

野望は拷問で

高度な科学・技術を使いこなすには、明晰な意識がなにより必要だ——こう思う人が、たくさん出てきた。それが〈意識革命〉の時代である。ベルナールもフロイトも、そう確信していた。加えて彼らは意識を無意識へと踏み込ませ、無意識を操作し、支配することを目指した。〈意識植え付け流〉たる所以である。物質科学も心理学も、等しくこの流れに潤されていたことになる。「発見」された〈黒〉無意識との対決のため、新しい意識を支えに、時代にふさわしい人間中心主義が新たに作り上げられたかと思える。だが新しさは、形の上に留まる。古い仕来たりの理知主義こそが意識の自信を支え、これを裏返せば、物質・肉体への古い不信だからである。だがこれを、隠すには及ばない。非物質的な精神の理知性とは、西欧では「論語より論語的なるもの」である。足許をここで固めたなら泰山に登ったも同然——数千年にわたり踏み固めた礎に乗れば、パラノイアの傍若無人も褒められてよい。

〈意識植え付け流〉では、メスメルの場合とは逆様に、無意識は研究の出発点でもなければ、信頼にも値しない。〈黒〉無意識に毅然と対決し、意識にもたらしてこそ学問は成り立つ。さらに、この流派の科学者はもう一歩、意地悪になるべきなのだ。ベルナールは「裏返し検査（contre-épreuve）」の必要を繰り返した。条件を変えて繰り返す実験が、物質を意識へと追い込む。意識された事実を有りのままに認めるのはもちろんだが、それで終わりではない。仮説に有利な結果がある条件下で出ても、重ねて疑い、当の条件を取り去れば結果も消滅することを確かめよ、というのである。彼はこれが科学者の「謙虚」を具体化すると考え、独断への戒めとして語る[46]。意識で確かめてさえ、安心するのはまだ早い——意識への絶対の信頼の揺らぎとも見掛けられよう。だが、そうではないのである。

自然科学者の到達した一般命題ないし拠って立つ原理はどこまでも、かりそめでしかない。それは自然科学者が、全知と言えるほどの確実さの得られない、込み入った関係を描くからである。その原理が不確実なのは、無意識であって、精神に一致しないからである。[47]

科学者の「謙虚」たるべき理由は、肉体・物質・自然が相手なら無意識が避けられないからである。すなわち〈黒〉無意識が理知的な精神を、つまりここでは意識を、曇らせるからなのである。意識そのものの性《さが》についてなら、遜りはいささかもない。「謙虚」の中身とは、肉体・物質に連なる無意識への不信と敵意に他ならない。「無意識の真理に携わるかぎり、実験者の理性は『裏返し検査』を求める」[48]──どこまでも検査の要求を突きつけ、毛筋ほども譲らないのである。〈意識という想念〉が人間の理知性と結び、あるいはほとんど一つに重なりつつ、隠れても暴き出さずにはおかぬ意気込みで、無意識の物質に立ち向かう。

フロイトは、精神分析が「終わりなき」ものと認めた。[49]意識による〈黒〉無意識の征服は、たやすく達成できないどころか、むしろ永久に不可能なのだ。しかしここでも彼の「謙虚」は、けっして無意識なるものには向かわない。〈意識という想念〉は、まさにパラノイアらしく、敗北や撤退とは無縁なのである。意識にもたらして、もし症状が消失しないなら、それは意識化がまだ足りず、まだ無意識の仕組みが隠れているからに過ぎない。すなわち、意識そのものの有り方に、欠けたところはない。

意識の真理と優位については、反省も反証もあり得ないのである。理想の旗は、実現できなくとも決して降ろさない。ただ、この妄想的確信は、フロイトが一人で用意したものではなかった。半世紀前のベルナールも、まったく同じことを言っていたからである。

なるほど天地万有についての絶対的な決定性（déterminisme）への到達は、永久に叶うまい。……しかし、実験的手法の助けにより非決定性を減少させ抑圧する（refouler）ことで、決定性の領土を拡げてこそ、人間の知的征服は成る。人間の野望を満たすにはこれしかないはずで、人間が発展し、その力を自然へと拡張してゆくのも、これによるからである。【50】

ベルナールもフロイトもともに、いかがわしき物質を疑い続け、実験・観察によって締め上げ、白状させ、意識にもたらそうとする。そうすれば一通りに決まり切った「現実」で、雁字搦めにできるのだ。なるほど、この拡張・発展の営みは完成不可能だ。しかし、そうであればこそ、未来永劫続けられるのである。「永遠で絶対の真理」が、こうした形でも顔を覗かせている。

高らかな人間中心主義と理知性による拡張主義とが、少なくとも十九世紀の半ばから二十世紀前半までは、一世紀近くに渡りほとんど形を変えず保たれていたことになる。【51】かつてキリスト教の神学者フランシス・ベイコンの語った「自然を拷問にかける」身構えが、三百年近くを経て引き継がれ、〈意識植え付け流〉に結実したと言ってもよい。理知的な精神の支配は、肉体＝欲望の「誘惑」への蔑みと拒否に裏打ちされている。そうでなくとも、拷問にかけた相手に〈お蔭様〉を感じるには、己れの「感覚」を一捻りせねばなるまい。〈お互い様〉を考えてはなおさら、意識の進軍に乱れが出よう。

実証主義時代の科学者の「謙虚」とはすなわち、「現象」世界についての、決定論の信念に他ならない。カントが声高に言い立てた如く、理知性の掟には、例外も遷ろいもない。すでに決められたことなので、確かに「存在」する。のちに述べる予定説に連なるところである。これこそ「永遠で絶対の真理」なのだが、科学者の認識はまだこれを掴めない。そこで、「真理の確実な認識」に至るため物質を責め上げることこそが、「謙虚」な振る舞いとなる。この世界では、意識された事柄に、誤りはあり得ない。心理療法家なら、意識からは病まいが起こらず健康のみとの信念が、これに加わる。「物質の〈黒〉無意識に騙されず、意識と精神に帰依せよ、そうすればすべてうまく行く」との教義が様ざまな方面で、あれこれに形を変えて、今も語られ続けている。多正面作戦でも切り抜けてきたゆとりが、安心してこの「謙虚」を表明させてもいるのであろう――侵略と残虐への言い訳も、あるやもしれぬが。もちろん東洋からでも、ひたすら〈論語〉を読み続けるなら、西欧文明への抜け道が拓けるに違いない。

〈意識革命〉三流・二派の見晴らし

近代臨床心理学／心理療法の誕生とあい前後しつつ起こった〈意識革命〉の輪郭は、ほぼこのようである。まとめに代え、いま挙げた三流・二派の互いの立ち位置を、おおまかに述べなおしておこう。

〈意識一色流〉を中軸としたのは、この流れが最も素直に〈意識革命〉の性《さが》を示してくれるからであった。ただ、「意識がすべて」では素直すぎ、すぐに馬脚を現わす。〈認識批判派〉が「無意識の推論」などとして〈白〉無意識を、この流儀の登場とほぼ同時期に「発見」したのは、その一例である。少し遅れて〈排他実証派〉も、論理の独立を言い張り意識に限界を設けた。したがって、この流儀が単独で支配権を振るえた時期はほとんどない。けれども、くっきりしたこの立場を叩き台としてこそ、より磨きがかかった仲間たちも、役割を明らかにするのである。〈意識一色流〉の押し立てた意識の明証説と、認識と実践の原理を一手に引き受ける勢いは、すべての流派が分かち持っている。

〈意識一色流〉は批判を受けつつも、劣勢に甘んじなかった。ことに哲学の専門分野でなら、二十世紀の半ば過ぎまで、むしろ主流とも言うべき地位を保ったのである。〈白〉無意識の発見は、思想史で量れば重いに違いない。

だが、日ごろの生きざまを振り返るなら、どれほどたやすい振る舞いでも細部まで意識できないことくらい、すぐに気付くはずではないか。こうした点に、いずこの〈うぶすな〉でも変わりはあるまい。ことに素人なら、朝飯前である。ところが専門家には、これが分からない。意識という「絶対に確かなもの」を手近に見出した感動には、この当たり前に気付けなくするほどの、賑やかさが伴ったのである。「専門家の感覚」は、鋭すぎたのであろうか。〈白〉無意識を「発見」しなければならないほどの注意欠損こそ、〈意識一色流〉の力の発露であった。この目眩ましの力は、パラノイアの成り立ちに欠かせないものである。同じ類いの「手近で確か」への信頼と安心が、そのままそっくり、科学主義となった近ごろの「唯物論」にも見出せる。「唯物論」の起源は古いけれど、折々に流行りの装いを纏った。ことに十九世紀半ばより此の方は、自然科学者たちを有力な担い手に、強い流れを保ってきた。リードもおそらく気付いていたはずだが、〈意識一色流〉と「唯物論」とは、真反対のようで通じ合う――いや、同じ一元論の名前替えとさえ言えるのである。

〈意識植え付け流〉とは違い、ここには攻め取るべき資源がない。その限りで、メスメルの「全般要因」に通ずるところがあり、「みんないっしょ」にやれそうにも思える。だが、己れの枠組みをすべてと考えるので、〈論語読み論語知らずの原理〉により、違う相手との〈お互い様〉は始めからあり得ないのである。メスメルが宗教治療の理論を認めなかったように〈意識一色流〉も、その枠組みをはみ出せば「不毛な形而上学」と罵った。〈認識批判派〉の如き慎みには欠けていたのである。〈排他実証派〉の喧嘩っ早さも、まずはここ譲りと考えられる。

さて、〈意識棲み分け流〉の二派は〈白〉無意識を認め、意識万能ではない点を持ち合う。「形而上学」への批判がいずれも激しく、この辺りは〈意識一色流〉に劣らない。ただ二派それぞれに、意識の外側に何を見出すのかで、向きが少しだけ違っていた。

〈認識批判派〉は「形而上学の不毛」の出所を、認識不可能なところへの探究に見出す。「ものそのもの」とか、ユダヤ＝キリスト教の神による創造とかは、たしかに大切なのだ。それらの実在は、ゆめゆめ疑ってはならない。しかしながら意識がそこには及ばないので、学問では扱えないのだ。〈白〉無意識さえここには届かないから、手を出せば藪蛇との自戒を込めての批判である。その謙遜の下地には、宗教の次元での確信があった。かつてなら意識を超えたものでも、例えば無意識のイデアや、表象を超えた神の啓示などが、他の道筋からもう知られていた。〈認識批判派〉はそれ故に、口出しを控えたのである。まさに「形而上学的」な古い自信の名残りが、ここにはある。学問とは異なるが、いやむしろ異なるが故により深い「真理」があるとの思いが、沈黙を強いたのである。

　これに比べ〈排他実証派〉では、〈白〉無意識への信頼がさらに厚い。しかもこれを、人間のものだと考えていた。確かな意識の外側にはもう一つ、絶対必然の論理の王国が控える。だがこれも、超越神の如き手の届かぬものではない。人間が努力すれば証明できると考えられていたのである。証明ができれば、結果は意識に現われるはずだ。こうした〈白〉無意識の論理に、確かな「感覚データ」を与える意識を合わせれば、宇宙全体が組み上がるはずとなる。意識を支える無意識が、ここでは想定されていた。形而上学は、それを越えようとするから「無意味」なのであった。

　ちょっと見には、〈認識批判派〉の畏れて手控えた尊い領域を、手荒に切り捨てたかの如くである。「古い」哲学者たちは、それ故に反感を抱いた。けれども、涜神と決めつけるのはまだ早い。〈排他実証派〉では人間の意識とその仲間とが、「存在」のすべてを組み上げる。すべてがここで組まれるからには、この計画に入らないものは無い。「無いもの」にかかずらうのが形而上学で、だから「無意味」なのだ。したがって彼らは、形而上学の目指した尊いもの、すなわち「存在」を無いがしろにしたのではない。それが、形而上学者の探すところには無い、と言っただけである。

　この点は、のちに述べる〈一つ掲げ〉に連なるところである。〈排他実証派〉は、じつは「全知全能」の神を蔑んではいない。激しい荒ぶりは、むしろこの神を守るためだったとさえ言える。なぜならこの派では、「存在」のすべてが己れの手の内にあるのだから。すなわち自からを、この神に似せているのである。かの領域を切り捨てたのではなく、ちょっとした細工で見かけを変えたうえ、己れに取り込んでしまった。神は死んではおらず、この派の手の内でしっかり生きている。「物理でも心理でもない真理の領域」とは、このことを指すのである。

神を取り込むなど、キリスト教の神学・信者の立場からすれば、「神を畏れぬ」傲慢となるのであろう。人間を神に重ねるとは、イエスを唯一の例外として、何より許されぬことのはずである。だがそれはこの神に、この宗教の内側から憚ればこそである。外側から眺めれば、有り様は違ってくる。要するに、同じ質《たち》のものが名前と在り処を変えたに過ぎないではないか。この派が論理を「心理でない」と言い張ったのには、トーマースの神の認識と同じく、人間の世俗での計らいを超えたい節もある。〈白〉無意識は、神から授かった理知性の影を引きずる。人間の意識では変えようがないからこそ、意識に限界があっても、これと合わされば〈排他実証派〉は無敵となる。神々しいものを己れの内に抱けばこそ、人間の古い権威にも突っかかれたのであろう。パラノイアの飽くなき前進を支える力が、ここから感じ取られる。

批判が外敵に向かったのは、自戒の余地がないことでもある。〈論語読み論語知らずの原理〉が、ここでは保身に留まらず、戦いを後押ししている。計画の完成は先になろうが、まず実現を妨げる「非真理」の撲滅を願うのである。〈意識植え付け流〉なら、まだしも相手を取り込もうとする。だが〈排他実証派〉には、己れの枠組みから外れるものは、取り込みにさえ値しない。これは、のちに述べる「虚無」の扱いに似ている。この派のさしあたりの敵は古い哲学で、自からは最新の「科学哲学」を任じていた。とは言え、〈排他実証派〉のこうした構えは、まるで異端審問の如くではないか――宗教性の極みである。

そこで〈意識植え付け流〉に目を移すと、〈認識批判派〉と同じく、こちらも己れの限界を知っている。ただ、限界を知りつつ、むしろ知るが故に、これを超えようと足掻くのである。自戒しないところは〈排他実証派〉張りで、慇懃無礼さえ見せない。つまり、不可能と知りつつも拡張の手は緩めず、アトラスの、あるいはシーシュポスの如き永遠の努力が続くのである。

無意識に対峙するのだから、〈意識一色流〉とは食い違わざるを得ない。フロイトらはこの流派の向こうを張って、「無意識の発見」を成し遂げたつもりであった。だが、〈意識植え付け流〉の〈黒〉無意識は、征服するためにこそある。もしも勝利の日が来るなら、無意識は消滅する——不可能とは言え、これを目指すのである。そうだとすれば、〈植え付け流〉の飽くなき進軍の到達点には、〈意識一色流〉の幻の旗が揺らめいていることになる。あるいは「自我」の〈白〉無意識と力を合わせ、〈排他実証派〉の為しえなかった理想郷を、今も目指しているのである。〈意識植え付け流〉のパラノイアはいきなりひとりでに現われたのでなく、先立ちないし並走する〈意識革命〉諸流派の息吹きから力を得ていることが、ここからも知れるであろう。

〈黒〉無意識には、肉体・物質の欲、罪、無知、病まいが込められていた。これらを認めたうえで飼い馴らし、毒抜きして「真理と健康」に導くのが、この流儀である。〈意識一色流〉と〈排他実証派〉が素知らぬ顔で足場にしたことを、この流儀は「意識的かつ努力して」成し遂げようと図る。無意識を認めるとは言え、〈意識革命〉の心意気は、この〈意識植え付け流〉にこそ色濃く漂うのである。

実現できない理想の役割について述べたカントの説が思い出される。ストア派の賢者のような理想は、「原像(Urbild)」として判断や行動の手本・規範となる。客観的な実在とはなりえないが、それでも理知性の働きに欠かせない。ただし、もしこの世の有り様としての実現をまじめに図れば、障害に阻まれて苦しむばかりか、必然的な挫折から、理想の中身までを疑われるという。[52] 〈意識植え付け流〉の理想の高さと役割の重さにも、この時代のカントの影の濃さが伺われる——ただこの流儀が、後半の戒めを守れているとは思えない。それが、パラノイアたる所以である。

臨床心理学／心理療法は、この〈意識植え付け流〉に沿って、今も成り立っている。またベルナールの理想は、今の世の自然科学研究にまで引き継がれ、科学教育はいまなお大枠でこの線に沿っている。その効き目の及ぶところは、ただ科学知識の獲得に留まらないはずである。

さて、メスメルの無意識はと言えば、〈白〉と〈黒〉に分化する前のものだった。だから、どちらの質《たち》をも備えていた。この点で彼は、また別の境目を一つ跨いでいる。この物質は単なる向精神薬でなく、それ自体での「精神性」を見込まれたことが、ここからも窺える。とは言えメスメルにとってなら、物質と自然を征服し支配する野望など、ほとんど雲を掴む話であったろう。なるほど、病まいを惹き起こす動物磁気の、不都合な分布は変えねばならない。だが、それができるのも、自然の力に任せてこそであった。意識を通じて学問を確立する「野望」なら、メスメルにもたしかにあった。ここで〈棲み分け流〉には通ずる。けれども、〈植え付け流〉の強面振りは、彼を面喰らわせるだけだろう。意識化することが、なぜ征服だったり獲得だったりするのか。この点には、捕らえ所のない〈意識という想念〉の正体を予感させるものがあるが、今は措く。ともあれ、メスメルの方が〈意識革命〉の諸流派に比べ、我われの〈うぶすな〉から近しく思えるところが多いのは、確かなようである。

●註……………………

【1】イギリスの科学史家バターフィールド（Butterfield, Herbert）が提唱した。この「革命」が、今の世に直結する自然科学の先駆的業績を大量に産み出した。さらに、これらのうちに、自然と人間をめぐる近代的な思考法の誕生を見る。たいへん有名だが、様ざまな論争も巻き起こしてきた概念でもある。クーンは

この成り行きにまったく新たな解釈を導入したし、シェイピン／Shapin, Steven（1996）のように、「革命」と言えるような遷ろいは無かったとの説もある。科学革命の評価はしかし、この書の課題ではない。

【2】トーマース・アクィーナース／Thomas, Aquinas（1265-1273 第二－二部第百七十五問第四項）（訳書23 p.113）。

【3】トーマース・アクィーナース／Thomas, Aquinas（1265-1273 第二－一部第八十二問第四項）（訳書12 p.262）。

【4】フロイト／Freud（1940a, p.79）。

【5】フロイト／Freud（1916-1917, p.290）（訳書 p.353）。

【6】フロイト／Freud（1937）。

【7】リード／Reed, Edward E.（1997）（訳書 p.224）。

【8】ティンダル／Tyndall（1874）。

【9】ゲイ／Gay, Peter.（1987）。

【10】ヴント／Wundt（1919, 1.Bd., p.16）。

【11】ヴント／Wundt（1919, 1.Bd., p.78）。

【12】Nieder mit den Vorurteilen　この標語は、彼の著作のあちこちに散見するが、遺作となった“Versuch über die Erkenntnis”（1925）では、目次の冒頭に掲げられている。

【13】ブレンターノ／Brentano（1874, pp.126-127）。

【14】ブレンターノ／Brentano（1874, p.128）。

【15】ブレンターノ／Brentano（1874, p.124-5）。

【16】リップス／Lipps（1909, p.1）強調は原著者。

【17】ジョウンズ／Jones（1954）。

【18】エレンベルゲル／Ellenberger（1970）。例えば訳書 上巻（p.366）、下巻（p.27, p.83, p.564）など。

【19】マッハ／Mach（1926）（訳書 pp.387-388）。

【20】エヤー／Ayer（1936）（訳書 p.6）。

【21】フレーゲ／Frege（org.1891）。

【22】ロジャーズ／Rogers（1959）（訳書 p.269）。ここには、論理実証主義から影響を受けたことがはっきり述べられている。意識の事実をそのまま受け止めるのを第一とする彼の理論は、内容的にもこの主義との繋がりを感じさせる。

【23】ゲーデル／Gödel（訳書 2006）。不完全性定理は、述語論理では自然数を含む命題のすべての証明はできないことを示した。正しくても証明のできない命題がある。したがって、たとえ確実な要素的事実が得られたにせよ、そこから経験的事実のすべてを導くことは、論理学ではできないことになる。

【24】ブレンターノの表象説は具体的な対象全体の思い浮かべなので、感覚与件とは異なるが、まさに心理的関係である。ラッセルはブレンターノの志向性を、言葉の意味の解明に利用した。志向性を「ついて性（aboutness）」と翻訳し、意味の内実をなす言葉と対象との関係を、これで置き換えようとしたのである。固有名詞は人物など個物を指し示すが、一般名詞、形容詞などは枠組みを指し示す。個物と枠組みとは異なる存在領域にあって、前者への指示が心理的な指示関係となる。そして、これとは別の関係で示される後者の領域こそが、論理と命題の意味を作り上げるのだという。心理と論理を区別するために凝らされた工夫だが、いずれの存在領域も志向性の明証に依拠して設定されている（飯田 1987, pp.156-165）。

【25】「理知性」という表記について説明する。「理性」と「知性」を縮約した言葉である。これは古代ギリシア哲学の影響下に、主にスコラ哲学のなかで形成され、近代西欧哲学にも引き継がれる、ある考え

を指す。ラテン語なら「理性」はratio、「知性」はintellectusと表記される。西欧近代語では、英語がreason／understanding、ドイツ語はVernunft／Verstand、フランス語ならraison／entendementなどとなる。おおむね「知性」は「本質」を見抜く直観力、「理性」は合理的な思考力と言ってよかろう。ただし、カント以降は両者の持ち前が入れ替わる傾きにある。また、一方が他方を包摂するとの見解も多く見られ、しばしば互いに交換可能な仕方でも用いられる。「知性」は「感覚（sensus）」の、「理性」は「欲望（cupiditas ないし concupiscentia また appetitus sensitivus など）」の対語となる傾向にあるが、必ずしも確定したものではない。

　用法は多様で、正確かつ簡潔な定義は私の手に余るが、両者ともに精神の働きとされ、物質、肉体と対立関係にあるとまでは、言ってよかろう。西欧思想の正統派、主流が共通して認めるところである。物質と精神の境目を曖昧にしたり、物質を優位に立たせることは「唯物論」として厳しく糾弾される。したがってメスメルの思想は異端、反主流の要素を含んでいることになる。

　この書では二つの言葉を繋いだ表記を用い、どの文脈にも当てはまりやすくした。ただこれでは朱子学が連想されるし、また思想史で頻繁に用いられる二つの言葉を明示的に残すことも考えたが、表記が煩わしくなる。「理知的」という言い方には、かなり馴染みもある。したがってこの書では、複合語に組み入れる場合や、文脈から片方がふさわしい場合を除き、以後も「理知性」で一貫させる。

【26】ヘルムホルツ／Helmholtz（1862）。

【27】ヘルムホルツ／Helmholtz（1966：１８４７年の原著への１８８１年の補注）（訳書p.277）。

【28】ヘルムホルツ／Helmholtz（1911, 3.Bd. pp.28-29）。「身体」を理知性に委ねる企てとして、メルロー＝ポンティ（Merleau-Ponty, Maurice.）がこれに噛みついた。我が国では、こちらを通じた知られ方の方が広まっているかもしれない。

【29】ラッセル／Russel（1914）（訳書 p.267）。

【30】ティンダル／Tyndall（1874, p.57）。

【31】コント／Comte（1844, p.10）（訳書 p.156）。

【32】コント／Comte（1844, p.12）（訳書 p.157）。

【33】コント／Comte（1844, p.26）（訳書 p.182）。

【34】デュルケム／Durkheim（1924）（訳書 p.94）。

【35】おおむね「一般意志」と訳されるが、これでは意味が取りにくい。国民全体がそれ自からを相手に意志するとの意味なので、むしろ「全般意志」としてよかろう。国民全体が「一つ」だとの意味を含む限りにおいて、たしかに「一般」はよい訳なのだが、ふつうはそうは受け取れない。だが、ここではルソーに立ち入って語れないので、ひとまず通用する訳に従っておく。

【36】ベルナール／Bernard（1865）の前書き。

【37】ベルナール／Bernard（1865, 1-2-1）。

【38】ベルナール／Bernard（1865, 1-2-1）。

【39】ベルナール／Bernard（1865, 1-2-5）。

【40】フロイト／Freud（org.1932, p.80）。ただし原著では図は横向きに置かれて、意識は上ではなく右に描かれている。しかし、衝動の要求を「拾い上げる（aufnehmen）」といった言い回しから、「上下」の関係と捉えてよいと思われる。印刷の手違いで横になったとも言われている。『自我とエス（Das Ich und das Es）』（org.1923）に添えられた図では、「上下」で描かれていた。

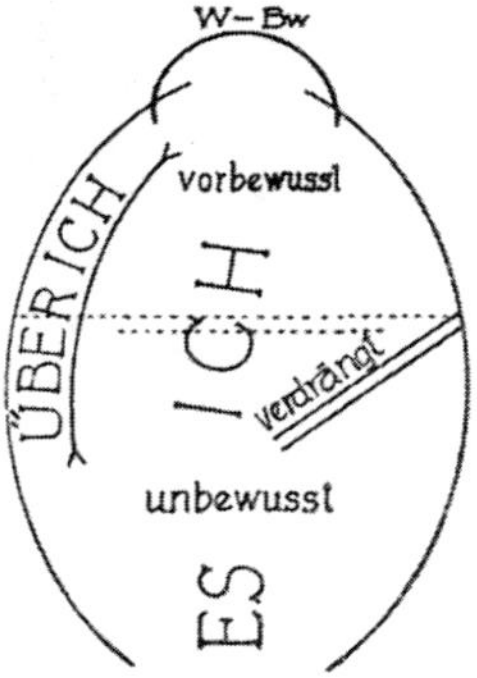

【41】フロイト／Freud（org.1911）。

【42】自我の大部分が無意識だと、フロイトは『自我とエス』（org.1923, p.244）にはっきり述べている。しかし、色欲を離れて「中性」となったリビドーは、ここでは必ずしも理知的ではなく、エネルギーを発散するために不合理な判断も辞さない（村に一人しかいない鍛冶屋が重罪を犯したので、三人いる仕立屋の一人を代わりに処刑したとの例など）。だが、それから十年ほどを経て、彼の立場は、自我の合理性への肩入れを強めた。いわゆるフロイト晩年の自我心理学への傾きだが、その立場を併せ考えれば、彼にも〈白〉無意識の思想が認められてくる。

【43】フロイト／Freud（org.1932, p.86）。

【44】フロイト／Freud（org.1916-1917, 18, pp.289）（訳書 p.352）。

【45】「厚意」と訳したドイツ語の Entgegenkommen は、もともと「出迎える」意味で、相手の意向に沿って動くことである。「意を迎える」とも訳せる。もちろんフロイトは、医師の調査に協力してくれたというほどの意味で用いたのだろうが、この力関係のもとでの証言の信憑性について、図らずも示唆を与える言葉遣いである。

【46】ベルナール／Bernard（1865, 1-2-8）。

【47】ベルナール／Bernard（1865, 1-2-5）。「精神に一致しない」と訳した原文のフランス語は non adéquat à l'esprit である。adéquat は「適合」「適切」などと訳される場合が多いが、ラテン語の語源 adaequatus（ad+aequo）からも明らかなとおり、「等しくなっている」ことに他ならない。だからここでは「一致する」と訳しておいた。なぜなら、日本語で「適合」したり「適切」なものとは、必ずしも相手に等しくないからである。むしろ、異なることで相補う、すなわち〈お互い様〉の出会いが「適切」で、「適合」をもたらす場合が多い。したがって、この訳では誤解を招くのである。

西欧では古代ギリシアこの方、「ふさわしいのは同じもの」との考えが根強い。だから、正しい知識とは、対象と同じ観念を持つこととの考えが、ほとんど常識になったりもするのである。この箇所でベルナールは、数学や論理の場合なら、この理想が達成されると考えている。認識の対象もまた意識（精神）なので、認識する側と「同じ」になるから、というのである。これを物質の認識に比べると、無意識の対象は意識に他ならない精神と同じになりようがない、との結論を得る。だから疑わしく、あれこれ調べるのである。

「同じ」という理知主義の理想は、中世以降はキリスト教の神の自己認識に見出される。トーマースは「神の知性は、その力が自からの実体に一致し（substantiam suam adaequat）、それゆえに神は、自からが何であるかを完全に知り、また自らについて知り得るもの一切を認識する」（Summa contra Gentiles 1-3-5）と述べている。この類いの表現は他にも繰り返しあちこちで用いられており、この時代の西欧人にとっては（ないしは今でも）、高校生程度の持つべき素養と言ってよい。ベルナールもここで、明示こそないが、意識の確かさをキリスト教の神の理知性に重ねているのである。

【48】ベルナール／Bernard（1865, 1-2-6）。contre-épreuve とは、もともと「反転する試し刷り」のことを言った。多くの印刷の原版は左右が裏返っているので、誤りが発見しづらい。このため、左右を（原版から）反転させる試し刷りが必要となる。そこから、投票の確認のため、反対の側に再度投票する手法をも指すようになった。ベルナールはこれらを援用し、別の角度から見ることで事実を確認する手法の必要を言っている。

【49】フロイト／Freud（org.1937）。

【50】ベルナール／Bernard（1865, 2-2-9）。

【51】植民地主義の最盛期から大規模戦争の時代がこれに重なるのは、偶さかではあるまい。我が国の軍国主

義も、このお蔭を受けている。

【52】カント／Kant（1781-1783, A569-570/B597-8）。この理想の「原像」が、ユングの「元型（Archetypus）」に通ずることは、見て取りやすかろう。

心の囲い込み

メスメルの股にかけた「心の近代」の結界に張る〆縄の筋、その二本目は、〈心の囲い込み〉という名である。読んで字のごとく、心を何かに、どこかに、どのようにかして囲い込む働きを言う。西欧思想史でこの動きの始まったのは、一本目の〈意識革命〉に比べればだいぶ古く、あるところは古代から引き続き、また他はルネサンスの人間中心主義に芽ばえを認める。しかし、これが今の世の姿をとるのは思いがけぬ遅さで、二十世紀の初頭を待たねばならなかった。メスメルの跨いだ五つの境目のうち、物と心、宇宙と人間、宗教と科学の三つが、この二本目の筋の縛りをとくに強く受けている。これらの境目を自在に行き来した彼が、〈心の囲い込み〉ともほぼ無縁であったのは、言うまでもない。

ところが近ごろでは、この筋によって心のすべてが個人の内に囲い込まれている。殊に、発達した大脳は、人間に特有の理知的な精神を担うとされている。〈意識革命〉の筋にこの囲い込みが合わさるとき、〈意識の絶対個人主義〉の支配する世界が現われる。意識を内面に抱いた「主体的個人」の誕生である。この書での「事例」たる臨床心理学／心理療法は、出来上がった〈心の囲い込み〉を足場としてこそ成り立つ。だからここでも、メスメルとはまったく違う構えを取るのである。また、ここ百年あまりで強まった独我論は、〈心の囲い込み〉の導く世界での徒花と言えよう。孕む矛盾を避けられないのに、我われは惹き付けられ、逃れがたく足掻く。つまり〈心の囲い込み〉は、この百年ほどのあいだ、歴史上おそらく最も強固な姿において健在で、我われの心根に食い込んでいるのである。

〈心の囲い込み〉という言葉は、耳新しいに違いない。原因は、この枠組みを言い出したのが私であることのほか、近ごろでは当たり前すぎてあえての名付けに値しないと思われるせいでもあろう。この立場への異論は、たしかに語られている。しかし、学術的な書き物でこの説を論拠を挙げずに用いても、それを理由に発表を拒まれることはまずない。すなわちこの筋は、学術的な常識の世界に、しっかり組み入れられているのである。だから、これを時代の慣らわしに縛られた一つの思潮だと言われても、すぐには腑に落ちないかもしれない。

真反対の考え方がどう映るか、考えてみよう――すると、心をめぐる近代の事情が裏から照らし出される。〈心の囲い込み〉の否定は、「心はすべてが、人間かその他か、物質かその他かに拘わらず、あらゆるものごとの全体に満ちている」となる。ひと言にすれば、「アニミズム」とか「汎心論（パンサイキズム）」などの用語が当たろう。【1】近ごろの常識からは、どこかうさん臭い。こういう世界では以心伝心、透視、テレパシーなどが起こり得るし、加持祈祷の効き目も当たり前で、そうなるとますます怪しい。しかし、それらの不可能はかつて証明されたのか――このうさん臭さは、〈心の囲い込み〉の歴史的な染み込みの効果なのである。

汎心論は、我われの〈うぶすな〉で素直に暮らすかぎり、親しみやすく、むしろ当たり前の構えである。蛇や狐など動物のほか、神木、山や岩、水、土地の神、器物さえを祀る民俗は、いまも生きている。何万トンという大型の商船にも、船霊《ふなだま》は必ず祀られ、船長らが頼りにしている。「山川草木悉皆成仏」との表現が、仏典には見当たらないのに、広く行き渡っている。人間が心を独り占めする理由は、まるでないと感じられるのである。この考え方に沿って、日ごろの会話、行動や文学においてなら、ほとんど不都合はない。今の若者たちも、「パワースポット」に殺到している。ところが、学術的な著作を汎心論から書こうとすれば、今ではひどい妨げに遭うのである。この思想は、〈心の囲い込み〉とは逆様に、学術的なタブーとなっている。【2】

我が国での汎心論のこの「ヌエ的」位置づけそのものが、〈世界学〉から見て、大いに研究に値する。我われの

〈うぶすな〉には今も、確かな汎心論の底流がある。だが、その上に、近代になって輸入された西欧的な〈心の囲い込み〉がかぶさり、学術はこの表層に沿って流れている。今の我が国で暮らすには、多くの人が、これら二つの世界を行き来する術を身に付けねばならない。そうでないと、場所柄や立場を弁えない人と呼ばれてしまう。これらの世界を股にかける〈揺さぶり〉は、ときにかなりの激しさを伴うので、往来の技が高度に磨かれる——とは言えこれを私は、よいことと思わない。

西欧においてさえ汎心論は、かつては珍しくない考え方であった。古代ギリシアのタレースは、万物に神がみが満ちていると考えた。アリストテレースはこれを、宇宙全体に魂を行き渡らせる立場の一つ、と述べた。すなわち、当時は汎心論が有力な思潮だったとの証言である。[3] じっさい、プラトーンも宇宙全体を理性的な魂を備えた生きものと考えていたし、アリストテレース自からは、無生物を含む宇宙のすべてが目的に向かって運動ないし生成するとの立場である。ここで目的とは「形相（エイドス）」のことだが、完成された形への憧れが、運動・生成の力となるという。宇宙のすべてが、愛と憧れを備えているのだ。[4] 古代の原子論者として名高いデモクリトスは、魂の原子を考えていた。だから動植物はもちろん、火など多くの無生物にも魂が認められていたのである。これらすべてが、汎心論と言えるであろう。

ところが近代に至って世界は、追われるが如く、心の在り処を狭める向きに舵を切った。強い「囲い込み圧力」が新たに立ち現われたのである。西欧思想史において〈心の囲い込み〉の兆しは、たしかにかなり古い。だが今の世の姿への道筋では、松果腺で純粋精神と体とを仲介する十七世紀のデカルト説が、大きな役割を占める。そしてガル（Gall, Franz Joseph: 1758-1828）の「骨相学」を機に起こった成り行きが、決定的であった。[5] 歴史的に見れば極めて新しいのであり、古代から今の世までの時間のうちでは、ほんのひとときである。

しかも〈心の囲い込み〉は、きちんとした論証を経ない仮説である。——脳を作っている物質は宇宙の他の部分のそれと異ならないのに、そこにだけ心が生ずると、何ゆえ言えるのか。脳という複雑な構造がそれを可能にするなら、地球上の精妙な生態系、海流、大気の動き、太陽の複雑な核反応から、また動物の腸に張り巡らされた神経から、なぜ心が生じないのか。これらを考えず心を脳に専属させては甚だしい筋道の乱れだが、これを見逃すことあたかも盲点を向けるが如くである。我われの語っている宇宙は、我われの心の知るものに限られる。ここで心が脳に専属するなら、この脳と呼ばれる物質が、科学の扱う全宇宙を発生させていることになるが――そんなはずはあるまい。

心を脳に独り占めさせることへの疑いは、もう百年以上も前から、ベルクソンなどにより繰り返し唱えられていた。[6] フロイトは1891年に、最初の論文として失語症論を発表したところ、師のマイネルトから「脳神話学(Hirnmythologie)」との評言を得た。心の機能を脳の特定部位に結びつければ説明になるとの思想への、皮肉を込めた命名である。フロイトはこれを期に、研究の向きを転じた。この批判あればこそ、精神分析への道は拓けたのである。この挿話からは、二つの事情が読み取れる。まずこの時代にすでに、脳への囲い込みが有力な思潮であったこと。いま一つはしかし、この思想がまだ疑いの目で見られてもいたことである。[7] こののち、「脳神話学」への疑問を精算するような決定的発見や論証があったわけではない。つまり〈心の囲い込み〉は、なし崩しで強まってきたのである。近ごろ流行りの「脳科学」も、この考え方に沿って進められている。明らかな欠陥をさらしつつも強い魅惑を放って止まない事態は、独我論にも似て、この思想の不思議である。

心はすべて、人間に固有の理知性も含め、脳のなかにある――この考えに結実する囲い込み圧力が、「心の近代」を結界する〆縄の一筋をなす。だがこれそのものも、すでに一本筋ではない。三本の糸を取り出すことで造りが解析できそうに、私には思われた。糸の名は、〈領域系〉〈人間系〉〈精神/物質系〉となる。糸に一画を加えた「系」とは、繋がりの意で、系図、係累、力学系、生態系などと同じであり、ここでは囲い方の着眼を記したものである。

〈領域系〉とは、心を「どこ」に囲い込みむか、また囲い込まれたその領域が他とどう係わるかの糸である。つまり、囲いをめぐらせる場所が問われる。〈人間系〉とは、心を人間に囲い込むかの糸である。すなわち心を人間に独り占めさせるかどうかで、囲いは人間をめぐるのだが、その作り方が問われる。〈精神／物質系〉では、精神および物質と心との係わりが問われる。ここでは囲いが、精神と物質という二つの極のあいだで揺れ動くことになる。

これらの三本の糸は、個別の垣根を作るのではない。各おのが囲い造りの素材となり、合わさって「心の近代」の囲い込み圧力を産み出すのである。三本の糸の絡み合いから、〆縄のこの筋だけで世界に多彩な模様を浮き出させる仕掛けが備わっている。各おの糸の動きが歴史的には互いに触れ合いつつ、しかし論理的には独立なことにも注意する必要がある。

〈心の囲い込み〉の三本の糸ないし系を、これからもう少し細かく説いてゆく。

〈領域系〉の囲い

〈領域系〉完成の遅さと歪み

汎心論と〈心の囲い込み〉とを比べる試みでは、まず心が「どこ」にあるか、問われそうである。つまり、心を「どこか」に閉じこめようとの圧力が、浮かび上がる。それが〈領域系〉である。心を個人の脳の中に認める「科学的常識」は、極めて強い空間的制約を伴っている。したがって、少なくとも〈領域系〉からの囲い込みの、かなり進んだ姿なのである。

メスメルの場合、動物磁気はすべての物質に入り込んで宇宙を満たし、時空間を超えて作用した。この「物質」

が心を備えていたからには、〈領域系〉囲い込みでの線引きは有り得ない。十八世紀末における彼の理論は、独特の孤立した信念ではなく、多くの類似説と追随者を従えていた。すなわち、このころまでの西欧は、まだ〈領域系〉の囲いのまったく緩い世界だったのである。次に述べる〈人間系〉の囲いでの、人間の肌の境界の意義の薄さも、このことを示している。

ところが十九世紀に入ると、この境目にこわ張りの兆しが出る。ガルの提案の受け容れに、下地が整ったのである。精神病院勤務の内科医であった彼の学説は、共同研究者となった解剖学者シュプルツハイム（Spurzheim, Johann: 1776-1832）らにより「骨相学（英語で phrenology）」として紹介され、欧州全域に広まった。ガルは、まずウィーンで上流階級に人気を博したが、オーストリア政府から禁止を受けてしまった。肉体・物質の一部に過ぎない脳に、理知性を含む人間の精神活動の全般を担わせる構えが、「唯物論」と見做されたからである。そこで彼はパリに活動の拠を移し、そこから各地に講演旅行を行なった。この流れは不思議にも、フランス大革命を挟んで三十年ほど前の、メスメルと瓜二つである。

ただし二人の説の中身を比べれば、似通ったところが少しと、甚だしい食い違いとが認められる。動物磁気は物質であった。ガルの目をつけた脳も物質で、ここまでは二人の足並みが揃っている。しかしガルは、脳だけを「心の器官」と考えた。心を備えた動物磁気が「全般要因」で、全宇宙を満たしたのに比べると脳はとても小さく、空間的な領域を限られている。しかも彼は心の働きを、「勇気」「こずるさ」「親子の情」「好色」「理想」「神聖さ」など、はては「暗殺衝動」までと細分化し、それぞれを脳の特定部位に局在化させた。半世紀あまりのちにフロイトを動かし今に連なる「脳神話学」が、ここに始まったのである。

「骨相学」は、頭の形と心の働きとの繋がりが面白く感じられ、誰でもすぐに人の外見から判断を下せたので、大衆にも人気を博した。またそれ故に、占いに似た偽科学と受け止められがちである。しかしその全体像は、人間を徴し付ける理知性の拠り所を解剖学に求めて動植物と対比し、人の世の慣らいの拠り所も探る広汎な脳理論であった。犯罪の抑止や教育の具体策も視野に入れていた。局在論による説明は脳の中にまた囲いを見出すから、領域の入れ子造りと言える。つまり、ちょうど次の節で述べるロジャーズ派の「グループ」を、頭蓋骨の中に詰め込んだ如くとなっている。〈心の囲い込み〉の〈領域系〉が、ここでしっかり働き始めた。我われが今もこの下流に暮らすことを考えれば、この頃に過ぎた三十年の重みが感じ取られるであろう。

こうした流れは、先んじていた物理学上の局所論と相関するに違いない。局所論とは、特定の場所での出来事が、時空間的に離れた場所には影響を及ぼさないし受けもしない、との信念である。「遠隔作用の否定」と言い換えられる。これも今の世ではおおむね、素人にとってなら「科学的常識」であろう。ただし、この信念の出来上がりは思いがけぬ遅さで、十七世紀の「科学革命」の頃であった。それ以前には、離れた場所への同時的な作用が、むしろ当たり前だったのである。けれどもこの新しい信念は、ひと度び形成されると強力で、万有引力説に反対する有力な論拠を演じたくらいである。[8] 十九世紀に入ると局所論はさらに強まり、やがて原子論へと結実する。もっとも皮肉なことに、局所論の徹底をはかって原子をさらに細分化したところ、素粒子の水準では、再び非局所性を認めざるを得なくなった。素粒子が非局所的なら、これが集まった粗大な物体も原理的には同じと考えざるを得ない。だから、心理学者を含む物理学の素人と基礎物理の専門家とでは、世界がずれているのである。

〈心の囲い込み〉の確立は、〈領域系〉でほぼ百五十年ほど、物理学の局所論に後れを取っている。終焉も同じくらい遅れるのかもしれない。素粒子論の確立からそろそろ百年を過ぎようとするいま、心の囲いにも破れが生じておかしくない頃であろう。しかしこれまでのところ、物理の非局所性と心のそれとの係わりは、まだ漠然たる予感に留まる。[9]

ガルの説が流行しても、〈領域系〉の囲い込みが直ちに定説となったのではない。「脳神話学」に批判が強かったことはすでに述べた。ガル自からも、山師扱いされて悔しがったのが一度や二度ではなかった。好対照をなす説として、彼の没後四年を経て産まれフロイトより一世代早いヴントの代表する〈意識一色流〉を振り返ってみよう。
経験とは「表象」の中身のことだ。ところが、「表象」は「内面」に与えられた感覚から生ずる。だから、意識の流れの内側だけで宇宙の材料は出尽くす。「外界」の「客観的」な事情など、理由のない信念に過ぎない。論理的な思考とは、複数の「表象」の結合の法則に他ならず、やはり意識の内側の事情で決まる。このように知識は意識から出来上がり、他に拠り所がないからには、心理学こそすべての学問の礎となる。――この思想は、批判を込めて「内観主義」とか「心理主義」と呼ばれていた。だがここで、ヴントが個人の心を探究したのでなかったことを、忘れてはならない。〈意識の絶対個人主義〉の基いをなす「個人」ないし「自我」という考えも、意識の事実から組み上がるのであった。ヴントにとって意識とは「ただひたすらの意識一色」に過ぎず、誰のでもない。「内観」とは、ここでは意識の内側を観ずることで、それは宇宙の内側でもあるのだ。すべてが「表象」で出来ているからには、人間の内部から宇宙の果てまで心が続く。宇宙と人間に、領域としての境目は無かったのである。つまり、〈領域系〉での〈心の囲い込み〉は成り立たない。この点で〈意識一色流〉は、メスメル説によく似ている。ただし、塗り潰すのが意識となった。動物磁気の大部分を無意識としたメスメルとは、なるほど異なる。けれども、この違いが大きく映るのは、〈意識革命〉の位相からである。〈心の囲い込み〉から見れば、〈領域系〉における心の分布の開放という、両者の共通点こそが重い。

〈意識一色流〉を顧みると、近ごろの学問の世界なら常識の〈心の囲い込み〉の徹底が、少なくとも〈領域系〉においては、極めて遅いことが分かる。〈意識一色流〉は十九世紀後半に産まれ、二十世紀の前半になってもなお、近ごろの「科学的常識」とはしっかり異なる世界観を押し立てていた。まだ、それのできる世界だったのである。その頃から今までのあいだに、心と宇宙との係わりに、革命的な発見があったわけではない。〈意識一色流〉の理論には、たしかに欠陥がある。だが矛盾を抱えるのは、〈領域系〉の囲い込みでも同じである。だがそれより此の方、囲い込み圧力はどんどん強まった。「常識」というものが、学術界でのそれも含め、研究成果を必ずしも映すのではないと、これでよく分かる。ここにもパラノイアが忍び込んでいるのである。その妄想は、発展する性《さが》を備える。いずこより至った流れなのか、それは分からない——「歴史の必然」なのかもしれないが、今やその「法則」を知ると称する者も稀となった。

〈領域系〉は、もしこれが独立して自在に動けば、もっと多彩な囲い込みを現わし得るはずである。しかしじっさいには、他の系や古くからの慣らいに縛られ、動きが抑えられている——心はすべて山奥の洞窟に隠された卵の中にある、と言えばお伽話にしかならないのは、その例である。

「科学と心理学の常識」としての〈領域系〉

脳の研究と直かに繋がらない心理学でも、〈領域系〉の囲いはしっかり見られる。今でも実験心理学の論文のほとんどすべては、そうしたいわゆる「方法論的自覚」で書かれるからである。この分野は二十世紀初頭の行動主義の枠付けを、細かな捻りを加えたとはいえ、今も概ね引き継いでいる。ワトソン（Watson, John Broadus: 1878-1958）の行動主義は、体の動きに表われた「反応」と、これを惹き起こす「刺激」のみを研究対象に据え、心の有り様を表わす用語を排斥した。このため行動主義は「心のない心理学」と言われた。ところが、じっさいには、そうではないのである。

ワトソンが心の用語を拒んだのは、心は「内面」にあるから、他人の場合には客観的に観察できず、そこで「科学」の対象とはならない、との論拠からだった——心はたしかに、実在はするのだ。ただ、「公共的な」観察には馴染まないに過ぎない。〈意識の絶対個人主義〉にも近い思想だが、行動主義が心をすべて意識と考えていたかは、はっきりしない。彼は意識を、行動の準備状態としての微細な生理反応とも予測した。そうなると、無意識なのかもしれない。いずれにせよこの立場でも、心の実在は必ずしも否定されない。ただ、それを苦労して観測しても、「行動の予測と支配」という彼の学問の目的には役立たないとして、見捨てたのである。[10] また「意識でなく行動」との看板は、プラグマティズムに類いする枠取りをも示していた。じっさい、ヴントの流れを汲む内観主義は、この面での成果をほとんど上げていないのであった。

行動主義にとって、「内面」がどこかは定かでない。「脳の中」との親和性は確かだが、他にもいくつか取り成しの余地がある。また、その「内面」に心が、どのように囲われているかも定かでない。しかしいずれにせよ、「内面という不可知領域」に心を閉じこめる圧力は、明らかにここにも働いていた。のちには、「新行動主義」を掲げたトールマン（Tolman, Edward C.: 1886-1959）、ハル（Hull, Clark: 1884-1952）らが、「内面」のモデルを作成する改良を加えた。行動主義の「内面」無視からの大転換と捉える人もいるが、そうではない。むしろワトソンの初心、心を「内面」に見る構えをそっくり受け継いでこその展開である。近ごろでは「認知心理学」などとも称するが、「内面」への〈領域系〉囲い込みを、あい変わらず土台に維持している。観察できない「内面」の機構を推定するシミュレーション・モデル作りこそを唯一の「心の理解」とする立場が、「新行動主義」より此の方、ずっと変わらないのである。[11]

実験心理学の特色の一つに、観察・実験条件の統制を極めて重ずることがある。物理学など自然科学から学んだ心がけだが、ここからも〈領域系〉に、働きの余地ができてくる。被験者と実験室外部との係わりを無みすることは、実験心理学の暗黙の了解の一つである。実験室中での設定のみが、心の働きすべてを説明する――それではじめて観察・実験は成り立つ。心が個人の「内面」に持ち歩かれ、また、せいぜい狭い周辺からのみ影響されるとの判断なので、〈領域系〉囲い込みが明らかである。このやり方が今の世でいかほど疑いなく思えようと、それはこの囲い込み圧力の結果であり、したがって〈心の囲い込み〉を支える拠り所にはなり得ない。

考えられる限りのあらゆる条件を統制することなど、どんな科学でもできはしない。じっさいには多くの条件を大胆に無みしてはじめて、観察・実験は成り立つ。つまり理論の裏には、表立って書かれていない部分が、たくさん隠れているのである。専門性が高度になるほどに、条件のすべては、専門の科学者でも考えることさえ無理なほどに込み入ってくる。したがって条件省きは、暗黙の了解で行なわれざるを得ない。クーンの言う「パラダイム」からの逃れがたさは、その姿が隠し事で覆われているところにもある。〈論語読み論語知らずの原理〉の発動を招く下地でもある。

もっとも、物理学など測定の精度が高い場合は、予想外の撹乱から理論の不備が発覚し得る。暗黙の隠し事の照らし出される見込みが、まだしも認められるのである。だが心理学となれば、そうは行かない。ここでは観察・実験条件を整える隠された了解が、自然科学よりもさらに膨大、しかも不確かで、そのうえ測定の精度はとても悪いのである。

心理学の測定の荒さは、技術的な点だけからではない。ある観測結果がそもそも何を示すのか、測定の仕組みそのものの不明な場合が多いのである。これではいくら実験の腕を上げても、結果につながらない。例えば、知能検査や性格検査の点数は、何をどう示すのか。知能とは、性格とは何かをめぐり、諸説が紛々である——おそらく永遠にこのままだろう。しかしそれらが知られない限り、テスト結果の知能や性格との対応関係も、考えようがないのである。的が見えなければ、狙いの付けようもない。とどのつまり、「そういう点数が得られた」との事実が残るだけになる。しかも、結果のばらつきはすべて「偶然のノイズ」として処理されてしまう。だから撹乱があっても、発見はできない仕組みになっているのである。観察・実験によって、隠し事が暴かれる可能性は無いに等しい。ここでは〈論語〉が埃にまみれ、本文さえ虫に食われていると言えよう。

何らかの有意差が数字に出るよう工夫すれば、「仮説」が検証されたとして論文になる。同工異曲のあまたの「モデル」が、現われては消えている。ところが、その先はさらに恐ろしい。それでも研究の成果が蓄積されたと、思い込むからである。したがって、その裏にある暗黙の大胆な了解内容も、あたかも確証されたかの如くとなる。〈領域系〉の〈心の囲い込み〉も、そのうちに含まれているわけである。妄想の証拠は、妄想そのものによって、いくらでも作り出せる――なにしろ「仮定」と矛盾する結果は出ないのだから。これだけやったのだからよかろうと、また「結果が出なければ困る」との保身も働き、すなわち社会的な要請の一部と同調しつつ根拠のない自信はさらに深まってゆく。こうした仕組みで、パラノイアは日々、支えられ続けているのである。

隠し事は、隠れているのだから、表立っては書かれない。だが、それに反する言い立てが無条件で却下されることで、隠れた条件もたしかに働らいていると知れる。稀に、心ある人がそれに気付くが、訴えても耳を貸す人はない。衆人が酔うときは、醒めた者が負けである。ただし、まっとうな科学者がたまたまこの世界を訪れると、罵りたくなるほどの〈揺さぶり〉を受けるものらしい[12]。

臨床心理学でも、まさしく同じである。フロイト派やユング派などで重きをなす個人心理療法では、五感による外との係わりをなるべく断った個室を用い、治療がその内で完結するよう計らう。これにはもちろん、物理的に邪魔が入らないためなどの意味もある。だがそれだけでなく、心は近傍からのみ影響を受け、面接のあいだ余所との係わりは断たれると考えている。この中で起こったことは、秘密にするのが決まりなのである。また、相手と問題とにより面接の場所を変えることは、まずない。よほどのことがない限り、患者＝依頼人が、決まった面接室を訪れねばならない。場所柄の働きは、考慮に入らないのである。加えて、この面接室で得たことは他のどこでも通用するし、通用させねばならない。これらはつまり、心が個人の内部で完結し「持ち運び可能」と見做すからである。心を患者＝依頼人個人の脳の働きとする立場も、ここには効いている。

〈領域系〉囲い込み圧力が、心理療法の手法を支えているのである。そしてこの暗黙の了解はほとんどの場合、やはり臨床を重ねるにつれ、暗黙のままに深まってゆく。実験心理学の「実績」の積み重ねと同じだが、先に述べた「登校拒否」の家族原因論も、まさにこうして作られたのであった。当の個人の「内面」と家族とに囲い込む圧力が強かったものの、それを圧力とは感じず、したがって検討にも入りようが無かったのである。こちらでは社会に馴染む力の強い分だけ、パラノイアらしさがなお磨かれている。

なるほど、今の世のこの学は、脳の機能にまったく関心を払わず、心を扱うのみで判定や治療を行なおうとする。だがこれは、心が脳を超えると考えるからではない。ただ、神経についての知識を「専門外」とするからに過ぎない。これなしで心についての「専門」が構築できると考える理由はひとまず、のちに述べる〈精神／物質系〉に求められる。だが、論証の努力は為されていない。正体不明の「内面」への理由のない信頼感こそ臨床心理学の自信の源だが、それが他分野の〈領域系〉囲い込みにより裏付けを得ていると楽観するのである。ただしおそらく、この分野の人にとっての〈心の囲い込み〉の最大の動機は、勉強が少なくて好都合なことである。この「事例」の世界に触れた余所者への〈揺さぶり〉は、さらに大きいことであろう。

ロジャーズ派などは、集団療法を行なう。だがここでも心は、領域の限られたものと扱われている。まず、「グループ」に加わった一人毎の心が、各おのの個人の内部で閉じていることは、疑いを容れない大枠となっている。つまり、以心伝心や集団に共通する心などがないことを足場に、集団のすべての営みは始まるのである。「いま・ここ」に心のすべてがあるとのロジャーズの説が、足場をさらに固くする。そのうえで、個々人の言い立ての中身や間の取り方、声の質、表情、身振りなどからの、五感を介しての間接的な伝達を考える。これが「グループワーク」である。そしてこのとき、この「グループ」と外部との係わりも、やはり断たれたものと扱われる。この仕組みは、個人治療での面接室と同じである。言い換えれば、個々人の一つ外側で、こんどは顔を合わせた「グループ」内部でのやり取りを専らとするのである。[13]

この学における〈領域系〉の囲いは、「トランスパーソナル」など一部の少数派を除けば、幾重にも固められている。脳における局在論との「照応」は偶さかでなく、世界の造りが変わったことの映り込みと見るべきである。

非空間的な〈領域系〉と分割汎心論

〈領域系〉は心の場所、在り処の問いなので、空間的な条件に係わる場合が多い。けれども、〈領域系〉の囲い込みすべてが、必ずしも空間的とは限らない。なぜなら、囲い込む「領域」に、空間とは別の次元が設け得るからである。例えばデカルトは、精神を広がりのない純粋な思惟と考えた。それにより彼はこの精神を、空間の外部の場に囲い込んだのである。精神の「非物質性」をも含む説で、この点はのちに〈精神／物質系〉でもう一度採り上げる。だがデカルト説には、〈領域系〉だけから見ても、際立った立場が含まれているのである。[14]

デカルトなら、近代精神の開拓者と見るのが馴染みであろう。しかしながらこのあたりでは、古い仕来たりとの連なりを感じさせる。すでに述べたとおり西方キリスト教は、理知性を備えた精神である魂の非物質性を押し立ててきた。デカルト説では、物質とは広がりに他ならないから、広がりの拒否とは、すなわち物質性の排除に他ならない。魂を空間から遠ざける彼の説は、キリスト教の教えを重んじたものなのである。だから彼の生きた十七世紀の前半でも、物質と肉体の拒否についてなら抵抗をあまり受けずにすんだ。この事実の興味深さは、古い仕来たりの力を示すところにある。遡ってスコラ哲学でも、所説はさほど無理のない構えだったに違いない。トーマースはこう述べていた。

他の何より上位の形相の魂があり、それはかの高度なる実体に、ある種の認識つまり理解においてさえ似通い、そしてこの魂は、肉体のいかなる器官もなしに活動できる。これこそが理知的な魂で、と言うのも理解が、いかなる肉体の器官にもよらず為されるのだから[15]。

「他の何より上位の形相の魂」とは、ここでは天使の魂のことである。「かの高度なる実体」はキリスト教の神を指している。それらは「いかなる肉体の器官にもよらず」に理解するのだ。したがって、いかなる空間も占めることはないか、占めるとしても一時的で、少なくとも空間領域を必要とはしないであろう。デカルト説の非空間的な理知性は、こうした流れに浮かんでいるのである。さらに遡れば、プラトーンのイデア界と、そこに住む神がみにも繋がりがある。〈領域系〉への囲い込み圧力は、これら古い慣らわしに根ざしつつ産まれてきた。西欧思想の根深さと連続性とを感じ取らせる事情となっている。

ただしここでトーマースは、心のすべてを非空間領域に入れているのではない。人間にも心があるのは明らかだが、人間は天使ではない。すると人間の心には、天使とは異なるところがあるはずなのだ。人間の場合、理知性も備えてはいるが、感覚をはじめとする「世俗の心」が肉体という物質のうちで働く。ここが天使との違いと考えられた。物質は空間にあるから、人間の心には、空間領域を占める類いも備わっていることとなる。したがって心は二種類に分けられ、二領域に跨がるのである。物質の領域にも非物質にも、各おのの心がある。したがってトーマースの場合、〈領域系〉から見る限り心の囲い込みは行なわれていない——心の類いを二つ分けしての、分割汎心論なのである。

この勢いで、十八世紀までなら、心を脳の外に見出しても非難は受けなかった。世に住む実在の悪魔が「正義」の戦いの敵役を務めたことも、これを裏付けている。物質世界に現われたある不思議な心が、邪悪な怪しさを伴うかどうかをめぐっての「倫理的な争点」があったに過ぎない。カトリック教会の立場からは、不思議な出来事は、神なる聖霊か悪魔かのいずれかにより、中立はありえなかった――人間には姿の掴めない悪魔が実在し、心に邪悪な想念を送り込むばかりか、物体をも動かしていたのである。片や、神の意志により物質の本性の変わる奇跡も、もちろんあり得た。全宇宙にわたる心と物質の仕掛けあいは、正義でも悪でも、当たり前となっていたのである。悪魔の実在を信じない者は、神をも信じないと見做された。それは、悪魔を崇拝するのと同断の罪であった。近ごろの世界なら手品にはタネのあるのが常識だが、その頃の魔術師（magician）・奇術師（conjurer）は文字通り、「魔法を使い悪魔・悪霊を呼び出す者」であった[16]。この世界のなかで、悪霊のできることを心の欺きに限ったデカルトは、たしかに一皮むけているのである。

よく知られているとおり、デカルトの純粋精神は脳内にある松果腺でのみ空間に、つまり肉体・物質の領域に働き掛けられる。松果腺は物質だが、非空間的な心との係わりゆえに、特別の領域をなしていた[17]。ここから非空間的な精神を切り捨てたうえ松果腺を大脳に置き換えると、今の世の「科学的常識」の立場が出来上がる。松果腺説はその意味から、デカルトの先進性、近代性を遺憾なく語る考察と言える。けれども彼の後継者、ゲーリンクス（Geulincx, Arnold: 1624-1669）やマールブランシュ（Malebranche, Nicolas de: 1638-1715）は、「機会原因説」により松果腺説を却けた。物質は機械的な原理によって、非物質の理知的な精神とは無関係に動くという。互いに影響するかと思われるのは、二つの正確な時計が同時刻を指すような、神の設計による同期に過ぎない――こうして、今の脳科学に直結する立場が、打ち捨てられてしまったのである。

「たまたま合っている」ことにすれば、松果腺を作る物質の特別扱いへの、手ごわい攻撃を免れた。松果腺説の孕む矛盾を、同時代人たちが見過ごさなかったからこそ、この「後退」も起こり得たのである。今の世の我われからすれば、「機会原因説」こそなにやらこじつけめいて見え、その世界に住むには〈揺さぶり〉が避けられまい。だが当時はまだ、デカルトの人気にも拘わらず、この方が無難なのであった。そしてなるほど、筋も通っているのである。ガルが、再びデカルト風思想の旗手となるまでには、百年の歳月が流れていた。「機会原因説」が、やはり分割汎心論の類いであることに気を付けたい。なるほどこの説は、デカルトの分割線を改めてくっきり引き直しており、「聖なる心」たる精神は、完全に肉体・物質から引き剥がされた。二つの領域にいっさいの触れ合いを認めないから、非空間的な領域分割は、より徹底している。ところが、「機械的」とは言え肉体・物質にも、感覚、想像力など「世俗の心」なら、あい変わらず残っているのである。この説を唱えた人びとは、心がどこにあるかではなく、心の本性が精神的か物質的かの問いに惹かれていた。のちに述べる〈精神／物質系〉に係わるところである。したがってここでの汎心論は、意図して構えられたのではない。むしろ、汎心論が当たり前のなかで、「上位の」心と下賤なそれとを引き離すのが課題なのであった。だから、触れ合いを認められないこの二つの領域には、〈お互い様〉を斥け異なるものどうしの付き合いを上から拒む構えもまた、滲み出ているのである。

この説はトーマース時代以前への出戻りと言えるが、「潔癖さ」には、宗教改革の影も感じ取られる。ただしこれを逆手に取って、物質領域から外された精神をすっかり消去すれば、「人間機械論」となってしまう。「聖なる心」を祀り上げたつもりが、梯子を外されてみれば、「肉欲まみれ」の原理を後押しした結果となる。このようにキリスト教正統の世界では、絶対に相容れないはずの立場どうしが、同じ構えから産まれ出てくることが多い。あたかも勧善懲悪のコンピュータゲームよろしく〈同一次元の両極対立〉が構えられ、しかものちにも述べるとおり、次々と再生産に向かうのである。

ともあれ「機会原因説」でも、心の全体は二分割されただけで、囲い込まれてはいない。汎心論は西欧においても、思いがけず根強いことが知れるであろう。〈領域系〉囲い込みへの抵抗では、新しい〈意識革命〉と古い神学とが手を携えていたことになる。だからこそ〈領域系〉は、ついこのあいだまで開かれており、汎心論にとっての

「最後の砦」だったのである。

〈領域系〉の古さと新しさ

非空間的ないし非物質・非肉体的な〈領域系〉を、さすがに近ごろでは「抽象的な形而上学」などと、古風に受け止める人が多いのかもしれない。しかしこの考え方は、今の世でもしっかり生きている。古いからといって、新しくないとは言いきれないのである。

松果腺説の先進性を裏返せば、このデカルト説への疑問、批判——広がりのない領域にある精神がなぜ松果腺でのみ広がりを共有するかは、ほとんどがそのまま、今の世の脳神経への囲い込み説にも当てはまる。脳科学と、非物質的な領域への囲い込みとの思わぬ近しさが、ここに顔を出すのである。脳科学者でも、脳のどこかに心の働きが観察できるのではない。脳の挙動とは別に見出す心の有り様を、脳神経の活動と対応させるに過ぎないのである。脳どうして脳とだけ対応させ、同じ類いの物質から成る知覚や思考の対象を省くのか、ここに充分な説明はない。脳の特別さはデカルトの松果腺と選ぶところがなく、当時の未解決の問題も持ち越さざるを得ないのである。

これを解決した「機会原因説」は、〈領域系〉から見れば、すっきりした思想となっていた。なるほど、「科学的合理性」を旨とする近ごろの我われなら、「神秘的」に過ぎて不自然に思う人が多かろう。だが、神の設計とか計画とかを隠してしまえば、今でもこれとほとんど同じ構えを見出すのに苦労はない——キリスト教国の一部なら、まだ「計画」も健在であるが。

一例を挙げれば、ここでの「事例」をなす臨床心理学がまさにそれである。この学では、心の働きを個々人の「内面」に囲い込む。〈意識の絶対個人主義〉ないし〈心の絶対個人主義〉だが、脳の研究には手を付けないのであった。それは、心が脳の機能に対応していても、心だけを専一に扱えるとの立場からである。そして、この構えで専門性を構築できると考えているのである。脳と切り離した心に信を置き、かつ脳を外さない。脳に働く向精神薬の使用に反対せず、むしろ奨めつつ、それでも脳について考えるには及ばない。心の問題が解決すれば、それとは無関係に脳の機能も正常に戻っているはず――あるいはその逆さま、との立場である。この思想は、ほとんど「隠れ機会原因説」と言ってよいのである。

数と論理もこれとは別の角度から、非空間的な〈領域系〉を指し示す。〈意識棲み分け流〉の論理学者、哲学者たちは、大枠では〈意識革命〉に与しつつも、〈意識一色流〉の「心理主義」を批判した。彼らが、数と論理からなる独特な実在の領域を想定していたからである。この領域は、とくに〈排他実証派〉の人びとの言い方では、「心理でない」とされた。これは「心理」が「感覚与件（センス・データ）」を指したからである。この悪名高い対象が実在するかは、ひとまず措くが――仮りに、有ったとしよう。そのとき、筋道を考え、与件を整理する〈白〉無意識は、何と分類すべきだろうか。これがもし「精神的」なものなら、それを「心の働きではない」と言い切るのは、あまりにも恣意的な言葉遣いであろう。つまり、非物質的な精神でおそらく非空間的な心が、そこでは考えられている。

〈排他実証派〉や一部の論理学者は、「感覚与件」の「事実」としての優位を強調した。そうしながら、論理・数理がこれとは異なる原理によると、示したかったのである。つまり、あえて「心理」の定義を狭めたのは、〈棲み分け〉の仕切りを際立たせるためなのであった。論理と数とを、我われの心から離れたところに持ってゆこうとは、彼らも考えていなかった。なぜなら、人間が理知的な精神を備えるとは、まさに彼らの言いたいことだからである。数と論理とが精神的・理知的な思考の対象なのは、次のラッセルの言葉からも伺われる。

フレーゲが指摘したように、いかなる数も、一でさえ、物的なものにではなく、「人間」「地球の衛星」「金星の衛星」といった一般的項、あるいは記述にしか適用されない、というのが本当である。[18]

彼らの呼ぶ「心理」すなわち「感覚与件」とはすなわち、トーマースらスコラ哲学の本流における「世俗の心」の復刻に他ならない。ただ、先に述べたとおり無害化され飼い馴らされて、「羊」の如く扱いやすくなっている。飼い馴らしで変成を蒙ったとは言え、感覚は、あい変わらず経験的な認識の素材との位置付けを得ている。いや、むしろこの変成により、素材としての務めははるかに果たしやすくなった。理知性に仕えるのが本分なのは、かつてとまったく同じなのである。

アリストテレースの思想を受けたトーマースでは、物質的な質料とは、「個別化の原理」であった。神が理知性で与えるものごとの「本質（essentia）」が、まず「存在（esse）」する。「本質」とは、何ものかがそれ「であること」に他ならない。これがあたかも捺印するが如く、物質からなる個物に分配されるという。人間は、同じく物質からなる肉体を備えるので、これを認識できる立場にある。――まず、肉体に備わる感覚が、個物としての物質の有り様を受け止める。これが、感覚への「与件」である。次に理知性が、そこから「本質」を取り出し、個物の認識にまで高める。こうした立派なことができるのは、人間だけらしい。ここまでならしかし、まだ感覚を引きずっている。ここでもし人間が感覚の束縛を離れ、神から授かった理知性を研ぎ澄ませるなら、ついに一般的、抽象的な「本質」そのものの認識にまで高まるのだ。[19] 非物質的、非空間的な領域においてこそ、その理知性は働くのであった。ただし、機会原因説とは異なり、心の二つの領域が互いに同期するわけではない。理知性が、一方通行で感覚を支配するのが正しい。

この「天使の領域」は、まさにラッセルらの数理・論理領域を先取りしている。「感覚与件」は、非物質的な理知性にとっての、工作の素材である。理知性は自律性と能動性を備え、秩序を形成する。この理知性の質《たち》は、古くはプラトーンの、そしてカントやその影響を受けた〈認識批判派〉の〈白〉無意識にも通ずる。プラトーンやカントならもちろん、またヘルムホルツにしても、無意識の理知性が、空間の中で物質と同列に置かれるはずはない。だから〈白〉無意識は、少なくともその本拠を、非空間的な領域に持つと考えられるのである。すなわち〈意識棲み分け流〉の全般において、プラトーン、アリストテレース、トーマース、デカルトらと似た非空間的な領域に、ある種の、それも高度な心が認められていたことになる。古代ギリシアより此の方の仕来たりが長く連なり、新たな装いで繰り返し蘇えってきた。現代論理学の礎さえも、この思想が固めている。

理知性の非空間的な領域設定はこのように、西欧ではたいへん古く、諸々の思想に行き渡っている。〈心の囲い込み〉に与えた影響は、あまりに大きいのである。今の世の「唯脳論」の囲いの強固さは、理知性領域の歴史の重みを利用できたが故である。新しげな装いで蘇った理知的領域が、松果腺論と同じように脳と結びつき、仕来たりの古い力で護るからこそ、脳の特別視は疑問を寄せ付けない。

ところがこれを裏返すと、理知性の領域設定だけでは、今の世の〈心の囲い込み〉が成り立たないと知れる。理知的でない心も、確かに有るからである。心のすべてを脳に囲う完成した囲い込みは、理知性の神聖なる力だけでは説明できない。脳という領域設定は欠かせないが、領域を決めただけでは「用地買収」が済んだに過ぎない――どう使うかは、また別の要因に左右されよう。脳を〈心のすべての囲い込み〉に本格的に利用する決断は、ようやく二十世紀の声を聞いてからとなる。それには、囲い込みの他の系や、「心の近代」を結界する〆縄の他の筋も動いているのである。

〈領域系〉の囲い込みは、分割汎心論を別とすれば、その発生も完成もともに極めて遅い。にもかかわらず、今の世にしっかりと根付いているのは目に立つ。だから、まさに今風の立場であり、「時代精神」の凝集がここに宿っていると考えられる。

〈人間系〉の囲い

〈人間系〉の古さと長い不徹底

〈人間系〉の囲い込みに移ろう。読んで字のごとく、心を人間に囲い込む圧力である。完成すれば、心はすべて、「人間の心」となる。これの否定は、「人間の心」以外にも心を認めるか、あるいはむしろ「人間の心」を認めない、となるであろう。つまりここでは汎心論の当否が、人間を軸に問われるわけである。個人の脳という領域に心を囲い込む「科学的常識」は、〈人間系〉の働きも受けて作られている。

さてこの系は、ちょっと見には〈領域系〉の一変種と思われるかもしれない。人間は宇宙の一部に過ぎない。それなら、人間に心を囲い込むとは、すなわち「人間の領域」への閉じ込めかとも思われよう。なるほど、そうした場合もある。例えば皮膚あるいは頭蓋を越えられない境目と考えれば、〈領域系〉囲い込みも行なわれたことになる。これが、〈人間系〉での囲いに重なるわけである。片やメスメルでは、これとはすっかり裏返しながら、やはり二つの系が重なりを見せる。宇宙と人間の境目を跨ぐメスメルにとって、人間は「穴の開いた革袋」であった。心理作用を備えた動物磁気は人の体を、皮膚の境目に拘わらず出入りした。彼における〈人間系〉圧力の弱さの表われなのだが、かつ〈領域系〉が、人体の外周では働かないことをも意味する。つまりこちらでは二つの系が、働きの弱さにおいて重なっているのである。

けれども〈人間系〉の設定には、やはり〈領域系〉とは異なる原理が働く。いま〈人間系〉を徹底し、心をすっかり人間に囲い込んだとしよう。これで心の領域は確定したのだろうか――いや、していない。なぜなら、こんどは人間というものの「外周」が、改めて問われるのだから。つまり「人間」はどこまで、どんなふうに広がっているのか。「人間の領域」と言うより「領分」は、皮膚の内側とは限るまい。服を触ることが、体を触ると見做される場合は多いし、満員電車の不快さは皮膚表面への力学的な侵襲に留まらない。住まいへの侵入は住む人の、人としての暮らしを侵す。皮膚の内側に、いや表面にさえ触れなくとも、「人間の領分」は侵され得るのである。

もう少し推し進めよう。人体に絡んでは、古代より此の方の神秘主義の流れが、今も濃厚である。ブラヴァツキー（Blavatsky, Eelena: 1831-91）の神智学や、シュタイネル（Steiner, Rudolf: 1861-1925）の人智学では、「アストラル体」「エーテル体」など、ふつうは捉えられない人体の一部が、皮膚を越えて広がるとする。瞑想の修業をすれば、これが意識にのぼるのだという。[20] 東洋でも、今はミャンマーを中心地とする上座部仏教が、古くから類似の体験を目指してきた。[21] したがって、人間の有り方の原理を考えに入れないかぎり、「人間の領分」は確定しないのである。

さて、この系が〈領域系〉と異なるもうひとつは、完成こそ遅いものの、開始は早いところにある。西欧思想に根差す人間中心主義の、根深さの表われと言えよう。トーマスは、人間のみに備わる理知性について、次のように述べた。

> 感覚的欲求は、人間以外の諸動物の場合は評定の能力（virtus aestimativa）によって動かされるのが本性であり、羊は狼を敵と評定して恐れるごときはその一例である。だが人間の場合は、評定能力のかわりに思考力（vis cogitativa）が存在し、これは個々の観念を比量する能力である。[22]

動物なら、感覚的な欲の作用に動かされるが、人間だけの備える理知性の思考力は、複数の観念を引き比べる。人間は動物とは異なる対象を、異なる心の仕組みで扱っていることになる。人間を動物から隔て、支配する側に置く動きの一環で、強い人間中心主義――少なくとも「地上の俗世界」における――が表われている。これに伴い、心の働きの「高等」な部分を人間へと囲い込む、〈人間系〉圧力が生じているのである。プラトーンやアリストテレースの思想を受け、古代から引き続く流れで、近ごろでも鯨やイルカなど一部の哺乳類への特別扱いなどに、形を変えて波及している。

しかし、いくら人間を持ち上げてもトーマースでは、〈心の囲い込み〉はまだ不徹底である。ここでの〈人間系〉は、心の一部を囲い込んでいるに過ぎない――動物にもはっきりと、心が認められているのだから。それは人間の肉体にも備わるのとほぼ同じ、卑しい「世俗の心」である。すなわち〈人間系〉の囲いは、この「動物的」な心を取り逃がす限りで、万全でない。〈領域系〉であの分割汎心論を作り上げたのと同じ区別が、ここでもやはり効いてくるのである。さらにトーマースは、やはりアリストテレースを受けつつ、無生物にも目的に向かう二種類の「傾向（inclinatio）」を認める。

それは例えば、火が自らに適合しない下方の場所から去って、適合する上方の場所に向かう自然な本性的傾向を有し、また、自らを滅ぼし妨げるものに抵抗する傾向をも有するが如くである。感覚的欲求が感覚的把捉に基づく傾向なのは、ちょうど自然な本性的欲求が自然な本性的形相に基づく傾向であるのと同じだから、感覚的部分にあってもやはり、当然に、二つの欲求的能力が存在しなくてはならない。[23]

無生物にも備わる二つの「本性的」傾向とは、すなわち、好ましいものに近づき、おぞましいものを避けることである。火が上に昇るのは、これ故なのだ。「本性的（naturalis）」とは、神によって造られたそのままとの謂いである。そして、生き物の備える感覚の傾向が、これと同じだと述べられている。人間や動物から無生物の心を推定しているのではない。「投射による擬人化」どころか、逆さまに、無生物の備える明らかな心の原理から、動物と人間の感覚、およびこれに基づく欲求を説明しているのである。この世界では、無生物にも心の一部は、言わずもがなに備わる。羊も火も、振る舞いから直ちに、感覚、欲求、評定、傾向などの心の働きを見取られている。

行動の言葉による心の記述を求めた行動主義に、似ているとも思われよう。だが、まったく違う。なぜならトーマースでは、心について「内面」の特権視がなく、行動が即ち心だからである。行動主義は、心を「内面」に囲い込んだうえ、公共的でないことを理由に見捨てたのであった。トーマースなら心は、少なくともその「世俗の」部分が万物に満ち、しかも「内面」には囲われず、振る舞いそのものなのである。すなわちここでも、分割汎心論が表明されたことになる。もちろん、先のものとは異なる〈人間系〉によるそれである。人間は地上では理知性を独り占めするが、その他の心は、人間でないところにも平等にある。

こうした世界においても、心をめぐる人間の特権視なら、はっきり認められる。理知性の思考力が人間に限定されるので、心のこの部分については、人間に囲い込む圧力が働いているのである。人間に特権を認めるからには、不徹底ながらも〈人間系〉の蠢きを感じざるを得ない。この系の根深さの証しが、古代より此の方の息の長さにも滲み出ているであろう。これが〈人間系〉の古さである。

ひるがえって、トーマースは心の一部の独り占めで満足している。だから、〈心の囲い込み〉はしっかりしていない。支配者たる人間の特権は譲らないにせよ、物質・肉体的とされる「低級な」心なら人間以外のすべてに認めて一向に構わない。彼の〈人間系〉分割汎心論の立場からメスメルの跨いだ境目を眺め直せば、宇宙と人間の境目はやはりかなりあやふやである。人間の誇る理知性にしてからが、宇宙には天使という、もっと優れた者がいる。だから、理知性も人間をはみ出してしまうのである。物と心についても、人間は物でも心でもあるので、〈人間系〉からの境目が作れない。意識と無意識の境目を考えると、無生物はともかく、動物に感覚の意識があるのは間違いなかろう。意識の有無で人間の心を区別できないから、ここでも〈人間系〉は働いていないことになる。宗教と科学、素人と専門家は、これらはいずれの側にも人間が深く係わるので、〈人間系〉での線引きは難しい。すなわちトーマースの立場なら、いずれの境目をも、〈人間系〉を用いては引けないのである。

古代の汎心論の慣らわしが〈人間系〉においても、理知性での片寄りは見せつつも、中世でなお保たれていたことになる。メスメルの立場は、他の似通った説とともに、それを近代において引き継いだものと言える。〈人間系〉の汎心論がようやく力を失い、ついに排他的な囲い込みが始まるには、やはり〈意識革命〉を待たねばならなかった。その動きは、〈領域系〉よりも、少しだけ先んじている。

人間臭さとしての〈人間系〉

ここでの「事例」、近ごろの臨床心理学を眺めると、〈人間系〉囲い込みのずっと進んでいるのが分かる。人間以外の心やその影響が語られることは、まずないからである。山水、風土、地形、気候はもとより、植物や動物でさえ、心を備えたものとしては扱われない。この学の近代性を遺憾なく物語る構えである。人間以外のものが、臨床心理学の理論や心理療法の実践に登場する場合は、もちろんある。だが、そこに山川草木などの心が見出されることは、決してない。

例えば、フロイトの有名な症例のうち二つには、「ネズミ男」と「オオカミ男」という渾名がつけられている。その名のとおり、鼠と狼が、夢や想念のうちで重い役割を果たすのである。ところが解釈にあたっては、鼠や狼の心、またそれらとのやりとりが、はじめから考慮の外に置かれている。獣たちが何をしようと、すべて患者の父親との人間的な葛藤の象徴表現とのみ解釈される[24]。心への考察が、抜き難い人間臭とともに始まり、これに極まるのである。トーマースが、無生物からの類推で動物や人間の心の一部を説明したのとは、真逆の立場がここにある。

数百年の歳月を感じさせる転回だが、これを主導した〈意識革命〉の登場の新しさも、忘れてはならない。

鼠とは、「根つ霊《み》」（「み」はワタツミ＝海神などと同じ）である。我われの〈うぶすな〉では地の神の使い、または神そのものであり得る。だから昔話でも神話でも、大切な役割を果たしてきた。お爺さんを「鼠の浄土」に案内し、大国主を野火から救った話など、詳しく紹介するまでもなかろう。大黒天の守り神としての信仰は、今でもありふれている。そして狼とは「大神」、すなわち大いなる神に他ならず、山で人を襲うこともあるかわり、導き、助け、害獣から作物を守る神、産育の神でもあった。狼に供え物をする「うぶやしない（産養い）」「おぼだて（御産立）」と呼ばれる祀りは、関東、甲信越を中心に、狼の生物学的な絶滅後の今も、なお続いている。

いや、西欧においてさえ、「ネズミ男」と「オオカミ男」は、誰知らぬ人なき伝えではなかったか——そこでは、人間と動物の有り方が重なっていた。だからこそフロイトは、あえてここに手を入れ、〈人間系〉の囲い込み圧力を注いだのである。症例研究で語られる心は、人間の、それも患者個人の「内面」の仕組みに限られる。鼠と狼が人間の心の「象徴」と、「投射」の対象にしかならない分析は、心が人間個人だけに、もっぱら「人間的な」心として備わる前提でのみ導かれ得る。もし、人間以外の森羅万象にそれなりの心があるなら、これではひどい片手落ちとされるはずである。

〈人間系〉の徹底は、その後も臨床心理学の大もとの構えに、まったく変わらず引き継がれている。フロイトの症例研究に、人間以外の心の面から異を唱えた研究は、管見に入るかぎり、いまだ見当たらない。もし解釈において「自然との交流」などの言い方を用いても、この枠組みに沿うかぎり、人間の心の譬え話か、生理的な影響でしかない。心理療法の実践でも同じである。そればかりか、人間とその他との隔たりのあまりの大きさから、これを近づける動きは、しばしば強い拒否感を引き起こす。

フロイト派の分析家サールズ（Searles, Harold F.）は、統合失調症（精神分裂病）に精神分析治療を行ない、かなりの成果を挙げたとされている。ところが、彼がその中から見出したこの病まいの根幹は、人間が「物になってしまう」恐怖だったのである。「物」は人間に比べ本質的に劣った異物なので、「物になる」ことが、死ぬより恐ろしいというのだ[25]――我われの〈うぶすな〉では、「物にならない」ことを嘆くのだが。

また、代表的な心理テストの一つ「ロールシャッハ法」では、インクの染みがどう見えるかにより、被験者の人格を判定する。このとき無生物の動きが見える人は、不安や緊張を抱くと解釈されてしまう。ある教科書には、「運動反応」は一般に「自分の経験の内的現実についての、その個人の態度や感情に関係している」と記されている。そして、とくに「無生物運動反応」は、「個人が統制できず、したがってその自我を脅かす、内的、外的な圧力……自己の人格への敵対的な力や、脅威の認知を示す」とされるのである[26]。

いずれも人間中心主義が顕著で、しかも個人主義である。さらに支配欲が旺盛で、人間以外の「統制」を目指し、人間に服さないものは直ちに脅威なのだ。姫路市の書写山・円教寺は、次の御詠歌を伝えている。

はるばると　のぼれば書写の　山おろし　松のひびきも　御法《みのり》なるらん

これを心理テスト方式で解釈すると、このようであろう。――はるばる遠く、自分探しの旅をして書写山に来ると、待ち受けていたのは折悪しく、山から吹き下ろす風であった。人の創造した秩序ある音楽とは違い、吠えるように響く松が、立ち向かってくるかのようではないか。これを、仏教とは自我を脅かす教えだから近づくなとの、警告と受け止めよう。お前の人格とは、内面の心の自律と、それによる自然への主体的な支配以外に、あり得ないのだ[27]。

まことに「人間味豊かな」解釈となる。山と、風と、松があるのに、扱われるのは人間の、それも個人の心のみである。それ以外に心が無いと言い切れてこそ、「内的現実についての、その個人の態度や感情」を解釈として掲げ得る。「松のひびき」は恐ろしげである。だが、そこにさえ「人間味」の他はあり得ない、〈人間系〉の徹底振りである。松が現実に立ち向かってくるのではない――そう思うなら、病気だ。あくまでも、人間の「内的現実」にある「敵対的な力や、脅威の認知」のみが語られる。この「事例」のパラノイアは、人間中心主義の色合いが極めて濃いことになる。

松風が、怪しいだけで安らぎを与えないとは、我われからは驚きでしかない。けれども、人間を「万物の霊長」とする思想のもとでは、感性もそのように変わり行くのであろう。西欧文明の世界に掘り込まれた、人間と万象とのあいだの深い溝こそ、この解釈の「象徴する」ものである。それが、人びとの病まいの解釈のみならず、おそらくは心の悩みの造りそのものにまで響いているのである。それらの受け止め方、治療方針がこれに引きずられるとは、付け加えるまでもなかろう。我われの〈うぶすな〉に育まれた人びとが、患者＝依頼人となってこの世界に取り込まれる折りの〈揺さぶり〉には、激しいものがあるに違いない。

さて、ここに示した諸例での〈人間系〉の働きは、「人間の領分」を探すより、心の「人間味」の濃さを見たほうが分かりやすい。あるいは「人間臭さ」を嗅ぎ取るのがよい。〈領域系〉としては同じ囲いの内でも、これは度合いを変え得るのである。心を人間に囲い込むとは、心がすっかり「人間色」に染まることに他ならない。ここからも、〈人間系〉と〈領域系〉とが、作動の原理を異にするのが見て取れる。

ミクロコスモスと〈人間系〉

〈人間系〉の囲い込みには、「人間の領分」の内側に囲う仕方と「人間らしさ」を強める仕方と、類いを二つ数えることになる。また「人間の領分」については、〈領域系〉が〈人間系〉と連動して動く場合と、そうでない場合とがある。「人間の領分」の内側に心が囲われる場合と、人間臭さがこれをはみ出して広がる場合とである。また「人間の領分」そのものも、〈領域系〉だけを見ていては分からない。〈人間系〉の働きには独自の原理がある。つまり、「人間臭さ」「人間らしさ」をどう捉えるかで、「人間の領分」の在り方が変わってくるのである。〈人間系〉の強さはとどのつまり、領域がどうあれ、人間原理で決まることになる。したがって、〈領域系〉とのあいだには緩みが生じやすい。「人間臭さ」を囲っても臭いは移り、色は滲み出すであろう。また、心が人間との係わりをいかほど強め「人間色」に染まろうとも、特定領域の「内部」に入ったことには必ずしもならない。とは言え、ここまでならまだ〈人間系〉は〈領域系〉を、「人間の領分」として引きずっていた。鼠も狼も、風も松も人間でないからには、「人間の領分」の外側にある。〈領域系〉の一部が、結果として〈人間系〉と連動しているのである。だが、この二系の動きのまったく重ならない場合も考えねばならない。

メスメルを振り返ってみよう。動物磁気の効果は「潮の干満と同じ種類の運動」だから、人間ではなく、宇宙の原理から出ている。つまり〈人間系〉の囲い込みは、言葉の上からはたいへん弱い。しかしながら人間の磁気術師が活躍し、人間の心掛けで操れる磁気なので、人間との係わりも密になっている。動物磁気だから動物臭いし、したがってかなり人間臭くもあるだろう。すなわち、〈人間系〉がまったく作用しなかったのではなく、働いた分ほどは、表向き語られ難かったのである。ところが、この人間臭い心を備える動物磁気は宇宙に満ち、人体を自由に出入りしていた。つまり、皮膚の境界は〈人間系〉の囲い込みに、また〈心の囲い込み〉一般に、まったく寄与していないのである。すなわちメスメルでは〈領域系〉が、〈人間系〉と切り離されていたことになる。

彼の思想の源流は、ミクロコスモス（小宇宙）の説に繋がっていた。そこでは、〈人間系〉と〈領域系〉との関係が、この意味で入れ違う。先に触れた十二世紀ドイツの女子修道院長ビンゲンのヒルデガルトは、人間が天と地と「被造物」すべてを所有し、「全世界は人間の内に隠され」、そして人間は世界の諸要素を、「手にした網を動か

すように」手中に収めている、と述べたのであった。【28】

心の人間臭さからすれば、人間中心主義の極まったヒルデガルトには、〈人間系〉の勢いが感じられる。しかし「ミクロ」な人間は、全宇宙を覆わない——つまり、人間そのものの〈領域〉は狭いのである。もし「ミクロ」なる人間に心を限れば、〈領域系〉の囲い込みはきつくなろう。けれどもこの思想では、「マクロ」なる宇宙もまた色濃く「人間性」を宿すのである。さてここで、人間に心があるのは確かである。すると、あらゆる点で人間に共通する全宇宙にも、もちろん、心が備わらねばならない。しかも、宇宙の全体に満ちるのは極めて人間臭い心——これなら〈人間系〉の囲い込みは、ほぼ完璧と見掛けられよう。ところが、人間の〈領域〉による心の囲いは、どこにも見当たらないのである。したがって〈領域系〉からする限り、ミクロコスモスは汎心論とならざるを得ない。〈人間系〉がいかに強くとも、〈領域系〉はさっぱり働かない場合のあり得ることが、これで分かった。ヒルデガルトのミクロコスモスでは、人間は要素の共有を通じて宇宙に繋がり、思いのままに動かせる。そこには、人間による支配、操作という要因も入っている。この人間中心主義の名残りは、動物磁気を意のままにに操るメスメルにも感じ取られるのである。けれども彼が重視したのは、宇宙の原理の方であった。比べるにヒルデガルトは、ずっと人間優位の立場となっている。十二世紀の彼女の所説から、ふたたびこの系の古さが見て取れるであろう。

ただしヒルデガルトの世界でも、またこれを〈人間系〉から見てさえ、〈心の囲い込み〉は今の世ほどに徹底していない。なぜなら、その心を備えているのが、森羅万象だからである。そこには確かに、人間でないものがある。それらの心は人間の手中とされ、人間に繋がっている。しかし、すっかり人間と同じではなかろう。人間でないものごとがそれぞれ、それなりに少しだけ異なる心を備えてはいないか。なにしろ、それらは人間ではないのである。そうだとすればミクロコスモスは、この点ではトーマースと同じく、〈人間系〉から見た分割汎心論となる。

近ごろの心はせいぜい動物止まりで、山川草木までは、少なくとも「科学的」には無理となった。これでは心の人間臭さに、歯止めの掛けようがない。対するにヒルデガルトでは、動物に限らず、森羅万象にも都合が認められるのである。なるほど宇宙との重なりは、人間の側から強調される。だが、心を独り占めにはできていない。それ故に、〈人間系〉の徹底にはいささかの揺らぎが残るはずである。また、宇宙が物質から成るなら、人間の「本質」は「唯物論」的になりかねない。メスメルの立場がここに、兆しに過ぎないとは言え、含まれているのである。

　こうした傾きをこのあと、人間の理知性の特権と優位とを押し立てるトーマースらのスコラ学が、抑え込んでゆく。けれども、やがてルネサンス期になると、イスラーム世界や東方教会から新たな波がやって来た。アリストテレース色の濃いスコラ学の向こうを張って新プラトーン派の研究が盛んとなり、そこからミクロコスモスの思想もまた、力強い復興を遂げたのである。先に引いたピーコは、「中間者」たる人間が世界のすべての部分に結び付くと言い立てていた。これを、彼が宇宙に引き寄せられていたのだと受け取っても、悪くはあるまい。

　フィチーノの「愛」は、人体の臓器にするのと同じ仕方で、宇宙の万物をも互いに同調・同情させる原理であった。ここにも同じく、〈人間系〉を外れる動きがある。「愛」は近ごろからすれば、極めて人間臭く響くであろう。だが「愛」とは、アリストテレースにおいても宇宙の物体すべてに共通する動作原理であった。先に挙げた火の上昇もその類いで、人間も宇宙に暮らすからには必ずこれに与る。すなわち、「愛の魔術」で自由に操るとしてさえ、必ずしも人間が宇宙を、己れの立場から手中にするとは限らないのである。宇宙に調和をもたらすのが人間の務めなら、まるで宇宙に仕えるかの如くではないか。人間もまた宇宙の原理で動かされ、一員として役割を担うと見做してかまわない。それなら〈人間系〉は、ここで働きを中世よりも、かなり薄めたことになる。

　ピーコ、フィチーノらの思想は、さすがに「人文主義」だけあって、〈人間系〉の囲い込み圧力を感じさせる。けれども、人間臭の強さや押しつけがましさから見れば、中世のヒルデガルトに比べて、むしろ柔らいだのである。「人間の領分」から考えても、人間と宇宙の境目は中世よりぼやけている。ルネサンスは、人間中心の時代と言われる。けれどもおそらくは、中世での神と教会の支配に照らすからそう見えるに過ぎない。ルネサンスでは、神の重みの減っただけが人間の得であった。宇宙と人間の係わりに絞れば、中世の方がよほど人間に重きを置いていたのである。ヒルデガルトからメスメルまでの六百年あまり、〈心の囲い込み〉は、〈人間系〉についてなら大きく退いた。ルネサンスはこの枠取りなら、むしろ人間味を薄めてゆく移行期と認められる。だがメスメルのあと流れは逆巻き、再び「人間色」が心の在り処を濃く染め上げ、今の世に至るのである。

〈領域系〉を出し抜く〈人間系〉

極めて今風な流行である独我論の場合、〈人間系〉の囲い込みは無敵であろう。なぜなら、「我」は人間に違いないのだから。けれども、徹底した独我論における「我」とは、それこそが全宇宙である。だから、心も全宇宙と重なる。すなわち、〈領域系〉からは汎心論となり、こちらでは囲い込みを免れるのである。ここにも〈人間系〉の、論理における〈領域系〉からの独立が見えている。同じ宇宙で働くかぎり、二つの系は力を互いに交える。〈人間系〉の働き度合いに応じ、〈領域系〉も作用の仕方が遷ろう。それでいて、やはり一致はしないのである。両系の繋がりが分かりにくいのは、論理でなく、意味において絡み合うからである。例えばカントは、我われの経験世界が人間の理知性により組み上がる様を分析して見せた。宇宙が人間の「手の中」ならぬ、「悟性の懐」に入ってしまったのである。[29]〈人間系〉からの、ただならぬ圧力が感じられる。ところが、「間主観性」などと呼ばれる個人どうしの心の係わりを、カントはまったく扱わない。それなら心は個々人に囲い込まれていると、今なら思われがちだろう。だが、そうではない。近ごろの世界に暮らす我われには、にわかに呑み込みがたいが、カントの「人間」とは個人でなく、万人に共通の普遍的な「人間性」なのである。したがって、個々人の心は通じあわないどころか、はじめから境目を設けえない。カントが間主観性の課題を見過ごしていたと述べる者もいるが、大変な誤りである。むしろ彼の〈人間系〉は「間主観性」を、あえて語らぬ足場に置きつつ動いていたのである。

このとき心は、我われ「人間」に示されるところの経験世界全体に満ちるであろう。カントの世界で〈人間系〉がいかに強くとも、〈意識の絶対個人主義〉では決してない。〈領域系〉から見るなら、やはり汎心論である。

加えてカントの場合には、「ものそのもの（Ding an sich）」が控えていた。絶対に知られないが、我われの知る物体とすっかり異ることだけが確からしい。ただし、不可知とは言え、我われ自からも「ものそのもの」のうちに数えられる。我われは心を備えるのだから、「ものそのもの」全体にも心が満ちていてよかろう。——人間以外の「ものそのもの」の心でも、心には違いない。それなら〈領域系〉は開き放しで、やはり汎心論である。それでいて、ここでもし仮に「ものそのもの」の心がすべて人間的だとすれば、〈人間系〉からの囲い込みは完璧となろう。ところが、人間のいないところにも心はあるのだから、〈領域系〉からすれば、「人間の領分」が心を囲わない。カントのような典型的「啓蒙主義者」にして、心の在り処をめぐってはこうした「神秘思想」を導く。

さて、ヴントなどの〈意識一色流〉は、理論の言葉なら、どこまでも一元論であった。だから、〈領域系〉の囲い込みはない。意識の一色で覆われるから、どこにも遮る壁はなく、心は全宇宙に重なる。まさに汎心論なのだが、それは〈領域系〉からの話である。これでも〈人間系〉には、まだ活動の余地がある。〈意識一色流〉の意識は、ちょっと見には人間臭さが乏しくも思われる。独我論と異なり「個人の」意識ではないし、カントのように人間のでもなく、「ただひたすらの意識一色」であった。この流派の言い回しを素直に受け取るかぎり、「個人」はもちろん「人間」という枠組みさえ、意識の中の諸事実からの抽象となる。だが——言葉の綾に晦まされてはいないか。「ただひたすらの意識一色」とは、そもそも何なのだろう。そんなものを、ほんとうに我われは知っているのか——。意識の〈論語〉から目を転ずれば、別の眺めが開けてくるはずである。

〈意識一色流〉では〈人間系〉の目安が、理論の言葉により、出だしから隠されたのではないか。その手管が、どうもいかがわしい。なるほど言葉通りなら、塗りつぶすただの意識をめぐって、〈人間系〉は働きようがない。しかしこれは〈意識一色流〉の理論に沿った、内側からの眺めである。流派の外の足場に立つなら、「ただひたすらの意識一色」とは、「あまりに人間的」ではあるまいか。描き出されるのが、まさしく人間の世界に他ならないからである。鼠のでも猫のでも、狼でも狐のでも、まして龍神の世界でもない。「純粋」とか「中立」とかの札付けだけで人間臭さを消せるとは、虫のよすぎる話であろう。ここで隠し事となっているのは、人間とは何かという難問なのである。この難問への答えいかんで、〈人間系〉囲い込みの有無は左右される。それなら〈意識一色流〉は、己れ自からに隠された足場から〈人間系〉の力が働き、それに支えられていることになる。この流派は、無意識を認めない枠組みで語る。ところが〈意識一色流〉とは、人間中心主義の無意識での働き抜きに成り立たない立場なのである。

妄想に説得が効かないのは、声が根方に届かないからである。臨床心理学のパラノイアが人間中心主義へと片寄るのにも、この辺りの仕組みが効いているに違いない。およそ「完全な中立性」ほど怪しげなものは、まずこの世に無かろう。喧嘩に知らん振りなら強い者の味方となり、両成敗は乱暴者を利している。まして、ブレンターノやロジャーズ派などのように「すべての先入観や既成概念から自由」と人の身で言えるなら、拠って立つ所を隠した果てと定まっている。すなわち、人間がまったく見えていないのである。それでは人間仲間に出会うにも、隠れた偏見と不平等を以て向かうしかあるまい。

〈意識一色流〉における〈論語読み論語知らずの原理〉は、ここ〈人間系〉にもしっかり働いているのである。〈意識という想念〉こそ、その時代の西欧の人間を彩る、余所では希な発明であった。これを〈論語〉として読み耽り、書面へ顔を近づけるほどに、足許は隠されてゆく。人間が知るかぎりの、それも十九世紀中ごろの「インテリ」の親しんだ世界こそが、隠れた足場である。この足場とこれに頼り切って理論を立てた仕組みとが、ともに隠し事となっている。だから〈意識一色流〉は、素顔を暴けば「唯人間論」とならざるを得ないのである。しかもカントと異なり、意識の外側には何も無い。すなわち〈人間系〉による、水も漏らさぬ囲い込みなのである。〈意識一色流〉は「誰のでもない意識」を立てて、人間臭さを消したつもりでいる。ここでは、個人と人間とのすり替えが行なわれているのである。「個人でないから人間ではない」は、個人主義の極みでのみ成り立つ。デカルトは人間一般を、カントは「人間性」を論らったし、またこの頃には、次に述べる集団の心も言挙げられていた。だから、人間を個人に限ると表立って言い立てれば、反対も起きよう。〈意識一色流〉は、ここをうまく切り抜けたのである。全宇宙を覆ったので、「人間の領分」が表立たない。したがって少なくとも表向き、〈領域系〉の囲い込みはあまりに緩い。これを煙幕に〈人間系〉の色付けを巧みにぼかした、ある種の〈手品〉である。この手並みには舌を巻かざるを得ない。もう少し「心理学的」に言うと、〈領域系〉での「中立性」が、その強烈な悪臭によるマスキング効果で、人間臭を識閾下に追いやったわけである。それも、敵を欺く前にまず己れを欺いての手柄であった。

ところで実験心理学では、臨床心理に比べて〈人間系〉の囲いがむしろ緩くなっている。実験条件下で動物の行動を調べるのは、人間を含む行動の一般原理を発見する努力である。動物行動の解析モデルが「心理」の推定なら、少なくとも動物にまでは、人間と同等の「心」を認めたことになる。なるほど行動主義では、〈領域系〉での「内面」への囲いが著るしく、これが今も実験心理の基いである。だが〈人間系〉についてなら、囲い込みの圧力は明らかに弱い。〈人間系〉に限れば、行動主義的な実験心理学の方が、臨床心理に比べまだ汎心論に近いことになる。実験心理は「科学的」と見做されがちで、当事者たちもそう思っている。しかし「柔らかい」文科系のはずの臨床心理学が、〈人間系〉ではかえって「固く」融通が利かない。興味深い「文化事象」と言えるであろう。

〈人間系〉での集団・個人と人間中心主義

〈人間系〉での囲い込みは、個人でも人間性でもなく、人間集団や世の中をめぐって作られる場合がある。集団心理をどう受け止めるかは、十九世紀の後半より此の方、心理学の肝腎要めの一角を占めていた。ここでも〈領域系〉との係わりが、また別の類いの困難を伴う――いったい集団の心は、どこの領域に宿るのだろうか。心は個人を越え、空間的な広がりを備えて交流するのか、それとも、個々人内部の心が間接的に関係し、結果として集団の作用が生ずるのか――他にも、あれこれ立場があるだろう。つまり、集団や世の中と結びついた〈人間系〉も、〈領域系〉の囲いを一通りに決めることはないのである。

集団の心を「総体」のなかに見たデュルケムは、次のようにも述べている。

個人的感情は、結社が発展させる独自の力の作用の下で相互に結合しなければ、社会的なものとはなり得ない。そこから生まれる相互結合と相互変化のため、これらの感情は別のものとなる。……この結果は総体によって存在し、かつ総体の中に存在しているのである。[30]

「総体」とは、どのような仕組みで働くのだろう。彼は、無生物に心を認めなかった。また、人間以外の心を論らった記述も見当たらない。だから「総体」が、とても人間臭い領域なのは確かである。すなわち、〈人間系〉の囲いは強固に仕立てられている。そのうえ彼はカントなどと違い、個人専属の心もしっかり認めている。それがしかし、領域としてなら、はっきりと個人を超えてゆくのである。

神経要素間で行なわれる作用反作用の所産である個人表象が、これらの要素に内在的でないことに不思議がなければ、社会を構成する原初的意識間で交換される作用反作用の所産である集合表象が、これらの要素から直接には発生せず、したがってこれらの要素をはみ出すことにも、何の不思議もないはずである。[31]

集団の持つ表象が個人の許にないのは、個人の抱く表象が個々の脳神経にはないのと同じだという。ルソーの「一般意志」が、個々人の特殊意志の加算とは異なるのにも似ている。では、どんな領域と考えればよいのだろう。人間性一般ではなく、ミクロコスモスでもなく、物理的空間でもないが、かといって非空間的ともしがたい独特の領域をなすはずである。〈人間系〉の囲いがどれほど堅くとも、やはり〈領域系〉は直ちに確定しない。

ところが、ひるがえって臨床心理学を見やると、こちらでは両系の連係が極めて緊密となっている。したがってそれを、この学の特質と捉えられよう。例えばフロイトは、「集団心理と自我の分析」と題する長い論文の冒頭で、個人心理学と集団心理学とを、対立するかに思われても結局はほとんど同じだと宣言した。そして、集団の形成に資する「社会的な本能」を否定し、「集団の心（group mind）」は無いとしたうえで、集団心理をあくまでも個人の「リビドー」の動きから説明する。

> 集団のリビドー構成の公式を与える支度はすっかり整った。少なくとも、これまでに考察してきたような集団についてなら――つまり一人の指導者があり、かつ「組織化」が進みすぎて二次的に個人の特性を獲得できた集団でないかぎりは。こうした一次集団とは、一つの同じ対象を自我理想の地位に置き、その結果、自我において互いに同一化しあう、多くの個人のことである。……ルボンがくっきりと描き出したこれらの有り様は、心の活動のより早い段階への退行の見まがうべくもない姿であり、野蛮人や子供に見出されても驚きはすまい。[32]
> （強調はフロイト）

フロイトは「一次的な集団」として、個々人を結合する仕組みだけの働く集団を想定している。個々人は独立性と決断力に乏しくなり、反応を他人に合わせて「大衆的個人（Massenindividuum）」へと埋没するのだ。「知性の働きが弱り、情緒に歯止めが効かず、控えるとか棚上げができず、感情の表出がどんな縛りも乗り越えようとして、すっかり振る舞いへと流れ出してしまう」という。近代社会のように、組織の整備が進んだ場合には個人の特性が二次的に取り戻されると考えている[33]。

集団の好ましからざる性《さが》は、ルボン（Le Bon, G. F.: 1841-1931）の群集心理論によるが[34]、フロイトはそれらを含め、集団の成り立つ仕組み一般を、個々人の「自我理想（IchIdeal）」の一致から説明している。「自我理想」が一致することから、自我を介しての互いの同一化に進むのだ。すると心理機制は退行し、「野蛮人や子供」と似た心境になる。つまり集団の心の性《さが》はすべて、あくまでも個々人の「内面」からのみ産まれる。集団とは、そうした類いの多数の個人なのだ。その仕組みの典型は、イエス・キリストを「自我理想」とするキリスト教、とくにカトリックと軍隊とに見出されるという。ユダヤ人らしい皮肉な例示がほほ笑ましくも、〈人間系〉と〈領域系〉とを個人において重ねる、個人主義の強い確信の感じ取れる記述となっている。

さて臨床心理学は、脳の仕組みをまったく考えないのであった。それなのに、個人における両系の重なりは、思いがけず脳科学の立場にすっかり重なっている。フロイトの研究の出発点は「脳神話学」だったことが思い起こされる。ちょっと見に対立しながら、二つの学派はほとんど同じ世界に、すなわち「心の近代」の深奥部に住んでいるのである。

こうした立場を採れば、個人の心理だけに課題を委ねてしまっても、結局はそれが世直しなのだと言い訳しやすくなる。個人を丸め込むのと同じ手管で、集団や、さらに世の中全体をも操れるとの見通しが立とう。心理療法はもともと〈人間系〉の徹底した営みなので、これに〈領域系〉が同期すれば、面接室の中にいて心のすべてを「手の中に」収められる。個人に囲い込まれた心を通して、全人間世界が動かせるはずなのだ。まさにパラノイアの面目だが、こと我が国においては、世の中での立場がまだ弱い心理臨床家の、自尊心の支えにふさわしい学説と言える。脳科学者にも、脳さえ知れれば世界のすべてが分かると思う人が多いのは、偶さかではない。

さて、〈人間系〉囲い込みを推し進めると、心の有無が決め手となり、人間がその他のものごとから隔てられる。このため、個人にせよ集団にせよ、人間がもてはやされやすい。西欧思想史のなかでは概ね、心を備えるのが上等だからである。——公平に考えれば、心が汚点でもよかろう。だが、様ざまな事情から、まずそうはならない。だから〈人間系〉は、ほとんどの場合、人間中心主義を後押しする。人間中心主義が進めば、大事なのは人間だけとなる。ところがここで人間の面目は、他にない心を備えたところにある。だから心こそ大事だと、こんどは心理主義への傾きが強まる。人間中心主義と心理主義がこうして強めあうので、心を備えた人間が大事となる。そして「人間の領分」を固める動きに繋がり、〈領域系〉囲い込みをもまた強めるのである。これらは意味的な連関による、心理的な動きである。

古代から引き継がれたとは言え、近代の初期にフランシス・ベイコンが高らかに宣言した「新しい」思想、フロイトも棹さしたあの流れが思い起こされる。〈意識革命〉さなかの十九世紀中頃に、やはり〈意識植え付け流〉のクロード・ベルナールがまとめ直して人びとを心服させた構え——「自然環境」の、個人あるいは人間集団が利用する「資源」としてのあしらいである。この振る舞いにおいては、なぜか「拷問」が好まれる。〈人間系〉と〈領域系〉との重なりが、ここでは都合よい。人間らしい心だけが人間の許にのみあるなら、大切なものはそこにしかない。人間以外をいくら責め上げても、大切な心は痛みようがないのである。このときの人間らしい心とは、心のうちでも理知を掌る精神となる。感覚や「想像力」は、肉体・物質に係わるから低俗だと蔑まれるのである。この辺りからは、次の〈精神／物質系〉への橋渡しも見えてくる。

〈人間系〉を隠さず考えると、心を担う「人間」の中身が問われざるを得ない。個人の成り立ちや、人の世と集団、人類や「人間性」などの有り方も考察に掛かる。だからこの〈人間系〉の筋は、近代の人間の有り方を浮き立たせる輪郭でもある。

〈精神／物質系〉の囲い

心の二分法と〈精神／物質系〉

〈心の囲い込み〉の三本目の筋を、〈精神／物質系〉と呼ぶ。ここで考えるのは、「心」と呼ばれるものの質《たち》となる。「心」という言葉の近ごろの語感は、〈意識革命〉から此の方の世界の造りを強く響かせつつ、新たに出来上がったものである。すなわちこの系を眺めれば、リードも説く如く、「心」という考えそのものが近代心理学と同じく新しいと、明らかになるであろう。

この書で「心」と呼んできたのは、今の世の心である。ことに、学術の世界で言う心から外れるまいと心がけて語ってきた。「今なら学術的に心と言ってよかろう事柄」との意味で、「心」を用いてきたのである。だから、古い時代に言い及ぶと、どうしても無理が掛かっていた。歴史を語るにあたっては、ふさわしくない言葉遣いなのである。ほんとうはタマとか魂、霊、気などを、当たり前に使って語りたい。とは言え、話を昔に限ればともかく、今の世にも言い及びながらこれらを語れば、近ごろの人には通じにくかろう。だいいち、もうそれだけで本屋の棚が違ってくる。だから、心理学をめぐって今の世の人に語りかけるため、まだこの言葉遣いを続けたい。

けれども、タマや霊から始めて「心」を解き明かす方が、洋の東西を問わず、じつは筋が通しやすいのである。西欧における近ごろの「心」には、かつての時代の世界なら、何としても一纏めにはならない複数の成分が宿っている。それが、西欧語での言葉の揺れにも表われている。英語のmindは、少なくとも学術の世界でなら、今の日本語の「心」に近い。だが、思いがけず独仏語では、ぴったりしたものがない。このため、場合により異なる言葉遣いとなって、翻訳に苦労が伴ったりもする。それらがなぜ、どのようにして「心」に纏められたかは、込み入った重い問いである。これまでも少し触れてきたところだが、ここ〈精神／物質系〉では、その成り行きを掘り下げねばならない。

さて、心の主立った成分を、順不同にて列挙すれば、精神、感覚、観念、欲望、感情、意志、知覚、想像（力）、知性、理性、認識、知識、記憶、心像、印象、表象、習慣、直観、確信、判断、心証などなどとなろう。もちろんこれらも、近ごろの用語である。そしてこれらのすべてに、意識と無意識がある。〈精神／物質系〉では、これらのうちどれとどれが、どんな意味で「心」なのか吟味に掛かるのである。西欧思想史においては、その際の要めが「精神か物質か」との問いで、それ故にこの名付けを選んだ。したがって〈精神／物質系〉の囲い込みには、二つの向きがあることになる。じつは各おのの成分そのものもまた、かつてから異なっているが、そこはまたいずれ考えるとしよう。

近ごろの常識なら、ことに我が国でなら、すべてが心に平等に属することに、ほぼ疑いの余地はなかろう。「平等に」とは、心の内部に本性の違いを見出したり、まして精神と物質の区分けを入れては不自然、との意味である。すなわち我われの〈うぶすな〉なら、〈精神／物質系〉はほとんど働かなかったし、今も働いていないと言ってよい。だから、この系を納得するのは、日本人にはたいへんな苦労が伴うのである。

〈うぶすな〉に馴染みにくいと言えば、「観念論」と「唯物論」との対立が思い起こされる。これらは、心を〈精神／物質系〉の両極に置いたと見れば、把みやすくなる。「心は精神なのか物質なのか」と問い、「これしかない」とそれぞれに答える。精神に囲い込むか物質に囲い込むかの両極端が、この対立を作り出すのである。「観念論」

と「唯物論」は、西欧人なら今でも日ごろの暮らしにさえ入り込む語彙となっている。

かつての西欧では、「精神的な心」と「物質的な心」の二種類の心がぶつかりあっていた。二種類の心は「本質的に」別のものと考えられたからである。「精神か物質か」の区別は、「心かそうでないか」とは、もともと意味をまったく異にする。しかも大事なのは「精神か物質か」の方で、これこそが、西欧人の人生にとっての肝腎要め、命よりも大事と言ってよいほどであった。西欧思想の主流においては「精神（ラテン語の spiritus，ドイツ語の Geist，英語の spirit，フランス語の esprit など）」こそが、人間の心の要めであった。非物質・非肉体的であり、値打ちが高く、永遠に有り続ける。

この流れは、遅くとも古代ギリシアから続き、プラトーンのイデア説もその例をなす。そしてその後、とくに西方キリスト教の影響下で強められてきた。キリスト教で救いに与り、永遠の命を得る「魂（ラテン語の anima，ドイツ語の Seele，英語の soul，フランス語の âme など）」は、この「精神」から出来ている。片や、永遠不変の魂への対立者の代表が、物質ないし肉体となる。滅びる定めで、ほんとうの値打ちはなく、おまけに罪深い。これにも心は備わるが、高貴なる精神ではなく、卑しい感覚や欲望の「世俗の心」である。いわゆる霊肉二元論からの発想だが、西欧においてならこの区別は、今もなお死んでいない。それが今の我われにも、いささかの影を落としているのである。

「観念論」と「唯物論」とのあいだには、とりどりの立場がある。極端を採らなければ、精神を心のすべてとせず、心のすべてが物質でもない。だから、両極に振れないかぎりの〈精神／物質系〉は結果として「心」を適宜、精神と物質とのあいだで配置、分配することになる。近ごろなら「心」として一纏めの一連を、精神と物質との間で仕分けする働きが、現われてくるのである。だからこの系の囲いは、心の内側に生ずる。分割した後でも、分けた位置の両側に心が残るのである。分割汎心論の成り立つ下地がこれなのは、すでに述べた。〈精神／物質系〉は、

〈心の囲い込み〉の糸ながら、汎心論にとって論理的には不利に働かないのである。けれども、分割の境目はやはり設けられる。それを強固にしたうえ、左右どちらかを消去すれば「観念論」と「唯物論」が生ずる。それゆえこの系も、やはり囲い込み圧力に数えるべき仕掛けと考える。近ごろでは、少なくとも学術の表向きでは、「心」をまとめて個人に囲い込む世界観が大きな顔をしている。ここに至るにも〈精神／物質系〉が働いたことは、もちろんである。

このとき心に仕分けの境目がなくても、〈精神／物質系〉が働いていないとは言えないことに気をつけたい。「観念論」と「唯物論」では、〈精神／物質系〉がどちらかの極に寄っている。この系の働きはある意味で最大だが、このとき心は精神または物質に囲い込まれてしまい、境目は無い。二つの極論がはっきり名乗りを挙げ、そのうえ名実が一致すれば、まだ分かりやすかろう。だがこれらは〈同一次元の両極対立〉なので、争いの激しさや名目ほどには違いがなく、極端となるほどに反転して重なりやすい。しかもすべからく、表看板と実質がしばしば食い違う。西欧人にとってさえ分かりにくい両者が裏表に絡みあい、〈精神／物質系〉を晦ますのである。

また、極論でなくともこの系は乱れやすい。諸成分への区別の要求は厳しくても、分けるにあたっての決め手は曖昧となりがちで、この不釣り合いから様ざまな縺れが起こってくるのである。このような乱れ、縺れ、絡み合いを伴いつつ人生の最大関心事を担うのだから、〈精神／物質系〉からは四方八方に、様ざまな力が放射される。それが「西欧文明の活力」となっているのが、ただ一つ、疑いないところである。

〈霊肉系〉としての〈精神／物質系〉

「精神か物質か」と迫る霊肉二元論は、両極に片寄らない場合、心の諸成分をどう分けるだろうか。それがすなわち、〈精神／物質系〉のふつうの動きである。まず精神は、非物質・非肉体的であった。知性、理性、霊魂、認識、観念、意志、直観などが精神の働きか、あるいはその仲間となる。これらは、のちに述べる高級な作用を備えている。また上なるものとして、低級な物質・肉体を支配する権利と義務とを有することになっている。だからこれはただの区分けでなく、必ず値打ち付けを含むのである。

片や「物質・肉体的な心」があるなら、この「世俗の心」は、精神と相容れない質《たち》であろう。その代表が、感覚と欲望である。これらは物体・肉体の作用から生ずるのがふつうである。ラヴォワジエの「運動なくして感覚なしの公理」は、この流れを汲んでいる。感覚が生じたのなら、必ず何らかの運動があったはずだ。そして運動とは物質の作用だから、物質が作用したのだと言っている。物質以外からは感覚が産まれないとして、非物質的な霊の物質への働きかけの否定を含んでいるのである。精神の働きの少なくとも一部を抑える動きと言え、その限りで「唯物論」への傾きがある。しかしまた、感覚の物質との結びつきを強め精神とは切り離すから、その限りで精神の非物質性を際立たせる。これらにより、〈精神／物質系〉からの仕分けを強めたことになる。近ごろでも化学変化は、物質のある種の動きに違いないので、この捉らえ方の息は長い。今の世の実証主義的な科学研究でも、実験と観察を必須とするのは、物質に変わりがあればついには必ず感覚に現われるとの確信からである。「運動あるかぎり感覚あり」――これは、ラヴォワジエの公理を裏返して補強した、感覚と物質との結合への、さらに強固な信念である。

ところが記憶となると、物質と精神どちらもの色合いを帯びてくる。感覚の残存という性《さが》からは、物質に縁が深い。だが、物質の無いところにも記憶は現われるので、その限りで精神に近いのである。感情なら、多くは感覚と欲望に近い。だが、理性の判断に基づく場合もあるとされる。つまり感情は、〈精神／物質系〉から二種類に分割されるのである。判断にも、理性的と感覚的との二種類、つまり精神的な判断と物質的なものとがある。想像、表象、心像となれば、精神と物質のいずれともつきかねる。ただし、スコラ哲学では精神の非物質性を強調するため、これらは肉体・物質に入れられる場合が多い。〈精神／物質系〉の乱れが感じられるところとなる。西欧思想史での「想像力」をめぐる議論が込み入って、近ごろでもどこか怪しさを漂わせるのはこのためである。メスメルの動物磁気の置かれたのも、ここであった。

言うまでもなく、かなり大まかで乱暴な仕分けとなってしまった。しかし、この点については諸説が入り乱れ、きちんと跡付けるのは、膨大な文献との格闘を含む至難の業となる。この系の働きは、厳しい差別を含むのに、分類の決め手の緩さでも際立つのである。ここでは〈精神／物質系〉の大枠を捉えやすいよう、あえて記しておくので、お目こぼしを願いたい。繰り返そう――ここでの論点は、「心か物か」ではない。「有心」か「無心」かではさらにない。「精神か物質か」の対立が心にどう当てはまるのか、考えることなのである。

数多い心の成分のうち中軸として働いているのが、知性（ラテン語で intellectus）と感覚（sensus）との、ないし理性（ratio）と欲望（cupiditas, libido, appetitus, sensitivus など）との対立である。前者は主に認識、知識をめぐる対立で、後者は主に判断や行為をめぐるが、必ずしもはっきり区別できるわけではない。キリスト教で何より大切な「非物質的な魂」は、理性ないし知性、つまり理知性を備えた精神から成る。これに対し感覚は、物質・肉体的な性《さが》を帯び、欲望に連なるのだ。人間は肉体を備えるので、魂にも「感覚的な部分」はあるが、最後の審判で救いに与り永遠の命を得るかも知れないのは、非物質的な精神の魂のみなのだ。したがって、感覚と理知性とは作用が異なり、認識する対象も別のものとなる。トーマスはそれをすっきりと、こう言い回した。

感覚はすべての「可感的なもの」の形象を受けとり、知性はすべての「可知的なもの」の形象を受けとる。[35]

「可感的なもの（sensibilia）」と「可知的なもの（intelligibilia）」は、どう違うのだろう。前者は、その時その場の個別的なもの、後者は、永遠不変で一般的、普遍的なものだというのが、手短かな説明となる。この世には二種類のものごとがあって、それらの質《たち》に応じ、受け取る心の成分も別なのである。例えば、目の前の二人の人は、感覚では別々に捉えられる。だから二人なのだが、ともに等しく人間でもある。どちらも「同じ人間」なのは、知性が普遍的な「人間の観念」を知るからだ。このとき理知性は「本質（essentia「であること」）」を捉えたのであり、このほうが高級な認識をなす。——スコラ哲学の教科書的解説だが、今の世の我が国にもかなり食い入ってきている。

したがって、もし理知性を感覚と混同すれば、犯される過ちは知識の分類を間違えたに留まらない。これは精神と物質の混同で、すなわち魂と肉体の取り違えに他ならない。個物と「本質」の区別は、イデア説を思わせよう。すでにプラトーンがこの考えを抱き、アリストテレースの形相と質料にも引き継がれた。だがこの仕分けは、西方キリスト教の立場から、さらに厳格なものとなってゆく。取り違えは、非物質的な魂すなわち「霊魂」を捨てて肉体を求めることに他ならない。これが「唯物論」なのだ。すなわち「被造物」のうちから人間を「霊長」に選び、自からに由来する非物質的な精神を賜わったあの神を裏切る仕業なのだ。物欲・肉欲に惹かれて悪魔に魂を売ること、と言ってもよい。だから最後の審判では、永劫の罰を蒙る——これが何より恐ろしい。

これらを考えれば、この系の呼び方は〈霊肉系〉がよいのかもしれない。だが、ちょっと見にはキリスト教と無関係の脈絡においてさえ、物質と精神とを向かい合わせるのが、近ごろでも珍しくない。言葉遣いの通じやすさを慮り、〈精神／物質系〉としておきたい。ただしほんとうは、精神と物質・肉体との対比は、無関係と見えてもほとんどの場合に、この宗教と繋がりが深いのである。ところがこの由来を隠す傾きが、意図的にも無自覚的にも認められる。なぜなのか見当はつくが、ここでは深入りすまい。

いま述べてきた考えは、西欧人なら常識中の常識に属する。ところが我われの〈うぶすな〉の心構えは、この類いの言い立てに戸惑ってしまうのである。この世界に入り込むには激しい〈揺さぶり〉が避けられず、ついてゆけなくなる。これを見て、「西欧文明への浅い理解」を嘆く人も出てくる。——私はむしろ、好ましいことと思うのだが。

〈精神／物質系〉の働き三通り

〈精神／物質系〉は、これまでの二系よりも込み入った働き方をする。両極からの引っ張り合いに加え、精神か物質かの仕分けが、少なくとも三通りに働くからである。仕分け方の違いを手短かにまとめると、続く話の枕になるであろう。

まず、どこで分けるか。心の諸成分のどれが精神、どれは物質に属するかとの、線引き所の問いである。半々くらいか、ほとんどを精神にして物質の例外を認めるのか、あるいはその逆さまか。個々の成分をどちらに配属するか決めるし、すべてを物質か精神かで塗り潰し、「観念論」と「唯物論」の両極に至ることもある。こうした仕分け方を分割位置と呼んでおこう。二つ目が、どのくらい分けるかである。線引きの幅と厳しさの問いであって、別の言い方をすれば、互いの影響、混合、交替などを認めるかどうか。例えば、感覚が精神的な作用をする場合はあるのか、理性に物質は影響を与えるか、などである。この働きは分割効力と名付けよう。そして三つ目に、何をもって分けるか。これは、仕分けの原理と質との問いである。精神とは、物質とはそもそも何かとの、根深い謎に絡んでくる。それを分割原理と呼ぶことにする。

さて、〈精神／物質系〉は、分割位置が両極に振れないかぎり、心という対象の分類、分配の手筈と見做しうる。つまり、「程合いをどう探るか」なのである。この類いを「相対的」な事柄として軽んずる傾きが、西欧思想にはある。「絶対的」なものこそ、またはそれのみが値打ちとの立場に他ならない。不思議な決めつけではあるし、〈お互い様〉を拒むことにも繋がっている。誰もがすんなり受け容れるとは思えないのだが、「相対性」への蔑みは西欧思想史に事実として染み込み、抜き難い匂いとなっている。

ところが、と言うべきか――あるいは案の定か、護るべき至上の砦としての「精神性」が問われるとき、情勢は変わってくる。この場合には、成分の混同や優先順位の誤りを、相対的ながら致命的と見る立場が強くなる。非物質的な精神性の優位は絶対だから、これを揺るがすものは「絶対に」受け容れられない――区別が「相対」でも、譲れなければ「絶対」に転化する。心の成分の仕分け一つ一つが、非物質的な精神の沽券に係わるのである。分割位置へのこだわり、分割効力への厳格さの要求、分割原理の妥協のなさが、死力を尽くした論争はもとより、場合によっては殺戮までもを繰り返し求めてきた。のちに述べる〈一つ掲げ〉の仕組みに支えられた系でもある。

具体例から考えてみよう。トーマースは〈精神／物質系〉の分割位置を、次のごとく、明らかに心の中間に置いていた。〈領域系〉のところで引用した、肉体の器官なしに働く天使の理知性の記述に続き、彼はこう述べる。

> これこそが理知的な魂で、と言うのも理解が、いかなる肉体の器官にもよらず為されるのだから。……しかしながら人間の魂においては、まさにこの理解のために、肉体の器官を通して働くある種の力が、すなわち想像力と感覚とが欠かせない。こうして、魂が肉体と自然な仕方で結び付いてこそ人間という種が成り立つと、証しされるのである。[36]

「理解」ないし「知解」、つまり理知性で解することこそ、「万物の霊長」たる人間の動物を超える証しとなる。この何より大切な心の働きさえ、「肉体」を備えた人間なら、その働きを感覚（sensus）と想像力（imaginatio）とに頼らざるを得ない。神に通ずる理知性の魂は、非物質・非肉体的な精神からなる。神や天使ならこの魂をそれだけで、肉体の器官なしに働かせる。だが大地に繋がれた人間なら、そうはゆかない。このときの肉体側の働きが、感覚と想像力なのだ。メスメルの頃の世界とは異なり、ここでは「想像力」が、はっきりと肉体・物質の側に組み入れられていた。この時代にも、「想像力」をもっと精神に近付ける人はいたのだが、それでも感覚となれば、間違いなく物質の性質であった。いずれにせよ、心は二つ分けされるのである。

繰り返し述べたとおり、「想像」が「現実」から外れると限らない点は、気をつけるべき一つである。のちに〈意識革命〉で、何より明らかと扱われる「表象」を作り出すものこそ、この「想像力」であった。「表象」によってのみ人間は、普段の暮らしで知恵を得られる。人間は、「現実」を知るためにこそ想像が欠かせない。いや、それあっての人間なのだ。要めの非物質的精神に肉体の側から歩み寄り、二つを繋ぐものが「想像力」である。トーマースと、これに大きな影響を与えたアリストテレースが、そう考えていた。また近代に至っても多くの哲学者が同じ考えだった。「想像力」に帰されつつも物質性は否定されてしまった動物磁気の扱いがいかに先進的であったか、改めて知られよう。

分割位置が理知性と感覚・想像とのあいだに来るのは、キリスト教が人間を、天上と地上との「中間者」と取りなすのを映すものである。つまり分割原理もここに、はっきりと現われている。人間は、精神的な魂がある限りで天使の仲間、肉体を備える限りで動物なのだ。だから心も、それに沿って二分割されるのである。近ごろなら「心」として一纏めできる諸成分ながら、精神か物質かできっぱり分け隔ててこそ、キリスト教における人間は成り立つ。天使の最下位にも及ばずながら地上でなら最高の霊長だと、謙虚を装った支配欲の言挙げが、こうして組み上がるのである。

二つ目の分割効力は、どうだろうか。トーマースなら、精神と物質を無関係とする予定調和説ほどは、効力が強くない。なにしろ非物質的理知性には、物質的な感覚、欲望、想像を支配する権能と義務が与えられているのである。理知性の働きが「世俗の心」に支配力を及ぼすと、この力は分割の境目を越えて働くことになる。ラヴォワジエはこのうち、理知性が感覚を産み出すことを否定したのであった。つまり、分割効力を少し強めたことになる。ひるがえって、物質の世界を知るために、人間は肉体の働きが捨てられない。肉体からの報らせに頼ってのみ、「物質的自然」が認識できるのであった。それならトーマースの世界では、分割の境目が「世俗の心」の側からも越えられている。こちらはラヴォワジエにも引き継がれた。かくして、両者の交流が明らかである。さらには理知性が、物質・肉体の影響で晦まされるとも、トーマースは考えている。

> 悪魔は……人間の理性を罪へと同意するよう晦ませる。こうした晦ましは表象力（phantasia）と感覚的欲求（appetitus sensitivus）から来るのである。[37]

罪を犯すに至る最悪の導きを、理知性は、物質・肉体から受けてしまう。この点からも、分割効力は十全と言えない。ラヴォワジエが動物磁気に実在を否んだ筋立ても、これに似ている。「想像力」はもはや物質でなかったが、理知性より卑しい働きには違いなく、その独り歩きが結論を誤らせたというのであった。精神と物質とをきっちり分け隔てるのは、どうにも難しいらしい——初めから無理があると言えば身も蓋もないが。それでもトーマースなら、おおむねは分割効力のしぶとさを感じさせるところが多い。各おのの成分に分割位置の左右、いやむしろ上下を往来する自由はないからである。また、上位と下位の成分は決して立場、働きを入れ替えない。なるほど精神といえども、肉体なしに物質の認識はできない。けれども、精神に代わって肉体が認識を担うなど、相手方が何であれあり得ないのだ。物質からの影響力で理知性が乱れる場合はある。それでも、精神が「世俗の心」に完全に負け、麻痺し、理知的な判断力を失うことはあり得ないとされている。

感覚もしくは想像力によって把捉されたものは、もし人間が理性を行使できるのであれば、意志を必然的に動かすことはない。またこの種の把捉が常に理性を縛ってしまうこともないのである[38]。

精神活動である理知性は、物質からいかに影響を受けようと自律性を失わないという。物質の作用に過ぎない感覚や想像力と、精神に備わる理知性とでは、越えられない格の違いがあるのだから。——肉体的な誘惑がいくら強く激しかろうと、受動的なもの（passio）に過ぎない。ところが精神は、能動性（actio）を「本質」に含む。ゆえに、受動性に操られるはずがない。もし罪が犯されたら、それは理知性が自から能動的・主体的に決断したのだ（この能動性の絶対優位はにわかに呑み込み難いところだが、西欧ではなぜかそう決まっている。詳しくは、のちの〈一つ掲げ〉における〈受動恐怖を伴う能動強迫〉をめぐって明らかになろう）。スコラ哲学では、分割された心どうしに、このような上下関係、支配と被支配がはっきり設けられている。その限りで、分割効力は非常に強いのである。

この説明はまた、分割原理についても語っている。心が二分割されたのは、「本質」を異にするからであった。理知性と感覚や想像力との格付け差の何よりの証しが、前者の自発性・自律性、能動性・活性と支配力、後者の受動性・不活性、被支配性である。そして、心の成分の移動、代替、混同が許されないのは、前者が神の有り方を引き継ぐからこそなのだ。新約聖書には「あなたがたは、父である神があらかじめ立てられた御計画に基づいて、『霊』によって聖なる者とされ」（ペトロの手紙一／1章2節）とある。キリスト教の神は、人間に特権を与えた。それが理知性を備えた精神であり、これで神を認識することに他ならない。格下の物質・肉体に、これを動かすことは不可能なのだ（ただしトーマースは、別の箇所では、悪魔が理知性の働きを止めることもあり得るとしている。これも詳らかには、〈一つ掲げ〉を併せ考えねばならない）。

トーマースからの引用を重ねたのは、〈精神／物質系〉による囲いが、勝れてスコラ的、西方キリスト教的なことだからである。ここでの「物質」の枠組みは、もちろん「心」と同じく、近ごろのものとはかなり違う。原子論さえようやく十九世紀の末に確立したことを思い起こしてよかろう。トーマースの時代には、肉体が物質から成るというより、むしろ肉体こそ物質の総代であった。とは言えこれは、今の世に無関係な骨董学ではない。この霊肉二元論を旨とする囲いは今も、装いを変えつつ、時として「近代合理性」の名の許にさえ、心の扱いを縛っているからである。

肉体・物質と精神との絶対的上下関係は、また能動と受動ないし「する／される」関係の一方向・不可逆は、〈お互い様〉をすっかり却けている。これが西欧思想をくっきりと徴し付け、また我われの〈うぶすな〉には極めて馴染みにくく、不可解とさえ思える。しかしながら我が国でも、今の世ではこの考え方が、法制や行政の用いる筋書きの礎に組み込まれている。例えば「責任の追及」が、理知性の主体的判断からの行為にのみ行なわれる。犯罪とはすなわち、理知性の誤用ないし悪用なのだ。「やめることもできたはずなのに、この人物は冷静な思考のもと、あえてこの悪事に手を染めると、自からの理性で選択したのだ」。そのように作文しないかぎり、有罪の判決は書けないのである。トーマースとまったく同じ思想が、今の世の我が国の刑法でも、処罰の拠り所に用いられている。〈意識という想念〉が入り込んだので、その点だけが、今では少し違うと言えよう。しかし、大枠に変わったところはない。人を裁く原理に、命さえ奪う判断に、精神の物質への優位が生き続けているのである。

中弛みと復活

〈精神／物質系〉が、古くしぶといのは確かである。しかしながら、古代から今の世にまでひたすら休まず働き続けたのでもない。先の〈人間系〉でも似た有り様だが、中世と今の世とで思いがけぬ重なりを見せつつも、ルネサンス期には、この系はむしろ緩んでいたのである。その一例をかいつまんでみよう。そこには「精神的な物質」や「物質的な精神」が並らんでいる。

ヘルモント（Helmont, Jan Baptista van: 1580-1644）はパラケルスス派の医師・錬金術師だが、定量分析の必要を説き、「ガス」という言葉をはじめて用いた。そして、今で言う二酸化炭素の単離に成功した人物である。ところがこのとき、無形、無色、無味、無臭のこの物質を認識するには、想像力の働きが欠かせなかった。物質の認識に想像力が欠かせないのはトーマースでも同じだが、あちらではまず感覚が材料を与えていた。ヘルモントなら、感覚に掛からないものを、想像力が独力で捉えるのである。感覚を外しながら「真理」に達した彼の想像力は、能動性を備えた理知性に近付いている。感覚をすり抜ける相手方の二酸化炭素は、「精神に近い物質」に違いない。

ヘルモントは想像力を、精神寄りに置いたかと思われよう。だが、必ずしもそうではない。『ペストの墓（*Tumulus pestis*）』（1648）には、五感をすり抜けるペストの病原体の説明がある。微小なため感覚に掛からない「物質」があり、これを想像力が取り込むと、体に感染して発症するとの説である[39]。想像力の役割を除けば、十九世紀の微生物病原説を、ヘルモントはまさに「想像力」で先取りしていた。この微小な物質は、感覚に掛からなくとも、間違いなく物質なのだ。それが想像力の内で働き、体に病を起こすなら、想像力は物質寄りと見えてこよう。そのうえ、この微小な病原体は、「ペストのイデア」でもあるという。イデアなら、心の事柄のうちでも極めて精神的なはずだった。それがいまや、想像力の扱う「物質」なのだから、まるで「唯物論」である。とは言えこの「物質」は、医学の「真理」の認識をもやはり担うのである。それならこのイデアでも、精神性は失われていないから、「物質的な精神」と呼べるのかもしれない。

想像力の使い方はこれだけでなく、今風に何かを「思い浮かべる」こともある。すると「おもかげ」もまた、そのように作り出される物質かもしれず、これなら脳科学の立場に近付く。さらに、当時は疾病分類が近ごろと異なる。「恐れ」という感情から作られた「ペスト」には、今で言う精神疾患が含まれたかもしれない。それなら、物質が精神に病まいをもたらしたことになり、先のトーマースの、精神優位の立場が否定される。また、もしそうなら、彼は臨床心理学の先駆者でもある。——こうして、目まいがするほどに異質な世界へと、案内されてしまうのである。

ヘルモントの思想は難解だが、詳しい解明がここでの目当てではない。この時代の世界で分割原理が揺らぎ、それに伴って、分割位置も分割効力も不明確になっていたと知れればよい。ピーコやフィチーノらはミクロコスモスの思想から、〈人間系〉は保ちつつも心の領域を全宇宙に拡大していた。彼らの思想を〈精神／物質系〉から考えれば、囲い込みはさらに難しくなろう。だが、話の筋を見やすくするため、これ以上は踏み込まない。要するにルネサンス期には、キリスト教を支えてきた物質と精神の仕切りが揺るがされ、これに連れて〈精神／物質系〉の分割原理も足をすくわれたのである。

しかしながらこの古く権威ある区別は、間もなくデカルトによって、あの明晰な定義とともに復活する。物質について機械論を強調したため「唯物論」を促したとも評される彼だが、〈精神／物質系〉をしっかり踏まえた様は、むしろ中世の精神主義に連なっている。デカルトは、精神の理知性なる心とそこに生ずる観念とから、確実な学問を進めようと考えたのであった。物質・肉体は、不確実として取り残された。したがって両者のあいだには、この上なく厳しい分割線が引かれたのである。分割位置、分割効力、分割原理ともにはっきりして強かったと、細かく見ると異論も出ようが、ひとまずは言っておく。

それから二百年ののち、〈意識革命〉における〈意識一色流〉がデカルトの強引な物心二元論に、再び強引な一元化を仕掛けたとも捉えられる。その限りでこの流派は、デカルトを凌ぐ近代性を押し立てたことになる。意識の正体がいかに「人間的」であれ、〈精神／物質系〉の分割線は、少なくとも理論の表向きなら、きっぱりと排除されたのである。しかし〈意識一色流〉が斬新に流行を引っ張っても、こうした跳ね上がりには、古い仕来たりの支えを得たしぶとい反撃が待ち受けていた。

〈意識植え付け流〉のクロード・ベルナールは、先進的な実験科学者として、自然科学界の思想を導いていた。ところがその先進性とは、なんと霊肉二元論の復活宣言に他ならなかったのである。彼はこう書いている。

> 真理が人間の精神に現われるのは、絶対的かつ必然的な連関ないし関係としてのみである。さらにこの関係は、単純かつ主観的な状態でのみ、つまり精神に、状態をすっかり知っているという意識がある（l'esprit a la conscience qu'il les connaît toutes）ときにのみ、絶対的となる。……実験による検証は必要がないと知れる。そんなことは、感覚を理性の上座に据えるに等しかろう。【40】

実験結果は、感覚に現われる。物質についてなら、これ無しにはいかなる学問も成し得ない。それを軽んずる「形而上学」を、実験科学者の彼は口を極めて排撃したのであった。ところがここでは、実験が格下げである。真理は、精神にのみ与えられる――しかも、精神が意識を所有するかぎりにおいて。

〈意識革命〉の旗手の、面目躍如である。加えてそれが、精神の理知性をあくまで感覚より上の位に置く構えと縺れ合っている。物質的な感覚は、それだけでは「真理」を与えない。いかなる精密な実験といえど、物質的な過程は、精神の理知性に従属する定めでしかない。精神はこれを知っていると意識していなければならない。そうしてこそ「真理」が認識されるのだ。しかもこのとき、その認識そのものは、感覚を得る実験の手筈とは無関係なのである。意識に実験を持ち込めば、感覚に理知性への口出しを許したことになる。物質の分際で精神の決め事に異議を唱えるとは、身の程知らずも甚だしい。

ベルナールにおいては、〈霊肉系〉としての分割原理を映す理知性と感覚との差別が、かつてのとおり越えがたい。分割位置も、中世と同じく物質と精神のあいだに、ただし今の世となっては「心」のただ中に置かれている。分割汎心論なのだが、分割効力は峻厳である。ベルナールは、古い哲学を蔑みつつ近代的進歩を担いだ。その彼がトーマースらとの対決に掲げたのは、「自然」研究で感覚を用いるところであった。「形而上学」は、本質の思弁のみに頼ってきたから荒唐無稽となったのだ。この名うての実験家により、感覚はかくして、尊重されたかの如くである。だがそれは、結局は理知性に従わせるためだったのである。

思いがけぬどんでん返しにも見えよう。しかしまことは、メビウスの帯の捩れて戻る造りですらない――飼い馴らした「羊か奴隷」を理知性に供える仕事こそが、彼の実験であった。これをトーマースが知れば、嫌がるはずはない。ベルナールがトーマースに向かって言ったのは、「高貴なる理知性は卑しい仕事に向かないから、奴隷をお使いなさい」との諫めであった。すなわちスコラの自然認識の、跡取りとしての仕事に他ならない。意識をめぐる実験の排除は、ヴントなら心外であろう。だが、〈意識という想念〉の背後に理知性が控えることの鮮やかな例示を、私からは見過ごしがたい。ヴントもこれを受け入れていれば「心理主義」とか「唯物論」とかの非難をかわせたであろう。さらにもしかすると、彼こそが行動主義に先鞭を付け、「内観主義」と矛盾なく共存させられたかもしれない。

ヘルムホルツも、ベルナールと同じ考えであった。〈意識棲み分け流〉で〈認識批判派〉を支えた物理学者は、感覚とは別次元の「無意識の推論」を、認識のために必須としていた。「無意識」なのだから、なるほど「意識」とは、言葉の上では異なる。だが意識は、人間にとって「明らかな謎」であった。そして「推論」とは、まさしくスコラ哲学において、理知性のみが果たす掛け替えない課題に他ならない。「意識」と名付けようが「無意識の」と呼ぼうが、つまりは理知的な精神性が優位に立っているのである。ラッセルなどの〈排他実証派〉でも、論理学の必然的な真理は物的でなかった。そして感覚からなる「心理」ではないところ、つまり「物質的な心」でないところに、〈白〉無意識として現われていたのである。これが、物質・肉体性を超克した「精神」の言い換えだとは、もはや説明も要るまい。この辺りで読まれる〈論語〉の製本が盤石の固さなのは、古さ故なのである。

「神」は、いまや表立って姿を見せない。実証主義の時代に「真理」の保証が、キリスト教の神の約束から人間の意識へ、ないしその仲間へと移ったのは確かであろう。私が〈意識革命〉の名を与えたのは、この成り行きである。だがそこにおいてさえ、純粋で非物質的な精神こそが「真理」を捉えるとすれば、中世の「神」は今の世でもその名を隠しただけで、まだ脈々と息づいているのではないか[41]。読み続けるべき「書物」が、表紙を変えただけで、まだ版を重ねているのである。

厳格と曖昧

〈精神／物質系〉の働きの最も際立つと思われるのは、分割位置が両極に押しやられた「観念論」と「唯物論」であろう。これらを考えなおすと、この系の持ち前が分かりやすくなるかもしれない。二つを比べれば、今どきの我われには、「観念論」のほうが古くさく感じられよう。近代文明の誇り・科学と技術は、いかにも「唯物論」らしき仕草で動いている。だが、見掛けを恃んで悔いたことのない人も珍しかろう。ここでもその「経験則」が、おそらく有効である。

まず「観念論」で、心のすべてを精神に囲い込んでみる。精神でない心はあり得ない世界である。だがこのとき、物質はどうなるのか。「心のない物質」を取り残してもよかろう――これが今の世の「科学的常識」で、のちに論らうが今は措く。どこまでも「観念論」を進める立場からは、物質も残さずすべて精神に囲い込めば、精神力が徹底するであろう。宇宙のすべてが観念と化せば「観念論」は極まる。西欧近代においては、バークリ（Berkeley,

George: 1685-1753）の採った立場である[42]。さて次に、「科学的」と見えそうな「唯物論」を考える。そこでは、心がすべて物質となる。「物質でない精神」の入り込む余地は、のちに述べるとおり、あり得ないのではない。しかし、論理的にはともかく、「唯物論」の真骨頂は精神の排除にある。宇宙が物質のみで、成り立つことになる。こうした「唯物論」の極みには、まずホッブズ（Hobbes, Thomas: 1588-1679）を挙げるべきだろう。心の働きは、物質の運動と圧力、およびその残存以外ではないのだ[43]。

歴史での順序はしかし、裏返っている。ホッブズは、一歩間違えば訴追され「魔女」として火炙りになりかねない十七世紀に、スコラ哲学からの仕来たりに逆らい、「唯物論」の旗を掲げた。すなわち、精神の実在を否定したのである。賛否を超えて、潔い振る舞いではなかったか――とは言え、それでは困る人も出てくる。イギリス国教会の聖職者バークリは、神を畏れぬ蛮行がキリスト教離れを促すと恐れた。「異端」ではあれ、ホッブズへの支持が少なくなかったのである。かくして、ほぼ百年ののちにバークリは、物質は実在しないと言い立てた。一切のものごとは神の精神による知覚だと、徹底的な「観念論」を押し立てたのであった。「物質」とは、観念の一部別名に過ぎないという。――いずれの場合でも、分割原理は明白で、分割効力も最大であるかに思われる。ここに、〈精神／物質系〉の厳格さが見て取れるであろう。

西欧では、精神を重んずる分割原理がずっと主流であった。つまり、分割位置を「観念論」に向けて進めるか、さもなくば精神を盛り立てつつ物質との分割効力を強めるのが当たり前だった。いずれにせよ〈精神／物質系〉の、精神側への圧力が強かったことになる。これに〈人間系〉での人間中心主義が重なれば、精神を人間に囲い込む動きが出来上がる。物質・肉体の実在やそれに備わる心を外すには、バークリ張りの覚悟が求められる。そこまでは難しいので、分割汎心論が根強く支持されたのである。ただ、物質とその心を認めたにせよ、たいがいは人間にとって「外的」で付随的と見做される。西欧の心の思想の正統は、この線で成り立ってきた。つまり、〈精神／物質系〉における精神の優位と〈人間系〉における人間の優越とが、「人間の精神性」を担ぎ上げてきたことになる。精神を重視するが故に、人間の大きな脳にこれを重ねたガルが、その延長上にいる。なおこの説は、古い人間中心主義が新しい自然科学に拠り所を求める先駆けとしても、意味深い。

　物質・肉体に重きを置くのは、西欧では古代から反主流だったし、今もそうである。「唯物論」を採れば「下等」だとか、「何をするか分からない汚れて醜悪な」者などと、罵られるのが常である。西欧の世界では、相手を非難したければ「唯物論」と分類するのが、いちばん手軽なやり方となってきた。精神を物質と取り違え、あるいは高尚な精神の存在を認めないか軽んじ、低俗な物質の原理で生きるのが「唯物論者」なのだ。心はすべて、物質・肉体的な感覚と欲望で占められることになる。だから実態はともあれ、「唯物論」を自から名乗るのは、ホッブズならずとも勇気のいる仕業であった。

　ただし、「唯物論」で都合のよい場合もある。この名を使うだけで露骨な反体制と受け止めてもらえ、その意味で誤解を受けにくいからである。そのため、政治的な旗印にしばしば用いられてきた。十八世紀から二十世紀にかけては、多くの反体制側が「唯物論」を名乗って居直り、体制派に対し「観念論」との非難を繰り出した。「東側」では、革命により政権を奪取した人びとがいるのも、記憶に新しかろう。今もなお、流行りの思想を作るのに「身体論」などと銘打つ動きが、この類いの闘いの息の長さを語っている。

　この激しい対立のいずれかがもし最終的な勝利を得れば、宇宙を観念か物質かで一色に塗り潰すであろう。だがこのとき両極は反転し、名付けの違いとならないか——逆立ちしてもヘーゲルはヘーゲル。「反転図形」はどちらの図をも、同じ紙一枚の上で見せてくれるのだった。ここでの争いは〈精神／物質系〉における〈同一次元の両極対立〉である。「本質的」な相違を厳格に言い立て、陣取り合戦に励むほど、かえって区別が曖昧になる。我われの〈うぶすな〉にとっては、当惑を禁じえない対決でしかない。ところが西欧では〈意識革命〉の時代にも、この争いが一つの頂点を迎えていた。その事情が、近代心理学の誕生に映り込んでいるのである。メスメルならどうだったろうか。バークリからさらに半世紀遅れる彼にとって、動物磁気は「物質で、かつ精神」であった。つまり、物質と精神とに違いはあり得なかった。この系の分割原理が、踏み破られていたことになる。動物磁気を「全般要因」として掲げたからには、心の諸成分のどこかに線引きを試みた形跡は、無くて当たり前である。心のすべてが〈精神／物質系〉の関与を受けないから、〈心の囲い込み〉はこの系から見てもなかったと、ひとまず考えられる。

もっともメスメルは、物理学者ニュートンを引き継いだはずであった。だから、どちらかと言えば物質重視とも受け取れる。物質と精神とがすっかり重なるので、正統派における「精神性」重視での厳しい差別とは明らかに異なる。そうなると、正統派からは「唯物論」と見做されがちになるのである。〈霊肉系〉の厳格さはこんなふうに顔を出す。〈精神／物質系〉の作動のこの癖から見れば、動物磁気は「物質寄りの匂いのする中間」なのかもしれない。この系では、厳格な仕分けを目指すほどに、なおさらこの類いの曖昧さと困難が、付きまとい始めるのである。

さてここでふたたび、〈意識革命〉の中軸〈意識一色流〉を振り返ってみよう。「すべてが意識一色」とはやはり「全般要因」で、そこが動物磁気に似ている。したがって、その「すべて」とは精神か物質かと、〈精神／物質系〉からは問われるであろう。これに答えるには、「意識」の内実を明らかにせねばならない。ところがそれは、人間臭いことだけは確かにせよ、「明らかな謎」なのだった。「明証」かと思えば、実験室で観測されたり、他人には絶対に知りえなかったりする。意識はまさにフロイトの言うとおりの、「どんな説明も記述も受け付けない」頑固さを、ただし彼の言うのとは少しく違う意味で、備えているのである。これもある種の「厳格」であろうか。〈意識一色流〉の掲げた意識の「明証」、つまり「直ちに完全に明らか」とは、「物質の持ち前ではない」と言えるのかもしれない。物質は宇宙の彼方まで広がり、また常に裏側と内部があって、眼差しも手も届かないからである。これに苛立った物理学者が裏と内部を追いかけ局限まで細分化したところ、こんどは不確定性が現われた。物質が明証性の対極にあるなら、〈意識一色流〉の「明らかな意識」は、精神に近付いて見えてくる。ところがヴントでも、フロイトでも、意識は感覚から生ずるのであった。感覚なら、物質寄りの心の代表と考えられてきたではないか。飼い馴らされたとは言え、そんな出自の者をすぐ精神に組み込んでよいのだろうか。ベルナールなら、決して納得しないはずである。こうして〈精神／物質系〉は、むしろ選別への厳格な要求ゆえに、決定不能の只中に身を置くのである。【44】

また〈精神／物質系〉ないし〈霊肉系〉は、精神と物質を取り違えれば倫理が乱れ魂の救いを失うとして、別の厳格をも要求していた。いくつもの「厳格」のぶつかりあいは、この系の難しさの真骨頂と言えよう。しかしながら、精神とは何か、物質とは何かが知れなければ、要求がいくら厳格でも応える術はあるまい。すなわち分割効力の厳格さを求める分割原理こそが、ほんとうは正体不明なのである。それなら分割位置も、正確には決められない。ある心配りが精神から出たか肉体からなのか、誰がどうやって決められるか。――だからこそ、かつては宗教裁判所の出番だったのである。ところが、審判の必要性はそのままに、今の世では法廷の所在がぼやけてしまった。

近代心理学とは、この二股膏薬の決着を望まれて産まれ出た、新しい学問なのであった。それから百年あまりの歩みは、残念ながら、この過ぎた輿望に応えていない。とは言え、臨床心理学と心理療法は今なおこの困難を、理論と実践の双方に抱え込みつつ苦しんでいる。この治療は、患者＝依頼人の体に触れることがない。さらに何ゆえか、触れてはいけないと思い込んでいるのである。それでいて、物質・肉体に係わる感覚、感情、想像力をも扱う専門が作れると、いや、築き上げるべきだと考えている。しかもこれへの、社会と国家による承認を求めているのである。――厳格な〈精神／物質系〉での曖昧さの「生き証人」として証言を続けていると、受け止めてもよかろう。この苦しい立場を貫くには、パラノイアがことに有利と思われる。妄想は、木村敏の言葉を借りれば、「現実の不可能を非現実の可能に変える」からである。

〈心の囲い込み〉の近ごろ——臨床心理学と「科学的常識」

科学者における「観念論」の優位

近ごろの世界の「科学的常識」を、〈心の囲い込み〉の三本の糸で測り直してみよう。この「常識」は我われの身の回りの、またはるか彼方の物質たちに——食べ物、水、器、家の柱、庭の石、岩、草木（場合によっては動物も）、山の頂、海、空、太陽、月、星などに、心を認めない。〈うぶすな〉で親しい汎心論とは、全く異なる世界である。どのような囲い込みから、こうなったのだろうか。いま述べた「観念論」と「唯物論」を手掛かりとしつつ、〈心の囲い込み〉の今の世での有り方に目を凝らしたい。

「科学的常識」をまず、〈精神／物質系〉から眺めてみる。そこでは物質に心が認められず、心は物質からすっかり離された如くである。心の諸成分を分割位置の左右にどう配置するかが、〈精神／物質系〉の課題であった。物質側には心がなく、しかもどうやら強い分割効力が、物質側に漏れ出させぬよう心を塞いでいる。さて、我われに心がないはずはない。ところが物質には心がない。それなら、我われの心は非物質的だと考えざるを得ないのではないか。「科学的常識」では、心のすべてが非物質的、すなわち「精神的」ではないのか——〈精神／物質系〉の決まりからは、そうならざるを得ない[45]。この系の分割位置が、精神と物質の境に置かれたことになる。

近ごろでは、心の成分のすべてをほぼ平等に「心」と呼ぶ場合が多い。そしてこの「心」を、物質には認めないのである。かつてなら「物質的」な心の代表であった感覚や欲さえ、もはや物質に帰属しない。ならばこれは、心を精神側に囲い込むことではないか。すなわち「科学的常識」とは、「観念論」になりそうである。じっさいのところ、「心」を「精神」と言い換えて、ほとんど通ずるようでもある。「心の近代」においては、「観念論」が勝ちなのではないか。

この言挙げは、思いがけぬ響きかもしれない。「純粋な」精神とか理性などを信奉する「聖なる宗教性」は、少なくとも科学の縄張りでは影を薄めている。「科学的常識」に導かれた「唯物論」こそ支配的というのが、近ごろは大方の気分であろう。だが、ここは慎重になる必要がある。先には、物質が実在さえ許されないバークリの「観念論」に言い及んだ。この極論はしかし、名前を替えるだけで「唯物論」に変わりかねない、紙一重の極みにあった。「悪に強きは善にも」である。いかにも「唯物論」寄りと見受ける「世俗主義」の極まりがやがて裏返り、「聖なる宗教性」に重なって不思議はあるまい。

「科学的常識」とはじつは「唯物論」でなく、近ごろの世界で編み出された、もう一つ別の型の「観念論」と考えてはどうか。しかもおそらく、より洗練された凛々しい姿のそれである。——精神的な心が実在する。そして心の成分は、すべて精神に囲い込む。しかしバークリと違い、物質の存在は否定しない。すると、宇宙にはこの精神に加え「心のない物質」が、確かに残っている。精神的な心は理知性を働かせて、感覚から得られる「データ」を用いつつこの物質の有り様を認識するのだ。物質にも「科学的真理」での役割を与えたけれど、心はないのだから、そちら側の都合は考えなくてよい。すなわち、強い分割効力が、物質の側からの口出しを許さない。使い込んで「世話になった」道具でも、思いやりや労いは要らず、〈お蔭様〉を思わない。供養するなど「迷信」そのものである（使用者の「自己満足」のためなら勝手だが）。物質の質《たち》は、自然科学の記述で尽くされる。この記述こそ、精神による理知的な判断なのだ。心の働きとは、こうしたものに限られる。もしかすると、「いや、その他に純粋な感覚（クオリア）や感情がある」と言われるかもしれない。だがそれらも、別種の心ではない。外界の客観と対応せず、個人的な意味しか持っていないところが違うだけである。つまり個人内部で完結している観念の、多くは乱れた動きに他ならない。欲望や興奮が観念を乱すが、それらとて観念と繋がるからには、別種の「肉体的な心」のはずがない。むしろ、「肉体を動かしたい」という観念の働きなのだ――。

分割原理も明確な、ほぼ隙のない「観念論」を、こう作り上げられる。今の世の「科学的常識」は、この新しい「観念論」から区別できなかろう。専門化の進んだ今の世で自然科学者は、研究対象として物質以外を扱わない。科学は心抜きで進められるし、その方が都合がよい。だが、己れに心がないとは、さすがに思う人も希であろう――重度の現実感喪失ともなれば、あり得るにせよ。それなら、心は非物質的としか考えられない。今の世の「科学的唯物論」は、「観念論」との相性がとてもよいのである。いずれも、理知性を重んずる古代より此の方の、西欧思想の主流に棹をさす。かつて「偶像崇拝」の罪に問われた「迷信」が、今は哀れむべき無知となった点だけを違いとするのである。これには、〈心の囲い込み〉の完成が「迷信」をも脳に囲い込んでくれたお蔭が加わっている。近代を彩る基本的人権の一つ、思想・信条の自由もこの流れを受けている。

「観念論」にも拘わらず、精神がどうあろうと、自然科学研究者に報告の義務はない。精神は、研究対象たる物質の許にはないのだから。反省の結果、もし「観念論」を微し付ける「非物質的な精神」を認めたにせよ、論文には書かなくてよいのである。心についての思想は、「個人的信条」として囲い込んでおけば、「科学性」と矛盾なく共存できるはずなのだ。ここでは〈観念の絶対個人主義〉となった〈意識の絶対個人主義〉の一つの形である。ただし、なかには「真理を求める科学者」として、黙っていられない人も出てくる。そういう正直な人たちは、「科学の印籠」を携えつつ、「観念論の伝道者」となる。二十世紀に神経科学を築いた二人の巨人ペンフィールド（Penfield, Wilder G.: 1891-1976）とエックルス（Eccles, John C.: 1903-1997）が、晩年にはこうした立場に行き着き、一般書で訴えたのは興味深い。彼らの場合、若い頃には物質としての神経の研究で、精神を含む心のすべてが説明できると考えていた。ところが、できないことにあとから気付き、なおさら「伝道者」の使命を自覚したのである。[46]
ベルナールも、そしてフロイトも、理知性の優位を謳い上げたところで彼らと踵を接している。

「脳神話」で霞む「観念論」と〈意識革命〉

「科学的常識」が「観念論」を抱えるのには、個人の脳への〈心の囲い込み〉が大いに働いている。その流れをこんどは、〈意識革命〉の役割を顧みつつ跡付けてみよう。近代の「観念論」の優位は、〈意識革命〉との係わりが深い。だから「観念論」の盛衰は、〈意識革命〉の有り方をも示すであろう。とは言え、やはり一筋縄では行かない。〈精神／物質系〉における厳格と曖昧のふたえ縛りが、「観念論」についても裏表の綾模様を染めなすからである。脳への囲い込みが、このときの回転軸をなしている。「観念論」はこの囲い込みを促すけれども、それが成ると「観念論」に、むしろ霞が掛かってくるのである。

〈精神／物質系〉は、もう千年近くも前に、論らいを尽くした感さえあった。しかしこれが、十九世紀半ばからの〈意識革命〉に焚き付けられると、新たな装いと勢いとを得た。そして囲い込みの他の二系、〈領域系〉〈人間系〉との共稼ぎで、心を個人の脳へと囲い込む圧力を強めたのであった。〈人間系〉に人間中心主義が加わって「高等な」ものを人間に結びつけると、「高貴な真理」を与える意識と〈白〉無意識とは、人間の持ち物となった。ここで〈領域系〉も動いたので、人間すなわち個人となり、〈意識の絶対的個人主義〉が組み上がった。それが二十世紀の世界の、大方の流れである。今の世の科学者が、生活者や信仰者としてなら「精神的な心」を私的に所有できるのは、非物質的な精神が個人の持ち物となったからなのである。

科学革命を承けた自然科学や啓蒙時代より此の方の哲学は、ルネサンスを忘れたかの如く、ふたたび人間の理知性を高らかに謳い上げた。〈精神／物質系〉で心が精神化され、世界は理知性の優先へと、つまり「観念論」の向きに寄ってきたのである——十九世紀初めのロマン主義が、いささかの反知性主義を混じえたにせよ。ただし〈意識革命〉は、〈心の囲い込み〉との相性が必ずしもよくない。とりわけ〈領域系〉についてはそうで、ことに革命が芽生えた頃は、囲い込み圧力にいささか抗っていた。〈意識一色流〉がのっぺらぼうの世界を描くと、〈領域系〉に囲いはない。人間の姿もまた消えてしまうから、〈人間系〉の表立った言い立てにもためらいが生じた。じっさいにはこれは、強い人間臭で強行されたのだが、絶対に中立で「ただひたすらの意識一色」の建て前は〈人間系〉の囲いに、少なくとも隠れ身を強いたのである。〈意識棲み分け流〉にも、同じことが言える。意識と無意識とを仕分けたものの、物質に親しい意識は宇宙全体に満ちていた。ことに〈認識批判派〉なら、理知性が「ものそのもの」に備わっていた。つまり不可知とは言え、「宇宙そのもの」に心が備わる。だから〈意識革命〉は、全体から見れば汎心論に傾いていたことになる。「観念論」とはいえ、個人に囲い込む向きは必ずしも出やすくなかった。

けれどもこのなかで、〈意識植え付け流〉の動きは少し違った。そこでも、ベルナールや晩年のフロイトが述べたとおり、理論の建前は分割汎心論であった。〈領域系〉の囲いには、ひとまず抗っている。だがこの流派にとって、高級な精神に通ずる意識はあまりに素晴らしく、万能の妙薬でさえあった。だからこそ意識は、無意識を呑み込んででも拡大すべきであった。汎心論ながらここでは〈精神／物質系〉が、分割位置の左右に明らかな優劣を振り分け、植え付ける意識の性《さが》は、精神の理知性に重なる。これは「観念論」への動きに他ならない。ではここで、それを何者が、どのように行なうのか。——「誰のでもない」との答えが、論理的には可能である。けれども、意識を相手に押し付けるからには、〈意識一色流〉などと異なり、作用の「主体」が求められやすい。誰がと問われて、答えは分かりやすい方がよかろう。そのために個人は、うってつけの担い手であった。〈意識の絶対個人主義〉はこうした道筋から、〈意識革命〉のうちでも〈意識植え付け流〉の色合いを濃く受けつつ、個人への〈心の囲い込み〉により出来上がったのである。

〈心の囲い込み〉から見れば、〈人間系〉と〈精神／物質系〉との掛け合わされた動きに、〈領域系〉が重なった結果となる。これらの系がなんらかの「力」を備え、個人への囲い込みを進めたというのではない。あくまでも、出来事の束ね方として記すのである。〈人間系〉と〈領域系〉がなぜそう動いたか、個人主義が近代世界でかくもの流行りとなった深い謎を、ここで探るつもりはない。〈意識革命〉のうち〈意識植え付け流〉の動きから〈心の囲い込み〉の諸系を眺めれば、成り行きが掴みやすくなるというだけである。

さて、「観念論」への歩みを進めていた〈精神／物質系〉を裏打ちする形で、〈領域系〉と〈人間系〉とが、人間の体のうちでも目に立つ発達した大脳に狙いを定めた。ガルの着眼の新しさは、まさにここだったのである。「脳神話」に向かう大きな一歩で、今の世の「脳科学」の先駆けである。ただし「骨相学」説では、高度な精神作用の宿るのが脳の実質ではなく、脳室であった。物質ではあるにせよ粗大でなく、むしろ物質性の最も希薄な部分にこそ精神は宿るべきであった。これは脳に限らず物質すべてに当てはまる、重みのある分類基準で、遅くとも十七世紀には常識となっていた考え方である。かの哲学者カントが、太陽系内の惑星の住人を想い描き、太陽から遠いほど霊妙な物質から成るはずだから、木星人や土星人は理知性が進んでいると述べたのも、そこからであった。[47]北側の住人として、アフリカ人を見下していた心情にも絡むのであろう。西欧、西アフリカ、アメリカを結ぶ奴隷売買の「三角貿易」が真っ盛りの頃である。西欧のキリスト教徒が偉大なのは、精神と観念を所有するからで、それ故にこそ、世界を支配し啓蒙する使命をも帯びたのである。

〈意識革命〉の始まった頃、諸学の理論は、すっかり汎心論に傾いていた。そして時代の寵児の物理学さえ心理学へと原理上は還元できるのが、〈意識革命〉の目立った成果のはずであった。けれども実利が建て前を裏切ることは、珍しくない。十九世紀西欧の人びとが人類史上で最高の偉業と誇った自然科学と工学技術は、もっぱら物質への取り組みから産まれていた。ゾイデル海の干拓が、その右総代であった。自然科学者なら、研究対象の心を考える必要はまったく無かったのである。――「物質」とはほんとうは感覚や「表象」の秩序の名前に過ぎないと、それが「真理」なのだと、なるほど多くの真面目な科学者が考えた。感覚が「データ」となった時代だから、これは「観念論」寄りの動きである。しかし、この理論から考えてさえ自然科学者に、心理学を学んで精神を豊かせよとは求められなかった。すべてが心理学なら、これまで通りの物理学などを心理学と称して、不都合はどこにもあるまい。何でも抱え込んだので、名前は違えど中身は同一となり、かえってこの革命の看板を脅やかしたのである。〈世界学〉からは面白い成り行きである。ただし、フッセルルなど一部の「哲学者」が、これに噛みついた。「現象学」は、意識の記述を省いては真理でないと、〈意識革命〉の建て前を錦の御旗に掲げて叫んでいたのである。だが彼らとて、新しい物理学を自前で作れたわけではなかった。フッセルルの説いた「ノエーマ（知られ）」は、自然科学の成果なども含め、我われの知る対象を「括弧に入れた」ものである。つまり、中身はすっかり、「現象学」の外から借り受ける他になかった。自から心理学研究に取り組んだヘルムホルツは、あまりに真面目すぎたと言えるだろう。大多数の自然科学者は、哲学者の奨めを教養としては小耳に挟みつつ、心理学を素通りして、己れの専門たる物質研究に邁進した――もちろん、それでよかったのである。

この流れを受けた「科学的常識」が、人間の大脳に「高等な」精神機能を囲い込んだ。「進歩した科学」がかくも身近な心に及ばないとは、どう見てもおかしい。ここで「偉大な世紀」の宝は、物質の許にこそあった。それならやがて、物質のどこかに心が見出せると思われてきても、不思議はなかろう。ただし、理知性に係わるからには、どこにでも転がっている野卑な物質では困る。カントの宇宙人説を承けつつ、選び抜かれた高貴なる一部を探るとき、ふたたび〈人間系〉が働いた。個人としての人間のみが備える発達した大脳ならやはり、半世紀あまり前にガルの言った通り、霊長たる人間の精神の座に使わせてよいのではないか。感覚や感情もついでに、その辺りに置けるであろう。

十九世紀の後半には、細かいことは省くが、脳と心を局所的に結びつける研究が盛んとなった。しかし、この頃となれば、脳の実質を無みするわけには行かなくなっていた。脳の実質に異常があれば、心の有り様は精神も含め、好ましからざる成り行きに陥る。それが経験から、次第に明らかとなってきたのである。人体実験が可能であったし、度び重なる戦乱がこの分野の発展を手伝っていた。「脳神話学」と批判されたフロイトの失語症研究も、そのなかから導かれたのである。

脳の実質に精神が重なったのは、「観念論」にとって足許の揺らぎと言えた。精妙で高貴な場所を求めたはずの精神が、いかにも肉らしいところに、いつのまにか捉えられてしまったのである。〈意識革命〉の正しさは、ついに証し立てられなかった。これも「観念論」にとって、得ではない。しかしながら、裏返しても同じことである。自然科学の建て前としての「観念論」を覆す研究成果は、やはりどこからも出ようがなかった。こうしたとき、成り行きは学問の外から決まらざるを得ない。ベルナールから時を隔てるにつれ、物質研究にいそしむ自然科学者は次第に、精神の優位に無自覚となっていった。物質の研究は、物質の研究でしかなくなった。世界の全体を覆う〈意識という想念〉を布地とすれば、大風呂敷は極みにある——広げすぎて破れたのか。〈心の囲い込み〉の余波が物質科学をめぐると、〈意識革命〉からその名目を刮げ取りに掛かったのである。

〈意識革命〉は表看板を失った。これとともに「観念論」も、表立っては語られなくなった。姿に霞が掛かったと言える。けれども、それで正体まで亡くしたと考えてはいけない。隠れた方が、生き延びやすい場合も多い。また、当たり前のものはかえって目を惹かない。〈意識革命〉も「観念論」も、表向きは姿を隠しつつ、かえってしぶとく我われの「心の近代」に根を張ってきたのである。

揺らぎから「唯物論」への逆転

「心の近代」が「観念論」に流れているにせよ，「唯物論」の力は侮れない。「偉大な世紀」より此の方，「人類の進歩」を担う科学と技術こそ「唯物論」のお蔭と，巷では評判であった。ティンダルやハックスリ，クリフォード，それに生物学者で思想家としても名を馳せたヘッケル（Haeckel, Ernst: 1834-1919），科学主義の提灯持ちビュヒネル（Büchner, Ludwig: 1824-1899）をはじめ，数えきれない人びとがそう公言していた。「唯物論」は近代において，少なくとも名目では「観念論」を凌いできたし，今もそうなのである。「唯物論」がどこまで実を取り得るか，少し考えてみよう。

「科学的常識」を多数派とする近ごろの世界にあって，心理療法はこれに沿いつつ動いている。この世界への自からの適応を目指し，患者＝依頼人にもそれを求める。対する筋道からの批判は，ことにこの「事例」の内側からは，ごく一部を除き見られない。「科学的常識」は，意識という〈論語〉を読み続けるための足場の一部となっている。しかしながらここで，世の多数派の礎に乗ることは，隠し事なのであった。だから，礎への「科学的常識」の組み込みも，やはり隠されている。すなわちこの「事例」においては，自然科学を支える隠れた「観念論」も表向きの「唯物論」も，ともに隠されることとなる。こうなるとしかし，むしろ「観念論」が表に出てやすい。隠れた「観念論」を隠せば，二重否定で隠れが破れるからである。

臨床心理学の扱う「心の問題」の中核部は，「精神異常」「精神障害」との言葉つきで示される。すなわち，心のうちでも「精神」を扱っている。目が見えない，耳が聞こえないなど感覚に「障害」が認められても，ふつうは「精神障害」ではない。感覚器や感覚神経，末梢から情報を受ける脳の部分などをまず調べる。それらに異常の見当たらない場合に限って「ヒステリー」など（近ごろでは「解離性障害」や「身体化障害」などとも呼ばれる）となり，心理療法に掛かるのである。すなわち，少なくとも感覚は，精神性の強い成分から区別され，「物質的」に扱われている。物質である神経に、分かりやすく直結するからである。こういう感覚が損なわれただけでは、精神の「深み」は現われないのだ。これに対し精神の方は、物質・肉体との結びつきを、たやすくは明かさない。最終的には脳神経に結びつくとしても、仕組みがずっと込み入り精妙で、もしかすると霊妙に違いない。だからこそ「深い」心理療法に適するのだ。

はっきりと「観念論」に傾くものの、心はすべて精神になり切っていない。ここでの「事例」の立場にさえ、今もなお「物質的な心」は生き残っているのである。とは言え、これは分割汎心論なので、必ずしも「唯物論」を進めない。形式的には、〈精神／物質系〉の仕分ける二種類の心のどちらを重んずるかで、どちらにも転び得る。しかし西欧の慣らいなら、肉体と精神を分ける限り「観念論」の優位が避けがたい。精神の理知性を何より大事としたトーマースと、それを穢れた物質から切り離した機会原因説とが、この立場を共にしていた。臨床心理学は、心と脳の対応を認めつつも脳を考えない点で、機会原因説に近しかった。またベルナールが精神を上位として、心の成分に序列を付けたのと同じことも行なっている。例えば「ヒステリー」が、「精神障害」のうちでも最下等の疾患とされる——もちろん表向きではないが、心理治療者から蔑みを以て語られるのを常としている。それはこの病まいが、精神を理知的に表現せず、肉体に委ねてしまうからというのが有力な理由の一つである。「物質的な心」は臨床心理学からも、認められるにせよ貶めが避けられない。

ここでも「科学的常識」は肉体・物質を軽んじ、「観念論」を目指している。それでも、「唯物論」を利する動きがないわけでもない。「科学的常識」には、「唯物論」の看板も確かに備わるのであった。「唯物論」の内実がどのくらいあるのか、臨床心理学はこちらの顔も立てねばならないのか、改めて探りを入れてみる。

デカルトの哲学は、「唯物論」に導くと非難されていた。じっさいホッブズは、彼から力を得たのであった。デカルトは非空間的な精神領域をくっきり押し立て、〈領域系〉と〈精神／物質系〉の共稼ぎを、今の世にも増して徹底させていた。だからこそ松果腺の取り残しが、弱点として繰り返し論らわれたのである。ここでもし松果腺が、たとえ一部であれ精神を作り出す物質なら、なるほど「唯物論」は勢いづこう。だが、そうではないのである。

> 精神が身体のすべての部分から直接に影響されるのではなく、ただ脳髄から、それもおそらく単にごく小さな一部分、すなわち共通感覚（と呼ばれるあの能力）があると言われる部分のみから、直接に影響される。[48]

松果腺はアリストテレースより此の方の、「共通感覚」の座に選ばれた。繋がる神経が五感から感覚をもたらすと、松果腺にそれが生ずる。形や大きさなど、複数の感覚に跨がるものごとの有り様は、この「共通感覚」が捉えるとされていた。ただしこれも感覚であり、決して精神ではない。そこから精神が影響を受け、観念を形成するだけである。松果腺に精神が存在するわけでも、そこから精神が生ずるのでもない[49]。物質と精神との触れ合いは、極小に抑えられていたのである。

「科学的常識」はこれと異なり、心のすべてが脳の働きだと教える。ここで、脳が物質なのは疑いない。すると、デカルトならあり得なかった、精神的な心に重なる神経の登場が避けられない。「脳という物質」は、少なくともその一部が精神を産み出すか、またはこれに対応するのである。こうなると、〈意識革命〉のうちでも非物質性を重んずる〈意識棲み分け流〉の旗印・〈白〉無意識さえ、物質に重なる恐れが出よう。「脳科学」がこうして精神さえ脳に詰め込むとき、「精神障害」を扱う臨床心理学も反対しない。多数派への順応が性《さが》とはいえ、精神を扱う専門家が物質との重なりを認めたのである。もう、精神と「観念論」の劣勢かと思われよう。

だが、心の捉え方から見るかぎり、まだ理知主義・精神主義が優勢を保つのである。なるほど脳実質とは、「肉」に違いない。だが、精神に重なるのはそこだけに限られる。何より大切な精神をわざわざ脳に取り分ける特別扱いは、人間中心主義と理知主義との、古くからの同盟の再確認なしに成り立たない。脳という一点でだけ「唯物論」に譲歩しても、明らかで確かな意識を抱える精神の優位は揺らぎようがない。この筋は、脳室に特異な物質を見出したガル学説の「精神」そのものである。すなわち、今の世の脳もまた、特別にして唯一の機能で精神を預かる、謂わば「超越的物質」となる他ない定めにある。――ただこれは、「先端の物質科学の成果」ではない。カントら十七、八世紀の人びとの天上的で精妙な物質の残存、ないし「密輸入」だからである。

こうして「脳科学」は、まだかなり「観念論」寄りの立場にある。しかし、そのなかの「唯物論」を思わせるところを推し進めると、少しだけ別の顔が出る。「科学的常識」は、脳を他の物質と違う本性の特別な物質とは、表立っては考えない。そんな物質は、現代物理学が認めないであろう。「脳科学」のこの立場は矛盾だが、学問は必ずしも矛盾を避けて成り立つわけではない。脳の中では、「物質的」な心の感覚野と、高級な「精神」作用の連合野とが区別される。けれども連合野を作る物質にさえ、カントらの精妙な特質は、もはや無いのである。じっさい、ほとんど見分けがつかぬ有り様で、領域的にも感覚野と隣り合う。

物質科学が進歩を誇るほどに、すべての物質は斉一性に近付いてきた。つまり脳内での物質過程を特別視し、宇宙の他の部分での法則から切り離せるとは、考えにくくなってきた。「脳科学」は〈領域系〉を脳に適用し、自然科学の成果として宣伝している。しかしその拠り所は、自然科学自からの歩みにより、細ってゆくのである。加えて、心のすべてを抱え込んだ分だけ、かつて松果腺説に向けられたのと同じ疑問が、あらゆる局面で厳しさを増しつつ繰り返されるであろう。「科学的常識」と「脳科学」とは、機会原因説とは逆さまに、デカルト式二元論の弱点の拡大によって産まれ出たのである。

だとすれば、逆転が起るかもしれない。メスメルも棹さしたミクロコスモスの場合と似たことである。脳も宇宙も、同じく物質である。感覚は宇宙から、物質である神経を経て脳に伝えられる。この経路は物質系として一貫している。もしどこかに断絶があれば、物理的な変化は伝わるはずがない。それなら、宇宙と脳とは、「感覚系」としても繋がっていないか。もしそうなら、宇宙のすべてが脳と同じく、少なくとも「物質的な心」の感覚なら備えてよいことになる。こうしてまずは、汎心論が復活する。さらに、特別視されようとも、脳はふつうの物質に他ならない。宇宙のすべてが、脳と同じ原理で動いている。脳の一部が精神を産み出すかこれに対応するなら、宇宙のどこかに「宇宙の精神」が、物質とともに有るのではないか——人間の脳でも、連合野が感覚野や運動野に隣り合うのだから。かくして物質が精神を呑み込み、「唯物論」の勝利となる可能性がある。これはもちろん、まだ可能性に過ぎない。そこに至るにはたくさんの険しい、主に心理的な抵抗を乗り越えねばならないであろう。それに、脳の拡大から汎心論が成り立っても、直ちに「唯物論」にはならないのである。機会原因説を復興すれば、非物質的な精神が物質と同期しているだけ、とも受け取れる。

まったく、一筋縄では行かない。それでも、今の世の洗練された「観念論」さえ、脳という境目を跨ぐと「唯物論」に移行する道があるのは、気に留めておくのがよかろう。「唯物論者」を自任しつつ物質を探求する人と、「観念論者」として法則を研究する人とが、同じ分野を同じ手筈で扱う学者仲間となっても、矛盾は何ら生じない。どちらに転ぶにせよ、「唯物論」も「観念論」も、あい変わらず中身の違いはわずかなのである。

心の有り方については、〈精神／物質系〉からなら、まだいくらも議論の余地がある——稔りが得られるかどうかは別として。思い返せば十九世紀の末の古典力学と電磁気学には、解決し難い、しかし小さな問題が残っていた。水星の近日点移動、光電効果、黒体輻射のエネルギー状態であった。ところが、二十世紀の物理学が展開したのは、そこからであった。脳という「小さな問題の小さな矛盾」が、心の在り処について世界を裏返す一穴とならない保証は、どこにもない。

見せかけの「唯物論」と精神の優位

「科学的常識」は、表向き「唯物論」である。しかしこの世界観の実態は、ほぼ「観念論」でしかない。「唯物論」はなぜ、そんなに頼りないのだろう。〈心の囲い込み〉の論らいを閉じるにあたり、「唯物論」にもはや望みはないか、もう少し考えてみる。「科学的常識」が「観念論」を礎に作られたやり方を、こんどは「唯物論」に当てはめればどうだろう。「科学的常識」の力を裏返して、今風の新たな「唯物論」の組み上げ実験である。種を明かせば、これもやはりうまくは行かない。しかし、すでに述べた両極の重なりの避けがたさが、いまひと度び、こんどは裏側から見えてくるであろう。

「科学的常識」の「観念論」では、心がすべて精神に繰り入れられ、物質には心が認められなかった。ただ一つの例外たる脳を除けば心のない物質が取り残されていた。〈精神／物質系〉のもう一つの極みから、これに倣って考えよう――「唯物論」は何を取り残し得るのか。分割位置は、同じく精神と物質の境目に置かれる。ただしこんどは物質側に、心のすべてを囲い込むのである。分割効力は、やはり最大とする。すると心がすべて物質となり、「精神的な心」は存在し得ないこととなる。しかし「科学的常識」の「観念論」は「心のない物質」を残したのだから、「唯物論」も精神の実在を否定できない。精神は、確かに有るのだ。それはどんな精神なのか――。「科学的観念論」と同じく考えるなら、こんどは「心のない精神」が残るはずである。

「観念論」でも物質を取り残してくれたのだから、こんどは「唯物論」がお返しに譲るのである。「唯物論」で心すべてが物質となったいま、「心性」を備えるのは物質となることに他ならない。物質性を持たないのが精神なら、「心のない精神」は、「心性」をも備えてはならない。――そんな精神はありえないと思う人は、今の世の常識に染まりすぎている。じつはかつてなら、それこそが最も望ましい精神であった。例えばトーマースは、こう考えていた。

　もし神の本質を見ようとするなら、表象像から切り離される必要がある。というのは、神の本質はいかなる表象像を通しても見られえないし……人間が途上の生の状態で神を本質によって見ることは、感覚からの切り離しなしには不可能である。【50】

　ここで除外されている感覚と表象は、「物質的な心」である。つまり、持ち上げればまさに「唯物論」に近付く質《たち》の心である。それがここ、神を知るという何よりの大事において省かれた。トーマースは、自からも神を認識できると考えていた。じっさい、すでに預言者パウロが「神をその本質において見た」としている。このときに働いたのは、純粋な精神のはずであった。もし神を見る精神があるなら、絶対に肉体・物質的であってはならない。トーマースは、この純粋な精神を「心ではない」とまでは言わなかった。しかしそれは、その頃にはそもそも、「心」という枠組みが無かったからである。

　ここでは実験として、「唯物論」の徹底を考えているのであった。「物質的な心」以外に心はないとするのが、「唯物論」である。だから、もし「物質的な心」ではない精神があるなら、それは「心」ではない。ここに記されたトーマースの純粋な理知の精神が、まさにそれである。「物質的な心」では決してないから、少なくとも「唯物論」から見る限り、心ではないことになる。〈意識棲み分け流〉の〈白〉無意識が、ここで思い起こされる。ラッセルらもはっきりと、「心理でない」理知性の領域を述べていたのであった——彼はまさしく、自他ともに「唯物論者」を以て任じていた。

　分割原理が明確で、分割効力は容赦ない。しかし、ラッセルの先駆者トーマースは、もちろん「唯物論者」ではない。ひたすら肉体・物質を蔑み、理知的で非物質的な精神に憧れていたのである。——「唯物論」の実験のはずが、いつの間にか「観念論」の極みのような話になってしまった。けれども、この特別に純粋な精神は、紛れもなく心をすべて物質に囲い込んで得られたのである。「観念論」と「唯物論」の争いは、どちらかの極に寄るほどに、裏から別の極が忍び寄る、メビウスの帯の造りなのだと、ここからも知れる。やはり〈同一次元の両極対立〉とは、ウロボロスのごとく、牙を剥きつつ一つに重なる定めなのであろう。したがって、先ほどの「唯物論」への逆転があったにせよ、今の「科学的常識」が続く限り、ほとんど名目だけとなるに違いない。

「唯物論」の性《さが》のうちに、「観念論」では見かけないものを探せるだろうか。おそらく、汎心論の否定の難しさは挙げてよい。じっさいに先ほど述べた、一貫した物質系をたぐっての汎心論が、近ごろはアフォーダンス説などとして表われている。物質科学は表向き「唯物論」だから、汎心論を促しても不思議はあるまい。なるほど心がすべて物質でも、物質のすべてに心があるとは限らない。だが、特定領域の物質が他と別の法則に従うのでないかぎり、「唯物論」を採るなら、心を〈領域系〉で囲い込む原理は見出しにくくなる。また、人間の体を作る物質を他と区別できないので、〈人間系〉も表立っては働きにくくなる。素粒子の物理学では観測問題で、物質と心の領域の重なりが問われる。古典力学さえ、観測が「正常な」感覚器と意識とを含んで成り立つことは、あえて語られなくとも、前提に組み込まれている。もちろん、化学などでも同じである。ラヴォワジエの「運動なくして感覚なしの公理」は、ただちに汎心論を導かないが、物質と感覚との縁の深さを語っていた。

振り返ってみよう。「科学的常識」は表向きが「唯物論」、実態はほとんど「観念論」であった。だが、これを裏返して「唯物論」の実を探すと、かえってスコラ風の「観念論」に行き当たってしまった。どちらに向いても、西欧の慣らわしでは、観念の優位を捨てることができないのである(「東側」では、「観念論」を逆立ちさせただけの、気性のみ激しい「唯物論」も見られるが、採り上げるゆとりはない)。

「科学的常識」を支える理知的な精神が、「唯物論」から来る汎心論を抑え込んで、今の世の〈心の囲い込み〉は保たれているのである。表向きが「唯物論」の実証科学は、「運動あるかぎり感覚あり」との、ラヴォワジエよりさらに強力な「公理」を秘かに抱えている。これは物質から感覚への直通路を開くので、〈領域系〉の汎心論までもう一歩である。辛うじて汎心論を免れるのは、脳への〈心の囲い込み〉の働きによる。ここまでは、表向きの「唯物論」がそれなりに効いているのである。物質から来る感覚を重んじ、また脳の物質のみで心が説明できるはずだから、気分は「唯物論」でいられる。だが今の世の学問の世界で、物質と心との裏表の繋がりをきっぱり否定できるのは、行動主義の流れを汲む心理学のみだとさえ言えよう。

つまり、脳への囲い込みこそ、汎心論を妨げる最後の砦である。そこでは〈心の囲い込み〉の三本の系が、そろって極みに近い。しかしながら、これを推進しているのは「普通の物質過程と同じものが脳内にあり、かつそれでも脳のみが心に直接に関係する」との固い、けれども拠り所のない信念である。脳の物質過程だけに精神が連関する仕組みを明らかにした者は、これまで誰もいない。感覚、欲でも同じことである。[51] この信念を保つには、どうすればよいか――ガルに倣って「高度な精神活動」で脳を徴し付け、「観念論」寄りの立場に頼るしかない。すなわち、〈精神／物質系〉の持ち上げる高級な精神を〈人間系〉で人間に引き付け、〈領域系〉で個人の脳に囲い込む。さらにこのとき、感覚などの低級な「世俗の心」も、「羊」の如き「データ」や表象として、精神に接続する。このようにして、近ごろの「科学的常識」は形成されているのである。

この構えは「唯物論」の名に値するだろうか。なるほど脳が物質なら、名目は取れるのかもしれない――だが、あの怪しい肉体・物質の心は、どこへ行ってしまったのか。恋、喜び、愛、憧れ、憎しみ、恐れ、淋しさ、貪り、妬み、駆り立て、罪にも誘うあの力――なるほど、それらが無くなったとは言われていない。だが、これらも「自然法則に従う脳神経の発火」に過ぎないのなら、理知性の手の内なる「観念論」の軍門に降ることではないのだろうか。

「観念論」と「唯物論」の反転が起こるのは、もとはと言えばこの両極が、宗教的、政治的な敵対を背景とした

「対立のための対立」だからである。今の世なら、「科学的常識」の信念が素人にも専門家にも共有されるので、研究には妨げがない。「観念論」と「唯物論」は二つに見えて、ほんとうは一つの裏表に過ぎない。だから、〈お互い様〉が見えてこないのである。この点は、次の〈一つ掲げ〉に繋がってゆくであろう。

付け足し

〈心の囲い込み〉の、三本の糸の絡みを振り返っておこう。これらはいずれも、論理では独立している。例えば〈精神／物質系〉から、心が「物質的欲望」のみだとしても、人間の専有物なのか、宇宙の万物に行き渡っているのか、はたまた人間には無縁なのかなど色々に考えられる。それによって〈人間系〉での囲い方は異なり、緩みを生ずる。〈領域系〉に対しても、同じことである。

三本の糸が絡まるので、〈心の囲い込み〉は込み入った様子となる。歴史的な仕掛けは、論理ではすれ違うものを互いに絡み合わせるのである。このことは、論理の限界を示すとともに、歴史を無理やり論理に絡めて説得する試みの危うさをも示唆していよう。さて、この歴史的な動きの主因は、〈精神／物質系〉の糸と考えられる。この糸は、決め手が曖昧なまま厳格な仕分け要求を、あれこれの局面で突きつけてきた。その解決を求めて〈人間系〉と〈領域系〉も動員されたところが大きい。したがって、〈心の囲い込み〉の中軸をなすのは、〈精神／物質系〉なのである。

三本の糸の醸し出す未解決の困難の一部は、「心身問題」とも呼ばれてきた。西方キリスト教で磨き上げられてきた霊肉二元論の遺産だが、今の世でもなお、見掛けを変えて様ざまなところに顔を出す——いわゆる科学方法論の埒外に置かれつつ、それでいて科学の歩みを縛っているのである。世の多数派の慣らいに沿う臨床心理学も、これに絡められている。そして〈意識という想念〉を人間の至宝、心の病まいを癒やす妙薬と崇めつつ、このどっちつかずの厳格さのなかでの「専門性」の道を歩むのである。「開祖」とされてきたメスメルが、いずれの糸にも絡められなかったのを顧みれば、隔たりの大きさに驚きを禁じえない。

三本の糸は、あくまで〈心の囲い込み〉をほぐすために取り出した。だから、その他の観点では、遺漏があるに違いない。とは言えまた、各おのの糸の論理での独立から、組み合わせに応じ、理屈では非常に沢山の心の有り方を描き出せよう。それらの可否を探り、またこれまでの思想に重ねて互いの繋がりを考えるのも面白かろう。

例えば、〈人間系〉の囲い込みを止め、〈精神／物質系〉で心をすっかり精神にしたうえ、〈領域系〉で空間でない精神の在り処を定めれば、宇宙全体に関わる精神を物質世界とは別次元に見出す立場となる。スピノザが、ほぼこれに当たるであろう。また人間に心を囲い込みつつ、心の正体は肉体の欲で、人間の全身に満ちていると考えればショーペンハウエルやニーチェに類縁の世界となろう。極端な場合には――〈人間系〉の囲い込みを裏返し、人間以外のすべてが心を持つとする。〈精神／物質系〉では物質側に肩入れし、心はすべて記憶物質としてみる。さらに〈領域系〉でその物質が、人間の足の裏に巣くう生物だとしよう。そして人間の体とその足の裏に寄生する「記憶生物」以外に、物質はないとする。すると人間領域をなす宇宙の大部分に心はないので汎心論ではない。人間とは、マクロコスモスすなわち人間臭い宇宙全体から「記憶生物」を差し引いたもので、心の無い肉体になる。「心でない純粋な精神」も存在しない。このとき宇宙は、人間の足の裏にある非人間的な物質原理によって考えられ、人間の体として運動する――などという飛んでもない世界さえ、考えられないことはないのである。

それらの成り立つ可能性、また筋道の質《たち》や、歴史での符合などを探れば、近現代の常識の狭さが浮き彫りとなるに違いない。しかしここでは、〈意識という想念〉をめぐる「心の近代」の成り立ちを考え、その中軸となる臨床心理学／心理療法の性《さが》を炙り出すのが課題である。一息ついて、「心の近代」の〆縄の、最後の筋に移ろう。

●註

【1】「アニミズム」という用語が、近ごろの我が国では親しみやすいのかもしれない。しかし、この言葉を唱えたタイラー（Tylor, 1871）の考え方にはかなりの歪みが認められるので、これを採らない。人間が自から内に抱く非物質的な魂を、じっさいには魂を欠く外部の物質的な自然に投射して認める、との枠組みである。近代心理学と軌を一にするが、「アニミズム」は一種の錯覚ないし迷信で、合理的な思考の発達に伴い乗り越えるべき「原始的段階」との位置づけになる。人間中心主義の構えでもあり、また〈心の囲い込み〉の出来上がった時代の世界観を映しており、そのまま受け容れるわけには行かない。

我われの〈うぶすな〉では魂を人間に限る前提がないので、天地万物に心・魂を認めて必ずしも誤りではないし、訂正を待つ身でもない。「アニミズム」を用いれば、西欧人には我われの「後進性」の告白と映る。岩田（1984）のように、この言葉を再解釈する試みもあるが、依然として低い評価を免れがたい。本書ではこれから、この種の思想を表すのに「汎心論」の方を用いることとしたい。

【2】私自からもこの種の論文を書いたところ、複数の学術誌から掲載を拒まれた。癲癇患者の発作時の体験の考察から、筋肉の力感と重力との係わりで生ずる世界の変容を論らう精神病理研究であった。ところが、個人の人格から離れた筋肉や物理現象に心を認めるかのごとき記述は、あまりに「飛躍」が多く強引とされ、門前払いとなった。しかしながら、汎心論の可能性をまず論らっていたら、それだけで一つの研究となる。ここで定説の地位を得ないかぎり、肝心の癲癇論にはいつまでもたどり着けないであろう。裏返して、心の脳への局在を論証なしに無条件で足場にした研究は、巷に溢れている。

けれども、今の世の我が国の研究者でも、ひそかに汎心論に共鳴している人が、じっさいには多いのである。例えば安永は、精神病理学のいわゆる方法論を述べた単行本（安永 1986）の中で、次のように述べる。

たった一人で書斎で書きものをしているとき、花瓶に生けられた花は、私をみつめているごとくではないだろうか。それどころか壁すらも自分をみつめてはこないだろうか。夜空を仰げば満天の星が自分に何か語りかけてはこないだろうか。そしてこれらは、それこそ自己投入の結果ではなく、逆に自己投入を可能ならしめるところの基盤ではなかろうか。（p.54 強調は實川）

後半ではっきりタイラー的な立場が否定され、むしろ「心ざま」が、自然一般の属性として語られている。この文章の初出は『現代精神医学大系』第一巻C（1978 中山書店）だが、学術的な文章でありつつ、かつ学術雑誌に載る論文ではなく、随筆的な筆致で書かれている。

客船「ふじ丸」の船長・畠村外志行氏は、操舵室に祀られた神棚について私が問うと、「日本は八百万神で、何にでも神様がいるから」として、これが船の神を祀るものとの考えを示された。〈時代遅れだから外せという話はないか〉との問いに、「そこまで勇気のある人はいないだろう。私は恐くてとても外せない」と、また〈今まで、神様を粗略に扱って恐い目にあったことは？〉と問えば「無い。だいいち、粗略には扱わない。恐いから、いつも必ず丁寧にしている。これが最高の安全装置だと思っている」と答えられた。自衛艦にもあるそうだが、まだ調べる折りを得ていない。

ただし畠村氏は、外国船では船霊を祀った例を知らないという。「プレヤールーム」などと呼ばれる部屋があり、そこで乗組員たちが各自の信仰に基づいた祈りを捧げる場合は多いが、「船の神」は考えないとのことであった。いわゆる「一神教」では、物体に神性を認めれば「偶像崇拝」となり、罪と考えられてしまう。「先進工業国」の一翼を担う我が国で、船霊の如き汎心論の慣らわしが守られているのは得難いばかりでなく、むしろこれからの世界を開く手掛かりともなろう。

【3】Diels-Kranz, 11A22 山本（1958, p.7）より。

【4】プラトーンは「この宇宙は、神の先々への配慮によって、真実、魂を備え理性を備えた生きものとして

生まれたのである」（『ティーマイオス』30 B-C）と言い、アリストテレースは、例えば『形而上学』第十二巻第七章 1072b などにこの考えを記している。

【5】ガル／Gall（2004）とくに t.3。

【6】例えば、Bergson（1896）。

【7】エレンベルゲル／Ellenberger（1970）（訳書 上 p.67）。

【8】シェイピン／Shapin（1979, 1996）。

【9】ラディ／Radin（2006）。

【10】ワトソン／Watson（1913）。

【11】例えば、現代イギリスのサール（Searle, Ann, 1999）の著した教科書には、「意識」への言及がまったくない。「経験」や「知覚」は採り上げられるが、すべて「反応」をデータとして処理したうえ、推測されるものである。

日本理論心理学会の会長を長く務め、心理学の理論研究に力を入れているはずの森正（2004）は、ワトソンが研究を行動に限定したことを批判しつつ、しかし、次のように述べる。

> しかし、人びとが心理学に期待する知識は、観察可能な刺激と反応との関係に尽きるものではなかったから、これらのアプローチは「心を失った心理学」と皮肉られることにもなった。観察不能なレベルに進行する心的過程が行動（刺激－反応）の性状規定に大きな重みを占めているとすれば、その部分を軽視して、満足な行動の理論が構築できるわけもない。

意識など「内面」の心の考察が求められている。だがそれは、あらかじめ「観察不能」と断定したうえの話である。このあとには「新行動主義」などのモデル作りの話が続く。そして「アウトプット」に至らない心的営みもある」と言ったうえでそれは「観察不能な位相」だとする（pp.14-15）。〈領域系〉囲い込みでワトソンとまったく同じ立場にあり、ただ、彼の捨てたものも考えよ、と述べているのである。

【12】今に通ずる原子構造の解明は、思い掛けない実験結果が引き金だったという。金箔にアルファ線を当てると大部分は透過し、かつわずかに散乱する。だが、ごく一部だけが大きく進路を変え、なかには手前に戻ってくるものもある。これは実験を行なったラザフォードにとって、想定外の結果だった。しかし彼はそこから、原子の中心部に桁外れに小さな原子核がある、と推定できたのである（長岡半太郎のほうが早かったのだが、その辺りの事情はよけて通ろう）。

二股に分かれた「迷路」の先の一方に餌を置いてネズミを走らせ、どちらを選ぶかの実験ならどうだろうか。ネズミがどちらにも行かず、分かれ道の所から戻ってきてしまった場合、何が推定できるだろうか――様ざまに考えられよう。物理学の場合よりはるかに多彩で面白そうである。だからこそむしろ、異論の余地のない結果は導けない。物理学では原子の内部に、－の電気を帯びた電子の他に、＋の電荷を持つ何かがあるとまでは見当がついていた。そのため、異論の余地が乏しかったのである。ところが心理学では、心の構成部品など雲を掴むような話である。実験・観察の結果はたくさんあっても、これを受け止める確かな枠組みがない。だから、一つの観測から分かることはすなわちその観測結果だけ、という場合がほとんどとなる。いまの例なら、まさに「二股の迷路では、ネズミが戻ってくることもある」ことが確実に知られ、「実証された」のである。だが、そんなことをわざわざ実験で確かめる必要があるのだろうか。これはおそらく、実験費用とネズミの命の無駄使いに他ならない。

けれども、ほんとうに結果が得られたなら、まだよい方なのである。じっさいには、こうした予想外のデータは「実験目的に沿わない」として捨てられてしまう。心理学者はおおむね、この類いの出来事に出会うと、「迷路の左右どちらを選ぶか調べているときに戻ってきたのだから、実験は不成立だった」と考える。ほんとうは心が働いているのに、「無かったこと」にされてしまうのである。そうして、都合のよい「きれいなデータ」だけを集める。それでもデータが集まれば、「実証」されたことになるのである。そんな有り様で実験や調査を繰り返し、物理学の真似をしたつもりでは、笑止の極みである。実験心理学者のほとんどが、自からはいわゆる科学方法論に詳しいつもりなのに、ほんとうは何も知らない。あるまっとうな物理学者は、心理学の世界に触れての〈揺さぶり〉を、次のように記している。

……例えばネズミを迷路に入れて走らせるさまざまな実験が行なわれましたが、はっきりした結果はほとんど出ていませんでした。ところが１９３７年にヤングという人が、ちょっと面白い実験をやったのです。彼は長い通路の片側にネズミどもの入ってくるドアをたくさん設け、その反対側には食物の入っているドアをずらりと設けて、どのドアから入れても入ってきたドアから数えて三つめのドアに必ず行くよう、ネズミを訓練することができないものかと考えたのです。ところがネズミどもは必ず、前に食物の置いてあったドアへ、迷わず直行するのです。……ドアの表面の質や感触……食物の匂い……実験室の中の物の配置や光の位置でわかるのではないかと通路に覆いを……とうとうネズミは床を走るとき、その響きの具合でドアの場所を覚えているのだということを発見しました。床が響かないようにするのには、通路の部分を砂の中に置くしか方法はありません。このようにしてヤングは、ネズミが感づきそうな可能性を一つ一つ取り除いていった結果、はじめてネズミをだますことができたのです。そしてネズミどもが第三のドアを記憶せざるを得ないように訓練する条件を作ったわけです。……これこそ第一級の実験です。なぜならドアの違いがわかるのは、こういう理由からだろうという憶測によらず、実際にこれを示すことができたからで、これでこそ迷路にネズミを走らせる実験に意味が出てくるのです。そしてこの実験結果は、この種の実験において、細心の注意を払ってすべてをコントロールするためには、どのような条件を作らなくてはならないかを、はっきり

> と示しているのです。
>
> 私は彼のこの実験を土台にして、その後どのような実験が積み重ねられてきたかを調べてみたのですが、驚いたことに次に発表された実験も、その次の論文も、どれ一つとしてヤングのことなど少しも引用していないのです。通路装置を砂の上に置くべきとか、細心の注意を払うべきとかいうヤングの規準など、全然使われてもいないのです。どの実験も、ヤングの非常に大切な発見などそっちのけで、あいも変わらず普通りのやり方でひたすらネズミを走らせている。ヤングの論文にすら触れていないのは、ヤングがネズミについては何の発見もしていないからというのですが……ところが実は、ネズミの行動について何かを発見しようとする者なら、誰でも絶対しなければならないことを、ヤングはすべて発見しているのです。しかし、こうした肝要の実験にも注意を払おうとしないのが、カーゴ・カルト・サイエンスの特徴といえるでしょう。
>
> （ファインマン／Feynman（1985）（訳書 pp.303-305））

少し古い話だが、この有り様の大方は、今も変わっていない。そして、こうした取り扱いを受けているのが、ネズミだけではない。ネズミですらこうなので、人間が相手ならきちんとした分析はほとんど絶望である。なんらかの実験や観察、調査から数字が導かれると、これで何かが「実証された」ことになる。ここで「実証された」とは、得られた数字を掲げて好き勝手な解釈を語る権利を得たことに他ならない。近ごろでは、電算機の力を借りると、大量のあやふやなデータのあいだに相関を見出すのはたやすい。そして相関を整理する軸を「因子」と呼び、思いつきで名前を付ければ研究になると考える人が多いのである。統計学上の「因子」をただちに心の因子に置き換えても、批判されることはまずない。だから、安心して「研究」が進められるのである。

もっとも、この恵まれた環境で「自由闊達に」仮説モデル作りに励んだつもりでも、今の世の在り来たりからはみ出すことは、まずない。――無内容な表向きの数値は、今の世の慣らいに沿った語りを添えてこそもっともらしく見えるからである。ところが、慣らわしの深い根は研究の対象にできず、つまりは隠し事となっている。隠し事が「自由」を縛るとき、「自由」のつもりでいることこそが、最も先入観に縛られた有り方に導く。したがって、こうした研究をいくら「深めて」も、〈領域系〉囲い込みの破れる見込みはまったくないのである。それらの研究が、囲い込みを験証したわけではない。だが、それを前提に置いた圧倒的な「研究」の数量が、前提が立証されたかの如き錯覚を産むのである。大もとのところでは、やみくもにネズミを走らせるのと何も変わっていない。

【13】じっさいの治療場面では、面接室や個々人の内部への囲い込みの破れを感じさせられる場合は多いが、これが報告、研究に正面から採り上げられることはまず無い。隠し事となっている慣らわしのタブーに触れるからである。なお、ユング派で言われる「共時性」では、「偶然の一致」なので影響・因果関係は無いと強調されている。

【14】ただし、ここで囲い込まれているのは精神のみであり、デカルトが心を全面的に空間の外部に置いたかどうかは、検討の余地がある。これについてはまたのちに採り上げる。

【15】トーマース／Thomas（Summa contra Gentiles 2-68-9）。

【16】キース・トーマス／Thomas, K. V.（1971, pp.177）。

【17】デカルト／Descartes（1641-1647, AT VII 86-7）など。

【18】ラッセル／Russel（1914）（訳書 p.267）。

【19】トーマース／Thomas（1265-1273 第1部第八十五問第1項）（訳書 6, p.289）。

【20】シュタイネル／Steiner, Rudolf.（1920）（訳書 p.146）など。

【21】ウ・ジョーティカ／Jotika, S.（2006, pp.222-223）ほか。

【22】トーマース／Thomas（1265-1273 第一部第八十一問第三項）（訳書 6, p.205）。

【23】トーマース／Thomas（1265-1273 第二項）（訳書 6, p.202）。

【24】フロイト／Freud（1909/1918）。この読み方は、西欧の絵画における「象徴表現」すなわち、リンゴなら原罪、ザクロは情欲、豚はユダヤ人など、型に嵌まった人間臭い当てはめとよく似ている。なお、松本京子と私の共著（2007）では、猫の霊そのものを扱った事例研究を掲げた。

【25】サールズ／Searles（1960）。

【26】クロッパー／Klopfer と Davidson（1962）（訳書 pp.154-155）。

【27】言わずもがなと思いつつ、この馬鹿げた解釈が私の本意ではないと、蛇足のお断わりを記しておく。「実存主義者」なら気に入ってしまう恐れを、無しとはしないからである。我が国の多くの心理臨床家は、西欧思想の下地、足場を考えず、心理学理論やテストそれに面接技法をただの便利な道具と見做す。心理テストの勉強とは、手引き書に沿ってきちんと実施できるようになることと考える人が多い。大学での授業も、そんな考えで行なわれるのが実情である。だがそれは、肝心の心を知らないばかりか、顧みようともしない振る舞いではないか。ましてこれらの知識を武器に、「普遍的な真理」を手にした専門家を気取っては、まことに危うい。もっとも、我が国の心理療法家たちは、テストや技法を作り出した思想を弁えないが故に、かえって知らないうちに〈うぶすな〉の流れに沿った動きをする場合も多いのである。無知が「忠実な紹介」を阻み、我われの心を護ってくれている。「頭でっかちではいけない、臨床の現場を大切に」とは、この分野でよく掲げられる建て前だが、一理あると言わねばならない。心理療法家の学校での成績は、悪い方がよいのである。

【28】シッペルゲス／Schipperges（1985）（訳書 p.16）より。

【29】カント／Kant（1781-1783）。

【30】デュルケム／Durkheim（1924）（訳書 p.39）。

【31】デュルケム／Durkheim（1924）（訳書 p.38）。

【32】フロイト／Freud（1921, pp.128-129）。

【33】フロイト／Freud（1921, p.129）。

【34】ルボン／Le Bon（1895）。

【35】トーマース／Thomas（1265-1273 第一部第八十問第一項）（訳書 6, p.193）。

【36】トーマース／Thomas（Summa contra Gentiles 2-68-9）。

【37】トーマース／Thomas（1265-1273 第二－一部第八十問第二項）（訳書 12, p.225）。

【38】トーマース／Thomas（1265-1273 第一部第八十二問第五項）（訳書 6, p.229）。

【39】http://www.britannica.com/EBchecked/topic/260549/Jan-Baptista-van-Helmont

この頃はもちろんメスメルらの時代まで、つまり十八世紀になってもまだ、「想像力」には「像」を外界から掴んで取り入れ、体内で物質化するとの説も有力であった。だから、妊婦が何かよくないものを見ると、胎児にホクロができたりもする（ショット／Schott, 1998）。ドイツ語で「想像」はEinbildungだが、これは「像を取り入れる」とも読める言葉である。メスメルの動物磁気の質《たち》は、この古い「想像力」に重なるものであった。

【40】ベルナール／Bernard（1865, 1-2-1）。

【41】村上（1976）はこの動きを「聖俗革命」として重視する。しかし、ユダヤ＝キリスト教の神はもともと名を隠すのを好む。この宗教では、神の名を妄りに口にしてはならない。だから「世俗的」な装いですっかり覆われても、消えたり「死んだ」りしたと即断するのは危険である。この神が「意識」の偽名のもとに新たな活動を起こしたとして、不思議なことはまったくない。

【42】バークリ／Berkeley（1734）。

【43】ホッブズ／Hobbes（1651）。

【44】先にも述べたとおり、〈意識革命〉における、飼い馴らされ毒抜きされた「羊の如き感覚」は、理知性つまり精神寄りだと私は考えている。ただ、この点の詳しい論らいは、別の折りを待ちたい。

【45】物質と精神の他にまだ何かがあり、そこにも心が認められるなら、別の展開が考えられる。インド哲学はもちろん、西欧の神秘主義でもそのあたりが匂ってくるのは避けられない。しかし、あまり話が込み入ってもいけないので、ここでは考えないことにする。

【46】ペンフィールド／Penfield（1975）エックルス／Eccles（1979）。ただし、実際の研究では終始、心のない物質として神経を扱っていたのだから、心が発見できるはずはない。はじめから抱えていた矛盾に、晩年になって気付いたのである。

【47】カント／Kant（1755, Dritter Theil Von den Bewohnern der Gestirne.）。この頃の天文学では、土星が最も遠い惑星であった。その運行の遅さと想定される寒さとから、占星術では老いと死、悲しみなど、好ましくない扱いであった。天文学者でもあったカントが、これを最新の学説から覆そうと試みていたのである。

【48】デカルト／Descartes（1641-1647, AT VII 86-87 / IX 69）（訳書 p.194）。

【49】デカルト／Descartes（1641-1647, AT VII 87 / IX 69）。

【50】トーマス／Thomas（1265-1273 第二－二部第百七十五問第四項）（訳書 23, p.113）。

【51】チャルマーズ／Chalmers（1996）の言う「ハードプロブレム」が未解決なのもその一例である。

一つ掲げ

「心の近代」の〆縄を撚る三本目の筋は、〈一つ掲げ〉を名とする。〈一つ掲げ〉とは、言葉のままに、「一つの何かを掲げる」との謂いである。高く掲げてこの「一つ」を目立たせ、誉めそやし際立たせる動きで、またそこから出る様ざまな効き目をも含める。メスメルの動物磁気は、物質と生命体の有り様すべての礎であった。だから「一つ」しかないし、重みのある要めに違いない。そこで〈一つ掲げ〉に当てはまるかと見えよう。しかし、違うのである。動物磁気理論には、これから述べる〈一つ掲げ〉の有り様が、ほとんど見出せない。彼はここでも、〆縄の縛りを受けていないのである。

　この三本目の筋は一つには、それ自からが近代と前近代とを隔てて横たわるのでない点で、際立っている。むしろこの筋は、古代から今の世までを貫き、言わば時間軸に平行に置かれていると言ってよい。一本目の筋〈意識革命〉は、短い時の間の急な起こりであった。兆しこそ十七世紀に遡れるが、十九世紀の中頃にいきなり形を整えた変革である。したがってこの筋は、時間軸を切断している。二本目の〈心の囲い込み〉は始まりが古く、古代まで辿れる。だが、紆余曲折を経てようやく二十世紀に、今と同じほぼ「仕上げ」の姿となった。時間軸との係わりを言うなら「斜め横断」であろう。これらに対し三本目となる〈一つ掲げ〉は、成り立ちそのものが古い。自からもまたいくつもの成分を抱えるが、各おのが古いし、融合も古代の終わりごろにはほぼ出来上がっていた。それより此の方、二千年近くの長きにわたりほぼ同じ仕組みが、世界のあちこちで働き続けてきたのである。

　ではこの筋を、なぜあえて「心の近代」の〆縄に加えるのか——それは、縄の強さが増すからである。この古い筋の働きで、他の新しい筋も縛めがきつくなる。〈一つ掲げ〉の仕組みはなるほど古いけれど、近代に入ってから新たな勢いを得て、近代という一つの世界を掲げ、目立たせてくれている。もとより西欧において、ことにその影は濃い。西欧近代の慣らいは、地球上すべての「標準」になるべしと自覚している。「西欧という一つ」を目立たせる働きが、ここに働いているのである。〈心の囲い込み〉と同じくルネサンスには、〈一つ掲げ〉もやはり緩んだ。しかしこれは、西欧思想史のうちで珍しい動きと言える。この筋に絡むメスメルの勲しは、実証主義時代を前にしての「反動」の最後の光芒、線香花火が消える前の小爆発であった。

〈一つ掲げ〉は、ちょっと見には単純そのもので、当たり前とさえ、今の世では思われる。ところがじっさいには、殊更に入り組んだ混ぜ合わせから成り立っている。他の〈うぶすな〉の慣らわしを見渡せば類い稀な性《さが》なのに、西欧の仕来たりに果たしてきた長く重い役割が、どこでも当たり前であるかの如き振る舞いを許している。それほど深く、西欧に根付いた仕組みなのである。だから、ここに絡む思想家もまた多い。名付けこそ私流だが、「独創性」を言い立てようとはまったく思わない。しかし、夥しい先人の所説の整理は難しく、それだけで一仕事となる。ここでは、話が分かりやすくなるくらいに絞り、手短かに枠組みをまとめてみる。

考えと下地

「唯一」からの対立

〈一つ掲げ〉は、西欧思想史に頻発する「唯一」「絶対」「完全」などの考えと、その働きをひっくるめた用語となる。「唯一」とは、ただ一つしかないことなので、単純きわまりないかと思わせる——けれども、それは見せかけである。「一つのみ」と言われたときには、もう「二つめ」が思われている。「絶対」とは、対になるものを見出せない関係のはずだが、そういう関係そのものは「相対」との相対関係からのみ知られうる。「完全」のはずのものは、これを誇った時点でもう不完全との対比により、他から補われている。こうした矛盾の連鎖によって、実態は限りない錯綜を宿すのである。「唯一」「絶対」「完全」の強調は、錯綜を隠蔽する手だてに過ぎない。〈一つ掲げ〉において「唯一」とは、絶対に必要な偽りの名なのである。

「一つ」への疑問もさることながら、これに「掲げ」が加わると矛盾はもっと膨れる。「唯一」と言われるとき、ほとんどの場合にその「一」は、低い何ものかを土台に高く掲げられている。つまり、引き立て役が動員されているのである。「二つめ」の力に頼る「唯一」は高さについても、低さに支えられる矛盾でのみ成り立つ。だから、引き立て役の方が目立つ場合があるし、「絶対者」に刃向かう者さえ現われても不思議ではない。いやむしろ、仕組みそのものが反逆を誘うのである。

掲げられた「一つ」は、「優れた」ものとして具体化される。このときの「優れた」持ち前が、真理、善、美、存在、自由、完全、正義、勝利、支配、積極性、能動性・活性などである。「優れた」ものなら高く持ち上げ、崇めるのが似つかわしいと、ひとまず思われよう。「絶対者」を「掲げる」構えは、この見立てに沿っている。しかしほんとうは、「優れた」ものが上とは限るまい——受け止め、礎となり、下支えしてもよいではないか。すなわち、上方や能動性・活性への偏愛もこの思想の特異な複合を徴すところと、ここから知れるのである。

ひるがえって低い「二つめ」は、反抗すれば「反逆者」となる。だがこちらもまた、その名を真に受けるわけには行かない。「劣った」反対者は、虚偽、悪、醜、虚無、隷属、欠陥、不正、邪悪、敗北、従属、消極、受動性・不活性などを持ち前と見られる。そして低く、下に押し込められる。こちらもほんとうなら、下とは限るまい——が、ともかくその支えで、「唯一」「絶対」「完全」の優秀者は立っていられる。すなわち、「優れた」ものは、「劣った」ものの〈お蔭〉を受けているのである。けれどもこれにあえて目をつぶり、引き換えに攻撃し、滅ぼし、無きものとすべき対象の地位を与える。そして、「醜い嘘つきの悪者」などと札掛けするのである。

この避けがたい反対者は、〈一つ掲げ〉を崩しかねない危険要因、獅子身中の虫かと見えよう。だが、決してそうではない。反対者に支えられてこそ、「絶対者」は成り立つのであった。だから刃向かう者でも、〈一つ掲げ〉の原理を否定するとは限らないのである。反逆者は多くの場合に、せいぜい地位の入れ替えを図るに過ぎない。つまり〈一つ掲げ〉の枠組みは、そのまま残すのである。その限りで反対者は〈一つ掲げ〉そのものにとって、極めて保守的である。さらに、「絶対者」を表向き批判しつつも、ほんとうは倒して入れ替わろうさえせず、かえって最高の引き立て役を務めあげる場合がある。一つだけ具体例を挙げれば、イエス・キリストに対するユダが、その右総代をなす。キリスト教では反逆が最大の罪だが、ユダの振る舞いがいかに悪逆非道と決めつけられても、これを省いてはイエスの事跡が意味を変えてしまう――近ごろ見付かった『ユダの福音書』はこれを説いているらしいが。

この類いの込み入った事情が、〈一つ掲げ〉には、常に織り込まれる定めである。ヘーゲルはこの二元性をみごとに利用し、壮麗な弁証法の哲学を組み上げた。だが〈一つ掲げ〉は歴史のなかで、必ず「質的な展開」を伴うのであろうか。ここでは古代から今の世まで、見掛けこそ異なるが大もとは一貫した仕掛けとして考察したい。

なるほどメスメルもまた、宇宙の「唯一」の原理を語っていた。だがメスメル説には、「二つめ」の反対者がない。これだけでも彼の説は、〈一つ掲げ〉を免れるのである。動物磁気は、それ自らが宇宙をすっぽり覆うので、何かに支えられての高く尊くは不可能である。運用面においても同じであった。立場が違い、敵対してよかったはずのガスネルを、メスメルは非難も攻撃もしなかった。それどころか、動物磁気の力が自分以上に備わっていると認め、称賛をさえ送った。動物磁気理論からは、何をどうやろうと他の原理での治療ではあり得ず、対比すべきものが見出せない。だから、反対者を撲滅の必要も起こらなかった。また彼は、科学者として誇りを持ちつつも、動物磁気の検知や教育の面では、素人も専門家も平等に扱っていた。動物磁気は、反対者を拒んだり独り占めできる質《たち》のものではなかった。つまり「唯一の」とは言われても、掲げられた「一つ」とは意味を異にし、また掲げられようもなかったのである。

「唯一」からの序列

〈一つ掲げ〉では、「一つだけ」を言挙げつつも、「二つめ」の対極が必ず「一つ」に比べられる。ところがさらに「二つめ」でも止まらないのが、この三本目の筋の、もう一つの重い性《さが》なのである。「一つ」を掲げるためなら、筋からすれば「二つめ」までで足りてしまう。けれども、じっさいには「三つめ」から後が、数珠繋ぎに出てくる。つまり〈一つ掲げ〉では、無際限の序列化が避けられないことになる。

ものごとをきっぱりの二分けには、いつもきっちり無理が掛かる。それに、「これしかない」と「一つ」を掲げてみても、〈お蔭〉を受けている反対者の力は強い。だから、反対者を敵として煽らなければ、呑み込まれる恐れさえあることになる。そこで〈一つ掲げ〉の実態は、両者のあいだの綱引きとならざるを得ない。あれかこれかを二分法で問い、「どちらに付くか」を迫る仕掛けとなってゆくのである。

あれかこれかは、「どちらに近いか」を産み出し、限りなく多くの相対性に化ける。あいだのものごとは、ただ中間にあるのではない。それらは掲げられた「一つ」と、敵対する反対者とに挟まれ、身の証しを強いられ続けるのである。この仕掛けにより、「一つ」に最も近いものから対極に接するものまで、一次元での序列形成が避けられない。この序列が上下、優劣、正義と邪悪、支配と服従、自由と隷属、能動と受動などの程度ないし値として示されると、様ざまな質と量とが交錯する。すなわち、〈一つ掲げ〉は「唯一」を掲げつつ、じっさいには多様性を帯びたものごとを、両極のあいだに並らべる仕掛けとならざるを得ない。こうした世界では、「相対性」とか「多様性」と言われても、謂わば差別による多元性なのである。その意味するところが対等な多元性とは異なることに、重々気をつけねばならない。

さて、「唯一」がほんとうは唯「一つ」でない点で、〈一つ掲げ〉の看板には偽りがある。だが、「一つ」の筋立てが、全く働かないわけでもないのである。なぜなら、掲げられたものがほんとうは絶対でなくとも、上下・優劣などの序列は一次元であり、かつ一方向的とされるのだから。この限りで「一つ」が、したたかに生き残る仕掛けとなっているのである。反対者に支えられつつ、その〈お蔭〉を隠し事とする。ひとまず、異なるものとの出会いはありそうだが、〈お蔭様〉も〈お互い様〉もあり得ない。それどころか、敵対と軽蔑と攻撃の賑やかさに紛れ、この喧嘩場のぐるりを顧みるゆとりもなくなる。この序列と闘いと差別の世界がすべて、つまり他と比べる術もない〈論語〉となるのである。

この「一つ」が力を伸び伸び振るうと、「どうしても」とか、「絶対的」にとか、あるいは「事実」として、人間やものごとの序列を決めつける。劣った下の者が何を言おうが、「客観的に見て」負け犬の遠吠えだったり、懲りない悪あがきでしかない——「真理は一つ」なのだ。こうした言い草の使い回しが、〈一つ掲げ〉の他にない味わいを醸し出してきた。今どきの身近な例では、学力試験の偏差値による序列や利潤の量などによる「成果主義」の評価が、分かりやすいところとなろう。満点が「唯一」の高みに決まっている。数値で示される明白な「真理」の裏付けを伴うから、利潤の多いほど評価も高まるのが最適にして最善と決まっている——批判は、やっかむ者の仕業だ。

臨床心理学における〈欠けの眺め〉も、この筋から出ている。〈欠けの眺め〉とは、この学の対象の有り様を、完全な健康からの〈欠け〉、埋めるべき欠損と見做す構えであった。[1] ここでは反対者が、「精神障害」「心の病まい」などの名で呼ばれている。治療の対象は、欠かせぬ役割を振られることのないのが、目立つところである。「欠けている」だけなら、ちょうど光の欠けが麗しい陰翳を彫るように、必ずしも埋めるべきとは限るまい。だが〈欠けの眺め〉のそれは、すべからく変わり、「直る」のを求められる〈欠け〉であった。「劣った」「低い」ものが「優れ」の対極に置かれ、〈一つ掲げ〉の性《さが》をくっきりと示している。

ここまでを振り返ってみよう。〈一つ掲げ〉とはまず、「唯一にして絶対のもの」のみに拠ると名目上は唱えつつ、まことは「二つめ」の反対者を支えに、「一つ」を高く「掲げ」ることである。反対者は貶められ責められるが、裏腹に、隠し事となった不可欠の役割を盾に、目立たない力を揮い続ける。次にこの構えは、掲げられた「一つ」から、支えの「二つめ」までのあいだに評価の次元を配し、対極関係による一次元・一方向で、ものごとを序列化する。このような、建て前では「唯一」を唱えつつ実相は双極の対立で、そこから序列と差別を産みだす仕掛けを、〈一つ掲げ〉と名付けるのである。

「善のイデア」から「存在の大いなる連鎖」へ

アーサー・ラヴジョイ（Lovejoy, Arthur O.）は、一次元での序列とこれに基づく支配の正当化が西欧思想史を貫くと認め、かつての西欧で人口に膾炙した「存在の大いなる連鎖（mirabilis rerum connexio / the great chain of being）」との言い回しで纏めた[2]。この言葉は、ユダヤ=キリスト教の神に創造された「存在者」つまり「被造物」すべての、途切れのない上下の序列を指す。古代に始まり近代に至るまで、西欧の世界観の屋台骨を組み上げてきた思想である。〈一つ掲げ〉は、彼のこの提案に重なるところが多い。

「存在の大いなる連鎖」を手軽に知るのに、おそらくよい例が、生物の分類学にある。すべての生き物を、人間が頂点の一次元の系統とするのが、この分野での十七世紀頃までの枠付けであった。生物を、完成の度合いで上下一列に並らべるアリストテレースの思想をもとにする。ただし、これを採り入れたスコラ哲学の体系は、キリスト教にふさわしい新たな拠り所を求めた。人間をこの世の支配者とする、『旧約聖書』創世記の記述がそれを担った。[3] 宇宙を創造した神が、まず最高の支配者である。これは「唯一」で別格の、「存在そのもの」とされる。その下には天使が、天空を舞っている。これらに及びも着かないとは言え、地上では人間が最上位を占め、支配者となる。人間とよく似た猿がその下に、次第に人間から遠い四足獣、鳥、魚、昆虫と並らび、さらに木や草など植物が、直線をなして続く。最も下には鉱物、土、水、大気といった無生物が置かれるのである。

最上位で別格の、絶対的で完全な支配者が神で、最高の理知性を備える。能動性・活性が支配の力で、これを最高かつ無限に保持しているのもこの神だ。人間はと言えば、これらの特性を、神には及ばないながら受け継ぐ――それは、人間が神を象って造られたからなのだ。すなわち、理知性を備えた魂を持つ「霊長」として、地上の支配を委ねられている。人間の下の序列の決め手は、やはり能動性・活性の程度であった。無機的な物質は、単純で魂がなく、受動的で不活性、つまり自発的な活動をまったくしないから、最下位になる。受動的で単純なら値打ちがないとの考えである。人間とそれらとの中間に動植物が置かれ、やはり魂はないが、幾分かの能動性・活性は与えられている。いずれにせよ、驚くべきことに、他の「存在者」すべては地上の支配者たる人間のために創られたという。例えば馬は、人が乗るためにいて、この目的にふさわしい姿をしている。全知全能の神が造ったのだから、これこそ理性に沿った仕組み、すなわち「合理性」なのだ。神が与えた知性を用いて、人間にはこの仕組みが捉えられる。この上下の序列は創造のときより此の方、そして未来永劫、決して変わることがないのだ。[4]

〈一つ掲げ〉は、この「存在の大いなる連鎖」の着眼に多くを負う。あえて別の名付けにしたのは、「連鎖」という呼び方では、連続性が表に立ちすぎるためである。私としては、「掲げられた一つ」に目を留めたい。「存在の大いなる連鎖」は、ラヴジョイにとっても、起点となる「一つ」から始まる。そして連鎖する駒の各おのが、常にここからの隔たりを測られ、評価されるのである。この点を考えれば、彼の名付けが不十分に感じられてしまう。とは言え、まずは彼の所説に沿いつつ、「存在の大いなる連鎖」の成り立ちを考えることから始めよう。

この「連鎖」の起こりは、ラヴジョイによれば、プラトーン哲学に遡る。彼は『ティーマイオス』『国家』ほかの解釈から、次のように論らう。――「善のイデア」は、何にも増して望ましい。望ましいものすべてを備えるので、自からで満ち足り、他の何ものをも欲しがらない。すなわち自足しているから、妬んで侵すこともない。ところが、それほどの完全さゆえに、このイデアが不完全のもとになる。[5]そして、完全から産み出された不完全と、もとの完全との隙間のない繋がりが「存在の大いなる連鎖」を紡ぎ出すのだという。いったい完全がどのように、不完全を産み出すのだろうか。しかしその前に、この時代の「自足」と「完全性」の有り様を考えておこう。今とはかなり食い違うので、これが分からないと見当外れになるからである。

古代ギリシアでは、「ある」は「なる」とで対をなす。つまり「ある」は、必ずしも「無い」とは結びつかないのである。プラトーンに従って語れば、次のようになる。――「ある」からには、「なる」ことはない。なぜなら「なる」は、「ある」ではないゆえにできるのだから。もし「ある」ものが「なる」なら、「ある」と矛盾する。したがって、これは不可能なのだ。「なる」とは、「あることのないもの」のみにできることで、「なりつつある」などは、言葉の使い誤りでしかない。――この論法を使うと、「子供である」人は、大人に「なる」ことができない。何であるか、何になるかの中身を省いた詭弁で、はっきり言って詰まらない話である。だが、こんな屁理屈を使うにも、それなりの狙いがあった。

まず第一に、次の区別を立てねばならない。つまり常に「ある（エイナイ）」もので、「なる（ギグノマイ）」ことをしないものとは何なのか。また、常に「なる」を続けて、「ある」ことのけっしてないものとは何なのか。前者は、常に同一を保つもので[6]……

「常に・永遠に」と、「同一で変わらない」こと、これらへの強いこだわりが見取られる。何故かは知れないが、得るためには詭弁でも弄する気構えが凄まじい。そして「ある」という言葉で、この「永遠不変の自己同一」を表わしたいと考えている。

「ある」と「なる」とのこうしたすれ違いは、我われの〈うぶすな〉の語感から、かなり隔たっている。このままではかえって誤解を産みやすかろう。むしろ、前者を「存在」と呼び、後者を「生成」ないし「変化」とする硬い言葉遣いの方が、分かりやすそうである。すると、「存在するとは、生成・変化せぬこと」と言える。プラトーンは、この意味での「存在」を重んずる。「存在」とは「永遠不変の自己同一」、詳しくは「不生不滅で、永遠に不変で不可侵の、自己同一に自足すること」と言い表わせるであろう。欲しいものも、付け加えるべき何ものもないのが、理想の境地なのである。なお、「あることのない」の「ない」は、意味の否定であり、「存在」を否定する「無い」とは異なる。

多くの人に、ことに我われの〈うぶすな〉に暮らす人びとには、幾ばくか奇異の感を与える理想であろう。すべての人間、あらゆる場所の慣らわしに「普遍的」とは、とうてい思われない。なるほど「動かざること山の如し」は素晴らしいが、「疾きこと風の如く」も捨てたものではない。生々流転は恥ずべきでなく、むしろ麗わしい。何ゆえに、ヘーラクレイトスなどを例外として、多くのギリシア人たちが同一にこだわり変化を嫌ったのかは分からないし、探求するゆとりもない。ともかくも西欧文明には、この理想が深く根ざし、今の世に至るまでその流れを縛っているのである。

自足する「善のイデア」と二つの完全性

古代ギリシアでは「オン」（存在すること・するもの）の名にほんとうに値するのは、己れの成り立ちに自からを恃むのみで足りる場合である。「自立」しかつ他から「独立」していてこそ、「自己同一性」は得られる。つまり〈お蔭様〉も〈お互い様〉も、含まれようがないのである。「先祖のお蔭で自分がいる」とか「自分一人で生きているのではない」と考える〈うぶすな〉の我われには、あまりに馴染みにくい。「障害者の自立」などとの言葉遣いで知れる如く、この流れはすでに今の我が国にも及んでいるが、そこからはかえって落ち着きの無さがこぼれてくる。

さて、古代ギリシアで「永遠不変の自己同一」を備える「自立した存在」の総代格が、イデアまたは形相〈エイドス〉である。プラトーンはこう語る。

同一を保っている形相というものがあり、生じることも滅びることもなく、自分自身の中へよそから他のものを受け入れないし、自分がどこか他のものの中へ入って行くこともなく……【7】

なるほど、「存在」がはっきりと立っている。すでに述べたとおり、それは「無い」や「虚無」とは対をなさない。プラトーンにとって、形相の最高のものが「善のイデア」であった。このイデアは、「真」も「美」も、さらに「存在」をも超えるとされている。【8】だから「虚無」もまた、すべからく超えられているわけである。キリスト教での「存在」と「虚無」の両極対立は、のちに述べるが、この世界から激しく異なる。この異なりが、〈一つ掲げ〉はもちろん、今に通ずる西欧世界の成り立ちの肝と言うべき辺りである。

ただ、ここでの「善」の意味も、我われの〈うぶすな〉の語感とはかなり異なるので気をつけたい。古代ギリシア語の「善（アガトス）」は「役立つ」こと、つまり「用向きに適った」、またはその意味で「巧みな」ことが基いである。だから豊かさ、便利さ、財産などが重きをなす。その理想を表わす「善のイデア」とは、欲しいものは何でもある豊満・充足で、自足の極みである。他に求めることがなく、他からも手出しをさせない。これが素晴らしいことなのだ。したがって「善」は、「悪」の対語ではない。「善なる泥棒（アガトス・クレプテース）」とは、アリストテレースの言い草だが、[9]何なりと欲しいものをいつでも盗めれば豊満・充足だから、「善の極み」に位することになる。義賊でなくとも腕前さえ確かなら、この言葉遣いでよい。

さて、ラヴジョイは、豊満・充足の極みにあって「最善」の自足を誇るこの「善のイデア」を、「最も偉大で美しく、最も完全」と語る。すなわち、完全性に着目するのである。完全から不完全へと連なる「存在の大いなる連鎖」が始まるのは、ここからとされる。——「完全」とはしかし、そもそも何なのであろうか。

「完全無欠」と言うからには、何であれすべてが欠けずに備わることかもしれない。例えばアリストテレースは、「完全（テレイオン）」に三つの定義を与えている。[10]そのはじめが、「それ以外には、それのいかなる部分も、一つの部分さえも、見い出されえない」となっている。定量的かつ論理的な質《たち》の定義と言えよう。豊満・充足の極みで自足する「善のイデア」だから、これに当てはまりそうである。

しかし「完全」は、「善のイデア」の持ち前であった。「善」の用向きとしての意味を考えれば、論理的な完備よりは、自足のための役に立つ望ましさに傾きそうでもある。役に立たないものは、持っていても仕方がない。すると、アリストテレースの二つ目の定義が当てはまるかもしれない。「巧みさ（アレテー）や良さ（ト・エウ）の点において、それの類いのうちに、それを超える何ものもないもの」で、好みや評価としての質《たち》が出ている。「完全無欠」は、欠点が無いと考えれば、こちらの意味にも取れる。なお、三つ目の定義は「終わり（テロス）に達したもの」だが、ここでは触れないでおく。

「完全」の二つの意味は、「至れり尽くせり」という限りで、似た感じがする。だがよく考えれば、両立しがたい有り様を備えている。はじめの定義なら、すべてが備わるからには、望ましくないものの組み入れも見込まれよう。

しかし、次の定義では逆さまに、望ましくないものがすっかり排除されてこそ成り立つ。だから、両者を突き合わせると、矛盾の出る場合がある。公理系が完全なのは、すべての命題の肯定または否定が証明できる場合で、望ましい命題だけを証明したのでは足りない。片や、野球の完全試合には、ヒットや出塁が含まれてはならないのである。もっとも、近ごろでも「完全」は二つの意味の入り交じった用い方となっており、ふだんの暮らしならそれで困らない。

　二つの完全性に名前を付けておこう。はじめの、望ましくないものも含めた一網打尽の完全を〈丸抱えの完全〉、あとの、欠点を排した方は〈選りすぐりの完全〉と、この書では呼んでおく。論理的に見ると、両者は包含関係にないものの、矛盾するのでもない。別の成り立ちをしており、両立は困難だが、不可能ではない。あらゆるものを揃えれば、〈選りすぐりの完全〉は難しかろう。しかしながら、すべてが好ましい場合も、決してないとは言い切れない。裏返して、〈選りすぐり〉が実現すれば、〈丸抱えの完全〉とはまず思い掛けないが、もしかすると、みんな揃って選ばれたのかもしれない。

「存在の大いなる連鎖」ないし〈一つ掲げ〉は、これら二つの完全性をめぐる追いかけっこから芽生えてくる。よく似ているが並び立ちがたく、それでも両方を手に入れたいと思わせる。日ごろの暮らしで困らないのは、我われの構えが場合に応じて変わるからである。つまり、我われは「なる」世界に住んでいる。けれども、ある意味で純粋なる「永遠不変の自己同一」を求めれば、この乱れた世俗の右往左往が受け容れがたいものとなる。そして辻褄を合わせるため、押しつ押されつが始まるのである。妨げあいつつも離れられない二つの考えを縦横の糸に組みつつ、これから述べてゆく込み入った模様が、織りなされる運びとなる。

産み出しから不完全が

さていよいよ、完全性で自足している「善のイデア」から、いかにして不完全で劣ったものを含む「存在の大いなる連鎖」に至れるのだろうか。ラヴジョイによれば、「善のイデア」の完全性には、二つの意味を橋渡しするかと見える力が備わる。それが「産み出す」ことであり、次の手順で導かれる。――もし「善のイデア」に、自分以外のものを産み出す力がないなら、完全性を作り上げる要素をひとつ欠くこととなる。それでは完全でない。しかし、「善のイデア」は完全なはずだ。したがってこのイデアは、産み出すものでもあるのだ。

この筋書きは、〈丸抱えの完全〉からなら、すんなり受け入れられそうに思える。完全たるには、何であれとにかく備えるべきなら、産み出しが加わるのは当たり前だろう。けれども、〈選りすぐりの完全〉からでは難しくないだろうか。「善」のもとの意味は、役立つ望ましさの豊満・充足であった。自足していて、もう何もいらないはずなのだ。そこで産み出しにこだわるなら、ほんとうは足りないからだろうと言われかねまい。加えて、産み出しには「産みの苦しみ」の伴うのが、周知の事実ではないか。苦しみが望ましいとは、一ひねりしなければ受け入れがたい言い立てである。

すなわち、自から造り出したり産み出す必要は、プラトーンの意味での「善」の追求からは、直ちに導くことができない。それにも拘わらず、「善のイデア」には産み出しが備わらねばならぬとされた。これは何を意味するのか――この力そのものが、何ゆえか強く望まれたとしか、考えられない。〈丸抱えの完全〉に沿ってすべてを取り揃える向きに進むにせよ、ものごとに備わる有り様は、無数にある。このとき、産み出しを無数のうちからとくに選んで求める事情は何か。これは、別に説明せねばならない。他を顧みず内にに籠もる自足の完全を誇りつつ、いつの間にか外への産み出しが付け加わった。己れの豊かさだけでは足りなかったのだと、考えるべきではないか――いや、そう言ってしまっては「足りる足りない」の枠を越えられない。むしろ、己とは違うものとの出会い、

〈お互い様〉の芽生えをここに認めてよいのかもしれない。惜しむらくは、この芽は育たないのだが。いずれにせよ、この力は明らかに、それ自からの他を圧する望ましさにより、「善」に組み込まれたのである。すなわち産み出しは、唐突に無条件で、「原発的」に強く望まれて登場した。それにより、〈選りすぐりの完全〉に向かいつつ、〈丸抱えの完全〉をも満たそうとしたのである。

別の言い方をすれば、ギリシア的な「善」が逆立ちを始めたのであった。この「善」はもともと、所有と消費の立場から考えられていた。自からは働かず、したがって産み出さず、かつ「善いもの」をできるだけ集めて自足する――奴隷制の市民社会との繋がりが思われるけれど、そこには踏み込むまい。ともかくも生産は労働として軽蔑されていたはずである。それが、ここに来て急に「善」に転じた。この力の立ち上がった違和感を、ラヴジョイは手短かに、こう書き記した。

> 自己充足している完全さという観念が大胆な論理的転換によって――はじめの意味を全然失わずに――自己を超越する豊饒さの観念に換えられたのであった。[11]

かくして、ともあれ「善のイデア」に、産み出しの力が備わった。この力が何かを産み出せば、それは「善のイデア」から、このイデアによって産み出されたものである。したがって、「善のイデア」自からではありえない。ところが「完全」とは、「善のイデア」であることなのだ。つまり、他のものならば完全ではない。丸抱えと選りすぐり、いずれの完全であれ、「善のイデア」と異なるからには、そこには至り得ないはずなのだ。ゆえに、「善のイデア」からは、完全でないものが産み出される。いや、それしか産み出されない。こうして、不完全で望ましくないものが、必然的に産み出される。――ラヴジョイの解釈に従うかぎり、圧倒的な望ましさを備えるはずの産み出しは、あたかも「不善」のためにあるかの如く振る舞う。

選りすぐって丸抱え――〈一つ掲げ〉より弱く

このプラトーン説に磨きをかけたのが、世界のすべてを「一つ」からの流出で説明した帝政ローマ時代の新プラトーン派(三から五世紀頃)だとされる。代表者の一人プローティーノス(204-269)は、「一つ」の完全なる源泉からすべてが産み出され、かつ、この仕組みからは優劣が必然になると説いた。

すべてが強調されるから、こちらの筋立てには〈丸抱えの完全〉の影が濃い。しかしやはり、望ましさへのこだわりも見逃せない。産み出す「一つ」が完全なのだからこの多様な世界も全体として「美」であるに違いない、と語られるからである。この「美」の優位は、古代ギリシアの神話世界から引き継がれている。「善」より「美」を重んずるのが異なるけれど、完全性に望ましさを求めるところは、プラトーンと同じである。だからこの筋からも、〈選りすぐり〉の響きは聞こえてくる。

さてここから、不完全で望ましくないものが、いかにして産まれるか。ラヴジョイはプローティーノスの『エネアデス』から、「劣れるものを除こうとする者は、摂理そのものを除こうとする」との言葉を引く[12]。美は、優劣の違いあってこそ、実現できる。――悲劇の舞台で、登場人物が麗わしい英雄だけならどうなるか。見苦しい奴隷や百姓が舞台に出て美を乱している、などと言いがかりをつける者がいたなら、それこそ悲劇が分かっていない。低俗な人物のお蔭あればこそ、一つの芝居は欠けるところなきものとなる。彼らを除くなら、一つの全体としての美を損うのだ。

プラトーンから新プラトーン主義に受け継がれたこの流れに「存在の大いなる連鎖」の源を認めるのが、ラヴジョイの解釈である。いかに完全な「善」と「美」から始めても、必然の摂理あるかぎり「善からぬ」あるいは

「美ならぬ」ものが多様性のなかから生ずるという。たしかに上下、優劣が導かれているかに見掛けられる。

しかしながら、ここで立ち止まって考えねばなるまい。こうした差別は〈一つ掲げ〉に比べれば、まことに緩いものでしかないからである。ことにプローティーノスなら、望ましからざるものでも全体の美の内に留まり、欠かせない役割を得ている。蔑まれたり攻撃されたりは、ないのである。それどころか、「劣った」ものも加えた「みんなで一つ」が、選りすぐりの美を造りなす。起源の「一つ」とは異なるものの、流れ出た全体が「一つの」完全性へと丸抱えされるわけである。プラトーンが「善のイデア」の外に置いたものを、すなわちラヴジョイの解釈に従うかぎり完全性の外に置いたものを、プローティーノスは美を通じて〈丸抱えの完全〉の内へと呼び戻した。[13]流れ出したのだから、その限りで「一つ」とは、たしかに区別される。けれども、全体としての美を求める構えが、この区別を乗り越えさせるのである。

反対者を踏みつける〈一つ掲げ〉への道は、思いのほか険しい。新プラトーン派はもちろんだがプラトーンの場合でさえ、〈一つ掲げ〉での上下関係、とくに一次元の序列の持つあの独特の味わいには、辿り着けていない。なるほどプラトーンなら、産み出されたものは「善のイデア」から区切られ、くっきりと劣位を得ていた。宇宙に住む者たちに永遠の自足はならず、生成・変化・消滅に委ねられ、不完全なる「不善」がつきまとう。だが、「不善」どうしでは、互いの序列がはっきりしない。それらはただ、「善のイデア」に及びも付かない限りで「不善」なだけである。なるほどプラトーンにも、真、善、美の程あいを問う構えはある。太陽の光の明るさが夕方から夜へと衰えるように、「善」もまた薄れてゆく場合がある。[14]だが、その薄れ方の物差しとなると、極めてあやふやでしかない。

考えてもみよう――「不善」なるものが完全から「欠けている」として、欠け方の質《たち》には様ざまがある。左の欠けと右の欠けに、序列を付けるのは難しい。色が褪せたのと汚れが付いたのではどうか。つまり、ただの欠けでは、下方への一次元の連鎖は産まれないのである。プラトーンでは〈選りすぐりの完全〉への傾きが強いけれど、選ばれなかったものを深追いはしない。蔑んだり責め立てるべき「悪」とは異なり、「不善」もまた、有って当たり前なのだ。その限りでプラトーンにも、〈丸抱えの完全〉はしっかり働いている。

プローティーノスなら、この点がもっと明らかである。欠けた、劣った（と思われる）ものさえも、求められ、大切にされるから、〈丸抱えの完全〉がくっきりと姿を現わす。「欠けた」「劣った」と、言葉の上で軽んじようとも、〈お蔭様〉は感じ取られているのである。役割に掛け替えがないからには、見掛けの悪いのは名前だけで、中身は立派なのかとさえ疑われる――神話においては、門番がしばしば大賢者であるように。異なる立場のすべてが揃ってはじめて全体の「美」が産まれるなら、この「美」は〈お互い様〉で成り立つことになる。

一次元の序列が入り込む隙は、ここには見られない。彼らの試みは、「選りすぐって丸抱えに至る」身構えとも言えよう。すなわち、産まれたての「存在の大いなる連鎖」のこの有り様には、いまだ〈一つ掲げ〉の立ち上がりが認められないのである。

豊満・充足の「善」から〈完全強迫〉へ

単純かと見かけられる〈一つ掲げ〉はこのように、いささか思いがけずも、たやすくは出来上がらない。とは言え、「存在の大いなる連鎖」が始まったばかりでも、兆しはなるほど含まれている。ラヴジョイは、自足した「完全なるもの」の、産み出しを得たがゆえの変わり身、そこからの相対性の迸りに、序列への始めの一歩を見ようとした。彼は「善のイデア」や「一つ」を、引き比べを超越した「絶対者」と見做すのである。そしてこの「絶対者」が、自から産み出した不完全者と向き合う有り様を指し、「不変の実体とは相反するものに、すくなくとも含意と因果律とで結びつくため、本当は絶対でない絶対者」がここで誕生した、と論らう。[15]

なるほど、重みのある言い立てである。不完全なものをいかに蔑もうと、このときにもう「絶対者」は、已れ以外と比べられる立場に入り、相対性に捉えられている。他を産み出した「絶対者」自からが、この相対性の源をなすのである。プラトーンの「善のイデア」は、他と比べて問われれば答えざるを得ない——自分の方が完全に決まっている、と。だが、いかに圧倒する優位であれ、もはや相対者の立場からである。プローティーノスの「一つ」が係わる已れ以外のものとは、自から産み出したにせよ「二つめ」なのである。こちらは、もう「唯一」ではいられない。いずれでも「絶対者」は、この名で呼ばれる限り、矛盾を抱え込まざるを得ない。〈一つ掲げ〉に向かって歩めば安心を得るとは限らない。「絶対者」の眼の前に不完全なものが現われると、その「絶対者」は優越感に浸れるだろうか。そうに違いない——が、次の刹那には、自からが引き比べられる「相対的な絶対者」になったと気付くであろう。見下したはずの相手は、突きつけられる矛盾の証しであった。

たしかに、〈一つ掲げ〉への強い後押しである。掲げられた「一つ」は常に、あってはならないはずの反対者に支えられるのだった。その枠組みへの道が、ここで拓かれ始めている。しかしながら、ここまで現われたのは「絶対者」でない何かに過ぎない。すなわち反対者の「候補」ではあれ、まだそうと決まったわけではないのである。

さてここで、「絶対者」は完全なのであろうか——「不完全な絶対者」などいるはずもなかろう。ここでのラヴジョイの見立ては正しい。もし「絶対者」が不完全なら、それは完全なるものと比べてそうなのだから、「相対者」となってしまう。ただしそれは、「完全なのか」と問う場合に限るのである。完全性などはじめから眼中に無い、つまり完全性を超越した絶対者がいてもおかしくはあるまい。「完全な絶対者」とは完全性に執着した絶対者のことであり、完全性は「絶対」のための必要条件ではない。それでも絶対者たらんとすれば、多くの場合には、完全を求める欲が働らくのであろう。そして何ゆえか、ここでの「絶対者」も完全を目指したのであった。

すると、すべてを揃えなければ完全でないとの、論理の手筈が織り込まれたことになる。これは〈丸抱えの完全〉の場合だが、〈選りすぐりの完全〉なら「善いものをすべて」となるだけで、要めは同じである。たった一つの小さな否定辞で立場の逆立つのが、論理の世界である。完全性は、この論理と水魚の交わりにある。だから「絶対者」さえ、完全を誇る限り、論理での不利な事実に安心を奪われる。しかもこの不利は、ひと度び出来れば消えることがない。

反対者候補の立ち出でに加え、〈一つ掲げ〉への歩みを後押しするもう一つ、ある「神経症」がここに認められる。それを〈完全強迫〉と名付けよう。「相対的な絶対者」は己れでない相手方に比べられて成り立つ――もやは「絶対者」と言えなかろうが、ここでは目をつぶっておく。さて、少なくとも相手方は「絶対者」ではない。したがって、完全性が問われる限り、相手方は完全でもない。「絶対者」としては得意満面だが、その足許には論理の罠が忍び寄っている。なにしろ「絶対者」が産み出したのだから、不完全なものは、げんに実在している。すると、完全なものでも不完全になる可能性が、少なくとも論理的には常にある。「絶対者」は相手方と、「含意によって」結びついているのである。「不完全であることの可能性が実証された」と、言ってよかろう。「完全な絶対者」とは、「不完全性に脅かされる絶対者」でもある。

完全を求めて選んだ産み出しのはずが、かえって完全を脅かす。しかも、完全のみならず、「永遠不変の自己同一」という理想も、筋道からしてもはや崩れてしまったことになる。完全でなくなることへの恐れ、「不完全恐怖」と言うべき感情の現われるのが避けがたい。この恐怖を主症状とする神経症が、〈完全強迫〉である。恐怖が執着と裏表に絡み合って、強迫症を徴し付ける。〈完全強迫〉とは、完全性への偏執とそこに起因する解消不能な脅えのことで、裏返して言えば、不完全恐怖に急かされつつ完全性を空しく求め続けるなりゆきのことである。完全性が〈選りすぐり〉でも〈丸抱え〉でも、脅えは変わらない。この病まいは今に至るまで西欧の人びとの身を離れず、そして近ごろは、我われの慣わしをも侵し始めている。「完全な絶対者」とは「足りなくなることを恐れる絶対者」、つまり「足るを知る」ことのない境地の者である——我われの〈うぶすな〉では、長らく蔑まれてきたのだが。
「善のイデア」が産み出しを得たほんとうの訳は、よく分からない。またどうして〈完全強迫〉が生じたか、余すところない解明など、やはり不可能に違いない。その試みそのものがまさに完全性への執着で、この病まいの感染を疑わせる。しかしながら、手掛かりくらいなら掴めてもよかろう。次にそれを考えてみる。

〈完全強迫〉の古さ

「善のイデア」や「一つ」は何ゆえに不完全を恐れ、完全を求めて追い立てられるのか。つまり、なぜ〈完全強迫〉を抱えるに至ったのだろう。何かを産み出せば原因たる「絶対者」さえ、因果律に組み込まれて相対化される。加えて、完全性を問う場合には、含意により不完全となる可能性が突きつけられ、これでさらに「永遠不変の自己同一」をも危うくする。恐怖が煽られるのは間違いなかろう。では、ここを〈完全強迫〉の始まりと認めてよいだろうか——不完全恐怖は、産み出す力を得た代償なのか。

プラトーンの「善のイデア」は、ラヴジョイの解釈では、完全なら産み出しも含むとして、論理の運びから宇宙を造った[16]。そして、この産み出しを備えたがゆえに、「絶対者」の質《たち》が画期的に変わった。これは二段構えなのだが、もとはと言えば論理が産み出しを呼び込んだからには、論理への「原発的」な執着からの一本道となっている。しかしながら、これらの見方では足りないと、私には思われる。論理のみでなく産み出しにも「原発的」選好が見られることは、すでに述べた。論理だけでは人間さえ動かないのに、「絶対者」を揺さぶるのは荷が勝ちすぎよう。また、もしラヴジョイの言うとおりなら、産み出しの前に不完全恐怖はまったく無かったはずである。けれども、不完全恐怖のほうが不完全者の産み出しより古いとの証拠はある。

この「絶対者」は産み出す前にもう、豊満・充足だから「欲しがらない」と誇っていたのである。ほんとうは欲しいからこそ、欲しがら「ない」と言う。そして、欲しがるのは足りなくなる恐れがあるからに他ならない。そしてまさに、産み出さなければ「完全でなくなる」が、すなわち不完全恐怖こそが、心配の種だったのである。「永遠不変の自己同一」で「ある」はずの「絶対者」が、完全でなくなるのを恐れていた。「なる」は「ある」の対であった。つまり完全でなく「なる」ことは、完全性のみならず、同じ様で「ある」を続ける自己同一の理想をも壊すのである。この深い脅えこそ、〈完全強迫〉に他ならない。論理の働きは、あったのかもしれない。だがそれのみならず、「不完全になりたくない」との、心理的な脅えにも駆られていたはずである。

　そうだとすれば「善のイデア」は、はじめから「絶対者」ではなかったことになる。ラヴジョイはまた、プローティーノスから「完成の極にあるものと最高の善とが、あたかも物惜しみしたり無力であるかのように」との言葉を引く[17]。ここでは、力を見切られたり、ケチと思われたくない用心が見え透いている――「絶対者」がこんなことを考えるのだろうか。「絶対のケチ」は、あってもよさそうである。ただしそれなら、恥じる理由はあるまい。ところがここでは、違うのだと見栄を張っている。いずれも他と比べられるのを持ち前に、そのうえで、いくら比べられても大丈夫な備えを求めていた。完全でありたい欲は、不完全になる心配をあらかじめ抱えてこそ成り立つのである。「限りなく豊かな相対者」たらんと望めば、すべからく不完全恐怖に追われる――百戦して百勝すれば満足でも、百一戦目がどうなるかを誰も教えてはくれない。つまり、これら見かけの「絶対者」は、はじめから不完全恐怖を性《さが》としているのである。

　アリストテレースでは、「反対者を持たない第一の原因」との考えが現われる。この「原因」なら、なるほど「絶対者」に近いかもしれない。しかしプラトーンの場合には、「最善」と「自足」こそが要めであった。いずれも、他者あってこそ成り立つ枠組みである。プローティーノスの「一つ」も見栄っ張りなので、言葉の見かけほどには完結していない。この「一つ」を「絶対者」と見る限り、彼の筋立ては破綻したことになる。しかしながらいずれも、他と比べてかまわないと考えれば、つまり「相対者」だとすれば、矛盾も撞着もない。むしろほんとうは、比べてどれほど際立つか競っているのである。

ラヴジョイは、相手方を認めないはずの「絶対」にこだわり、これをプラトーンとプローティーノスに見出そうとしていた。こうした解釈は、のちのキリスト教の教義に引きずられた深読みではなかったか。はじめからそんなものを読み込まなければ、古代ギリシアの世界はまた別の顔を見せてくれるのではないか。己れの産み出したものも含めて「他の様ざまな一つ」と交わる大いなる丸抱えの筋書きとして、つまり〈お互い様〉の構えの一つとして、それなりに納得できる見込みが立つ――不完全恐怖からのお互いの見栄の張り合いも、またよしである。

「完全」を豊満による自足と定義したアリストテレースの教え子が、アレクサンドロスであった。彼は「欠けたることもなし」と思えるほどの大帝国を築いた。しかし、強迫的と言うべき彼の飽くなき侵略は、産み出すよりまず他から奪うことであった。完全には足りないからこそ、欲しがったに違いない。ひるがえって、キニク派のディオゲネースは、評判を聞いて訪れたその大王に望みのものを尋ねられ、「陽が当たらないから、そこをどいてくれ」と応えたと言われる。酒樽を寝ぐらの無一物の暮らしぶりは豊満・充足の対極で、欲を捨てたのかもしれない――「タルを知って」いたのか。だが、何も望まない構えは、満ち足りの見せつけとも解しうる。ラヴジョイの解釈でも、豊満・充足において「善のイデア」と通ずるのである。そう考えれば、何ごとにも心を乱さないエピクロス派の平静（アタラクシア）、情に流されないストア派の無感動（アパテイア）などにも、自己充足と「永遠不変の自己同一」とをひけらかす傾きが見て取れる。いずれも、己れとは違う相手方あっての振る舞いとなっている。〈お互い様〉にちょっと似ているのだが、そうではない。相手方を敬い、学び、受け容れる構えがないからである。〈お蔭様〉を感じないと言い換えてもよい。あくまでも己れが偉いのである。そして、やはり彼らの身構えからも、どこか強迫的なこだわりが感じ取られるであろう。すなわち彼らにおいても、〈完全強迫〉が産み出しより先んじていたことになる。

不完全恐怖と産み出しの欲――だが、まだ足りない

「善のイデア」や「一つ」の自足した安らぎはすでに、完全を誇ったところから脅やかされていた。産み出しが不完全恐怖を造り出したのではない。産み出しはむしろ、不完全恐怖に急かされて付け加わったのである。不完全への脅えが産み出しを呼び込み、産み出しは己れの眼の前に、他なるものを立たしめた。自足したつもりの者が引き比べにあえば脅えは強まり、際立とう。だがこの成り行きは、煽られて膨れたにせよ二次産物に過ぎない。〈完全強迫〉の成り立ちを、産み出しから説くわけには行かないのである。

産み出しよりも〈完全強迫〉が古いと、年代の順序を言うつもりではない。ここで示したかったのは、古代ギリシアで論理の筋から産み出しが加わったのでないこと、また、産み出しさえ加わらなければ「永遠不変の自己同一」が安泰だったわけでもないこと、そして、「絶対者」が産み出したというラヴジョイの筋書きは、この時代にはまだ成り立たないことである。これらを確かめておけば、大枠が掴みやすくなるであろう。産み出しの構えそのものは、ずっと古いに違いにない。もしかすると、「永遠不変の自己同一」はこれに逆らって組み立てられたのかも知れない――が、その辺りを扱うゆとりはない。

産み出しのもたらした脅えには、二次産物とはいえ、それなりの重みがある。古代ギリシア・ローマの真・善・美は、ラヴジョイの言うとおり、底では「何でも持っている」豊満・充足、ないし自足する「善」の枠組みが支えていた。これに付き物の気前のよさは、「持てる者の不安」から来ている。抱え込んだまま施さない「吝嗇」が、殊更に大きな罪であった。なぜなら、それがこの文明に付きまとうあの毒、すなわち妬みを呼び込むからである。自足や「完全」をいかに誇っても、他から妬まれれば奪われれるかもしれない。奪われれば足りなくなり、不完全

に転落する。そうならないために、まず施す。「欲張り」は評判を落とし襲われやすいが、先んじて与えてやれば予防できるのだ。

妬みは恐るべき衝動だが、これを欠いては西欧の暮らし振りは成り立たない。今に至るまで、言わば西欧文明の隠れた礎なのである。だが施せば、やはり持ち物は減るではないか。ここに産み出しを加えると、与えても奪われてもその分だけ、またはそれ以上に産み出せる。だから、完全性が護られるはずである。産み出しを求めたのは、いくら施しても足りたままで欲しがるなどあり得ないと、大見得を切りたいがためではないか。しかし、施すにせよ、己れではない相手方が要る。この相手方は「絶対者」を、論理によって間違いなく追い詰める。奪われない予防策が相対性をかえって増殖させ、むしろ不完全恐怖を煽るのである。後門の狼を追ったのは、前門の虎であった。そしてここからはさらに産み出して不完全を追放する努力、ないし相対的な完全性を求める循環が立ち上がることになる。〈完全強迫〉には、堂々巡りで自からを強める仕組みもまた、備わっていたわけである。

忘れてならないのが、産み出しそのものは、それだけでは〈完全強迫〉を導かないことである。まず完全への執着がなければ、不完全恐怖は起こらない。完全性を実現する手だてとして縋る場合に限り、産み出しが不完全恐怖を煽り、また産み出してさらなる堂々巡りに導く。産み出しも完全性も、ともにひとまず「原発的」に選好されるのであった。だが後者の側が、この出会いを不仕合わせに作り為すのである。

西欧の価値観では、遅くともプラトーンより此の方ずっと、完全性そのものは疑いの余地なく望ましかった。だからこそ、ユダヤ=キリスト教の神の性《さが》とも見做されてきたのである。近ごろの世界の常識でも、完全性を求めることそのものは、症状と捉えられない。家の鍵をきちんと掛けたかが気になり、何度も戻って確かめるので刻限に遅れるといった例が、「強迫性障害」の典型とされよう。このとき「障害」は、家の鍵を完全にかけることではない。結果としての遅刻が、社会人としての完全性を害なうから病まいなのである。完全性を追求し損ない、結果としてかえって不完全を招くからこそ、治療の対象となるに過ぎない。

「完全癖」は障害だが、完全性は理想だ——古代から引き続くこの「善」が、「心の近代」の慣らいにも食い入っている。国際疾病分類ICD10の「F42 強迫性障害」の項には、「これらは、それ自身で有用な課題の完成を導かない」と記されている。[18]「完全癖」とは、じつは不完全性に捉われた状態を言う。何であれ、完全性の追求を阻む限りでのみ、「なおし」が求められるのである。

しかしいま語っている〈完全強迫〉は、これとは異なる。むしろ逆さまにこの用語は、「完全性」という枠取りそのものの病理性を述べている。もちろん、個人の心理状態にも留まらない。ICD10の規定こそが、まさにこの「精神障害」にすっぽりの事例なのである。この強迫は歴史を貫く世界観として、西欧世界の造りに濃い影を落としてきた——ゆえに、ありふれて見える。古代ギリシア・ローマでこうした仕組みが出来上がっていたからこそ、長く練り上げられて、限りなく巧妙となり得た。長い馴染みが完全性の病理を保護色でくるみ、目立たず過ごせてきたのである。

これらのことは〈一つ掲げ〉を捉えるのに、外せない要めの役割を果たす。また、この筋の下拵えには欠かせない成分となっている。けれどもやはり、まだここまででは、〈一つ掲げ〉は姿を見せていない。そこにはまだ、肝となる何かが足りないのである。

虚無への梯子

「虚無」へのためらい

〈完全強迫〉はたしかに、〈一つ掲げ〉の欠かせない成分をなす。だがそれだけでは、この筋の成り立ちに、まだ足りない――なぜなら、「掲げ」が構えられないのだから。なるほど、古代ギリシアの自足した完全性には、もう不足・欠けが兆していた。「永遠不変の自己同一」とは異なる、他なる何かである。これを埋めようと、その「絶対者」もどきが何かを産み出すと、相対性はむしろいや増した。この動きを重く見れば、すでに「一つ」への反対者が芽生えていたとも言えよう。産み出されたもののいずれかが、「一つ」を掲げる下支えになるかもしれないのだから。けれどもいったい、宇宙を満たす不完全者のどれがその役を担うか、そこがまだ決まっていない。

不完全恐怖には、「落ちる」恐れに似たものが感じられる。しかし、この恐怖の質《たち》を考えてみると、ここには下への向きがまだない――これを忘れてはならない。ケチなだけなら、必ずしも転落と決まってはいないのである。先には、恥じるに及ばぬ「絶対のケチ」を考えた。だが、相対のケチないし締まり屋でも、一つの気質《かたぎ》として、気前のよい谷町と横に並んでよいではないか。豊満・充足が理想なら、なるほど不完全恐怖は出るかもしれない。しかし谷町と力を合わせ、プローティーノスの言う「全体の美」を、横並びで作り上げる道も残されている。このときに完全で唯一なのは、「掲げられた一つ」ではない。様ざまな相手方が〈お互い様〉で付き合う、その丸ごとこそが完全なので、〈一つ掲げ〉とは違う世界が開けるのであった。

ラヴジョイが古代ギリシア・ローマ世界の〈完全強迫〉に、すでに〈一つ掲げ〉の兆しを嗅ぎつけたのは、鋭さであろう。けれどもここまでなら、一次元の下方向が、一方通行にて指し示されはしないから、欠かせない支度が一つ抜けている。加えて〈一つ掲げ〉には、まだ他にも欠かせない性《さが》がある。直線的な生物分類に見られる如く、順位の上が下を支配し、己れの都合で使う権利を持つことである。さらに、下のものがたやすく「悪」となり、そうなれば滅ぼし、無に帰すことをさえ目指す。これらに至るには、〈完全強迫〉だけではなおさら役者が不足なのである。

「存在の大いなる連鎖」が、〈一つ掲げ〉の縦の一次元を組み上げるには、「二つめ」の「下」への立ち出でが欠かせない。この「二つめ」は、起点の「一つ」に向き合い、「下」向きを下劣に示すのであった。反対するだけなら「横」でもよかろう。また「上下」であっても、値打ちとしては等しい場合がある。我われの〈うぶすな〉にも親しい陰と陽の気などが、これに当てはまる。だが〈一つ掲げ〉では断じて「下」、それも悪い意味での「下」でなければならない。敵対者・反逆者の「二つめ」はこの仕組みで、断罪されつつも、まことは「掲げられた一つ」と秘かに通じている。向きとりどりの異なりをも序列化し、縦の一次元に押し込む裏付けは、裏切りの仕掛ける両極対立からこそ産まれ出るからであった。高みにいる者は、ここでやっと安心し、反対者を滅ぼしに赴ける。

「不完全」や「欠け」のみでは、向きが定まらない。序列の向きを決めるのは、「一つ」への反対者を措いてない。〈完全強迫〉が〈一つ掲げ〉へと成り込むまでには、まだもう一歩が要るのである。その歩みで開かれる場は「絶対時空間」とでも呼びたくなるが、ただし、一次元のそれである。ラヴジョイは反対者のこの役割を、おそらくはっきり自覚しつつも、敢えて言挙げを避けたと思われる。言い淀まれたのは、反対者の「虚無」としての名乗りである。これとともに、「絶対者」の根もとが、豊満・充足の「善」から「存在」へと変成することになる。「善」が捨てられるのではないが、「存在」の付録に成り下がるのである。

この変成は、新プラトーン派風の「絶対者」もどきに、ユダヤ=キリスト教の創造神話が重ねられて起こる——このときに創造神話も、大幅な再解釈を受けるが。〈一つ掲げ〉とは、ほんとうは「二つ」からなる原理であった。「絶対者」の質《たち》が「存在」を根もとに抱え、「虚無」との対極関係に臨んではじめて、向きの明らかな一次元が成り立ち得る。そして、この上下の対立と一次元・一方向性には、対立を際立てつつ再生産する仕掛けも備わっている。それがこの構えを、「永遠に不変」なものにするのである。

「虚無」が言い淀まれたのは、キリスト教の根本教義に含まれる「虚無からの創造」への批判に繋がるからである。さらには、「虚無」と秘かに通じつつ序列を産み出し続ける、かの「掲げられた一つ」にも、批判が及ばざるうには蛮勇が求められる。[19] この宗教が、学問のみならず政治、世の掟にも甚大な力を振るう西欧で、その元締めに逆らを得ないからである。

「虚無からの創造」の存在と時間

「虚無からの創造（ラテン語では creatio ex nihilo とされるのがふつう）」の枠組みを固めたのはアウグスティーヌス（Augustinus, Aurelius: 354-430）とされる。彼は、キリスト教がローマ帝国の国教となる前後にこの宗教の教義を作り上げた「教父（教会の父）」たちのうち、少なくとも西方教会における最大の権威と影響力を持つ人物で、カトリックでは「聖人」に列せられる。人生の前半はマニ教を信奉し、それからはプローティーノスの考え方にも強く動かされた。このアウグスティーヌスは、天地が「我われは造られた（facta sint）」と、万物が「我われは造られた、自分で自分を造ったのではない（se ipsa non fecerint）」と叫ぶのを聞いたと記している。[20] では、誰が造ったのか――「創造主」としてのユダヤ＝キリスト教の神だ。しかもこの神は、「創造」にあたり、一切の材料を用いなかったとされる。

あなたは手に何かを保持していられ、それによって天地を造られたのでもありません。もし何かを保持していられたなら、それはあなたによって造られたものではなく、他の何かをお造りになるための素材（materia）ですが、その素材そのものは、いったいどこからあなたのもとに到来したのでしょうか。じっさい、およそ存在するものは、あなたがましますゆえにこそ、存在するのではありませんか（Quid enim est, nisi quia tu es?）。[21]

神は「存在（esse）」において、すべてに先立たねばならない。「始め」でなければならないのだ。もし材料・素材を使ったのなら、神に先立ち、あるいは神の関わらないところで何ものかが「存在」したことになるが、それでは神の優先権が脅かされる――先立つものは何であれ消さねば、との構えである。ここにももちろん、〈完全強迫〉が認められる。ただし、「完全性」において護るべきものが、「善」から「存在」へと切り替わっているのが分かるであろう。

さらに「絶対者」が、満ち足りた者から造る者、産み出す者へと性《さが》を変えた。古代ギリシアでも産み出しは強く求められたが、あくまでも自足を支える手だてであった。はじめてかどうかは、問うに及ばないのである。だからこれまで、ただの産み出しを指すのに「創造」なる言葉は用いなかった。アウグスティーヌスに至り、産み出しは「創造」、つまり「はじめてつくる」に等しくなったのである。彼はもう、足りる足りないで悩まない。その代わり理想への道筋が、産み出すか与えられるかの分岐に委ねられたのである。またこのため、のちに検討するが、自足した安らぎはすっかり様変わりした。新たに、余所に働きかける能動性・活性こそが「完全性」の何よりの持ち前となる。そしてここからは、受動性・不活性を劣位と見て、能動性・活性の優位を相対的に争う道も開ける。

このような見解が何ゆえに現われたのか、導く論理はない。まさにそう「聞こえた」のであろう。古代ギリシアより此の方の思想史に鑑みれば、『ティーマイオス』篇にも語られた製作者デーミウールゴスが、かつて宇宙を造った神であった。ただしこの神は、与えられた素材を用いイデアの手本に従い造る者で、宇宙の創始者ながら礼拝もされなかった。おそらく、奴隷の労働に類いする業と見られたのであろう。アウグスティーヌスは、こうした立場と己れの神との違いを示すことで、崇拝に導きたかったのかもしれない。

ユダヤ＝キリスト教において、「存在」がずっと神の欠かせない性《さが》だったのは、おそらく間違いない。旧約聖書の「出エジプト記」で、この神がモーセに「有りて有る者（yjehaveh ʼasher yjehaveh）」だ（3章14節）と告げたのは、よく知られている。また、この書物の冒頭が「創世記」なのだから、造り、産み出すことは古くから大事にされている。この流れからの圧力は、たしかに感じられる。

また、「存在」は「善」よりも広そうである。じっさい、「である」はどんなもの、どんな有り様にも付けられるから、縄張りが広がる。〈丸抱えの完全〉が、文句なく手に入ったかの如くである。「およそ存在するものは、あなたがましますゆえにこそ」との考えは、豊満・充足の「善のイデア」や、源なる「一つ」の流れをも汲むに違いない。「存在」の対極を支える「虚無」だが、これは豊満・充足の対極でもよさそうに思える。「ヘレニズム」と「ヘブライズム」の出会いと呼べるのであろう――仕合わせな逢瀬であるかは別として。

ただしここには、「存在」をめぐって、もう一つの見過ごせない動きがある。時間の絡んできたことが、それである。

あなたはすべての世紀の創始者であり建設者なのですから、お造りになる前に、どうして数えきれない世紀の過ぎ去ることができたでしょう。また、あなたによって造られなかった時間があったでしょうか。【22】

「存在」のみならず、時間をも、神が産み出した――神の「創造」の前に、時間は無かった。時間の無いところにでも、何ものかは有るかもしれない。じっさい、この神は「存在」したらしい。だが、素材は無かったとされている。ここで神と素材の立場がなぜ違うかは、もちろん分からない。ただこれで、反対者を「虚無」として消し去るのに、時間も手伝わされたことが明らかとなった。またこれによって、この神が己れ以外の「存在」するものすべてを時間に委ねたことも、確かとなった。神を除く「存在」はすべて、神の産み出した時間とともに歩むしか、術がなくなったのである。

言い換えればこの神の「存在」は、時の流れから、選りすぐられて先になった。こちらでは、もう一つの完全性、つまり望ましいものだけを集める〈選りすぐりの完全〉が、手に入りそうである。「完全性」が一分の隙もなく組み上がったかに思われよう。

だが、何につけても、掲げられる者の「絶対」の優位を言い立てれば、建て前とは裏腹に、相対性が押し寄せてくる。優位に立てば立つほどに、反対者が兆しを強め、呼び寄せられる。これにより、〈完全強迫〉が煽られるのは避けられない。するとこの症状は、古代ギリシアのときと同じく、ふたたびこの神を駆り立てるであろう。だが向かう先はいまや時間を含めた優位の、つまりその分だけさらに相対的な確かめの他にあり得ない。〈一つ掲げ〉とは、「絶対」を掲げた相対性の原理であった。〈完全強迫〉は、「存在」と時間のふたえの裏打ちを得て、いよいよ太ってゆくのである。

直列化した時間

ここに登場した時間の質《たち》を、もう少し考えてみよう。すると、重ねて相対性に追い込む〈完全強迫〉の性《さが》が分かりやすくなる。素材が、もし前もって「存在」したのなら、神の手にすっかり委ねられてさえ、取り返しのつかない後れを神に取らせる――あってはならないことだ。アウグスティーヌスは、こう考えたのである。ここで彼は、時間についても由々しいことを語った。これは、時間が流れ去るのみで決して戻らないとして、はじめて出てくる枠取りである。これを時間の直列性と呼んでおく。「存在の大いなる連鎖」の、したたかな支柱となるはずである。「創造者」についてアウグスティーヌスの語る「全知全能」の誇りは、時代掛かって見えるかもしれない。だが、これを支える後先のはっきりした時間なら、近代直結の構えに他ならない。だからこそ見過ごしやすいけれど、この重みは言葉に尽くしがたい。時間の一次元・一方向化、すなわち直列化は、今の世の西欧的な世界秩序に向けての、並外れて大きな一歩であった。

未来が「まだない」ことをだれが否定しましょうか。にもかかわらず未来に対する期待は、精神のうちに「もうある」のです。過去が「もうない」ことを、だれが否定しましょうか。にもかかわらず過去の記憶は、精神のうちに「まだある」のです。現在の時に長さが欠けていることを、だれも否定するものはありません。なぜならそれは一点において過ぎ去ってゆくのですから。にもかかわらず直視は持続します。この直視を通って、「あろう（aderit）もの」が「あらぬ（abesse）」へと移ってゆくのです。【23】

「現在」は、幅のない一点なのだ。時間は、そこを境に過去と未来に分かれ、三者は決して混ざり合わない。しかも、現在だけが明らかさをもって直視（attentio）され、そこにおいてのみ、時間は持続（perduro）する。そして未来から過去へと、あるいは過去から未来へか、ともかく一方向に不可逆で流れてゆく。【24】

今どきなら、「当たり前のことを仰々しく」と思われかねぬ書き振りかもしれない。だが振り返ってみれば、時間は必ずしも一方向には進まなかった。過去と未来とが繋がらないわけでも、流れが戻らないわけでもなかった。例えばプラトーンにおいては、時間とは天体運動の秩序に等しかった。だから、動きはするけれど、各天体の回転周期の比率（ロゴスつまり秩序）に従って円を描き、天体の配置とともに元に戻ったのである。過去と未来が触れ合うからこそ、時間は円という「完全な形」をなぞる。もとに戻るからこそ、流れ去ることがなく同一に留まる。まさにそれ故に時間は、生成と消滅（「なる」こと）を続ける、限りある世界の内での「永遠の模像」と見做されたのである。【25】

このような時間がアウグスティーヌスにより、古い「永遠」とともに捨て去られた。丸く完全な形であった時間が、こま切れにされたのである。そして、細かいかけらの山を二つ分けし、過去と未来とにばらまいた。そのうちただ一かけだけが、「現在」として「存在」を与えられている。他のすべてはこれを境に、「まだない（nondum esse)」未来と「もうない（iam non esse)」の過去との、二類いの「非存在」へと振り分けられた。そして一かけらずつ「現在」の門をくぐり、絶えて戻ることなく、ひたむきに歩み続けるのである。プラトーンの時間枠組みに引き比べるとき、その新しさは紛れもない。新たな理想としての「存在」と、その支えたる時間とが錬り合わされた現場、しかも一方通行の矢印付きで溶け合った刹那が、ここに書き留められているのである。

「永遠」とは、かつてなら「なる」をせず、変わらないことであった。だが、時間がかくの如く散らばったからには、そうは行かない。「永遠」がもし、時を丸ごと抱えることなら、いまや成りなりての変わり身なしには出会えず、動き回った果てにやっと得られるはずとなった。この構えあってこそ、ヘーゲルの歴史による総合の思想は成り立つ。またここには、ブレンターノやフッセルルらの時間意識論が、そっくり先取りされている——というより、彼らの心理学と哲学は、アウグスティーヌス神学の焼き直しに過ぎないことが分かる。〈意識革命〉の遠い源、つまり近代心理学と心理療法の遥かな古里も、ここに見出されるのである。

ただし、気をつけるべきところがある。時間のこうした一次元・一方向化は、十七から十九世紀の自然科学を覆ったガリレオ・ニュートン物理学での直線性とは、明らかに異なるからである。それ故に、「直列性」という耳慣れない言い回しを用いた。ここには、論らうべき二つを数えられる。まず一つは、物理学の直線の時間が、アウグスティーヌスの時間で芯をなす「現在」を欠くこと。次に、物理学においては、時間の流れる向きも速さも、理論的には任意に変えられることがもう一つとなる。物理学の時間は一次元の実数に重ねられ、そのうちどの点でも、好きに選べる。すなわちどの時間点も、物理学的には同等なのである。選んだ点を「現在」と呼ぶのは勝手でも、それによりアウグスティーヌス風の特権は出てこない。物理の「現在」は、殊更に明らかではないし、取り返しがつかないわけでもないからである。また物理学では、時間の速さを変えたり逆行させての運動を計算できるが、その手続きは時間が順行する場合とまったく同じである。つまり、アウグスティーヌスの厳しい三分割と一方向性とには、いずれも相容れない仕組みとなっている。我われがその理論を、いまやアウグスティーヌス風の色濃くなった体験に合わせて、利用するに過ぎないのである。

近代の自然科学では、理論の正しさを言うために「再現性」が強く求められる。これは、元の有様に戻れることに他ならない。したがってプラトーンなどの円環的時間を、ある範囲で取り戻す動きと考えられる。科学の営みを、キリスト教会が「魔術」と見て非難したのも、あながち的外れと言い切れない。ひるがえって、臨床心理学などの「人文科学」では、むしろ経験の取り返しのつかぬ一回性が強く言い立てられる。その限りではこれらの諸学こそ、アウグスティーヌスより此の方のキリスト教の、まっとうな跡継ぎの資格を得ている。

だからアウグスティーヌスは、ベルクソンの言う「時間の空間化」を行なったわけではない[26]。ベルクソンの持続論は「現在」を、時間の掛け替えのない要めと見たうえ、可能性と現実性の絡みに基づき、直線とは異なる造りの時間を目指した。つまり概ねは、アウグスティーヌスへの回帰なのである。十九世紀末から二十世紀にかけての、いわゆる社会科学と人文科学の「方法論論争」もこれに通ずる。例えばリッケルトは我われの暮らす世界が、空間からも時間からも、異質なものの連なりだと考えた。だが、そのままでは学問で取り扱えないという。そこでこの連なりを切り分け、異質な個性を際立たせれば「文化的科学」が産まれ出るとした[27]。この立場では、人間の事象とは一回限りの個性に他ならない。そして、ロジャーズは次のように述べたのであった。

……働く要因はすべてが現在にある（in the present）。行動は、過去に起こった何かが「引き起こす」のではない（Behavior is not “caused” by something which occured in the past）。現在の緊張と現在の必要だけを有機体は緩め、満たそうと努めているのである[28]。

彼のカウンセリング理論の肝こそ、「いまここ」の体験であった。アウグスティーヌスと同じく、時間はこま切れにされる。過去は、もはや働きを及ぼさない――「もうない」のだろう。そして切り分けられ、唯一の特権を伴う現在が、未来に向けた人間の振る舞いのすべてを孕むと言い立てられた。ここでも過去は記憶として、未来は成長と実現への傾向として、「現在」に収まっているのである。ここに見られる「新しい」理論の古さ、ないし過去の教説と出し抜けに繋がる様は、おそらく不可逆的な時間理論そのものへの、反駁ともなっている。

「存在」の先陣争い

直列化してもアウグスティーヌスの時間は、今の世の物理学とは異なる。そしてまた、近代の「文化諸科学」の手筈をも超えたものを含んでいる。なぜなら彼の時間は、時のかけらの各おのに個性を与えるだけでなく、先へ先へと回り込むのを望ましいとするからである。彼の崇める神の類い希な性《さが》は、「存在」を統べるに加え、すべてに先立つことにおいても、一つの極まりを見せる。

> あなたは先立ちますが、時間において時間に先立つのではありません（Nec tu tempore tempora praecedis）。さもなければ、あなたが「すべての時間に先立つ」ことはできないはずです。そうではなくて、あなたがすべての過ぎ去った時間に先立つのは、常に現在である永遠の高さによるのです。それによってあなたは、すべての来るべき時間を追い越していられます。……あなたの年は、すべてが同時に立ち止まっています。なぜなら静止している（stant）のですから。[29]

アウグスティーヌスの神は、時間においても他と競い、「先立つ」ことに勝ちを見出している。その対極は「遅れ」であろう。この神は、「最初の過去より先に」のみならず、「最後の未来よりも先に」いるのだろう。だが、決して「遅れ」たり「後手にまわる」ことがない。何ゆえ先立つことに汲々とするかは、分からない。ただ、これが「存在」と密に絡んでいることは確かである。過去に先立つのでないと、過去より前には「存在」しなかったことになる。未来より先立つのでないと、未来より先に「存在」できなくなる。「存在」しないとは、のちに述べるとおり、少なくともこの神にとっては、対極の「虚無」に捉えられるに等しい。だから、時間における先回りの戦いにも、勝利せねばならないのである。

　時間が「存在」に錬り合わされたからには、「存在」にこだわる限り、先立ちたくなるのは分かる。だが、なぜ「存在」にこだわるのかが、そもそも分からない。またそれを、時間と溶け合わせねばならぬ理由も、やはり分からない。この謎の礎の上で、「虚無」を向こうの立ち回りが、二正面作戦にて始まるのである。

　この神が先立つのは、「時間においてでない」と言われている。時間のなかであたふたせず、そんなものは超越していると言いたいらしい。だが、時間の直列性を超越するなら、後先争いからも超然とせねばなるまい。ほんとうに時間を超えているなら、先陣争いには巻き込まれようがない。ところがこの神は、「先立つ」と言い募る。「すべての時間に先立つ」とは、すべての時刻に対し、「先前の先」を言い立てるに他ならない。紛れもなく、時間をめぐる争いである。なにより、そもそも「時間においてでない」と構えたのが、時間に先んずるためなのであった。直列化した時間への、猛烈なこだわりが感じ取られる。「永遠の高さ」なるものも、先立ちを言わんがためにこそ持ち出された。だからアウグスティーヌスのこの神は、なんと理屈をつけようと、事実として、後先という順序での優越を棄てていない。「先だ」と言わんがための名目だけの超越を構えつつ、内心は「先回りの鬼」である。

　さて、万物の創造神なら、「必然的」に時間に先立つのだろうか。もしそうなら、論理の筋立てが導いた話となるかもしれない。神が時間を「虚無」から造り出した、としてみよう。ここから「神はすべての時間に先立つ」と、論理的に導けるだろうか。「善のイデア」についての、ラヴジョイ解釈が思い出される——イデアの産み出したものは、イデアそのものでないがゆえに、完全でない。同じように、「神の造り出した時間は、神自からと異なるがゆえに、神はすべての時間に先立つ」と言う他ないのだろうか。もしそうなら、先立ちは「創造」への付録に過ぎない。後先争いと見えるものは、まことは争いでなく、私の思い過ごしだったことになる。

しかしながら、そうは運ばない。この神が「自由に」、どこかある時刻を選んで居着いたり、気まぐれにあちこち顔を出しても、時間を「創造」したことに矛盾はしないからである。時間の中にいても、時間そのものになるのでないなら、その時刻に閉じ込められはしない。「自由な意志で選んだ」のなら、制約とは言えないはずである。気まぐれにまた余所に遷るもよい。もちろん、超然として無関係もよいし、日暮れを待って飛び立つ知恵の梟の如く、いちばん後ろにいてもかまわないではないか。

ところがついにこの神は、先立つことにおいても、すべてを相手に終の勝利を飾るはずなのである。そしてこれは、筋道によるのではない。論理は、これとは交わらないところを走っている——つまり、この結果こそが、故なく「原発的」に選ばれたのである。やはりこの神は、「事実」として、後先争いのただ中にいる。言い換えれば、「自分が先だ」と争う身構えは拠り所なしに、妄想的確信として登場したのである。〈論語読み論語知らずの原理〉も、余所や足許を顧みない構えであった。だが、どこかに隠し事を伴っているのが明らかだったし、そうした素振りは隠せなかった。ところが、この「先んずる確信」は、隠すべきものさえないかと思われるほど明らかさまに、不躾に現われた。

争いから〈一つ掲げ〉へ

この争いで、何が得られるだろうか。何ごとでも勝てば、負けるよりはよいのかもしれない。だが、先立ちの言い立ては、古代ギリシアの追い求めた自足ないし「永遠不変の自己同一」を、さらに難しくする。アウグスティーヌスの神の敵役であった「素材」は、時間に絡めて消されたのであった。つまり「存在」の質《たち》には、時間で勝つという性《さが》が、新たに組み込まれた。この神は、後先争いなら必ず勝つという。だが後先とは、引き比べに他ならない。つまり勝ち続けるほどに、皮肉にも、「絶対者」への相対的な引き比べの「材料」が、またも増え続けてゆく。この有り様では、落ち着きが奪われて当たり前と言えよう。

安心するには、さらに勝利を重ねて力を示し続けるのが、ひとまずは方策に違いない。どこでも、いつでも、何に対してでも勝ち続けが求められる。こうして先立ちへのこだわりからは、争いの身構えが、堂々巡りで固まるのである。すると、それがさらに、「相対的に比べられる絶対者」の脅えを強める。こうして引き比べと、争いの身構えと、勝利とが円環をなし、「永遠の相」に近付いてゆくのであろう。

「永遠の現在」の有り様も、これをよく表わしている。現在が「一点」なら、過去と未来を欠いて不完全かと思われよう。だが、もちろんアウグスティーヌスの神にならい、とんだ言い掛かりである。そのわけは、「現在」と訳される言葉の含みから知られる。この単語は、彼の用いたラテン語では（名詞形なら）「プラエセンチア（praesentia）」で、「前にあること」がもともとの意味である。英語のpresent、ドイツ語のGegenwartなど、今の世の西欧語もこれを引き継いでいる。ここで肝腎なのが、「前」とは言え、時間における前ではない点である。むしろ、広がる場の中での「前」であって、「目の前」とか、「手前」との訳が似合う（ドイツ語のgegenは「突き当たる」意味なので、ここを上手にすくい取っている）。「プラエセンチア（praesentia）」の響きは、またその表わす考えも、もともと過去と未来には対比されていない。

すべてお見通しどころか、この神の目は、万物の間近に据えられている。すべてを手近に、むしろ手の内に置いていること――これが「現在」なのだ。すべての後先争いに勝利を飾るのは、この仕組みによる。すべてを見張り、すべてを手に入れ、支配するからこそ、「主」たる神の面目が立つ。[30]「現在」に留まるからとて、欠けたところはない。つまりこの神は「永遠の現在」に、この点に限ってはあの古代ギリシア・ローマの自足の理想どおり、動かず変わらず住み続ける。他の時間は、この「永遠不変の自己同一」者の前に、数珠繋ぎの亡者の如く、必ず一人ずつ引き出される定めとなっている。この神の求めた「先前の先」とは、ほとんど「支配」の別名なのである。アレクサンドリアのユダヤ人ピロン（Philon Judaeus Alexandrinus 西暦紀元前後）がすでに記し、その後も言挙げられてきた考え方であった。[31]それがアウグスティーヌスにより、いよいよ明らさまになったのである。

この流れは、人間にも及ぶ。彼の説くところでは、人間においても「現在」は明証性を保つとともに、過去と未来とを記憶と期待として閉じこめる。だからこの瞬間は、人間の時間のなかでもっとも「永遠の現在」に似ているという。したがって、神の秩序に学ぶ特権に恵まれているのだ。人間は現在に集中することでのみ、純粋で真実の生き方ができる。ロジャーズの登場は、千数百年前に予言されていたのである。

プラトーンの時間は、戻るからこそ永遠の似姿であった。だがアウグスティーヌスでは、戻らなくとも永遠が手に入る。アリストテレースに比べても、新しさは際立つ。なるほどアリストテレースも、「現在」を幅のないものと考えていた。だがそれは、過去と未来の境を画し、運動を分割する目印としての意味でしかない。[32]彼の思想において、もっとも明らかで完全なのは、「現在」ではなかった。ここで、彼の完全性の三つ目が効いてくる。万物に目的を認める彼の思想では、目的に向けて運動を導く未来の形相こそが、完全を実現する終点であった。これが明らかではじめて、「現在」の歩みも意味を持つ。それがアウグスティーヌスでは、「現在」の、すなわち今、ここの手許において実現している支配へと、置き換わったのである。

かくして時間もまた直列化により、優劣の順を振りうる形に進化した。アウグスティーヌスの神は、この新しい時間の性《さが》を使って、「何より先」を手に入れたのである。「先立つ」ほうが勝れるとは限らないはずだが——早ければいいのか――とは言え、これを認めるかぎり、時間における〈選りすぐりの完全〉が得られたに違いない。またこの神は、すべての時間に居合わせるから、「存在」のみならず時間においても、〈丸抱えの完全〉を手に入れている。あれほど難しく思われた二つの完全性の取りまとめが、ここにおいて成し遂げられたらしい。

「存在」と時間との両次元において、いや高い「絶対者」が出来上がったのである。二つの次元がともどもに「掲げ」の一次元の成分に錬り込まれたので、〈一つ掲げ〉はいよいよ、その全貌を整え始める。人間はこれに倣い、「現在」の意識の明証に絶対の信頼を置きつつ、世のものごとを己れの企てに使い回す。そうすれば、ハイデゲルも言う如く、それらの「存在の意味」をさえ決められるのだ。ただし神ならぬ身には、いまだ知らぬ未来の様子の少しだけ気に掛かるのが、違いと言えば違いである。

ありありした「虚無」

「虚無からの創造」について、先に引いたアウグスティーヌスの一節「およそ存在するものは、あなたがましますゆえにこそ、存在する」は、キリスト教の新約聖書「ヨハネによる福音書」の書き出しを承けての解釈であった。その有名な件りは、こうなっている――「初めに言があった。言は神と共にあった。言は神であった。この言は、初めに神と共にあった。万物は言によって成った。成ったもので、言によらずに成ったものは何一つなかった」【33】。ここで「言」と訳されているのは、原文のギリシア語では「ロゴス」である。筋道、比率との意味もある「ロゴス」は、すなわち言葉であって、かつ理知性でもある。この福音書そのものがすでに、旧約聖書「創世記」書き出し部分の大胆な解釈なのである【34】。これを受けて、言葉が「存在」を造り出すのだと、アウグスティーヌスははっきり語る。

> ですからそれらのものは、あなたが「在れ」とのたもうて造られたのです。あなたはそれらのものを、御言において（in verbo）お造りになったのです。[35]

もはや善し悪しではない。のちにも見るとおり、「善」も捨てられてはいないのだが、それは後から付いてくる。「絶対者」がなぜ「善」から「存在」へと軸足を移したのか、大いなる謎である。だが、要因を探ることくらいは、できるかもしれない。歴史から見て外せないのが、地母神信仰との対決である。バッハオーフェン（Bachofen, Johann Jakob）が大著『母権論』（1861）で取りまとめたとおり、古代ギリシア・ローマ時代に地中海の辺りは、獲物や作物を産み出し、豊饒をもたらす女神の祀りが溢れんばかりであった。我われの〈うぶすな〉の祀りにも、もとより共通点が多い。

しかしギリシアでは、すでにオリュンポスの神がみにも男尊女卑の傾きが見られた。家父長制の定まりが、古代ギリシア世界の仕組みを支えたとの説もある。[36] この流れを汲んだ初期のキリスト教徒たちは、さらに断固たる構えで女神信仰に闘いを挑みつつ、布教を図った。アウグスティーヌスによるその総括が、次の文章である。

> あなたは存在したもうた。他は虚無だった。その虚無からあなたは、天と地という二つのものを造りたもうた。一方はあなたに近く、他方は虚無に近い。一方より高きものはあなたあるのみ、他方より低きものは虚無のみ！[37]

「虚無（nihil）」――これはまったく無いはずのものである。しかしこの「虚無」が、無いのだと言われつつ、明らさまな名前とともにありありと呼び入れられた。そして、「二つめ」の反対者を演じている。余所は構わず「永遠不変の自己同一」に自足できた古代ギリシア・ローマを顧みれば、いつのまにか、途方もない変わりようである。唯一無二のはずの「絶対者」がこの「二つめ」を前にして、己れの質《たち》に、これとの引き比べを組み入れねばならなくなった。この上なく重い出来事が、比べようもない鋭さで訪れている。〈一つ掲げ〉は、ここから始まるのである。

しかも、アウグスティーヌスの神が天地を造ったのは、この「虚無」からなのであった。先の引用では、「素材は無かった」と言われている。だから、「虚無」は「素材」ではないのかもしれない。しかし、何も「存在」しないのが「虚無」で、かつそこから造られたのなら、「虚無」こそが天地の「素材（materia）」とも考えられよう。「虚無」と「素材」とのこれほどの重なりからは、次の含みが招かれざるを得ない。

「素材（マーテリア：materia）」とは、哲学用語なら「質料」と書かれる。アリストテレースはこれを「質料因」として、原因の一類いに数えていた。今の世の西欧語にも派生語が生きているこの言葉の語源は、「母（マーテル：mater）」であった。いま、掲げられた「一つ」の対極に位置づけられたのが、この古く、重い役割の担い手なのである。その何ものかは、アウグスティーヌスでもまだ――「素材」であろうとなかろうと――そこからものごとが産まれ出る何かとして、語られている。この役割は、どうしても消し去れないのである。けれども、その名は「虚無」と成り果て、何の力も意味もないとの含みが込められた。すなわち大地の女神が、ここまで貶められたのである。

インドネシアのハイヌウェレ神話や記紀のオホゲツヒメをはじめ、殺された女神の屍から作物の生ずる話が地球上に広く見られる。だがアウグスティーヌスは、屍さえ残さず、女神の形見の全き消去を企てた――そうしないと、何が出るか分からないと思ったのだろうか。じっさい、「魔女」として焼かれたジャンヌ・ダルクなど、あとで敵方に用いさせぬため処刑したつわものの体を跡形無くするやり方は、キリスト教徒がよく用いたのであった。

ともあれ、「絶対者」なる「存在」に相対的に向かい合い、ありありとしつつ「虚無」なる反対者という不可思議の極みを担う役割が、こうして産まれたのである。そしてひと度び産まれれば、その欠かせない役割は渇望され続ける。すなわち、西欧思想の裏の流れに「唯物論」と並らび、「ニヒリズム」と呼ばれるあの艶めかしい姿を、今もくねらせ続けるのである。もしかするとこれは、ユダヤ＝キリスト教の「絶対者」も、かの「善のイデア」やプローティーノスの「一つ」と同じ程にしか「絶対」でないことを、示しているのではないか。

序列を繋ぐ「存在の梯子」

はじめに「虚無」から造られたのは、天と地であった。すると、合わせて四つのものが並らんだことになる。ここから〈一つ掲げ〉の、もう一つの有り様が導かれる。「存在の大いなる連鎖」は、多くの輪が連なってできている。〈一つ掲げ〉も、「一つ」を掲げて終わるのではない。一次元・一方向の序列が、もう一つの欠かせない徴しであった。その姿に至る初めの歩みが、天と地の立ち出でにより刻まれたのである。両極の間に、上下の極みに接しつつ、各おのが上から数えて「二つめ」と下から数えて「二つめ」をなす。これらが序列作りの足掛かりとして、他に先んじて現われた。したがってそれは、「さらなる次」を求める一歩でもある。これあってはじめて、連なる鎖に伸びゆくのである。

さて、「虚無」に近く、これより「低い」ものの有りえぬほどの所に置かれたのが、「地」であった。先に、宇宙を産み出した母なる「素材」は「虚無」に重ねられ、これにより姿と名前を消された。同じく女神に通ずるこちらの方は、はっきりとその名で呼ばれている。とは言えこの「地」は、「虚無」でなかったとしても、それに準ずるものなのだ。「下から二つめ」として置かれた意味は大きい。

土をこねて人間を造る神話・昔話は、地球上に広く見られる。ギリシア神話では、プロメーテウスがこれを行なっていた。ユダヤ＝キリスト教においても、「創世記」（2章7節）で人間が土から造られたことは、よく知られている。「土（アダマ）の塵で人（アダム）を形づくり」と言われるとき、「土の塵」は間違いなく素材である。素材が「虚無」でも大地（の塵）でも、そこからものごとが産み出された――「母なるもの」「女なるもの」への重なりは明らかである。それがアウグスティーヌスの思想では、「存在」の序列の最低位か、その隣かに置かれる。これから造られたのは、値打ちなく、滅びる定めの、罪に誘う「肉体」であった。地の底には、悪魔が住むとさえ言われるのである。

神が、これに代わり、「御言において（in verbo）」産み出しを仕切る運びとなった。ラテン語の「言葉（ウェルブム，verbum）」という単語が、新約聖書の「ロゴス」を受けているのは、言うまでもあるまい。つまりここでは、言葉でありかつ理知性であるものが、万物を産み出す。ふつうに考えれば、これほど手応えのないものに産み出す力があるとはとても思えない。産み出しは理知性に生え抜きの持ち前でなかったと考えた方が、分かりやすかろう。女神からの簒奪の名残りが、この座りの悪さと考えられる。ありありとしつつも見栄えの悪い名前を与えた引き換えに、地母神のすべてを奪い踏みつけることで、ロゴスははじめて産み出しの力を得たに違いない。「存在なる父」と「虚無なる母」との、不可思議な両極関係が成り立つのと時を同じく、「虚無からの創造」は実現したのであった。[38]

不似合いな二親のあいだに、天と地が加わって序列の紡ぎ出しが始まる。いや高き「掲げられた一つ」と、何より低い「二つめ」とを結びつつ、「存在の大いなる連鎖」が紡ぎ出されていった。だが、この次なる連鎖はもう避けられないことだったのだろうか。上下優劣の世界一列は、「虚無からの創造」からの必然なのか――上下に両極が定まれば、次の優劣の一歩はすぐ当たり前に決まるかとも思えよう。だが、そうではないのである。

「存在」と「虚無」の両極が成り立っても、上下の序列を含む連鎖の「創造」は必然ではない。少なくとも二通りの、別の道があった。一本は、両極対立だけに留まること――両極だけで放っておいても、「相対的な絶対者」

の形容矛盾を除けば、大した不都合はなかろう。新たに数えて「二つめ」、つまり「三つめ」を作り出さなくとも、両極はそのままで安泰である。むしろ、古代ギリシアの理想であった「永遠不変の自己同一」に、そのまま留まっていられたはずなのである。ところが何ゆえか、次の一歩が踏み出されてしまった。だが、それからでもまだ、「存在の大いなる連鎖」は避けられたのである。別の道のもう一本は、「創造」で「三つめ」以降ができても、上下の序列を与えないことである。「被造物」たちを両極のあいだには並らべず、上下関係とは別次元に置けばよい。そうすれば「序列と差別の大いなる連鎖」は産まれなかった。違ったもの同士が、序列や支配でなく、〈お互い様〉で補い合えたかもしれないのである。

ただの両極対立には留まらない、一次元の序列へのまた新たな「原発的」選好が、ここには生じている。相対性は、まして多元性は無秩序に等しいとの不可思議な信念が、この世界を貫いているのである。なるほど、ここではまだ「連鎖」の駒が四個しかない。しかし、並らべ方の規則は定まった。これだけ出来れば、あとはその間を埋めて、鎖の輪はいくらでも増やせる。登場したものを新たな基点に、また次の「二つめ」を置いてゆけばよいのである。ヘーゲル的として具合が悪ければ、数学的帰納法の如くと言おう。アウグスティーヌスはこう記した。

> それはいかなる仕方で存在したにせよ、あなたによって存在したことに間違いはありません。およそ存在するものはすべて、存在するかぎり、あなたによって存在するのですから。しかし、あなたに似る度合いが少ないほど、それだけあなたから遠ざかります。[39]

万物のすべては、「存在」そのものなる神によって「存在」する。だが、この神にどれほど似ているかにより、上下の差別が決まるのだ。しかも、これこそまさに全能の神の定められた「聖なる」掟、「摂理」に他ならない。

序列はこうして、あっさりと立ち上がった。この仕つらえを待ってはじめて、「存在の大いなる連鎖」は紡ぎ出される。かつての生物分類に見られた如き序列の仕組みが、これで見て取りやすくなる。「存在」の濃さ薄さの程あいという一次元こそ、序列の決め手なのだ。それが数理を利用して呼び出され、上下一列に並んでいる。これなら定量化に馴染みやすかろう。試験の偏差値、年収、勤務評定などの序列の元が、ここにある。直列化した時間についても、それだけでは定量化が難しかった。だが「存在」と錬り合わされたからには、その性《さが》の転写を受ける見通しが立ったと言えよう。それがやがて、「進歩」や「進化」へと、また「時は金なり」の労働時間管理へと結実するのである。

「存在の大いなる連鎖」は、またの名を「存在の梯子（scala creaturarum / scala naturae，直訳すれば、被造物の梯子、自然物の梯子）」と言う。梯子とは、おおむね縦に掛けられるものだから、上下の序列を表わすのにふさわしかろう。「連鎖」だけでは横に連なるかもしれず、円環をなすのかもしれない。一次元の優劣の秩序には、連鎖よりも梯子の譬えがよい。梯子の一段ごとなら各おのが、上下の極みのあいだのどこかで、唯一無二である――もしかすると我われはもう永遠に、置かれた段から動けないのか。古代ギリシア風に考えるなら、そうなろう。だが、梯子は上り下りするためにある。理知性と志を備えた者なら、登ってゆけるのではないか――「頂点」を目指す、果てしなき向上である。これからは「存在の梯子」との表現も、「存在の大いなる連鎖」と同じ意味で用いてゆく。いずれも唯一の高貴から最低の下賤へと連なる、一次元の縦の繋がりを表わす言い草である。

無理強いのロゴス

いかに辛かろうと、受け容れる他に術のないことがある。いくら「かくあるべし」と思っても、それは人間の勝手な望みでしかない。「存在の梯子」の一段ごとは、支配者としての神の決めたもうたことなのだ。全知全能の神が、すべてに先立って計画し、一時に実行まで終えてしまったからには、人間に手出し口出しの余地はない。つまりアウグスティーヌスは、予定説に傾いている。とは言え、ひたすら神の御心に委ねるだけでもない。直列化した時間を錬り込んだ「存在」と梯子状の序列には、千年あまりのちの「進歩と向上」の心がけへの兆しが伺える。じっさい、「神の国」を勝利に導くために人間は戦うべきなのであり、神任せにはできないとされている。[40]

さて、委ねるにせよ努力するにせよ、まず神の「摂理」を知ることが肝要となる。「被造物」たる者は、その「事実」を与えられたままに生きる定めか、あるいは定められた務めに邁進する他ないのだ。

> それゆえにあなたは、神なるあなたの許にまします神であり、永遠に語られ、またそれによって万物が永遠に語られる御言（verbum）を理解するようにと、私たちを呼びたもう。[41]

「御言」つまり神の言葉は、「神なるあなたの許にまします神」だという。新約聖書から「ヨハネ福音書」1章1節を引いたものである。「神のなかの神」は褒めの言い回しで、古代ギリシアより此の方、よく用いられてきた。だが、キリスト教は神が複数にわたることを許さない。少なくとも神には、〈お互い様〉があり得ないわけである。したがってここでは、言葉がすなわち神だ、との意味に取るしかない。人間にできる「善」なることは、この言葉つまりロゴスを、すなわち神を「理解する」ことのみだ。それがロゴスに、つまり筋道に沿うことなのだ。西欧の古い慣らわしをなす言葉＝ロゴスへの偏愛が、この思想に実を結んだと考えられる。

その流れは今に及び、我われの住む世界の造りに影を落としている。〈意識革命〉において、「データ」となった感覚を処理し、必然の絶対的「真理」に導く〈白〉無意識、また〈意識植え付け流〉のベルナールやフロイトに見られた意識＝精神の優越、そして「心の近代」の「科学的常識」に組み込まれた「観念論」への傾きなどは、遡ればすべてここへの道筋が辿れる。この古さこそが、分厚い堆積にものを言わせて、見せかけの新しさの勢いを盛り立てたのである。今も多くの西欧人たちは、考えるとはすなわち言葉を操ることだと、疑いもなく考えている。「言葉にならない感じ」はあり得ても、それはロゴスより格段に低いので「考え」とは言えず、無みしてかまわない。我われの〈うぶすな〉からは驚くほどに馴染みにくい身構えなのだが、千数百年にわたり、いや、はるかに古代ギリシアの頃から教え続けられれば、受け容れる他になくなるのであろう。

　梯子の序列が人間にいかに不愉快でも、ロゴスによる創造なら、「被造物」なる身として勝手に入れ替えられない――なにしろ、神がそう言葉にしたのだから。批判ももちろん、犯罪である。いかに厳しかろうと苦しかろうと、「存在」とは、そのように与えられた神の御言葉、つまり「真理」なのだ――しかも、まだ先がある。この「真理」を、そのまま捨て置いてはいけないからである。理知性を備える我われ人間なのだから、それを理解せねばならない。疑うのでなく、納得するための手だてとしてなら問うもよく、むしろ問わねばならないと、呼びかけられているのだ。

　では、どうすれば理解できるのか。優劣・上下の一次元連鎖「存在の梯子」は、論理的に不可避ではなかった。「絶対者」に対し「反対者」を置くのが、そもそも矛盾であった。つまり、論理に逆らっているのである。これらのあいだに新たな「二つめ」を置き、その手順を繰り返して段階を増やす理由も、同じくらい不明であった。もし論理と数理が必然でも、梯子を組む手順までは導けない。論理と数理が、もし神によって、序列に先立って創造されたのだとしても、序列を形成するために「存在」に適用べき由来は、別に探さねばならない――そもそも論理と数理が人間の活動を離れて成り立つのかさえ、極めて疑わしいが[42]。だからここには、ロゴスからは解けない、むしろ外から筋道を押し付ける仕業が、隠れているのである。

　もしかすると、ここにこそ心理学の出番があるのかもしれない。天地を造ったとされる神を、何よりも誉め称えたいアウグスティーヌスの切なる願いないし欲は、明らかに認められるからである。「欲求」ないし「欲望」、つまり欲には、次々と対象を求める性《さが》が備わる――欲を出せば切りがない。だから、これの立ち出でた時にはすでに強迫心性が感じ取られる。それなら、「唯一」にして完全なる「絶対者」を求める仕組みの説明に、この欲が使えるかもしれない。

ところが心理学での欲は、ほとんどの場合に「エネルギー」であったり階層構造になっていたりで、制御・支配に服するのである。欲の有り方の理解からこれを抱いた者の振る舞いを予見でき、さらには「最善」の手順での「欲求の充足」がもたらされる。――多くの心理学はこうした原理を説明の根底に据えようとする。うまく行くとは思えないのだが、たとえできても、それなら筋道の類いとなってしまうであろう。したがってこの手筈では、筋道そのものの押し付けは解き明かせない。

おそらくここでも、もっと深い欲が飼い馴らされて、「羊」になってしまったのである。とは言え、もしこの深い欲が見出されたとしても、欲を原初・根源に据えたうえで論らいを始めてよいものか、まだ大いに思い巡らす余地がある。欲が心の始まりとは、限らないからである。欲はむしろ場合に応じて形をなす、殊更な心の有り方の一つではないのか。仏教、キリスト教をはじめ、多くの教えが「欲を離れよ」と説く。だがそれらは、ことに仏教なら、必ずしも欲の「実在」を認めた立論とは言えない。つまり、もともとある欲に「出るな」と命じたとは限るまい。「欲を出すな」とは、機縁に応じて欲が湧き上がる、その身構えに入るなとの戒めにも受け取れる。それなら深い欲から説き起こしても、おそらく正しい説明にはならないであろう。

心理学にもやはり、根もとの解き明かしは望めない。ミシェル・フーコー（Foucault, Michel）ですら欲を離れた筋立てが書けないのは、情けないことである。とは言え、せめて彩りくらいは加えられようから、この先、心理学の応用を少し試みよう。無理強いの「原因」ではないにせよ、そこへの曲がり角くらいなら、それなりに照らし出されるに違いない。

〈完全強迫〉と〈一つ掲げ〉の要め

プラトーンの「善のイデア」がすでに、ほんとうは自足せず、産み出しを備えなければ不完全との思いに駆られていた。無条件で出し抜けに、「原発的」に出現したかの如き、妄想的確信を思わせる欲であった。だが、表立って語られずとも、産み出す女神の力は、ここでも深みで動いていたと考えてよかろう。これに煽られて欲が芽生え、産み出しを取り込みたいと願ったのである。すると〈完全強迫〉は、元を辿れば地母神の力への密かな憧れから導かれたことになる。アリストテレース振りで言えば、地母神こそが隠れた「目的」だったのである。

こうした仕掛けは、例えばゲーテの「とわに女なるもの」やマリア信仰などの形で、今の世の西欧にまで受け継がれている。ギリシア神話では、父ウーラノスのヘノコを切り落として支配者となったクロノスが、産まれた子供たちを次々と呑み込んだ。取り込んで豊満・充足になりたい欲が、ここにも見受けられる。大地は、屍と種を呑み込んでから稔りを産み出す。その顰みに倣って、産み出しそのものをも取り込もうと動いたのかもしれない。それならイデアも男神もまだ女神の手に、いやおそらく腹に、乗せられたままなのである（フロイト派の精神分析なら、おおむね「口唇的欲求」として、栄養摂取に絡められた「低い発達段階」と見下そうが）。

この下流において、アウグスティーヌスの語るキリスト教の創造神が、ついに地母神の極め付けの宝を「存在」として、時間までを引きずって取り込んだのであった。〈完全強迫〉は狙いを豊満・充足から、縄張りの極大なる「存在」の先立ちへと変えた。さらに、すべての時間にも先立つなら、支配はいよいよ完全となるはずであった。望みが叶い、欲も満ち足り、新たな「絶対者」の持ち前は盤石の保証を得た。〈完全強迫〉は静まったのか——とんでもない。この「完全性」により、症状は強められて再燃するのである。

欲を「存在」に重ねると、縄張りは行き着くところまで広がった。だがこれと引き換えに、完全性の条件が限りなく厳しくなったのである。かつて産み出す者であった地母神は、「虚無」に落とし込まれている。奪うのみならず落として踏みつけたのだが、その見返りは大きかった。両極対立は、反転しやすいものである。そうなれば、「存在」は「虚無」へと重なってしまうであろう。どこにでもある「存在」の誇りが、かえって、どこからでも直ちに転落と「滅び」へと結びつく。しかも、「存在」には時間が錬り込まれていたのである。「絶対者」がいつでも、どこでも、「虚無」の兆しに脅えねばならなくなった。

さらに、「存在」に錬り込まれた時間は直列化している。だから「滅び」に通ずる不完全は「欠け」のみならず、「後れ」としても襲いかかる。時間での優越は、支配を固めるために構えられたのであった。ところがこれにより、先立つべしとの求めと縛りを新たに受けざるを得なくなった。自からが「主体」となって素材を使用し支配してすら、己れの「存在」が時間で後れを取り得るかぎり不完全恐怖が起こる——そうした仕掛けに捉えられたのである。何か「善」なるものを見つけ、さっそく「俺のものだ」と手に入れることさえ、もはや許されなくなってしまった。

多くの点で「絶対」を言い張るほどに、優位が際立つ——これは間違いない。だが、この「絶対的優位」とは、ほんとうは相対性であった。強みが度を増すにつれ、つけ込まれかねない弱みをも増す仕掛けなのである。弱みは、「存在」と時間とに絡むあらゆる道筋で、最強の「絶対者」に結びついた。「完全性」が、兵站の伸び切った前線となったのである。「虚無」の対極にいや高き座を占め新たに産み出す者となった理知性だが、ただならず張りつめた気配が漂うのも無理はない。

私たちの神が滅亡（corruptio）をこうむるということは、意志によっても、必然によっても、不測の偶然によっても、絶対に起こりえません。なぜなら、それが神ご自身であり、神がご自身のために欲したもうことは善であり、ご自身が善そのものにましますが、滅びるということはこれに反し、善ではないからです。[43]

「滅びない」と言い慕るのは、滅びを恐れるからである。ふたたび「存在」に代えプラトーンの「善」を呼び戻してでも、守りに入らねばならなかった。「絶対に」と叫ぶのは、対極との相対性を自覚するからである。反対者を「無きもの」にすれば安心かと思えたが、策略そのものが、すでに危うさを含んでいた。つまり、「創造神」のこの働きによってこそ、「滅び」は成り立ったのだから。彼は自から滅びを「創造」し、その影に脅えはじめたのである。滅ぼす側に身を置いても、「滅び」の予感に変わりはない。ひと度び「滅び」が姿を現わしたからには、いつ立場が逆立つかもしれない。両極対立の「反転図形」がいつ裏返って「存在」を転落させるか、予断は許されないのである。むしろ失うべき「存在」を備えた側にこそ、不完全恐怖はいよいよ募るのではないか。

〈完全強迫〉の理想が明らかとなるほどに、転落の恐れも、行き着く先の最低の位とともにまたくっきりしてきた。じっさい、ここを落ちていった天使もいるとされ、聖書では明瞭でないのに、キリスト教のなかで誰知らぬ人なきほどの役割を果たしてきた。〈一つ掲げ〉に伴う「滅び」の予感は、こうして具さに、ありありと迫るのを性《さが》とする。落ちないためには一つ、また一つと、確かめ続けるしかない。それこそ、強迫神経症である。

ギリシア・ローマの豊満・充足が密かに宿していた〈完全強迫〉は、これによりようやく、勇んで立ち上がる。ラヴジョイは鋭く〈一つ掲げ〉を予感したが、かつての時代の思想では、まだ芽ばえに留まっていた。その頃なら〈完全強迫〉さえいまだ、ケチと思われたくない見栄に過ぎなかった。まして〈一つ掲げ〉は影も朧ろで――まだ、引き返すこともできたはずなのである。

「虚無」を、「絶対性への完全なる相対性の根」とでも呼んでおこう。「絶対者」のはずの「存在」は、これに相対する「虚無」に呑み込まれる「滅び」の怖れでこそ際立ち、その意味を得る――漆黒の「虚無」を地に、「完全性」を白々と掲げて、「存在」の図が浮き立つ。ありありとしているのに「虚無」だと言い募る強《あなが》ちさに、〈完全強迫〉の仕上げの勢いが感じ取られる。〈一つ掲げ〉の立ち上がりが、のっぴきならず始まった徴しである。「存在」と「虚無」との両極対立が「完全」となるほどに、不完全恐怖はいや増す。絶対性の相対的な勝利が、〈完全強迫〉をさらに強める堂々巡りが起こっている。これこそが西欧思想史における〈一つ掲げ〉に、おそらく最も太い要めの通じた、その時なのであった。折りしもローマ帝国は、ゲルマン民族の侵入に脅え、よろめいていた。戦さと乱れの日々を映し出すにふさわしい思想こそ、これであった。だから、この身構えに留まり続けるかぎり、また新たな争いの芽が吹き出てくるに違いない。

永遠の争い

〈能動強迫〉と〈受動恐怖〉の立ち出で

古代ギリシアより此の方、産み出す力は求められ続けていた。これを担う者は、かつての地母神信仰なら物質であり女神であった。キリスト教でこれに代わり新たに産み出す神となったのが、言葉かつ理知性の「ロゴス」である。アウグスティーヌスが新約聖書の言い回しに磨きをかけ、物質はもちろん、いかなる意味での素《もと》も無いところから産み出す、類いなき力を描き上げたのであった。語って産み出す言葉について、彼はこう記している。

それゆえあなたは、あなたと等しく永遠なる御言によって（verbo tibi coaeterno）、語りたもうすべてのことを、同時にかつ永遠に（simul et sempiterne）語りたもう。そして、あなたが生じるようにと語りたもうすべてのものは生じ、しかもそれは、あなたが語ることによってお造りになる（dicis ut fiat）ままに生じます。[44]

神の言葉（verbum）ないし「語る（dico）」ことを措いて、産み出しに係わるものは何もない。「語り造る（dico ut facio）」とは、語るすなわち造ることだと示し、語りと造りとのあいだに何ものも受け容れまいとの固い身構えである。神の側から「する」こと、仕掛けるのみで、神の他のすべてが造られる。しかもこの神は「永遠の現在」において、あらゆるものを同時に語る。この「現在」はすべての時間に先立ち、かつ「存在」を呑み込んだ時間なのであった。

　時間で先立てば「存在」でも先んじ、余所からの口出しはあり得ない。もっぱら自からが語り造るのみなのだ。この独り占めの構えには、かつての自足とは異なるものが含まれている。産み出しの質《たち》が、能動に限られたことである。「虚無」の立ち出でに加え、いやむしろこれに伴って、もう一つの凄まじい変わり身が、アウグスティーヌスの神に組み入れられていた。古代ギリシア・ローマ世界の「完全性」とは、豊満・充足での自足を極めるものであった。だから、己れの外側に向かう能動性・活性が欠かせないわけではなかった。なるほど「善のイデア」や「一つ」も、己れ以外のものを、外に向かって産み出した。だがそれは、能動性・活性にこだわってのことではなかったのである。「永遠不変の自己同一」にとってなら、打って出る能動性・活性は自足を破りかねず、むしろ裏切りに近かった。

　〈一つ掲げ〉には上下の序列だけでなく、攻めかかる勲し、ないし変化を迫る構えが裏表で組まれていた。それなしで「存在の梯子」は組み上がらない。しかし、「永遠不変の自己同一」にこだわる限り、手出し口出しより我関せずが上策のはずであった。この点でも「ヘレニズム」のみからの説明を、〈一つ掲げ〉は拒んでいる。ありありとした「虚無」を「対象」に据え、「絶対者」に相対的な優位を誇らせるのは、極め付けの矛盾であった。ここからはすでに、両極対立による一方向性が導かれていた。さらに産み出しの性《さが》をめぐり、「虚無」がここでもう一働きする。相手が「虚無」なら、産み出す側は与えることこそあれ、何ものをも受ける取るはずがない。もしも受け取ったなら矛盾に他ならないから、それはあり得ない。この上ない矛盾を足場に、しかしあとは細かな矛盾の回避を梃子として動いている。かくして産み出しに能動性ないし活性を、ないしひた向きに仕掛ける主体性の性《さが》を与え、またこれに限る不思議な拵えは組み上がったのである。

このこだわりを、まずは〈能動強迫〉と名付けたい。勲しと押し付けを支え得る質《たち》が、「虚無からの創造」を待ってはじめて姿を現わした。〈一つ掲げ〉の組み上げに欠かせぬこの仕掛けを、キリスト教の新しい世界が手配りしたのである。

そのうえ、この新しい産み出しの性《さが》には、ただの「能動」では尽くせないものがある。つまり、産み出すだけでは足りず、いっさいの受動性を拒む構えを打ち出したのである。この頑ななこだわりを、〈受動恐怖〉と名付ける。かつての産み出しにおいてなら、表向きの理屈付けの「産み出さないと完全でなくなるから」は、自足を守るためであった。何かを「受ける」ことは含まれていないが受け取り拒否もなく、そこは無頓着である。また、論理にこだわるこの見せかけの陰には、おそらく大地の女神の下腹が動いていた。この女神は種を受けて稔りを産み出すから、こちらはたしかに受動性を備えていたのである。ところがアウグスティーヌスの神は、これでは嫌だと言い出した。産み出しが欲しいだけなら、受け身も取り入れればよかろう。むしろその方が、のちのも述べるとおり、産み出しそのものは盛んになるに違いない——だがこの神は、そうしなかった。

古代ギリシア・ローマの思想において、能動と受動の区別、対立が、まったく認められないわけではない。だが、古代ギリシア語の動詞変化での中動相を持ち出すまでもなく、両者の区別はしばしば曖昧であった。それくらいだから、受けることへの強い怖れを見出すこともできない。〈能動強迫〉と〈受動恐怖〉とは、新たな時代におけるキリスト教の強まりの指標とも見做せるわけである。

それにしても、受け容れを排した能動的な創造とは、類い稀な在り方ではないか。この珍しい持ち前を声高に求める事情は、どこにあったのだろう。〈お互い様〉であり得ないことは確かである。しかし、なぜそうでなければならないかを、ここで扱うつもりはない。〈完全強迫〉の場合と同じく答えの出るはずもないし、背後には、一生かかっても読み切れないほどに膨大な神学が控えている。ここでは受け容れ、受け止めを拒みつつ能動をもっぱらとする構えが、「虚無」の登場と裏表になることだけを確かめておきたい。

女を捨てた男＝父神とその「創造性」

「善」を押しのけて主役を張る「存在」は、「虚無」を踏みつけつつ掲げられていた。「虚無」の不思議にもありありとした性《さが》に絡むのがその「素材」への重なり、すなわちマーテル（母）なるマーテリアへの近さだったことを思い起こそう。地母神信仰においては、これこそが産み出し有らしめる基い、つまりはおそらく「存在」の源だったのである。聖書を調べると、「いま、わたしは子を産む女のようにあえぎ、激しく息を吸い、また息を吐く」（旧約の「イザヤ書」42章14節）など、神が女性を備えた書き振りも見出せる。これも、ユダヤ＝キリスト教の神の産み出しが、女神の力の取り込みだった名残りと考えられる。

アウグスティーヌスが産み出すという仕業の質《たち》を曲げ、己れから一方向的にのみ仕掛ける能動性へと読み替えたのは、この故なのかもしれない。すべてに先立つ創造者にして「主」なる神にもし受け身が見られたら、女神に頼った動かぬ証拠となりかねない。それは、重ねての恥となりそうである。すなわち女神の性《さが》を帯びること、また、その持ち前なる創造性を自から「創造」したのではないこと、の二つにおいて。

さてしかしながら、男が女の性《さが》を帯びたり敵方の女神を支えとするのは、そもそも恥じたり隠すべき振る舞いなのだろうか。そうかもしれない——よもや、罪ではあるまい。だが勝れた敵を倒し、その力や名前を受け継ぐ話は、地球上に広く見られる。ギリシア神話ではアテーナーが、メドゥーサを殺したペルセウスから、助力の礼にその首を捧げられ、盾の飾りとした。アテーナーは知恵の神だが、メドゥーサの力を護りとして恥じたはずがない。記紀神話でも、女装したヤマトヲグナが熊襲タケルを倒し、武勇を愛でてその名を贈られたことになっている。「贈られた」との言い回しは大和朝廷側のものだから、史実に沿わないかもしれない。けれども、ヤマトヲグナ改めヤマトタケル自からが、また周りも、女性を帯びた勝利と名前の受け容れを恥とも罪とも考えず、怖れもしない。そこには、〈お蔭様〉を受け容れる彼らの心構えが現われていよう。

受け継ぐことにより頼るのが恥なのは、「何ものにも拠らないぞ」と、何ゆえか決めた場合に限られる。頼りつつ産み出してよいなら、素材に先を越されても恥ずべき謂われは何もない。[45] つまり女神の力の取り入れは、何ものにも拠らない「虚無からの創造」にこだわる場合にのみ、隠すべきなのである。片や「虚無からの創造」は、なぜ構えられたのだろうか。その由来がもし女神からの、ないし女神そのものの取り入れを恥じてなら、ここで堂々巡りが成り立つ。女神からの取り入れ（受け身）を認めたくないので「虚無」を拵えた——相手は「虚無」だから、取り入れ（受け身）はあり得ない——あり得ないこと（取り入れ）が起こらないよう女神を「虚無」として維持する、と回転する。

ここには、一つのカラクリが隠されている。「虚無」はありありとしているから「対象」に据えられるし、「存在」の下地ともなる。それにも拘わらず、いやそれ故になのか、ひと度びこの「虚無」が構えられると、《「虚無」からは取り入れられない→だから「虚無」からは取り入れられない→取り入れられないから「虚無」なのだ》との説明が、あたかも必然であるかの如くに出来上がる。なるほど、空回りの同語反復もまた必然的な「真理」には違いない。ひと度びそうなれば、この両極対立こそがすべての源であるかに思えてこよう——これが目眩しの仕掛けである。

臨床心理学の〈欠けの眺め〉には、この「虚無」の映り込んでいるのが感じ取られるであろう。欠けているだけなら、細工のための切り欠きや透かし模様かもしれない。だが〈欠けの眺め〉からは、そうではあり得ない。「精神障害者」は「無意味」なことを考えたり、「無効」な行ないを繰り返している。受け取り、学ぶのものなど「存在」するはずがない。〈一つ掲げ〉は、まことは「虚無」に限りなく重い役割を与え、すっかり頼り切っている。だが「虚無」なのだから、頼ったにせよ何ごとも無かったことになる。はっきりした「対象」なのに、無みされるのが務めとなる。患者＝依頼人も同じことで、仕事と金をもたらし研究資料さえ授けてくれるのに、埋めるべき〈欠け〉しかないと、言われ続けるのである。

「虚無」がいくらでも軽んじられると、「悪」さえもここに押し込められるに至る。これこそ収奪の技術として、何よりも「善」なるに違いない。だが、このカラクリのほんとうの巧みさは、技術の外側にある。「存在」と「虚無」の型通りの両極、そこから派生した「正義」と「悪」との対決などに目を奪われると、いつのまにか女が消えたことに気付けないからである。男が、女からの受け継ぎや己れの女振りを恥じるのは、女は締め出すものと、何ゆえか決めた場合にしか起こらない。「父なる」神と言いつつ、対として欠かせぬはずの相手方がいなくて済むとは、「先立ち」への選好の妄想的確信にも劣らず出し抜けである。その「原発的」決定の跡が、この論理の煙幕により覆われている。とは言え、この明らさまな隠し事への不躾な歩みこそ、事の重みを何よりも明らかに物語るであろう。

こうしてこの神は、女を捨てたのである。〈母なる素材〉を「虚無」に落とし込めば、受け取り拒否が必然となる。だから「主体」たる神は完全に「自由」に、己れの意のままに振る舞えるのだ。能動性・活性の極みがここに示されている。ただ、この「絶対者」が「虚無」への優位を保つためには、あらゆる機会を捉えて受動を否定し、能動を確かめねばならない。心配のタネがまた一つ増えた——ほんとうは相対的な優位だから、仕方ないのだが。切り捨てて隠すことが豊かさを呼ぶはずもなく、満足はもたらされないのである。かつての豊満・充足の理想から切り離されたとまで言わずとも、かなり離れたところに来たことは、ここからも知れる。

産み出しをめぐる諸成分の絡み合いが硬い〈しがらみ〉、心理学用語で言えば「コンプレクス」を織りなしている。もちろんこれが、さらなる説明を拒むほど果てしなく堅い礎とは言えまい。だが階段の踊り場、足がかりの結び目くらいには考えられよう。アウグスティーヌスの神による産み出しの獲得が、プラトーンと新プラトーン主義の、産み出す力を備えた最高のイデアを利用したのは明らかである。しかし「虚無からの創造」ではそれに加え、女神を吸収しつつこれに変質を仕組む巧妙な戦略が用いられた。この動きが論理や数理だけでなく、「神」の心理・生理的な在り方をも含めつつ、政略的に進められたと知れるであろう。

かくして、受けずに出すだけで産み出す、不可思議な仕方でやもめとなった男＝父神の出来上がりである。「善のイデア」は、「善」いものをただすべて集めただけであった。したがって、向きも男女別もない。だが、「虚無」に加工したにせよ、産み出す母＝女神の対極に支えられるアウグスティーヌスの神は、男を捨てられない。それが出しにこだわる、類い稀な「男性」になったのである。この神が男の完全性の具現者となり、西欧的な男優位の世界観を固めた。女神により密かに導かれた「産み出さねばならぬ」こだわりが、女性を隠しつつ純粋な能動性・活性と偽り産み出しを独り占めする——これが「創造性」なのである。

予定する至高の「一つ」

〈一つ掲げ〉はこうして、すでに古代に出来上がっていた。この身構えは、〈完全強迫〉と〈能動強迫〉に追われて一徹者に鍛えられ、中世のスコラ哲学にも根を張った。ルネサンス期になって緩んだいきさつは、ここでは省こう。古くかつ周到にして頑固な〈一つ掲げ〉がメスメルに至って姿を隠したのは、驚くべきことかもしれない。

今の世の臨床心理学は、メスメルの跨いだ五つの境目すべてについて、こちら側の世界に住む。引き比べたときメスメルの所説が、境目のいずれの側にとっても「反対者」の役割を担って際立つのは当たり前であろう。彼の理論と実践はその後も受け継がれはしたが、少しずつ近代に馴染みやすい立場へと変えられていった。つまり、彼は現代心理療法から見れば決して創始者でなく、むしろ克服すべき「旧弊」を帯びており、じっさいそのように扱われてもきたのである。もしも動物磁気の反近代的、反〈一つ掲げ〉的な有り方が保たれていれば、近代心理学はずっと違った姿になったであろう。

片やキリスト教の培ってきた古い慣らわしにも、彼は反逆する者であった。彼は言わば遅れて来たルネサンス人であり、宗教改革とその流れに洗われた時代に現われ、ふたたびその裏をかこうと試みたのであった。理知的な垢抜けはないが凄腕の仕事師で、しかもメスメルはユダと異なり、けっして引き立て役とならず、「絶対者」の足下を脅やかした。例えばスピノザの場合にも似て、〈一つ掲げ〉の構図そのものを崩しかねない危険な謀反人だったのである。

それから二百年を経たこのごろ、〈一つ掲げ〉はものの見事に復活を遂げた。息を吹き返したのみならず、〈意識革命〉と〈心の囲い込み〉の仕上がりを経て、新たな体勢を整えてもいる。人間の「健常な」意識こそがものごとの有り様を決める拠り所となり、またその意識を含む心の全体は、個々人の「内面」に閉じこめられた。それが、今の世の掲げられた「一つ」なのである。つまり、「一つ」の中身の見掛け上の変化がこの古い仕組みに、かつてない在り方をもたらしている。今の世のこうした「新しい」〈一つ掲げ〉の肝腎要め、それが臨床心理学である。

この有り様を囲み支える力には、近代市民社会や資本主義の登場が数えられる。それらの成因として重きをなすキリスト教プロテスタントの倫理にも、〈一つ掲げ〉が明らかに認められるのである。マックス・ヴェーベル（Weber, Max）は、その画期的かつあまりに有名な研究（1904-1905）のなかで、プロテスタント諸派、ことにカルヴァン（Calvin, John: 1509-1564）の流れを汲む諸派の世界観、倫理観が、「近代化」した諸地域の暮らしの世界に与えた影響を論らった。資本主義経済の成り立ちこそ、この世界変容の最もめざましい実例である。その根方にあるのが、予定説として語られる世界観であった。予定説は宗教改革諸派の多くに共通する考えだが、なかでもカルヴァンの教えが大きな影響力を持つ。ヴェーベルは、これを次のように要約した。

> 神が人間のためにいるのではなく、人間が神のためにいるのだから、あらゆる出来事は……ひたすら神の栄光の自己賛美という目的への手段としてのみ意味がある。地上の「正義」の尺度を彼の至高の計らいに当てはめることは無意味で、かつ神の栄光を傷つける。なぜなら神は、そして神のみが、自由なのだから、つまりどんな定めにも服さないからであり、……すべての被造物は越ゆべからざる深淵によって神から隔てられ、……われわれが知りうるのは、人類の一部が救われ、残余のものは永遠に滅亡の状態に止まるということだけである。人間の功績あるいは罪過がこの運命の決定にあずかると考えるのは、永遠の昔から定まっている神の絶対自由な決意を人間の干渉によって動かしうると見なすことに他ならず、あり得べからざる思想なのである。[46]
> (強調はヴェーベル)

プロテスタントの神ないし「主」は、人間を二つに分けた。「選ばれし者」つまり最後の審判で救われ永遠の天国に昇る者と、捨てられて永遠に地獄に降だる「呪われし者」とにである。この神はアウグスティーヌスの神と同じく、全知である。すなわち永遠の過去から永遠の未来までを、「永遠の現在」において見通している。だから、するべきことに後から気付くなど、あり得ない。また全能なので、行ないを先延ばししたり頃合いを見計らうなどするはずがない。したがってどの人物が救われるか滅びるかは、もうすでに決まっているのだ。

掲げられた「一つ」がはっきりし、反対者も明らかである。〈一つ掲げ〉の成分は揃っている。「選ばれし者」と

「呪われし者」だけでは駒数が少ないから、「存在の大いなる連鎖」と言うには寂しくも見えよう。だが人間が道具、手段として用いる人間以外の「被造物」は、ふんだんに用意されている。「選ばれし者」が、神の定めた合理的な法則を知れば、それらを駆使できるのだ。この行為が世俗のあらゆる局面で、「被造物」の「存在の意味」を照らし出す。これは人間の勝手ではなく、全知全能の神があらかじめ計画しておいた「摂理」の実現に過ぎない。馬の背に人が乗りやすいのもマグロが美味しいのも、偶然ではないのだ。

能動者の傷つきやすさと〈受動恐怖〉

この神は完全に「自由」で比べものなき高みにいるから、その振る舞いへの手出し口出しなどあり得ない。つまり、神に課される決まりなどあり得ないのだ。人間の立場からはいろいろと由来をつけたかろう——善いことをした人、優しい人が救われるのだ、などと。だが、それは人間の勝手に過ぎない。神に比べれば「虚無」に等しく、まったく無価値な「被造物」の都合は、「創造者の自由」を縛るに足りない。まして人情など、たわ言だ。人間の区分けにはもともと、全知全能の神が決めたという以外に、拠り所は無い。だから我われの限られた知恵に、事情の知れるはずもないのだ。

全知全能かつ唯一にして絶対——まさに超越的すなわち、かけ離れて高く掲げられた「一つ」の名にふさわしい有り様であろう。なかでも完全なる「自由」が際立つ。プロテスタント神学は、他からのあらゆる働きかけをはねつける論理の周到さを身に付けている。この律義な番人に守られて神は欲しいままに誇り、他のすべてが己れを誉めるためにのみあると考える。気ままな支配者——まるで、甘やかされたヤンチャ坊主である。精神分析は「自己愛」「ナルシシズム」などとの用語を工夫したが、「自惚れ」でかまわないだろう。これを持ち上げる人間の側には、明らかなマゾヒズムが認められる。

しかしながら完全無欠なはずのこの神は、思いがけぬ脆さを抱えている。もし人間の善行や悪行により決め事が変わるなら、神は人間から働きかけを受けたことになる。これだけで、神の全能の否定になってしまうのだ。だから人間はそう考えるだけで、もう冒涜にあたるという。なんとも卑屈な、人びとの崇め振りである。だが裏返せば、この神の栄光と誇りは、人間の都合や振る舞いをちょっと斟酌するだけで、いや人間がそう願うだけで傷つくほどに、頼りない造りとなっている。すなわち〈受動恐怖〉が、極みにまで昂ぶっているのである。この性《さが》はプロテスタントの世界に、余所にない彩りを仕組んでいる。

この神は、千年あまりの時を隔て、アウグスティーヌスの思潮を受け継いでいる。彼の神にも、受け身への過敏はやはり認められた。産み出しをめぐる女神との葛藤をはじめ、あちこちに〈受動恐怖〉が組み込まれていたのである。例えばこの神は「永遠の現在」において、直列化した時間のすべてに「先前の先」を取れた。この勝ちが、先んじて仕掛けることとして、能動性の組み上げと独り占めに繋がった。だがこれとともに、後手に回ることが受けを取ることに他ならなくなったのである。プロテスタント思想は、この神の凄まじい強さに磨きをかけつつ恐怖症を忠実に取り出し、強めている。

欲張って大きなつづらに手を伸ばし、災いを呼び込んだようなものかもしれない。とは言え、そもそも受け止め、受け容れるのは災いなのか——この神は、どうしても引き受けたくないらしいが。そもそも時間の直列化は、望ましいことだったのか。この時間に「存在」を組み込むのはどうなのか。なぜこれらが選ばれたのは分からない。今の世界で当たり前に近く通用していることにも、考えれば謎が多すぎる。そして謎はおそらく、〈受動恐怖〉と〈能動強迫〉の「不合理」を照らし出してくれるのである。

どこにでも目を配り手を伸ばしたのは、己れに先んじて勝手なことが行なわれないか監視するためもあったろう。時間における〈選りすぐりの完全〉を手に入れても、これゆえの窮屈さが生じていた。つまりアウグスティーヌスの神には、新たな出会いの驚きが有り得ない。この性《さが》は、〈お互い様〉への道を険しくする。そして、いくばくかの「善」をも、この神から遠ざけている。なるほど素材は出会った者を、いささかなりと動かすに違いない。例えば、粘土に出会えば捏ねたくなろうが、空気を作るのはいささか難しかろう。すべて己れの思うままとはならない。――とは言え、これらは時宜を得たことではないのか。やりづらくとも「無いより増しで有り難い」とは考えられないのか。だがすべて誘いを受けるとか制限を受けると見做され、拒まれたのである。

プロスタントの神の完全な「自由」も、まさにこうした意味である。〈お蔭様〉という考えがまるでない。いや、「被造物」には〈お蔭様〉を思えと求めるのに、自からはこれを感ずる力がまったくない。なるほど、何かしたくなる喜びは、すでに古代ギリシアの「永遠不変の自己同一」で潰されたが、〈受動恐怖〉が過敏をさらに進めたのである。

「虚無からの創造」がすでに〈受動恐怖〉と〈能動強迫〉を含み、「永遠の現在」は予定説を先取りしていた。カルヴァンという近代人の独創から、世の中が動いたのではない。分厚い底流が、たまたまそこに噴出口を見出したと考えるべきである。かつての「善のイデア」や「一つ」は、豊満・充足をめぐって見栄を張り、「ケチだと思われたくない」ほどに傷つきやすかった。だがアウグスティーヌスの、独り立ちの男としての創造者＝父神は、豊満・充足の気前のよさを誇ってさえ、なお足りなかった。「虚無」と向かい合ったのでこれさえ難しいところに、なお加えて出すのみにこだわり、いかなる「善」であれ受ければもう傷つく。これで恐怖症を、大股に進めていた。この蠢きがプロテスタント倫理に至り、極まって花開いたのである。

〈受動恐怖を伴う能動強迫〉の珍しさ

アウグスティーヌスにもカルヴァン派をはじめとするプロテスタントにも、〈完全強迫〉とともに〈能動強迫〉

が認められる。また「能動」にこだわるだけでなく、なんとしても「受動」を避けたい〈受動恐怖〉が伴っている。これらの症状は密に絡み合って〈一つ掲げ〉を編み上げ、西欧の慣らわしを色づける。だから、うっかりするとこれらはもともと一体で、同じ事柄の別名ではないかとさえ思われよう——だが、そうではないのである。〈完全強迫〉と〈能動強迫〉とが異なることは、のちに述べる。ここではまず、〈受動恐怖〉をあえて、広い意味での〈能動強迫〉と別立てせねばならない訳を言い立てよう。

能動と受動は、ひとまず対語であろう。だが両者が、事柄のうえで必ずしも対立、矛盾をなすとは限らない。「受けてから出す」あるいは「受けながら出す」ことは、不可能でないどころか、現によく行なわれている。地母神の場合もそうであったし、むしろその方が、ふつうなら能動性が強まるのである。樽から葡萄酒を流し出す場合を考えてみよう。流入がなければ、流出が早晩止まるのは目に見えている。どこからか酒を樽に入れてやれば、つまり樽が酒を受け容れればどうか。能動的な流出が保たれ、「汲めども尽きぬ豊かさ」さえ、演出できるではないか。——受動を用いれば、能動は弱まるどころか、豊満・充足さえ加わる。メスメルは、宇宙から動物磁気を受けつつ、患者に流した。整体や気功など手技治療の達人も、必ず「気」を他から受けながら施術する。そうでないと自分の気が枯れてしまい、治療者側の健康が危うくなるのである。[47]

能動と受動とをすっかり別の事柄として区別できるのか、じつはこの点がそもそも怪しい。ある一つの振る舞いを能動か受動かどちらかに、一意的に決められるとは考えがたい。だが、いまは深入りしないでおこう。いま述べたところから明らかな如く、もし両者が、同じ振る舞いにおいては両立しないと仮定してさえ、能動の追求と受動の拒否とは別の事柄をなす。受けないし受動性は、出しないし能動性と両立不可能どころか、互いを強めあう場合が多いのである。さらに、受け容れて取り入れるのも、やはり活動ではないだろうか。肉食獣が獲物を勇ましく襲い喰らうのは、能動的にも思われる。ところが食べるとはつまり取り入れ、受け容れることに他ならない。襲いかかる振る舞いは、これを目指して用いられた手だてと言える。受動は活性を立てることと矛盾せず、能動的な活動の目的すら務め得るのである。したがって、能動性への執着から受動性を怖れるのは、極めて珍しい性《さが》である。このことを、改めて銘記せねばならない。

すなわち、能動性・活性にこだわるだけなら、必ずしも〈受動恐怖〉が産まれ出るとは限らないのである。アウグスティーヌスに始まりプロテスタントに極まる〈能動強迫〉は、受動性への頑なな拒否を長く過敏に貫いた点でこそ類い無い。これまで用いてきた〈能動強迫〉との表現ではこれが伝わないし、受動にはこだわらないとの誤解にもつながる。そこで改めて〈受動恐怖を伴う能動強迫〉と言い表わしておく。〈受動恐怖〉との絡み合いでのみこの神経症が成り立つと、徴すためである。ただ、長すぎるので、誤解の恐れのない場合には〈能動強迫〉を、〈受動恐怖を伴う能動強迫〉の縮約形として用いたい[48]。

「虚無からの創造」は、先立ちにこだわる新しい型の産み出しと裏表をなしていた。加えてそれが、〈受動恐怖〉にも直結している。「虚無からの創造」なしに、これらの考え方は成り立たなかったのかもしれない――論理としては、ひとまず別なのだが。この思想が画期的なのは、自から新しいだけでなく、眷族に、見覚えのない身構えをあまた引き連れた故でもある。〈完全強迫〉もまたこれに支えられて保たれ、いよいよ盛んとなる。なるほど、「完全性」への希求なら、古代ギリシアにも認められた。だが、滅びへの怖れに急かされる強迫症の完成は、やはりこの思想を待ってであった。西欧思想史を徴し付ける二つの強迫症が、ともに「虚無からの創造」を欠かせぬ糧としているのである。

二つの強迫の食い違い

ところで、次の疑いが浮かぶかもしれない。――能動性・活性のような望ましい持ち前なら、完全性の追求で無みされるはずはなかろう。〈完全強迫〉さえ成り立てば、能動性・活性は求められて当たり前ではないか。それなら〈受動恐怖を伴う能動強迫〉は、〈完全強迫〉の強まる流れのうちで説明できないか。つまり、強迫症は一つでよかろう。〈完全強迫〉の細目に、「能動への固執」と「受動への恐怖」を追加すれば済む話だ。

しかし筋道を辿れば、そうとは思われない。なぜなら男＝父神の〈受動恐怖を伴う能動強迫〉は、〈完全強迫〉と互いに妨げあうからである。したがって〈受動恐怖を伴う能動強迫〉と〈完全強迫〉とは、別の仕組みと考えるのがよい。この絡みを次に考えてみたい。そこではやはり、〈受動恐怖〉という不可思議が大きな役割を果たすこととなる。また完全性には、丸抱えと選りすぐりとがあった。よく似つつも並び立ちがたく、むしろそれ故に両方を手に入れたいと思わせる。〈完全強迫〉も、これら二つの顔から考えねばならない。〈一つ掲げ〉には、二つの完全性をめぐる追いかけっこが、養分となっていた。「なる」世界に住んでいる我われなのに、「永遠不変の自己同一」を押し付けるから、辻褄を合わせの押しつ押されつが始まる。不完全恐怖も、これら二方面から迫ってくるのである。

能動性・活性を古代ギリシア風の「善」と見てこだわるだけなら、〈受動恐怖〉に出番はない。ひたすら能動的であり続けたい「ただの能動強迫」にしかならないはずである。この動きなら、なるほど完全性を追う流れと見做せるかもしれない。能動性・活性を、ひとまず「善」としておこう。どんどん増やせばよい。だがこのときには、能動性・活性を取り入れて増やすのも、また方策に違いない。「善」を増やすのに専念できれば〈選りすぐり〉はもちろん、おそらく〈丸抱え〉でも、完全性には近づくであろう。「ただの能動強迫」なら、「してはいけないこと」が出てこない。だから、完全性を妨げる縛りがない。それなら〈能動強迫〉と〈完全強迫〉とは、少なくとも共存・協力できるはずなのである。

けれどもアウグスティーヌスらの神は、そうではなかった。気に入らないことは絶対にしない自惚れに等しい

「自由」を誇りつつ、受け身に過敏な窮屈さから、「してはいけないこと」もまた膨れ上がった。例えば、人間の都合を斟酌するだけでもこの神は「不自由」をこうむり、栄光が傷つく。すなわち〈受動恐怖を伴う能動強迫〉は、完全性を害なう元を抱えているのである。「完全なる絶対の自由」が「タブー」が課した。〈能動強迫〉が〈受動恐怖〉を伴う限り、まさにこの「自由」からこそ「不自由」が帰結する。これもまた突き詰めれば「絶対」を掲げた相対性の矛盾から出たことである。そうなると完全性から遠のく動きが、どうしても起こらざるを得ない。

〈丸抱えの完全〉なら、あらゆるものを備えるのが「完全」である。したがって、素直さとか感じやすさなどを含めた「受ける力」もまた、備えて当たり前だろう。受けが存在しても〈欠け〉でしかないとの考えは、ひねくれである。「絶対の自由」を〈受動恐怖〉が彩るのでない限り、こうした偏りは出てこない。アウグスティーヌスとプロテスタントの神にとっては、得る、出会う、受け止める、恵まれるなど有り難いことすら、「自由」の妨げであった。これでは、得るものが減るではないか。豊満・充足の「善」を素直に追い求めるなら、受け容れて集めるに越したことはない。この意味で〈受動恐怖〉は〈丸抱えの完全〉を、明らかに妨げるのである。

〈選りすぐりの完全〉を考えても、やはり躓きが待っている。〈受動恐怖〉の正当化には、受け身が優れたものでない理由を、改めて探さねばならない。これは、難しい仕事となる。――受け身のできない柔道家は、命が危ない。大相撲でも、かつての大横綱なら受ける相撲でこそ風格を発揮したものであった。人の話をよく聞き、相手の立場を受け容れることが大切ではないのか。優れた巫、預言者などは、神の思いをよく受ける人である。すなわち人間の知る限りでは、受け・受動性は望ましい場合がある。受けることの少なくとも一部は明らかに「善」なので、〈受動恐怖〉に脅されていては大切なものを逃がす。「受け容れたならもう傷もの」では、〈選りすぐりの完全〉への道は険しすぎるのである。

すなわち〈受動恐怖〉には、丸抱えでも選りすぐりでも、完全性からの〈欠け〉を増やす効果が認められる。この過敏さに、完全性を利するところは何もない。〈完全強迫〉の目指すものが、〈受動恐怖を伴う能動強迫〉によって壊されてゆく。したがって、アウグスティーヌスとプロテスタントの神の〈能動強迫〉は、〈完全強迫〉とはやはり異なる源を持つとしか考えられない。この神には、ひとまず「原発性」と見做し得る症候を、少なくとも二つは数えねばならない。

二匹で組む金太郎飴のウロボロス

〈二つ掲げ〉の抱える二つの強迫症、〈完全強迫〉と〈受動恐怖を伴う能動強迫〉とは、別の源から発している。それらが「文明」の潮に揉まれ、一つの如く絡み合っているのである。男が受けに回ることは珍しくないし、恥ずかしいことでもない――「受け止める力」は頼りになる。しかしキリスト教の主流にとっては、受けるとなれば女振りでしかなかった。しかもこれが、「虚無」に通ずるのである。この殊更な結合はまことに不思議で、その頑固さはさらに珍妙である。

【女＝「虚無」＝受動】の等式が、〈受動恐怖〉を産み出した。受けたり感じたりの「善」を排除したので、この神の「絶対性」は新たな彩りを纏うことになった。「絶対者」が、「存在」のそれに加えて、能動性・活性の「梯子」の頂点からも人間、獣、山川草木に君臨するのである。しかしこれは、「いつか来た道」でもある。「虚無」へと転落するあの怖れと同じものが、受けにまわる怖れとしてもふたたび現われたからである。この「絶対者」は、受動を避ける分だけの弱みを新たに、やはり相対的に抱え込んだ。兵站の伸び切った前線がここからも拡大し、二正面作戦へと展開するのである。

けれども、〈二つ掲げ〉を保ちたいなら、この不安定を解消すべしとは必ずしも言えない。この捩れがまた、面白いところである。「絶対者」の絶対者振りが発揮されるのは、まさに、この不安定な相対的高みからこそである。

〈受動恐怖を伴う能動強迫〉が〈完全強迫〉を仕上げたからくりを、振り返っておこう。大地の女神、地母神殺しの神話・昔話は、地球上に広く見られる。だが、ほとんどの地域において、女神殺しは隠されていないのである。これがキリスト教とのあいだの、越えがたい溝をなしている。不思議ではあるが、アウグスティーヌスのひた向きな隠蔽には、ひとまず差し迫った事情が見られた。女神の質《たち》を「虚無」へと落とし込んでから、女振りに通ずるものはすべて「存在」から外れ、滅びの淵に立ったからである。この神がもし自からに女性を認めたら、「虚無」を内に巣喰わせたとの告白、「絶対的な滅び」に向かう宣言となってしまう。女とは、もともと大きな力を持ち、世界の半分ほどをなす。これに重なったからには、「虚無」の膨れ上がりは避けられない。完全性を保つには、大いなる「虚無」の侵入に備え、少なくともこの世の半分に常に目を光らさねばならない。

素材は無い、相手は「虚無」だと言い募り、連鎖のはるか彼方、梯子の最下段に遠ざけて「絶対的」優位を誇るのは、怖さのゆえである。女神が恐ろしいから、「虚無」だと言って隠したくなる。しかし「虚無」なら、呑み込まれそうで怖い。この〈しがらみ〉に、たやすく糸口は見つからない——もしかすると、十九世紀末にも「femme fatal」と盛んに語られた如く、「女が怖い」が元なのかも知れないが。隠したのは怖いからだが、隠したら恐ろしくなった。怖がって遠ざけても、もはや相対的な遠さなので、「虚無」はかえってありありと気になって仕方がない——「虚無からの創造」の便利さと罠とである。

その罠にさらに、「男は能動、女は受動」との殊更かつ頑固な絡み合いから、受動性が「存在」を喰う仕掛けとして入り込んだ。受けが「虚無」なら、出会いや受け容れを「付け加え」てさえ、完全性は害なわれる。大いなる「虚無」への怖れが、受けるというあまりにありふれた構えで、さらにありありと彩られ、転落の怖れを膨らませた。〈受動恐怖〉は、こうして不完全恐怖を焚き付ける——つまり、〈完全強迫〉を煽るのであった。

〈受動恐怖を伴う能動強迫〉と〈完全強迫〉とは、前者が後者を責め立てつつも、「虚無からの創造」において絆を暖める。〈完全強迫〉は追いつめられるが、しかし弱まりはしない。なぜなら、この〈能動強迫〉の煽る不完全恐怖とは、すなわち〈完全強迫〉の強まりに他ならないからである。またしてもここに、ありえないはずの反対者・反逆者がじつは「絶対者」と共謀する、あの仕組みが働いている。「絶対」を建て前とする相対性のこの力こそが、「一つ」をいよいよ掲げ、さらにいや高く「超越」へと向かわせる。〈一つ掲げ〉とはこのように、危機に迫られてこそ、輝きを放つ仕組みでもある。

加えてこの裏返し、つまり出来上がった〈完全強迫〉がふたたび〈受動恐怖を伴う能動強迫〉を強める仕掛けも、秘かに組まれているのである。ここでまた、堂々巡りが成り立つであろう。アウグスティーヌスやプロテスタントの神は、「存在」において完全なのであった。この完全性を、やはり完全性の二つの顔から調べると、それぞれに〈受動恐怖〉を煽り立てることが分かる。

「善」より縄張りの広い「存在」の質《たち》に沿い、まず〈丸抱えの完全〉を考えよう。何にでも付けられる「ある」なので、「存在」からは巧まずして〈丸抱えの完全〉が実現しそうに思える。だが、そうではない。「善」から「存在」への鞍替えにあたり、「虚無」がありありと造り出されていたからである。これにより「存在」は、掲げられる「一つ」となった。ところがこの「虚無」は、いくら重ねても「存在」を増さず、それどころかこれを呑み込むので〈丸抱えの完全〉を損なう。せっかくの大いなる「存在」が、はじめの豊満・充足だけでは足りず、自からを掲げるために持ち込んだものにより、狭められたことになる。

これを避けるには、どうすればよいか。「存在」を固める他に道はなかろう。では、どうやって固めるのか。「虚無」は秘かに女振りで勝るから、父＝男神であり続けるしかない。ところが男振りは、ひたすら出し続ける他ないものとなっている。男らしくあるには、受動性抜きの能動性をさらに突き固めるしか道がない――かと思われよう。〈丸抱えの完全〉を保つ企てはこうして、隠された女を隠し続けるため、〈受動恐怖〉で片寄る。すなわち、〈受動恐怖を伴う能動強迫〉を後押しするのである。

次に、〈選りすぐりの完全〉ではどうだろうか。こちらの方は、もっと分かりやすい。「虚無」はもちろんのこと、受けという大切な働き、そして女という世界の半分を敵に回しているのである。選りすぐりはすぐ、どこからでも傷がつく。【女＝受動性】の等式により、女と受けとどちらと戦っても、すぐにもう片方の敵が援軍に駆けつけるであろう。だから、受けない男の能動性で出しまくるしか術がない。拡大したこの戦線での休みなき防衛こそ、〈受動恐怖を伴う能動強迫〉に他ならないのである。

〈能動強迫〉とともに現われた〈受動恐怖〉は、「虚無」と女とで〈完全強迫〉を締め上げるが、返す刀の受け身の女で自からが脅しつけられ、堂々巡りの力を産み出している。この仕組みにより我われの「心の近代」の得るものは、高速回転するウロボロスにも見まごう姿である――材質は「元気印」の金太郎飴で、磨きがかかっている。こうしたのっぴきならなさに触れると、完全性や絶対性など、そんな抽象的な「概念」はほんとうはさして大事でもなかろうとさえ、疑われてくる。きれい事は、何かもっと由々しい隠し事を漏らさぬための手だてかもしれない――手品のタネを隠すにも、他に気を逸らすのが基本なのだから。隠し事の根方は、謎に包まれている。ただ、この〈しがらみ〉が、「虚無からの創造」を軸に回っているところまでは間違いない。忙しさに追い立てられる今の世の我われへの道標べが、ここに立っている。

隠れたる牙

受け身になるのが怖いとは、出所の知れぬ不思議な感じ方である。だが、もっと分かりにくいものも、西欧にはある。古代ギリシアより此の方、陰ひなたなく受け継がれている「永遠不変の自己同一」である。これを保たねばならぬ場合は、確かにある。例えば、数学や論理学では、数や演算規則にこれが求められよう。なぜかと言えば、これらの学はまさに、そういう取り決めを行なった場合に限り、それを支えに成り立つからである。これらは立派な学問である。それなりに面白いし、上手に使えば暮らしに役立ちもする。

だが、世の中のすべてが、数や論理で出来ているはずはない。人間に番号を振っても、人間が数字になるわけではない。すべての人を、同じ仕方で扱えばよいとは限らない。「同じ」人でも、時と場合により在り方は変わり、扱いも変えねばならない。人間でなくとも同じである。ただ、「自閉症」や「統合失調症（精神分裂病）」と呼ばれる人などが、ある場合にはこの、ある意味で分かりやすい「永遠不変の自己同一」を、ふつうなら当てはまらないところにまで用いる。それを自からの支えとするのだが、世の中と食い違うのをはじめ、いろいろと不都合が出るので、病まいの「症状」とされている。その仕組みとたいへんに似通ったものが、「絶対者」を相対的に掲げるために、用いられていると言ってよい。

「自足」と「不変」が保たれないとか、「自己同一」が成り立たないとは、恐ろしい考えなのだろうか。本来ならこんなことは、生々流転し因縁に結ばれている我われの〈うぶすな〉から見れば、気にするにも及ばない。〈お互い様〉と〈お蔭様〉で日々を暮らしてゆけるから、むしろ有り難いと言ってよい。けれどもそれが恐ろしい、あり得ない、許しがたいことになる世界が確かにあるとも、認めざるを得ないのである。しかもその仕組みは、少しずつ、我われの〈うぶすな〉にも食い入っている。

心理学者でかつ哲学者であったウィリアム・ジェイムズ（James, William: 1842-1910）は、晩年の書き物にこう言い残している。

「として」は、我われの亡き骸を撮った概念写真である。感覚で直かに経験するなら（in its sensational immediacy）、なにものであれ、その時にそれが様ざまである、そのすべてに他ならない。それはCの前で、

Aの後ろにある。それは君から離れ、私に近いが、このものでなく、あのものに繋がる。能動的かつ受動的で、物理的かつ精神的で……ヘーゲル風の言い回しを続けるなら、直接者を「媒介」しようとする時にのみ、すなわち感覚による暮らしを概念で置き換えようとする時にのみ、主知主義（intellectualism）が勝ちほこり、このなめらかに進む有限な経験すべてについて、内在的自己矛盾（immanent-self-contradictoriness）を証明するのである。【49】

西欧の仕来たりはキリスト教学に合わせ、何として「存在（esse）」するかと、ものごとの「本質（essentia）」を問う。「人間性」もその一つだが、すべてのものに各おの「本質」があるという。これは、何かが「それである」ことなのだから、永遠に変わらない。人間は、人間であるから、人間である——空しい繰り言だが、「真理」には違いない。それ故にあらゆるものが、「存在の梯子」のどこかに据えられる。ところが日々の暮らしでは、ものごとは互いに係わり、様ざまな仕方で出会っている。その有り様においてのみ、ものごとは自からである——か、自からになる。他のあらゆるものに取り巻かれ、能動も受動も一方通行はなく、物質と精神の区別もない。つまり、異なるものを担うことこそが、自からに他ならない。これを、永遠に不変で自己同一の「概念」に照らせば、自己矛盾となる——それで一向に構わない、とジェイムズは言ったのである。〈お蔭様〉を感じ〈お互い様〉で生きても、妨げは無いはずなのだ。ところが古くしぶとい理知性は、この生《なま》の命を殺したうえ、嘲って見せるのだ。

アメリカ人でも考えを深めれば、ここに至れる。彼が我が国でも親しまれるのは、通いあうところを感じるためであろう。だが、このときジェイムズは、神経症を病んでいた。彼の生きた世界のなかで我われの当たり前に気付くと、病まいに取り憑かれてしまうのだろうか。この考えを得るまでに彼の身はもう、多くの〈揺さぶり〉に、シュッツと同じく疲れ果てたのかもしれない。ジェイムズの文章にもやはり乱れがあり、投げやりにさえ思える。彼の命は、この書の出た明くる年に尽きる。永遠に不変の自己同一に自足しつつ、かつ「虚無」と受動と遅れを恐れて、先んじての産み出しに徹する「存在」、この「一つ」をいや高く掲げるという危うい企てのためには、相容れない〈お互い様〉をどこまでも遠ざけておかねばならない。内輪での揉め事で忙しいのに、いやそれ故にこそ、敵を求めるのでもあろう。

〈受動恐怖〉から「男性的抗議」へ

今の世の臨床心理学の扱う「完全強迫」とは、完全性を害なう病まいであった。完全性に執着はしても、その実現から常に遠ざかるが故に、直すべきなのであった。さて、〈受動恐怖を伴う能動強迫〉は、能動という「善」を求め続けるので、完全性への執着を含む。ところがその裏で、何であれ、受ければ傷物にしてしまうのである。これでは完全は望めない。すなわちこの強迫症は、完全性を求めつつ害なう当世風の「完全強迫」を膨らませていることになる。ところで片や今の世は、完全性を理想に掲げて疑わない。つまり、今の世の根方はこの書で言う〈完全強迫〉に覆われていた。〈受動恐怖を伴う能動強迫〉は、これをもやはり、煽り続けていたのである。

完全性を害なう「完全強迫」と、完全性を掲げる〈完全強迫〉とは、向きが逆さまに見える。ことに後者は、今の世なら病まいではなく、褒められる「善」に他ならない。しかしこれらの、見かけは根もとから異なる強迫症が、同じ〈受動恐怖を伴う能動強迫〉から支えを受けている。個人の疾患としての「完全強迫」と、世界の病まいとしての〈完全強迫〉とは相容れないかの如くだが、まことは裏で繋がっているのかもしれない——いや、そうに違いない。先回りすれば、鍵はおそらく、またもや〈受動恐怖〉が握っているのである。「受けない」ことへのこだわりから、タブーが増え、大切な完全性を護ることがたいへん難しくなる。よいことはあまりなさそうなのに、なぜこれほど強固なのか。ここに伺われる込み入った事情に、ほんの少しだけでも立ち入ってみよう。

ユングとともにフロイトの高弟で、のちに袂を分かったアードレル（Adler, Alfred: 1870-1937）は、「劣等複合（Minderwertigkeitskomplex）」の考えで名高い。彼はこの理論に先立ち、神経症の素因として「神経質性格（der nervöse Charakter）」を論らっていた[50]。それによれば、神経質な人は「高低」「勝敗」「男女」など、対をなす枠組みを優劣の秩序と固く結びつけがちだという。対と優劣とは、必ずしも重ならない。だが神経質は、優劣を読み込まずにいられないのだ。そこで、自からがわずかでも劣位に置かれたと思うや否や、過敏に反応する人が出る——それが神経症者なのだ。アードレルによれば神経症は強い劣等感と、向こうを張っての、優越感の強い自我意識とに支えられている。自我意識での優越は劣等感を乗り越える努力だが、惜しむらくは認識に歪みが含まれる。このため過敏な反応が環境に即せず、失敗行動となる。それを「症状」と、我われは呼ぶのだ。神経症とは劣等感の、手際の悪い埋め合わせに他ならない。

〈一つ掲げ〉の両極にみなぎる緊張感は、彼の理論にかなり整合する。この仕組みへの手がかりを、アードレルの理論なら、いくばくか与えそうに思わせる。さて、彼が劣等感の根方に見出したのは、体の器官の外見であった。これには、その人の人となりを徴し付ける働きが備わる。つまり、生物学的な器官に目を留めつつも、その肉体的、生理的な作用はほとんど問わず、世の中での値踏みから神経症を説明したのである。器官の外見が生得的な素質で決まりやすいのは、努力で変え難いことでもある。「事実」として一次元の優劣があり、「摂理」から絶対に逃れられないとの、歪んだ世界観を導きやすい。神経症はここから起こると、彼は説くのである。

なかでも男の所謂「第二次性徴」は「男らしさ」として、世の中での値踏みに繋がり、劣等感を刺激しやすいという。西欧の慣らわしには、男の優位が深く刻み込まれている。だから、「男らしくない」はもちろん「たおやか」でさえ、言い訳しようのない劣位なのだ。進化論的に言えば、「性淘汰」の圧力であろうか。「第二次性徴」が不十分な男は同性からも異性からも蔑まれ、その激しさは心の安らぎを乱すほどだと、アードレルは考えた。そこで、劣位を感じた者は、「男性的抗議（männlicher Protest）」[51]により埋め合わせを図るというのである。この「抗議」の中身こそ、受動性を拒否し、能動性を強調し、攻撃的になることなのだ。少しでも受けが我が身に感じられれば、猛然と怒り、攻めかかる。女の場合でも、この仕組みは同じく当てはまる。なぜなら、女はもうあらかじめ劣位なので、これに甘んじて生きるか、さもなくばやはり男性を発揮して埋め合わせるより他に術がない、というのである。

すなわちアードレルによれば劣等感と神経症の源は、世の中から「男らしさ」を値踏みされ、これに歪んだ立ち向かいをするにある。ここでの能動と受動のせめぎ合いは、〈受動恐怖を伴う能動強迫〉そのものである。

この優劣の起こりを、アードレルはまさに、古代の地母神と母権の支配への、男からの反逆に見た。――かつて大昔に、女に抑えつけられていた男は叛旗を翻した。この乱が事成り、やがて男を優位に、女を劣位へと逆立てたのだ。彼はこれを、政治史的な事実と推定している。具体的には古代ギリシア文明の成り立ちに重なり、それより此の方、男の優位が西欧の慣らわしを支えるという。ほんとうは女の産み出す力に、頭が上がらない。だが、男の方が偉いと思いたい。とは言え、産み出す力は羨ましいから、奪って取り込もう。そして来歴を消し、初めから持っていたことにする――ここまでなら、気の弱いコソ泥のようなものである。けれども盗みが暴かれたとき、女から奪い取り入れたことをどうしても誇れない事情があれば、居直りの「男性的抗議」が出るに違いない。

西欧文明の性《さが》なる「男性的抗議」

地球上を見渡せば、他からの受け継ぎはもちろん簒奪をすら隠す理由が必ずしもないことは、すでに述べた。だが、なぜか西欧世界に限れば、それなりに動機は見出せる。古代ギリシアより此の方の、「永遠に不変の自己同一による自足」という理想が、その一つである。――もし、女から何かを取り込んだのなら、自己以外に依存し、しかも変化があったことになる。もし、産み出す者になったのなら、これで「主」なる「絶対者」は「自足」と「不変」の理想から外れてしまう。加えて、もし「絶対者」がこの変化から出来たとするなら、「絶対者」になったのだから、「自己同一」すらも「自己矛盾」により崩れ落ちる。やや思いがけず、ここでは「ヘレニズム」の古いところが、〈一つ掲げ〉を焚き付けに動いているのである。西欧には、何ゆえか古くから「永遠不変の自己同一」への殊更なこだわりが産まれ、当たり前の成り行きが耐え難くなっている。女神に係わり、女神と共に生きた来歴を消したくなるほどの恥ずかしさとは、どれほどのものなのか。これは西欧の〈うぶすな〉に抱かれてみなければ、知れないのであろう。

男の簒奪論はアードレルの独創でなく、バッハオーフェンを含む多くの著者たちに言い立てられてきた説であった。こののちでも、例えばアイスレル（Eisler, R. T.）は、西暦紀元前二千年ごろから地中海地方に侵入した印欧語族の人びとが家父長制をもたらし、それまでの地母神を主立てる祀りを止めさせたうえ、古い女神たちを怪物や悪役の人物に作り替えていったと述べている[52]。女の強権的支配が歴史的な実態に即すか、実証史学からは疑わしいとされている。この枠組みそのものが、家父長制を裏返して母権に適用したに過ぎず、父権的な発想から抜けられていないとも言える。

しかし多くの優れた書き手が西欧の世界で暮らしつつ感じ、考えた末にこうした考えに至ったことは、紛れもない事実である。これこそ心理学的に見れば、第一級の資料となっている。そして「男性的抗議」の考えは、アウグスティーヌスの場合なら、たしかによく当てはまる。もしかすると、ユダヤ人アードレルの分析のほんとうの対象はこの神ではないかとさえ、疑われるくらいである。この筋書きを、政治史の事実はともかく、先に述べた「虚無」の拵えに絡む心理的な負い目と受け取るなら、西欧思想史を眺めるには、かなり使い勝手がよい。

フロイトもアードレルの説を採り入れ、男の「男性的抗議」と女の「陰茎羨望」を神経症の大もとと考えた。

分析治療を施しているうちに、陰茎への願望と男性的抗議にまで達すれば、すべての心理的なものの地層を貫いて、いわば人工の加わらない自然のままの岩石に突き当たったのであり、仕事はこれで終ったとの印象をしばしば抱くものである。これはおそらく本当であろう。[53]

西欧近代精神の吠える世界のただ中でなら、これが実感に違いない。神経症のこの行く末は、上と先を争うことが当たり前の世界でなら、その陰画として、たしかによく収まるのである。しかし、この有り様に導いた心根の傷は、彼が『トーテムとタブー』(1913) で推定した「父殺し」ではなく、むしろ母なる女神殺しとその隠蔽であろう。「父殺し」説そのものもむしろ、反転による、女神殺し隠しの工作かもしれない。

アードレルは「男性的抗議」と言うのだが、私としては、より状態像に沿った〈受動恐怖〉の名がふさわしいと、あい変わらず考える——ほんとうの男っぷりのよさとは、おそらくこんなものではなかろう。男なら必ず受け身を拒むとは、とうてい言えないからである。インド神話で、怒り狂ったカーリーの足許に男のシヴァ神が横たわり、女神を宥めた話はよく知られている。このときカーリーのヨニ（ホト）が、シヴァのリンガ（ヘノコ）を取り込み、世界が産み出されたとも言われる。男が受け身になってこそ、大きな仕事が成し遂げられたのである。我が国を含む他の地域にも、様ざまな類話が見られる。[54] 孤立した逸話ではないし、長く受け継がれているから、為にする作り話とは考えられない。

アードレルの分析では、「男が能動・女は受動」に固まった構えが、もう揺るぎない外枠となっている。西欧の慣らわしに沿いすぎた筋立てで、それ故に、当てはまる場は限られざるを得ない。ただし、むしろそれ故にこそ、西欧世界の心の有り様の説明には威力を揮える。要するに、そのための理論だからである。したがって、このめざましい成果を、理論の「普遍性」の徴しと読み違えてはならない。西欧での当てはまりが横滑りできるのは、「普遍的な人間性が通文化的に成り立ち、かつ西欧こそがこれを作り上げている」場合に限られる――これこそ、西欧思想である。【55】

そうした「人間の本質」は、もしかすると、あるのかもしれない。だがそれを、西欧の仕来たりや慣らわしの焼き直しで、たやすく得られるとは考えまい。これまでしばしば、その類いの誤りが繰り返されてきた。やはり、我われはさしあたり、自からの〈うぶすな〉を暖めつつ語り続けるのがよくはないか。そこでは「男性的抗議」も〈受動恐怖〉も、影が薄いのである。

受け身を避け時間に追われファーストフード

「虚無からの創造」を芯に色々の成分が絡んで、固い〈しがらみ〉を組み上げている。だから、あたかも均質の素材であるかの如くに見える。磨き上げられたウロボロスはどこを切っても、色取りを巧みに配して同じ模様を浮き立たす金太郎飴である。この磨かれた輪が回ると、光を放つ。長い月日の巡りから勢いを溜めた〈能動強迫〉は、とりわけ目立つ輝きを帯びている。それが、時間に追われることである。「存在」が時間に錬り合わされたからには、〈欠け〉のない完全を期すかぎり、常に動き続けるしかない。追い立てられるようでも、出し続けないかぎり〈受動恐怖〉が忍び寄る。これが、いまや直列化を越えて「直線化」した時間の上での、一方向の競争となるのである。

次はヴェーバーが、イギリスの清教徒バクスターに依りつつ描き出す、プロテスタント倫理の構えである。

道徳的に真に排斥すべきものは、とりわけ所有のうえに休息することであり、富の享楽によって怠惰や肉の欲、なかんずく「聖い」生活への努力から外れる結果をもたらすことである。財産が危いものなのは、こうした休息の危険を伴うからであるにすぎない。けだし、「聖徒の永遠の憩い」は来世において与えられるもので、地上において人々は、自分の恩恵の地位を確認するために、「己れを遣わし給いしものの業を昼のうちになさねば」ならないからである。明白に啓示された神の意志によれば、その栄光を増すために役立つものは、怠惰や享楽ではなく、行為のみである。したがって時間の浪費がなかでも第一の、原理的にもっとも重い罪なのである。人生の時間は、自分の召命を「確実にする」ためには、限りなく短くかつ貴重である。時間の損失は、交際や「無益な饒舌」や奢侈によるばかりでなく、健康に必要な――六時間かせいぜい八時間――以上の睡眠によるものでも、道徳上、絶対に排斥しなければならない[56]。(強調は原文)

選ばれた者なら、俗世のただ中でさえ惨めに暮らすはずはなく、富を得て当たり前だ。ただし富は、神の栄光を現わすためにある。「被造物」を人間の企ての手段に用いて富を得れば、「多様性」のなかに、秩序ある神の栄光が描き出せるのだ。得た富で、肉体の欲を叶えてはならない。なぜならそれは、心地よい感覚を「受ける」ことに他ならないのだから。そんなことを望む者では、富は得たにせよ、選ばれていないのかもしれない。時間のある限り働き続けよ。休むとは、能動を止めること――したがってすぐに、「受動的な快楽」に結びつく。

「存在」と錬り合わされて重く、かつ直列化した時間のなかで、最も稠密なのが「現在」であった。神ならぬ人間にとって二度と戻らないその瞬間に、全力を出してこそ、選ばれた者にふさわしい。常に動き、能動的に「行為」し続けてのみ、神の栄光は現われる。それが「虚無からの創造」を成し遂げた神への、人間の立場から及ぶ限りの接近、つまり「神に倣う」ことだからだ。これができない者は、選ばれていないに違いない。

こうした構えの源が、アウグスティーヌスに遡れることは、言うを俟たぬであろう。それが、古代ギリシア・ローマからキリスト教世界への、決然たる歩みであった。もちろんこれも、一人の天才の「創造」ではなく、彼の取り集めた伏流水の噴出には違いないが[57]。プロテスタント倫理の時間は、彼の築いた直列化を継承するのみならず、物理学の進展に合わせて一次元に収まり、精緻に計量化された。つまり、直線化したのである。「前進あるのみ」の一方向性と計算可能性が、強迫性に花を添える。〈受動恐怖を伴う能動強迫〉は、〈完全強迫〉を触媒に自己増殖を遂げつつ、時間から貨幣をさえ産み出そうとしている。資本主義において、貨幣は人びとの暮らしの根もとを支え、命さえ左右する。それは投資によって、世の中を能動的に動かす力となる。彼らが受けてよいのは、神からの救いだけである。

この有り様は、今も変わっていない。いや、むしろヴェーベルの時代よりも磨き上げられている。解き明かした彼の手並みは予言とも取れ、しかも実現している。今のアメリカの社会学者リッツァーによれば、大繁盛のハンバーガーチェーン・マクドナルドが世の中に与えたのは、食べ物だけでなく、経営の手法と、さらには人びとの暮らし振りの手本であった。「効率性、計算可能性、予測可能性、そして制御」が「マクドナルド・モデル」として、アメリカ社会の「マクドナルド化（McDonaldization）」を進めているという。そのなかでも、時間を計算することが、効率的な制御の要めとなる。仕事の手順はすでに、金太郎飴よろしく均質化しているからである。リッツァーは、アメリカの社会で時間に追われる様を、次のように述べている。

> 人びとには、マクドナルドまでドライブして食べ物を出してもらい、食べ、そして家に帰るのにどれくらい時間がかかるのか、計算する癖がある。これに要する時間と、家庭で食べ物を用意するのに必要な時間とを比べ、人びとはしばしば正しく、あるいは誤って、次のように結論づける。つまり、ファストフード・レストランまで外出した方が、家で食事をとるより使う時間が少なくてすむという計算である。……ピザハットは五分以内に一人前のプレーンピザを出す、もしそれができなければ、無料である。マクドナルド化されたシステム

における従業員もまた、自分たちの作業の質的側面よりも量的側面を重視する傾向がある。作業の質のばらつきが少なくなるよう設計されているので、従業員たちはどれだけ手早く与えられた作業をこなすかに専念している。[58]

「ファーストフード」の店で速さが勝負なのは、人びとがそれを値打ちと見るからである。また、そのような労働・生産の仕組みを作り管理する企業家にも、この仕組みは「最善」の効率を提供する。これで倹約した時間が、「創造的な労働」のために使えるからである。すなわち企業家に、さらなる能動に用いるべき利潤と、そして時間とをもたらす。低賃金で時間に追われる従業員たちは、大切にされていない。だが、それを気にするには及ばない。富と地位を得た者、おそらくは選ばれし者にとって「最善」の仕組みは、そうでない者にとっても「最善」に違いないからである。低賃金で、人の決めた時間に追われて働く労働者に留まり続ける者ならば、その有り様こそが「秩序」なのだ。

プロテスタントの神の「絶対自由」は、毛ほども受ければ崩れ落ちる傷つきやすさであった。相対性を拒みつつ、これとの追いかけっこを止められない。超越しているはずなのに、俗世間から冒涜を受けることには、過敏に反応する。このような「絶対者」の気分には、超越したはずの時間の後先も、また絡みついて当たり前である。同じことが人間にもあてはまる。時間に追われて浮き足立つ思いこそ、選ばれた者には似つかわしい。休み、眠ることは、無為にして刺激と、時間の経過とを受け取ることに他ならない――〈受動恐怖〉が起こり、そこから「罪悪感」さえ芽生えるのである。

〈一つ掲げ〉は、このようにして紡ぎ出される。「存在の梯子」を登ろうとするほど「虚無」への転落に脅え、「能動的」に突き進もうとするほど受けを怖れ、時間の直列性・直線性に追われて、今に至っている。上下と後先と出し入れの争いが、この分では永遠に止みそうもない。

振り返りと見晴らし

〈一つ掲げ〉の遠くかすかな源、古代ギリシアの理想とは、不生不滅で、永遠に不変で不可侵の、自己同一に自足することであった。不思議な考えではある。だが、このままでは、「一つ」も「掲げ」も、まだ現われては来ない。自足の境地の揺らぎはじめは、完全性へのこだわりからであった。不生不滅、永遠不変の不可侵なる自己同一での自足——このままでは、完全性なるものは含まれないのである。なぜ新たな欲が付け加わったかは、分からない。ともかくもそうなり、そして、これと呼びあうかのように、産み出したい欲が起こってきた。「最善」を保って自足を完全とすべく、産み出しを身に付け、己れ以外のものが産み出されたのであった。しかし自足はそこから、いよいよ乱れはじめた。この理想が、自から産み出したものと引き比べられたからである。引き比べとは、他との係わりに他ならず、自足とは相容れない仕組みであった。

とは言え、乱れたままでそれなりに暮らしていれば、まだまだ、〈一つ掲げ〉は起こらなかったのである。そこに、「乱れた自足」はもはや自足ではない、との思い込みが付き纏ったのであろう。ここから強迫が始まった。乱れがあってはいたたまれない——これすなわち、完全性への希求に他ならない。「乱れた自足」を自足で「ない」とする考えは、永遠の不変を願う気持ちには沿うであろう。〈完全強迫〉は、その芽生えまでなら、古代ギリシアで培われたのかもしれない。

ともあれ、乱れは好ましくなかった。これを排するに、どうすればよいか——他との係わりを絶った「絶対者」こそ、「乱れのあり得ない自足」ではないのか。「絶対者」には、比べられるものが無い。だがこれは、言挙げぬがよかったのかもしれない。「絶対性」を明らかに定めようと「無い」ことを言い立て、「虚無」が産まれ出た。対を絶つために現われたはずが、まことは「存在」との対であった。「虚無」は、この「絶対者」を相対化する立て役者となった。ヘーゲルも言うとおり、「虚無」にありありと照らし出されてこその「存在」となったである。相対性に支えられるしか、「絶対者」に道はなくなった。「虚無からの創造」が、そこに華やぎを仕立てた。

「存在」を掲げるこの「虚無」は、「創造」のための素材に重なってしまう。素材（マーテリア）とは、「母（マーテル）なるもの」である。「存在」には、ここで素直に母に抱かれ、甘える道もあったに違いない。今も、マリア信仰などに、その兆しが残っている。だが、どういうわけかキリスト教の主流は、「女を捨てる」道を選んだのであった。

「絶対者」への動きは、産み出しの欲にも駆られていた。産み出すといえば、女、母、あるいは女神である。いまやこれが「虚無」となった。「絶対者」が、もし産み出しに女の力を借りていたなら、己れの内に「虚無」を抱え込んだことになる。女を避けることは至上命令となった。女神殺しさえ、もはや勲しでなく、己れの内の「虚無」に繋がる。隠したいので「虚無」に仕立てたが、「虚無」となったからには、隠さねばならない。加えて、女性と受動性を頑固に結びつけたので、「絶対者」は、受けに過敏な体質となった。なるほど、女も産み出すが、必ず種を受けている。それなら、男らしいとは出しに徹することではないか——おそらくそうではないのだが、妄想は事実や論理で説得できない。ここで「存在」は時間と錬り合わされているから、出しさえもが、直列化した時間に捉えられた。遅れすなわち受けとなり、「完全な能動」の実現はいよいよ難しくなったのである。

「存在」・上・絶対・完全・能動・男・優位・精神・理知性——これらの互いに異なる諸成分が、あたかも均質で一体かの如くに束ねられる。これに向かい合って、「虚無」・下・相対・欠け・受動・女・劣位・物質・肉体が、これらもまた色とりどりながら、あたかも闇夜の如き見境のなさとなる。両極は、両立し難く見えながらじつは互いに補い助けあい、金太郎飴のウロボロスとなり、堂々巡りするのである。この回る丸い形はしかし、上下一直線で伸びた「存在の大いなる連鎖」「存在の梯子」に等しい。

いささかの驚きだが、〈一つ掲げ〉のこの有り様は、見方によっては〈お互い様〉の極みとなっている。異なるものが同じとなり、抗うものどうしが助け合う――たしかに、そうである。けれども、私が〈世界学〉で目指す〈お互い様〉とは、似て非なるものでしかない。そのわけは二つある。まず、掲げと支えの両極が異なるとはいえ、両極を外れたところに異なる何かを認める見込みがないこと。次に、この閉じた造りの内側でさえ一次元・一方向に諸成分を並らべ、異なる向きを拒むこと。この二つである。〈お互い様〉の斥けが、外と内とで見出される。一つめからは〈論語読み論語知らずの原理〉が、二つめからは〈欠けの眺め〉が産み出されるであろう。

〈一つ掲げ〉には、〈お互い様〉を利用しつつ〈お蔭〉を蒙った相手を踏みつけ無みする、巧みな仕掛けも備わっているのである。だから、異なるものを拒むのみならず、戦い滅ぼす構えさえ導かれても驚くには値しない。「全知全能」なる神は、鴻毛ほどに軽い受け身で傷つく儚い〈仕掛け三昧〉を誇る。「全身、これ逆鱗」の我が侭な自惚れこそ、「絶対者」の証しであった。針の穴からでも「存在」へと忍び入る「虚無」を埋めるには、「男性的抗議」を掲げて、能動的に戦い続けるのが「最善」の方略――のはずと、少なくとも思われるらしい。

人間の本性は、不幸にも自分自身と戦っている。これは悲惨な悪ではあるが、この生の以前の状態よりはよい。なぜなら、何らの抗争もなしに悪徳に支配されるよりは、悪徳と戦うほうがよりよいからである。わたしなりの言い方をすれば、永遠の平和の望みのある戦いは、まったく解放の考えられない捕われの身よりもよいからである。たしかにわたしたちは、この戦いを免れることを望み、最も秩序ある平和――そこでは、まったく揺らぐことなく永続的に、劣ったものがすぐれたものに従う――を得るべく、神の愛の火によって燃やされ

るのである。【59】

相手が「悪」なら戦いを仕掛けねばならない、とアウグスティーヌスは言う。戦い無くして平和は訪れず、「悪」が相手なら戦いは平和に勝る。たとえ勝利の見込みがなくとも、戦わずに従うよりずっとよい――筋金入りの喧嘩好きである。〈黒〉無意識の征服を不可能としつつ、「終わり無き分析」に邁進した〈意識植え付け流〉が思い起こされる。

ここの書き方では、「個人の内面」の戦いとも取れよう。たしかに彼は、デカルトの内省を先取りした思想家であった。だが、「人間の本性（natura humana）」なるものは個人に留まらず、「普遍性」を建て前とする。いつでもどこでも当てはまるはずだし、当てはめねばならない。だから、神に従わない邪悪な人びとは、この世においても、正義の側が支配すべきなのだ。植民地時代のカントの「人間性」がこの焼き直しなのは、人を驚かすに足りない。キケロは、力で服従させる政治を必要悪とした。だが、アウグスティーヌスはこれに反論し、「支配される側の人々にとっては奴隷の状態が有用」だと述べているのである。【60】劣った者を力で支配するのは「悪でない」どころか、それこそが「善」なのだ。

平和とは、「悪」との戦いでの勝利のことだ。とは言え「悪」とは、何だろうか。

あの悪なるものは、実在ではなかったのです。……滅びるものもやはり善いもので……それが善いものでなかったとすれば、滅びることもできなかったでしょう。……あなたはすべてのものを平等に造られなかった。【61】

「悪」とは、「虚無」に極まる「存在」の〈欠け〉のことなのだ。だが、すでに無いものを、どうやって滅ぼせるだろう。それは無理というもので、滅びるのは「悪」を抱えた、しかしそれ自からは「虚無」でない何ものかでしかあり得ない。だから、必ずいくばくかの「善」をも含んでいる。「善」を滅ぼすのか――そう、滅びた方がよい「善」があるのだ。違う世界がよさそうに見えても、そこに暮らす人びとが仕合わせそうでも、「絶対者」の高みからは、取るに足らない。相手方に「善」があろうと、戦いをためらってはならない。揺らぐことのない真の平和、「永遠の、最も秩序ある平和」とは、「永続的に、劣ったものがすぐれたものに従う」ことだと、はっきり語られている。

「存在の梯子」において、下々の者を踏みつけるこの戦闘を、「神の愛の火」が焚き付ける。歴史上では、アレクサンドリアの破壊、十字軍、異端審問、魔女裁判、宗教戦争などが、この身構えから出たことであった。[62]――そして、〈欠け〉を抱えた「善」とはまさしく、〈欠けの眺め〉から見た「障害者」の姿ではないか。

しかし、戦って滅ぼせば、滅びそのものである「虚無」が作られる。[63] これに曝されて、「相対的な絶対者」の傷つきと怒りも、ますます膨れ上がる他はない。この怒りが人を戦いに、また駆り立てる。平和を求めるとは、愛が建て前の戦いを仕掛けることに等しい。これは、強い「内面」の武器となる。戦いに「愛と平和」を取り込んだからには、もうそれらを盾の説得に聞く耳を持つ術がない――受け容れる空きがない。これが臨床心理学の、説得不能のパラノイアの支えの一つなのは間違いない。「患者＝依頼人さんのために」なら、心理療法家は何でもできる。この似非〈お互い様〉による戦闘の拡大再生産が、プロテスタント倫理において、鉄壁に磨き上げられたのである。

〈一つ掲げ〉は相対的な対立から成り立つが、これに留まってはいない。完全からの〈欠け〉に対し、上から立ち向かう構えで際立つのであった。「上」に立ち、「進んだ」者と自任し、「劣った」「遅れた」ものを利用し、さらには攻めかかり滅ぼす。そうした能動性・活性が面目である。これらの性《さが》が、〈受動恐怖を伴う能動強迫〉にまとめられたのだと言える。それはまた、〈欠け〉があるからとして「改善」を求める動きともなる。つまり、「虚無」

に立ち向かうため、掲げられた「存在」を能動的に植え付ける仕業が義務となる。ここからこそ、あの〈意識植え付け流〉も導かれ得るのである。

「全知全能」ならば、傷ついて自ら身を引く「能力」も、備えてよさそうなものであろう。しかし、なぜかこの神に限って、そうではない。傷には罰で報いるしか、術が無いらしいのである。このとき怒りを向ける相手、すなわち対極の低い反対者の役割は、いよいよ重くなる。戦い、罰を与えるのは、相手あってこそ成り立つ――そうでなければ、自爆の恐れが出る。ここで怒りを引き受けるのが、アウグスティーヌスより此の方、「虚無」に重ねられた女神の女振りと、その淵に立つ大地、物質、肉体、感覚などであった。そちらの側につく人びとは、滅びる定めなのだ。

プロテスタントの予定説ではこれに、人の知り得ぬ由来によって見捨てられ、地獄に降だり、「悪魔」とともに永遠の罰を受ける定めの人びとが加わる。訳も知らされぬまま憎まれ、嫌われ、虐げられ、滅びる役割もまた、神の計らいなのだ。いや高き神を責めることはできないし、恵まれない人びとを嫌い、虐げ、憎み、滅ぼす側の人間にも、怨まれる謂われはない。〈一つ掲げ〉の両極はこのように、幾重もの異なる装いを纏い続けて、しかし同じ「絶対的な対立」と、これに由来する果たしあいを、果てしなく繰り広げるのである。

新しい「心の近代」は、思いがけず、この古い仕掛けが支えている。不合理、非科学の「迷信」、また異常な、外れて「変わった」ものに出会う折りのゆとりのなさ、世界を一通りの「普遍性」に収めたがる頑なは、〈一つ掲げ〉あってこそである。けれども、その「一つ」が、近ごろたやすくは姿を掴ませない。これに彩られた世界に住み込む我われの目は、保護色に晦まされている。いつの世でも、「同時代」の癖は見極めにくいものである。だがこれに加え、「一つ」がいまや名前を変え、また透明を装っているため、より見破り難いのではなかろうか。それが近代世界における「魔術外し」の、そういう名前の魔術ないし手品の、タネではないか。

【1】p.54を参照。

【2】ラヴジョイ／Lovejoy, Arthur O.（1936）。

【3】『旧約聖書』創世記1章26節。神は言われた。「我々にかたどり、我々に似せて、人を造ろう。そして海の魚、空の鳥、家畜、地の獣、地を這うものすべてを支配させよう。」日本聖書協会による「新共同訳」キリスト教聖書。
http://www.bible.or.jp/vers_search/vers_search.cgi
以下、聖書からの引用は、断りの無いかぎりこの訳を用いる。

【4】十八世紀になると、植民地主義の進行に伴い新しい生物が「発見」されたので、一次元系列での分類は無理な状況となった。そこでリンネが、この上下関係を基本的に崩さずに神の配置と設計を説明すべく、分岐のある分類体系を工夫したのであった。これを考慮するなら、天皇がイギリスのリンネ協会の会員であり、リンネの生誕三百年を記念して「世界の分類学に普遍的な基準を与えた」と英語で講演した（読売新聞２００７年5月29日）のは、驚くべきことである。

【5】ラヴジョイ／Lovejoy（1936）（訳書 pp.52-55）。プラトーン『ティーマイオス』（29E）。

【6】プラトーン『ティーマイオス』（27D）。また、彼に先立つパルメニデースは「あるものは、〈あった〉ことも、〈あるだろう〉こともない」（DK. Fr.8）と述べた。プラトーンもその影響を受けたと考えられる。片や、ヘーラクレイトスの代表する、生成・変化こそが万物の本性、との立場もあった。だがこの場合でも、「存在」と「生成」の対関係は変わらない。この対は、インド思想に通ずる点でも興味深いが、ここでは扱いきれない。

【7】プラトーン『ティーマイオス』（52A）。

【8】プラトーン『国家』(509a-b) など。パルメニデースは「ある」を「ない」に対比させた。だが彼の説も、「ある」の変化を否定するための立論であって、「虚無」が対立者に立つことはない。この時代の西欧に、零という数がなかったこととも繋がるであろう。パルメニデースの説を、のちのスコラ哲学における「存在論」の先駆けと見做す人も多いが、それは恣意性の強い読み込みであろう。彼がもし「虚無」を知ったなら、変化しない点に着目して、「ある」の仲間としたかもしれないのである。

【9】アリストテレース『形而上学』第五巻 (1021b)。この古代ギリシア語の響きは、西欧語のその後の意味にも通じ、今でも英語のグッド (good, goods) が「良い」にも「品物」「財産」にも用いられるのは、その例となる。プラトーンやアリストテレースなどの哲学者はここから始めて、次第に精神的な善性を、抽象的な倫理的価値として探究した。それでも、西欧での「善」の基本をなすのはあい変わらず、「財政再建の最善の方策」とか「ネズミを捕る猫は善い猫」といった場合の「善さ」なのである。キリスト教の神の「全知全能」も、この流れのうちで捉えねばならない。

「善のイデア」とは、欲の塊でありながら、それをすっかり満たしてしまったという世にも希な——あえて言えば、ひけらかしの極みなのである。そこから妬み、嫉妬が生じ、ともにギリシア文明を徴し付けるのは当然であろう。

「善」という翻訳に、戸惑いを感じさせる場合が出てくるのは、この故である。「善」は古い言葉ながら、あくまで中国哲学から採り入れた学術的な用語なので、下世話な感じがない。「善人」「善行」「性善説」「善意」「偽善」などの熟語の示す通り、もともと気取りのある言葉で、「正義」とか「人情に適う」の如き意味が、はじめから基本をなす。したがって、イデア説における「善」とは、語感がかなりずれる。「善のイデア」よりは、「便の」「利の」「巧の」あたりの方がましかもしれない。

古代ギリシア風のこの考えだが、翻訳には〈やまと言葉〉の「いい」や「よい」を当てたほうが、むしろ近い面が多かろう。とは言え、泥棒の場合は、やはり意味が重ならず、常に通るとは限らない。「よさのイデア」という訳をする人もいるが、もっとも一般的と思われる「善のイデア」を、この訳の使用の歴史をも顧みつつ、ひとまず踏襲する。

【10】アリストテレース『形而上学』第五巻（1021b）。

【11】ラヴジョイ／Lovejoy（1936）（訳書 p.52）。

【12】ラヴジョイ／Lovejoy（1936）（訳書 p.67）。プローティーノス『エネアデス』の引用は第三論集、第三論文、七章 Volkmann 版（I. p.259）。

【13】プローティーノスと同じく、プラトーンも〈丸抱えの完全〉を主軸に据えているとの解釈も可能である。プラトーン自からは、『ティーマイオス』において、次のように述べている。「死すべきもの、不死なるもの、どちらの生きものをも取り入れて、この宇宙はこうして満たされ、目に見える、もろもろの生きものを包括する、目に見える生きものとして、理性の対象の似像たる、感覚される神として、最大なるもの、最善なるもの、最美なるもの、最完全なるものとして、それは誕生したからです。そして、これこそ、ただ一つあるだけの、類いなき、この宇宙にほかならないのです」（92C）。しかしここでは、「存在の大いなる連鎖」を彫琢したラヴジョイに敬意を表し、また議論の流れを慮って、彼の解釈を紹介しておく。

【14】プラトーン『国家』（508e-9a）など。また、『ティーマイオス』では、人間の男を最上位に、魚類を最下位に置く輪廻思想が語られている。ここには優劣の順位が確かに見られるけれども、行ないのよい魂は死後に上の生物に産まれ変われるので、序列の固定が弱いし、また下位のものを滅ぼすべき邪悪と見るような好戦性は皆無である（41D-42D など）。

【15】ラヴジョイ／Lovejoy（1936）（訳書 p.53）。

【16】ラヴジョイ／Lovejoy（1936）（訳書 p.56）。

【17】ラヴジョイ／Lovejoy（1936）（訳書 p.64）。プローティーノス『エネアデス』の引用は第五論集、第四論文、一章、Volkmann 版（1, p.203）。妬みこそが、不完全恐怖の正体なのかもしれない。また、一部の精神分析家などの説く、妬みによって奪われ、破壊される恐れこそが西欧文明の根底で、今に至るまでの基調なのかもしれない。これは、他の慣らわしには必ずしも当てはまらないし、そこから文明の類型論を考えることもできよう。だがここで、これ以上は扱えない。

【18】F42 Obsessive-compulsive disorder; nor do they result in the completion of inherently useful tasks. http://apps.who.int/classifications/apps/icd/icd10online/

我が国ではこれよりも広まっているアメリカの DSM-IV-TR も、考え方は同じである。以前に決めたこの〈欠けの眺め〉という名付けは、改めた方がよいのかもしれない。完全と不完全の対比を強調するだけで、下方向の反対者に考え至らなかったからである。だが、矛盾を抱えるほど外れていないし、「欠け」という言葉に下方向の響きを籠めるのも、〈一つ掲げ〉の流行る今の世の中でなら、あながちではなかろう。旧著との繋がりも考え、この名付けを用いることとする。

【19】この宗教が事実上の国教となっているアメリカ合衆国で、正面から批判を繰り広げるのは、今も、あれこれの面から難しい。ラヴジョイがこの著作の著わした時代には、なおさらであったろう。けれども我が国に、そうした事情はない――我が国は、キリスト教国ではない。こうした縛りを受けることが、まったくないとは言えないにせよ、極めて弱い。だから、もっと思い切って語ってもよいはずである。しかしながら、西欧「研究者」の実態は、ほとんどが文化輸入業者で、あちら物を提灯付きで紹介できる人ほど「学識がある」とされる。だから、批判的に語れる立場にありながら、これが活かされていないのである。

どうしたわけか、ユダヤ＝キリスト教から距離を置きつつ、かつ視野に入れた議論をする人は、極めて少ない。哲学系のさる有力な（日本の）学会での、「神」を論らうワークショップを聴いてみて、呆れてしまったことがある。「神」という言葉がはじめから、何の断りもなく、キリスト教のそれを指すのを当たり前に話が始まってしまった。これへの応答もその神についてのみで進められ、誰も疑問を挟まなかったのである。終わりのほうになって、やっと誰かがちょっとだけ、「イスラム教では」と付け加えた。だが、アジア、アフリカ、それに「新世界」の古い神がみの話はおろか、日本の神についてさえ、一言も出なかったのである。この日本人たちの多くは、墓に参って先祖に手を合わせたり、神社に初詣でしているに違いない。さらに、もしかすると秋祭りで氏子総代を務めさえしている。家を建てた人は、地鎮祭をしなかったのだろうか。自分がしなくても、そうしたことが行なわれているのは、百も承知のはずなのである。「神」を語ろうとするとき、こうしたことを一切省いて進めるのが当たり前とは、いったいどのような心構えなのか。

かと思えば、西欧哲学で用いられる言葉や考えを、キリスト教神学の教説とあたかも無関係の如く論らう場合もある。西欧哲学が神学の延長とさえ言えるのは紛れもないことなのに、知らん振りを決め込む人びとが多い。西欧人たちは共通の教養があるので、むしろそれを「暗黙の前提」に置いて語っているのだが。

いずれも奇妙というより、むしろ不気味な話である。——心理学的に興味津々とは言え、分析はたやすくない。猛烈に強い隠す力が、「抑圧」とか「解離」と言ってもよいが、何ゆえにか働いているのだけは確かである。それが我が国における〈論語読み論語知らずの原理〉を力強く支えているのも、おそらく確かである。

なお、ここで「無」ではなく「虚無」という言葉を選んだのは、キリスト教の思想におけるこの言葉の特別な意味を慮ってのことである（もちろん、かなり定着した訳語だが）。「無」は大方の東洋思想においては、したがって我われの〈うぶすな〉においても、悪い意味ではまず用いられない。「無心」「無為自然」などの熟語も示すとおり、あるがままの、歪みのない、望ましい様を指す場合が多い。ひるがえってキリスト教では、「神」が「存在」そのものなので、「無」はこれに対立し、避けるべきものの総代となる。この含みを活かすため、「虚無」を用いたい。ただし、「虚無僧」という名の禅僧がいるように、この言葉でも誤解は避けがたいのだが、致し方ない。

【20】アウグスティーヌス／Augustinus（397-398）『告白』第11巻4章6。以下、同書からの引用は、だいたい訳書に基づくが、部分的に私が改めたところもある。

【21】アウグスティーヌス／Augustinus『告白』第11巻5章7。

【22】アウグスティーヌス／Augustinus『告白』第11巻13章15。

【23】アウグスティーヌス／Augustinus『告白』第11巻28章37。

【24】過去から未来に進むのか、未来から過去へと流れ行くのかの区別を肝要と考える立場も、もちろんあり得る。例えば、過去の因縁からの働きかけと、未来の審判から呼びかけのいずれを信ずるかは、おそらく小さな問題ではない。これに伴って、時間の「向き」は違って感じられるであろう。だが、この問いには深入りしない。ここでは、一次元かつ一方向に進む有り様にもっぱら注目する。

【25】プラトーン／Platon『ティーマイオス』（37D-38B）。インドの古代思想においても同じくである。時間はやはり戻るものだったので、文献には年代が記されておらず、古代インド研究者を悩ませている（平岡昇修師談による）。我われにも馴染みのある干支に繋がるのは見やすいところだが、こちらには「完全」という思い入れがない。よく似た考えを比べると、かえって身構えの違いが分かる。

【26】ベルクソン／Bergson（1889）。ただし、ベルクソン的な意味での「空間化」がないとしても、「空間

化」そのものがまったくなかったとは言い切れない。なぜなら、アウグスティーヌス当時の空間は、均質でも等方でもなかったので、そうした空間との関連までは否定しきれないからである。しかしここでは、この問題にも深入りはできない。

なお、物理学の時間との相違の三つ目として、アウグスティーヌスでは定量化が充分でないことを加えてもよかろう。定量性は、すでにキリスト教紀元前から用いられていたユリウス暦が、日単位でかなり正確に備えていた。しかし、この暦の仕組みは天体の円運動に基づき天体の位置を予測するものなので、アウグスティーヌスの直列性の時間とどのように接続すべきか、直ちには明らかでない。彼は次のように述べていた（『告白』11巻29章39）。

主よ、ただあなただけが私のなぐさめ、わが父、永遠です。それに反してこの私は、順序（秩序）も知らない時間のうちに散らばっています（in tempora dissilui, quorum ordinem nescio）。

過去と未来が現在を境に分けられるとしても、過去どうし、未来どうしのなかでの秩序は不明だと言われている。現在はこれらを繋ぎつつも、秩序としては不連続な点である。アウグスティーヌスは別の箇所で、過去、未来ともども、印象の長短を比較して時の長さが測れるとも述べている。しかしここから、一次元に定量化された「直線性」を備える時間までには、まだかなりの道のりを残している。だからこそ、千年以上ものちのガリレオが、この点について、長年にわたる苦労を重ねたのであった。

【27】リッケルト／Rickert（1901）（訳書 pp.70-71）。

【28】ロジャーズ／Rogers（1951）Chapter11, V（Kindle 9180）。

【29】アウグスティーヌス／Augustinus『告白』第11巻13章16。

【30】日本語で「現在」と言うと、「さしあたり」とか「今のところは」との含みが出て、過去や未来はどう

あれと響く。我われの〈うぶすな〉の構えは流れ動くことを当たり前に考えるので、「現在」が過去と未来を包むはずはない。まして、支配を及ぼすなどの構えは出てこない。その立場が近ごろあまり立派に思われないとすれば、我われの心根にもこの直列化した時間が忍び入った証しであろう。

もともと、〈やまと言葉〉の「いま」は「忌間」である。これは特別な時なのだが、存在・非存在には繋がらない。また、「いまに」とか「いましがた」との言い方があるように、〈うぶすな〉の「いま」と、新しく入った「現在」の一点とは、明らかに異なるのである。なお「イ（忌）」は、近ごろでこそ死にまつわる弔事に結びつくのがほとんどだが、古くは慶弔を問わず振る舞いに意を用い、慎む（つつし忌む）べき時を表わした（岡田 昭和57年）。

日本語としての「現在」は、「過去」「未来」とともに仏教用語として入れられた経緯がある。このため三者一組で扱われる。また「現在有体過未無体」の教説から、アウグスティーヌス的時間に馴染みやすい言葉となっている。しかし、この場合でも大きな違いがある。「目の前」とか「手近」といった主体／客体関係が、日本語の「現在」には含まれていないところである。「現在」の時とはおおむね、我われ自からを含めつつ、自づから流れ去る動きとなっている。我われの時間はこの点で、対象への支配が主眼となる彼の時間とは、まったく造りを異にする。彼の所説や、現象学の時間論を我われが把握する難しさは、このあたりと深い繋がりがあろう。

【31】トゥールミンとグッドフィールド／Toulmin, Goodfield.（1967/org.1965, pp.86-88）。

【32】アリストテレース『自然学』第4巻13など。

【33】ヨハネによる福音書1章1-3節。しばしば「はじめに言葉ありき」との訳で引用される。我が国で聖書から慣用的に用いられる引用としては、例外的に飛び抜けて多い使用頻度となっている。ただし、「はじめに○○ありき」ではないとして、否定的に用いられる場合がほとんどなのも、興味深いところ

である。

【34】創世記1章1‐7節。初めに、神は天地を創造された。地は混沌であって、闇が深淵の面にあり、神の霊が水の面を動いていた。神は言われた。「光あれ」。こうして、光があった。神は光を見て、良しとされた。神は光と闇を分け、光を昼と呼び、闇を夜と呼ばれた。夕べがあり、朝があった。第一の日である。神は言われた。「水の中に大空あれ。水と水を分けよ」。神は大空を造り、大空の下と大空の上に水を分けさせせられた。そのようになった。

アウグスティーヌスは、この記述についても様ざまに解釈し自説を確立してゆく。

【35】アウグスティーヌス／Augustinus『告白』第11巻5章7。

【36】アイスレル／Eisler, R. T.（1987）。彼女はこの説で、西欧での女権運動に大きな影響を与えた。

【37】アウグスティーヌス／Augustinus『告白』第12巻7章（訳書 p.443）。

【38】ギリシア神話でも、大地の女神ガイアは、多産の神である。キリスト教に馴染みの少ない日本人の場合、西欧人なら語られずとも当たり前の肝腎な論点を見過ごしがちになる。これもその一例に数えてよいだろう。このような事情は、西欧でなら説明の必要のないくらい当たり前で、かつ表立って語るにはいささかの差し障りがある。だから声高に語られることは少ない。だが、考えられていないのではない。むしろそれゆえに、日本人に対しては、言挙げの必要があるのだと考えている。またこの点は、プラトーンとアリストテレースに見られる質料の永遠説と、これを受けた錬金術での「第一質料（prima materia）」にも及び夥しい議論に繋がるのだが、ここでは省かざるを得ない。

【39】アウグスティーヌス／Augustinus『告白』第12巻7章（訳書 p.443）。

【40】アウグスティーヌス／Augustinus『神の国』第21巻15章など。

【41】アウグスティーヌス／Augustinus『告白』第11巻7章（訳書 p.407）。

【42】ブルーア／Bloor, David.（1976）。

【43】アウグスティーヌス／Augustinus『告白』第7巻4章6。

【44】アウグスティーヌス／Augustinus『告白』第11巻7章（訳書 p.408）。

【45】精神分析の立場からは、敵方の女神を己れのうちに見出せば自からの仕掛けた攻撃が己れに戻ってくる怖れを感ずる、との説明もできよう。だが、このあまりに機械論的な説明は、もっともらしい分だけ胡散臭い。フロイトが赤外線追尾ミサイルの構想を先取りしていた点は、評価できるのだが。

【46】ヴェーベル／Weber, Max.（1904-1905, pp.92-93）（訳書 下 pp.22-23）。

【47】快食あっての快便は、言うまでもないであろう。

【48】〈受動恐怖〉を伴わない「ただの能動強迫」も、理論的にあり得るのは言うを俟たない。こののちの本文でも少しだけ言い及ぶであろう。しかし、西欧思想史の範囲では、この有り様の役割は極めて小さい。これはいかにも偏ったことだが、西欧の慣らわしの性《さが》はそうなのである。したがって、この書の扱う範囲で考えるかぎり、〈能動強迫〉はすべて〈受動恐怖を伴う能動強迫〉と見做して、事実上の差し支えはない。そしてこのことが、ただ一度の受肉と受難という、キリスト教のもう一つの根本教義をも支えるのである。

いやしかし〈受動恐怖〉は、ただ伴うだけでなく、もっと深みから働いているのかもしれない。この造化神は、素材の由来をたいへん気にするのであった。何を造るかに先立ち、何もないところから造ることに気を配っていた。何をどう造るかよりも、「虚無から」のほうが大切だったかと疑われる。じっさい素材というものは、もし有るなら、形あるものを造るよりは必ず先に来る。そうだとすれば、この神にとっては、創造の営みよりも〈受動恐怖〉が先行していたことになる。――もしかすると、〈受動恐怖〉こそが、キリスト教の根なのだろうか――ここで、これ以上の詮索は無益であろう。だが、〈受動恐怖〉と〈能動強迫〉との係わりにおいては、前者が神経症の根源で、あとから殊更な〈能動強迫〉を導いた可能性は高い。この点を考えれば、〈受動恐怖からの能動強迫〉が、名付けとしてふさわしかろう。とは言え、このうえの深入りは避けておく。

なお、不完全恐怖と〈完全強迫〉との関係は、これとは異なる。〈完全強迫〉の主立った症状こそが、不完全恐怖に他ならない。不完全恐怖とは完全でないことを恐れるのだから、完全性とは分けて考えられず、むしろ〈完全強迫〉の言い換と考えてよいのである。

【49】ジェイムズ／James, William（org.1909, p.121）（訳書 p.207）。訳書を参考になんとか訳してみたが、込み入ってかつ乱れた文体なので、あまり自信はない。引用のはじめの原文は“the quas are conceptual shots of ours at its postmortem remains”である。十九世紀中ごろからの写真の普及に伴い、死の直後に、生きているような記念写真を撮ることが、二十世紀の始め頃まではよく行なわれた。概念は生の経験そのものでなく、これの残したものしか受け取れない。経験を殺してなお「死骸に鞭打つ」との、理知主義批判とも受け取れないことはない。ジェイムズは同一不変の枠付けを嫌い、次への動き、新たな成り行きを重んじた。結果で評価する「実用主義者」と見ては、誤りである。訳書では「被せる衣装」となっているが、撮影では衣装が大事だったので、その意味では通ずる。

【50】アードレル／Adler, Alfred.（1912）。

【51】この考えは、アードレルの１９１０年の論文「生活と神経症における心理的両性具有について」が初出となる。「男性的抗議」とは、熟さない言葉である。むしろ「男の意地」「男気」「男の一分」などの方が、日本語としてしっくりするし、分かりやすい感じがする。しかし、これらの通じやすい日本語は、あくまでも日本の〈うぶすな〉で培われたものであり、この西欧的な緊張感を表現するには向いていない。通じやすい訳を無理に用いれば、かえって二つの世界への誤解を招くと考える。そこで、かなり定

着していることもあり、ここではあえてこの不器用な言葉を採用しておく。

【52】アイスレル／Eisler, R.（1987）。

【53】フロイト／Freud（1937）（訳書 p.297）。

【54】沖縄の多良間島には「ウプマラ・アズ（大きなヘノコの男）」の話がある。――昔、とても大きなヘノコを持った男がいた。あまり大きいので、七人の男が担いで用を足した。噂を聞いた大きなホトを持つ女のマパイが、これは神の計らいと嫁を志願した。しかし、ウプマラは物笑いになるからと断り走って逃げると、地面がこすれて溝ができた。海辺で行き止まりとなり、仕方なく海中に逃げると、ヘノコは塩が滲みて立ち上がった。追って来たマパイはウプマラを見失ったが、大きな高い柱が立っていたので、見渡して探そうと登った。しかしマパイは高く登りすぎ、落ちて死んだ。その間に、ウプマラも起き上がれなくて、潮で息が詰まって死んだ。いまも大雨が降ると、ウプマラのつけた溝に水が流れる（宮古島の佐渡山安公氏談）。

ここに語られているのは、沖縄の天地万物に通ずる「究極の祖先」ではなかろうか。ウプマラは、唯一ではなかったにせよ、男だけの同質の世界に住んでいた。そこに異なる性《さが》の女が現われ、交わりを迫った。男は拒んだが、逃げるうちに大地と、海と、空とに交わった。

女に迫られて逃げるのだから、「能動的」とはとても思えない。少なくともキリスト教の神にとってなら、とうてい耐え難い有様であろう。この祖先の男は、強いて言えば「受動的」だったことになる。しかし、これによってこそ、地形が産み出されたのである（溝以外は語られないが、他にも産み出されたものがあって脱落したとも考えられる。例えば、太平洋地域には広く、巨人のヘノコが海と交わり、魚が産まれたとする話が伝わっている）。

さて、女は拒まれたようだが、そうではない。柱を登るのは、女を上の交わりを遠回しに言ったものであろう。すなわち、女の側からの「能動性」で、〈まぐわい〉が行なわれた。それがあまり激しかったので、「死んだ」のである。ウプマラとマパイはともに「死んだ」のだから、死の縄張りのうちで出会い、婚いだと言える。交わりのとき、ウプマラは水の中に姿を隠し、マパイもこれを見失っていた。したがって意識を越えた行ないなのは、言うを待つまい。そうした時にこそ、〈まぐわい〉のまことは現われる。

男のなかの男が、女／母なる海の、月に従って満ち引く潮水に呑まれ、溺れて「死んだ」。女は、そそり立つ男の力に舞い上がり、揺れ落ちた。両者ともに「死ぬ」ことで、我われの知る山川草木と溶け合ったのである。そしてこの〈まぐわい〉は、雨に濡れる溝として、今に至るまで繰り返されている。

インドネシアのハイヌウェレや記紀神話のオホゲツヒメでは、神の「死」によって今ある食べ物が得られた。多良間島では、そうして造られた溝に雨水が流れる。食べ物も水も人の口に入る欠かせぬ恵みであり、それらが神の「死」を節目として、今の世の形を得ている。

この場合「死」とは、キリスト教の説く如き「滅び」や「敗北」とは異なり、成り変わる折節の一つを指す言葉である。人間の立場から見れば「死んだ」と言わざるを得ない出来事が起こった——あるいは、人間の埒を超えた交わりによる神の変わり身を「死」と言い表わした。それが、つね日ごろ動植物の命をいただく人間の、命の元である。ただし、直列化した時間にこだわるべきではないから、これらの神がみの甦りがいつまた起こってもおかしくはない。

飲み水となり灌漑用水となる真水は離島の人びとにとって、ことに古代ならなおさら、大切さにおいて想像を絶する。雨が産み出されたとはされていないが、もしかすると、ウプマラのヘノコが天を衝いてはじめて雨が降りだしたのかもしれない。少なくとも、ウプマラの働きで雨水が、人の手に入りやすい姿になったのは確かである。それが男のひとまず「受動的」な逃走から産まれたことになる。

【55】第二次性徴への評価は、ある世界の慣らわし・仕来たりに強く引きずられる。イスラム圏に数年間留学した宗教学者・岩井洋氏の話では、男はヒゲを生やさないと馬鹿にされるという。宗教の戒律とは無関係だが、ヒゲがないと「男」として認められずからかわれるので、伸ばさざるを得なかったそうである。我われの〈うぶすな〉でも、男で背が低いのを気にする人は多い。とは言え、どうにもならないほどではないし、筋肉質は必ずしも女から好まれない。今ならヒゲは生やす方がむしろ周りから圧力を受けるし、色白の優男が好まれる傾きさえある。千葉県の民謡・木更津甚句は次のように唄う——木更津照るともお江戸は曇れ、可愛い男が、（えっさい、もっさい）日に焼ける。「色男、金と力はなかりけり」なのである。

【56】ヴェーベル／Weber, Max.（1904-1905）（訳書 下 p.169）。

【57】禁欲といえば、ストア派を考えないわけには行かない。しかし、ここで詳しく論らうゆとりはないが、心の平静を求めたストア派には、時間に追い立てられる強迫的な禁欲とは異質のところが多いと考えられる。

【58】リッツァー／Ritzer, George.（1993）（訳書 p.32）。日本マクドナルドは平成25年1月に、次の売り出し「キャンペーン」を行なった。「お会計終了後から商品お渡しまでの時間を砂時計（ドライブスルーはタイマー）で計測し、もし商品のご提供に60秒を超えてしまったら、ビッグマックなどバーガー類の無料券をプレゼント！　サービスと品質でみんなをもっと笑顔にしたいから。マクドナルドはこれからもがんばり続けます。」まさに「マクドナルド精神」である。だが、インターネット上を見る限り、作り方が雑、店員が気の毒などの意見が多く、評判は芳しくない。この月の日本マクドナルド既存店の売上高は、前年同月比17％の大幅減となり、落ち込み幅は２００２年７月（17・６％）以降で最大という（「マクドナルド失速　崩れた『成功方程式』」日本経済新聞電子版 2013/2/25）。この「キャンペーン」の発

案者が、日本人でないことを祈りたい。

【59】アウグスティーヌス『神の国』第21巻15章。「平和のために戦わん」の思想は、マルクス主義の専売ではない。「ジハード」もまた、これに連なる。

【60】アウグスティーヌス『神の国』第19巻21章。デカルトの場合ですら、反省する我は個人でなく、人間一般のものであった。

【61】アウグスティーヌス『告白』第7巻12章18。

【62】日本への原爆投下や無差別絨毯爆撃はもちろん、ベトナム戦争やイラク戦争にも、この「愛」の働きは及んでいるであろう。なお、明治憲法下における天皇の扱い、「万世一系」による統治の思想には、残念ながら〈一つ掲げ〉の影を認めざるを得ない。「伝統」と呼ばれるものの意外な新しさや中身のすり替えには、気をつけたいものである。

【63】いくら滅ぼしても「悪」は「虚無」だからもう増える気遣いはないと、弁解もできよう。このあたりの議論は、重箱の隅をほじれば、いくらでも込み入ってくる。まさに「スコラ的」な議論となるので、いまはこのうえ踏み込むまい。ただ、この世の実態としては、「悪」として滅ぼされた人びとの怨念が積もることは確かであろう。

4

さらに考えてゆこう

〈意識革命〉と〈心の囲い込み〉と〈一つ掲げ〉――「心の近代」を結界するのは、これら三筋からなる縒り縄である。その姿の見えたところで、メスメルの跨いだ五つの境目を振り返ってみる。彼は、この境目に躓かなかった。縄の三筋のいずれにも、絡められていなかったからである。今の世を生きる我われならほとんどの人が、五つの境目の踏み越しにためらいを覚えよう。三筋の縄がどう捩れつつこの境目を浮き立たせるか、手短にまとめる。それが、今の世の臨床心理学／心理療法の根方を照らし出すはずである。

物と心の境目では、〈意識革命〉が際立っている。意識には明証、つまり明らかさが肝となる。ところが、物質にはこれが備わらない。だから、心と物とは異なる。心の中軸に〈意識という想念〉が据わると、比べようもない明らかさという性《さが》が、心を固めはじめた。「どんな説明も記述も受け付けない」とのフロイトの言葉に極まる意識の明証説が、心全般についても、あるべき姿として染み透ったのである。意識は、歴史上の事実としての〈意識革命〉を考えるかぎり、理知主義と結ばれている。意識は、その明らかさを以て「真理」の認識を与える。そして「真理」こそ、あらゆるものごとの要めなのだ。ただし、意識の明証説それ自からは、なんら証明を経ていない。むしろ、この新しい「明らかさ」を証明の拠り所に、革命が立ち上がったのである。

物と心のあいだの線引きの勧めが、「真理」の声として聞こえる。だが、これだけではまだ、境目は脆さを抱えている。意識に頼り切る構えが、〈意識一色流〉その他の意識万能説に繋がるからである。この説には見境というものがないので、物と心の境目もなくなってしまう。「存在」は「真理」によってのみ明かされる。ここで、明らかな意識こそが正しい認識により「真理」を与えるのだから、意識は「存在」への通い路を独り占めする。したがって、ついには意識が「存在」を抱え込む。意識が宇宙を呑み込めば物質も一纏めに抱え込まれ、物と心の境目は再び消え去るであろう。取り戻すには、〈心の囲い込み〉に訴えねばならない。

〈心の囲い込み〉から物と心の線引きを探れば、二番目の宇宙と人間の境目が絡んでくる。〈意識革命〉の持ち上げた〈意識という想念〉は、人間中心主義に結びつきやすいからである。この想念は、少なくとも西欧近代に現れた姿ならたいへん人間臭いので、〈人間系〉の囲い込みを働かせる。人間臭さは心の質《たち》を厳しく限る。だが、例えばミクロコスモスの世界のように、宇宙全体が人間臭いままでいては、まだ物と心は引き裂かれない。これに加え〈精神／物質系〉が精神優位で働き、心を物質から引き離してはじめて人間の外側に「心のない物質」が、〈領域系〉からも明らかな形で取り残されるのである。宇宙と人間、物と心の二つの境目が、今の世界に収まりのよい仕方で限られるには、〈精神／物質系〉の働きが欠かせない。

こうして出来上がった「心のない物質」に向き合うのが、「物質のない精神」としての心となる。しかし物質に心が無いなら、心の在り処つまり〈領域系〉の有り様は、改めて探らねばならない。心の領域を、物質から成る宇宙からすっかり外すのが一つの見識であろう。心身並行の予定調和説は、これをきれいに描き出してくれた。だが、今の世ではどうも受けが悪い。それが何ゆえかは難しい。実感からかけ離れた理屈だからとも言えようが、〈意識という想念〉の跋扈とも、どこかで繋がっているであろう。意識は、少なくとも西欧近代に現われたそれは、大いなる「真理」を担いつつも個人の身近に見出された。何ゆえにそうなったかはこれも難しいが、小さな個人の意識が全宇宙の物質にそっくり並行しては、収まりが悪かろう。

ともあれ〈領域系〉の囲いが、予定調和を捨てて選んだのは、脳であった。この筋書きは、〈人間系〉での人間中心主義と〈精神／物質系〉での精神主義とを、いずれもひとまず納得させる。脳がよく発達してこそ人間であり、これが「人間に固有」の精神性をも担うと考えればよい。さらに、〈意識革命〉の説く意識の万能は、精神主義にも人間中心主義にも歩調が合うであろう。こうして革袋の穴が塞がれ、宇宙と人間の境目がくっきりする。それとともに、物と心の境目も揺るがなくなるであろう。脳という唯一の例外領域・物質＝肉体では両者が重なるが、ここは二つの区切りをまとめた「重くて幅のある境目」とすればよい。ともかくも、境目の場所は定まったのである。

〈意識革命〉と〈心の囲い込み〉が、はじめの二つの境目をこのように決めた。ただし、それらの力のうちには、表から見えにくい要因がもうひとつ含まれる。〈一つ掲げ〉である。これなくして、少なくとも今の世の姿での「意識」は成り立たなかった。かつての西欧では、古代から近代の初めまで、神霊の知らせや形而上学が「真理」を伝える力を持っていた。これはキリスト教の神に由来し、理知性を備えた純粋なる精神の働きであった。外れた「異端者」を極刑に処すのは、この「絶対的」精神をめぐって働いた〈一つ掲げ〉ゆえである。すなわち〈一つ掲げ〉が、〈精神／物質系〉での分割を、原理と効力において苛烈に仕上げたのである。

〈意識革命〉で力をつけた意識はこの「真理」を、事実と認識の担い手として襲名した。意識の明証説は、外れたものを無意味な錯誤と非難し踏みつけて得られる、「存在の梯子」の高みの位である。意識の掲げる「真理」は、誤謬や「迷信」を敵としつつ、異端審問をいまだ終わらせない。またこれあればこそ人間中心主義が、意識を人間の内側に引き寄せ得る。この主義は、すでに自からに〈一つ掲げ〉を含むので、人間の内に招き入れ得るのは同じくらい高貴なものに限るのである。意識は招きに応じられるよう、この上ない理知性の身だしなみで待ち受けていた。〈心の囲い込み〉の今の姿は、こうして〈一つ掲げ〉の心柱、あるいは「心梯子」が支えているのである。

宗教と科学の境目でも、三筋の縄はくっきりと認められる。メスメルがガスネルと対決したとき、〈意識革命〉も〈心の囲い込み〉も、働いてはいなかった。動物磁気を「全般要因」としつつも悪魔祓いを否んだところに、わずかに〈一つ掲げ〉の影を認めてもよい。だがメスメルはガスネルの治療を排せず、むしろ己れの理論に抱え込もうとしたのであった。ところがラヴォワジエらの委員会は動物磁気を、「五感に捉えられない」故を以て、実在せず有害とした。ここには〈意識革命〉の兆しが明らかに認められる。動物磁気は「想像力」に帰せられた。だが、かつてのこの力の、無意識のうちに個人を超え宇宙を動かす働きは、もはや怪しまれていた。それ故、公共性・間主観性を標榜する科学者たちに拒まれたのである。またここでは、〈心の囲い込み〉もしっかり働いている。それぞれの系については、もう省こう。動物磁気は個人の「内面」という、近代後半の宗教の在り処と同じ領域に囲い込まれ、科学から隔てられた。これは宗教と科学の境目が、近代にふさわしい新たな仕方で画されたことの徴しである。

科学者たちがメスメルとその学説、治療を排した居丈高な構えは、異端審問に他ならない。「異端審問」という名前はキリスト教のもので、科学は用いない。だが、裁きの主となった集団こそ違えど、またその名を用いずとも、仕組みの根が同じならそう呼んでよかろう。少なくとも、ともに〈一つ掲げ〉の働きなのは間違いない。そこでは宗教がむしろ裁かれる側で、立場が裏返っている。だから、まったく違うことが行なわれてるかの如くである。けれども、いま考えているのは集団の政治的な盛衰でなく、思想史である。考え方や振る舞いの枠組みが同じなら、誰のであれ「同じ思想」と考えてよい。

素人と専門家の境目を振り返れば、素人の「感覚」全体が動物磁気とともに、「古い宗教」と同じ所に封じ込められたと知れる。委員会は専門家に、〈意識革命〉の金看板たる意識の明証を与えた。だが素人の意識には、実在への通路ないし「真理」への道を閉ざしたのである。〈心の囲い込み〉から来る〈意識の絶対個人主義〉のうち、不可知の不都合を素人に割り当てたことになる。この使い分けで、素人と専門家の境目が引かれた。

これは、かなり不思議な動きである。万能のはずの意識にさえ、公共性・間主観性の恩恵における差別を設けた。平等に尊厳を保つはずの諸個人のあいだに、線が引かれれたのである。〈意識革命〉と〈意識の絶対個人主義〉という、「心の近代」の二つの大もとが揺らいでいるではないか。それも、守旧派の反動によるのではない。近代の「最先端」の科学者たちの仕業なのである。公共性・間主観性を建て前とする科学に、自からを裏切る動きがあったとも言えよう。この不可思議の直系が、臨床心理学／心理療法の専門性である。

言うまでもなく、専門家を絶対的な優位とする勢いは、〈一つ掲げ〉から迸っていた。序列と差別をどこにでも見出さねばおかぬ性《さが》が、「存在の梯子」を人間の間にも掛けたのである。ここでの「一つ」とは何であろう——意識をさえ、個人をさえ分け隔てたのだから、少なくとも〈意識という想念〉そのものではなかろう。

〈一つ掲げ〉の動きがさらにはっきりするのは、意識と無意識の境目においてである。無意識は、意識の明証と万能を裏切る危険な敵役である。しかしこの対極が、意識の明証と万能を掲げる〈意識革命〉無くして現われることは、あり得なかった。ことに〈黒〉無意識は、イエス・キリスト無くしてユダもいなかったように、妨げのように見えて、不可欠だからこそ作り上げられたのである。〈意識植え付け流〉は〈黒〉無意識を、明らかな意識の敵として踏みつける。フロイトによれば意識には、病まいを癒やし悪徳すら却ける万能薬の力さえ備わるが、この力は〈黒〉無意識あってこそ働くのであった。こうした妄想的な万能感には、必ず〈一つ掲げ〉が含まれている。「絶対」なる「一つ」と、これへの「絶対矛盾的」と言うべき「反対者」あってこそ、この万能芝居に役者が揃う。〈意識革命〉とは、〈一つ掲げ〉が近代の最盛期において、〈意識という想念〉を操りつつ実現した絶対主義の体制変革である。

意識と無意識の境目は〈意識革命〉の直系だが、鬼子である。〈一つ掲げ〉が〈黒〉無意識を「完全」からの〈欠け〉と、少なくともこれを含むと見做すので、「滅ぼす」動きが始まった。これが〈欠けの眺め〉で、己れとは異なる有り方のものを埋めたり直したり、変化し進歩すべきものと枠付ける。植民地支配は、知性に欠ける「野蛮で未開な」人びとを「文明化し救済する」建て前で行なわれた。「心の病まい」を〈欠け〉と見て、埋め直して「正常」にせよと求めるのと同じ動きである。二十世紀にはレヴィ＝ブリュル（Lévy-Bruhl, 1910）、ブロイレル（Bleuler, 1962）などが、「未開人」の思考と幼児や「精神障害者」のそれとを同列に語った。〈欠け〉た心はその人の「内面」にあるとされるから、〈心の囲い込み〉も働いている。

この流れが発達心理学を深く動かし、その勢いは今も続いている。子供たちもみな「存在の梯子」に追い込まれ、一段でも上に登れと急き立てられているのである。まるで、子供だからこそ出来ること、子供にしか出来ないことなど一つも無いと言わんばかりである。――ここで「出来る」とは、「能力」の謂いではない。子供という場にこそ出で来る「出来事」のことで、子供の欠かせぬ役割と言ってもよい。我われの〈うぶすな〉ならば、これが当り前である。ところが発達心理学の土台は、〈うぶすな〉からは考えも及ばない築かれ方で、そのため素人の「啓蒙」に忙しいのである。

心理療法家は、己れの住む世界を揺るぎない「事実」ないし「客観」と見做し、外れる理由はもっぱら、外れた人の〈黒〉無意識に求める。これを意識に変えるからこその〈意識植え付け流〉で、〈黒〉無意識あってのみ成り立つのである。したがって、「事実」や「客観」を掲げる「心の近代」の全体がすでに、〈黒〉無意識から〈お蔭〉を受けていることになる。けれども、そのことは隠され、もっぱら滅ぼすべき敵役でしかない。キリスト教の神が「虚無」の〈お蔭〉を決して認めないのと同じ仕組みである。〈受動恐怖〉に呵まれるのが〈一つ掲げ〉だから、これに棹さす〈意識植え付け流〉も、受け身に他ならない〈お蔭様〉を隠し事としてのみ成り立つのである。

そしてここには、もう一つ隠し事があった。意識の「明らかさ」の指し示すのが、今の世の多数派の慣らいに他ならないことである。こちらから受けた〈お蔭〉もまた、隠されている。〈意識植え付け流〉の臨床心理学では、敵役のみならず、いちばん頼りになる味方の〈お蔭〉さえも隠す。下地も模様も、ともどもに隠し事とするこの大いなる働きの名こそ、かの「明らかな謎」である。この力に守られて〈意識という想念〉が、中身の無いのっぺらぼうの「明証」を掲げつつ、粛々と平らかの如くに〈論語読み論語知らずの原理〉で歩んでゆく。

「心の近代」を画す境目には、どれも〆縄の三筋が絡んでいる。ここで改めて、気を配るべきところがある。筋道から見るかぎり、三本のいずれもが他が無くて成り立ち得るし、他を引き起こすとも限らないことである。〈意識革命〉は、もし明らかさを「最善」としなければ、〈一つ掲げ〉なしでも起こり得たであろう。意識は明らかで確かなのだが、見苦しくて頼りにならない――こんな意識を宇宙の正体とする革命さえ考えられる。それなら〈一つ掲げ〉とは言えないのである。「意識」が全宇宙を覆うけれど、明らかでも確かでもないとの理論もあってよいから、〈意識革命〉は〈心の囲い込み〉を伴うとも限らない。じっさい〈意識一色流〉では、少なくとも〈領域系〉の囲い込みは無かった。〈意識棲み分け流〉と〈意識植え付け流〉は、分割汎心論でほぼ持ち切りであった。

〈一つ掲げ〉から考えても、〈心の囲い込み〉から他の二つを見ても、成り行きは同じである。〈一つ掲げ〉は何を掲げようとも、いや高い「一つ」でさえあればよい。だから、〈意識革命〉を起こさなくてよかった。また〈心の囲い込み〉を進める必然もなかった。わざわざ囲いにくい心に手を付けなくとも、掲げるものなら他にいくらもあろう。〈心の囲い込み〉を進めるにせよ、囲い込む心に意識が含まれなくてもよいのだから、〈意識革命〉には直結しない。そして何であれ囲い込んだものを尊いと思わなければ、〈一つ掲げ〉もないのである。こうして三本の筋には、どれとどれを取っても、互いのあいだで論理、ないし筋道の緩みがある。もしも、三本が別の道を歩んだなら、それぞれ今の姿からずいぶん隔たったに違いない。我われの暮らす世界の心の有り様は、今とはまったく異なるはずである。

だが、じっさいの「心の近代」は、〈一つ掲げ〉が導いている。〈意識革命〉における〈意識という想念〉の力強さ、〈心の囲い込み〉における人間と脳の特権は、いずれも〈一つ掲げ〉の「一つ」を、我がちに採り入れた稔りに他ならない。その限りで〈一つ掲げ〉こそを、西欧近代世界の元締めと名指せよう。

このままでよいだろうか――そんなはずはない。どうすればよいかは、しかしもう、分かっている。〈お互い様〉を取り戻す外に、目指す当てはなかろう。とは言え、叫んでみても始まらない。これからどう進み、どんな〈お互い様〉になるのがよいか、そこに至るまでどの道を辿るか、さらに考えてゆこう。

あとがき

深い正方形の穴がある。四つの壁面には、びっしりと緻密に組んだ鉄パイプの足場が掛かっている。もしかすると、この鉄の枠組みが穴を支えているのかもしれない。しかしどこまでも暗く、底はあまりに深く、見通せない。足場は完璧なので、これを伝えば降りられるのかもしれない。だが深すぎるし、呑み込まれる心地の闇の深さを前に、とても近付く気にはなれない。――もう四十年ちかく前のこと、哲学科の修士論文を書き上げたすぐあとに見た夢である。いや、昼日中に図書館に上がる石段前で、不意に浮かんだ幻だった気もする。

この書の成り立ちを知っていただくため、しばし、昔語りにお赦しを願いたい。

もともと私は、本を読まなかった。だが、なぜか中学生の頃から、西欧近代風の哲学を考えはじめていた。人から聞いたわけでもない。近代教育を受け、今の世の中に暮らすかぎり、根問いが進むとその辺りに迷い込む仕掛けがあるに違いないのである。それにはまった、ということであろう。「現実の多元性と〈世界学〉」（15頁）のところで述べた「統合失調症（小児分裂病）」の少年から、このことを教わった。中学に入ったばかりの彼も、そんなことを習ったはずがないのに、個物と出来事との自己同一性を時空間の連続性と変化に絡める思索について、飽くことなく語った。それは紛れもない哲学であった。だが、「知的な遊び」などと言うにはあまりに危うい、命がけの足掻きでもあった。かつての私の姿に重ならなかったと言えば、嘘になる。

かつての私は、意識の「明証性」を信じ込み、そこから人生と世界をめぐる様ざまな問いを捉え返せると考えていた。神仏にも祖先にも頼れない近代の潮に流されれば何にせよ、確かなものを捏造でもするしかないと、今になっては思う。高校では倫理社会の教科書に、自分で考えたはずの諸説が昔の偉人の言葉として載っているのを、驚きとともに読んだ――私は「哲学」をしていたのだ。金銭面の心配を除けば、進路に迷いはなかった。高度経済成長が只中のその頃は、マルクス主義をはじめとする左翼思想か、さもなくば現象学、実存主義など、意識に信を置く立場が喧伝されていた。

歴史の必然などという教説は、胡散臭かった。「意識」こそ、確かなもののはずだった。しかし大学に進んで、西洋哲学の専門教育を受けはじめた私は、その最も確かなものさえ掴み切れない惨めな立場に置かれた。哲学の論文と称するものは、ほとんどが訓詁学であった。それも、「本場欧米の研究潮流」をなぞるのが最善とされていた。さもなくば、フランスなどの「最新の現代思想」を間違いだらけの翻訳で、いや、日本語にすらなっていない文字の羅列で「紹介」するのがスマートであった。せいぜいよくて、近ごろの欧米人の何人かを引き比べ、自分の論証の代わりにする。しかもこの事情は、今以て変わらないのである。

こんなふうに感ずるのが、私だけのはずはない。森岡正博氏は「現代日本の哲学をつまらなくしている三つの症候群について」と題する文章を、一九八六年頃に書いている(http://www.kinokopress.com/mm/gendai01x.pdf)。哲学や倫理学を研究しているはずの人は、誰か名の通った人の著作を採り上げて「――における」と視野を狭め、「――を手がかりにして」と他人の学説を述べる。そして自分の考えは「次の機会に」と逃げるが、この「機会」はおそらく永遠にやって来ないというのである。

この文章そのものにも「独創性」はない――そう言って、叱られはしないだろう。森岡氏がこれを書いたのは二十歳代の後半だが、私もやはり友達同士で同じことを、暦で言えば十年ほど早く語らっていたからである。もちろん、私たちが初めてだったはずもない。彼がこうした声をすくい上げ、文字に残してくれたと受け止めている。しかし、なぜこんなふうなのだろう。哲学科の学生になる人びとは、「食えない」道をあえて選んだはずではないか。

それが、いつの間にか保身に回っているのは何ゆえか。よほど強くしたたかな、しかし目立たない仕掛けが働いているに違いない。

そうは言っても、東京大学の哲学科とその周りは、私にとって居心地の良い場所であった。選んだのは、入試の偏差値からだけではない。自分の受けたい哲学の授業があるか、大学の講義要項を取り寄せて調べもした。一年だけ在学した静岡大学の先生方は私の再受験を励まし、相談に乗って下さった。東大に大森荘蔵先生のいらしたことは、大きな誘引となった。入ってみると教員たちは学生に、同じ志を抱く者として対等に論らう構えで接してくれた。学生どうしでも、さかんに論議を交わした。教養学部の大森先生と、折しも文学部哲学科に着任された黒田亘先生には深い学恩をいただいたが、教室のほぼ全体にもそうした雰囲気は認められた。訓詁学への不満が若気の至りで度を過ぎても、受け止めてもらえたのである。これは仕合わせだったが、好事魔多し――大学とはどこでもそんなものと、見通しが甘くなったのかもしれない。

恵まれた囲いの中で私は、覚悟不足から訓詁学の出来損ないとなったブレンターノについての卒論と、かの夢ないし幻に先立つ修論を書いた。修論では訓詁学や祖述を避け、むしろフッセルルなど先人を批判しつつ、私なりに力を込めて「心」なるものの有り方を解き明かそうとした。だが、悩みは深まるばかりであった。思いて学ばざれば則ち――この闇を、暗い虚ろを、どうすれば埋められるのか。文献から学ぶことは、もちろんできよう。しかし、そういう学び方ではだめだと思われた。精緻に組まれた足場は、哲学の論理に違いない。それでは心の穴は埋まらないのだ。いや、緻密な論証こそが、心に穴を穿っているのかもしれない。「アポローン的なるもの」には、地獄を切り開く力もあるのだ。

そこで私は、「意識」が歪み、解体しまた修復される生々しい現場に下り立ち、体験をも織り込んだ学問を進めるべく、臨床心理学に転じた。指導教官だった黒田先生は引き止めてくださったが、ここも若気の至りで振り切ってしまった。「真理は一つ」のはずだ。だから学問の区分けや、まして大学や学部の別など気にかけるにも及ばないと、世間知らずの私は本気で考えていたのである。新たに私の属したのは、京都大学の教育系大学院であった。修士課程から入り直した。前の年に、次の指導教官となる河合隼雄の東大教育学部での集中講義を聴いていた。患者の語りと所作のすべてを「内面の象徴表現」に読み替える手管の鮮やかさに、感激を覚えてしまったのである。「意識」を脅やかす「無意識」まで解明してこそ、足掛かりは確かになるとも考えていた。

これが惑いの上塗りであった。その訳は、二つほどある。一つめは、そこで出会ったのが、ものを考えようとしない人たちだったことである。およそ「頭で考える」ことが、また知識もすべて、一纏めに蔑まれていた。門外漢だった私が独学で身に付けた初歩の精神病理学は、助手も含めた先輩たちを驚かせる「博識」であった。苦手なのに必死で身に付けた語学が「天才」の産物とされた。私が並外れた勉強家だったのでは決してない。知識のこの異常事態については、今ならまだ当時の教室に出入りした精神科医たちから、「客観的」な証言が得られるであろう。

臨床心理学の教室では、議論というものが成り立たなかった。学説の当否を論らう構えは、ありえないのであった。「臨床体験」が、すなわち「頭でっかちの先入観なしに、真っ白な心で、いま・ここで出会う」ことが、何より大切とされていた。ロジャーズの影響が意外に強かったのである。精神病理学の基礎さえ先入観なのであった。だがそれが、無用の雑学だったはずはない。なぜなら、私の知識で見抜ける重症の精神病がしばしば見逃され、「ありがちな悩み」と受け止めていたからである。ほんとうに人の心に添うなら、起こるはずのないことではないか――茫然とせざるを得なかった。話題といえば「ケース」つまり、心理療法の実地研修での出来事がほとんどであった。大学院生は勉強のため、併設された相談室で、心理療法技術による面接を行なっていたのである。そこで話されたこと、子供ならどんな遊びをしたかなどは語るが、彼らはそれがなぜ、どのように現われたのかは問わないのであった。

つまり、学説の検討には進まず、「事実」が報告されるだけなのである。何よりの関心は、その「ケース」がどのくらい続くかであった。教室の中軸をなす授業の「ケース・カンファランス」もそのように進められ、指導教官から〈良いか悪いか〉の判定を受けて終わる。たまに誰かが考察を述べても、沈黙に呑み込まれる。しかし、河合教授が冗談を言うと、全員が声を揃えて笑った。ありふれた駄洒落、今風に言うなら「寒いオヤジギャグ」にいつも、何度も教室のどよめく様が、私には不気味に感じられた。教授が一般書で公表していた諸説は、教室では語られず、したがって検討の対象ともならなかった。こうした場所で学び得ることのうち、もっとも著しいのはおそらく、権力者の顔色を窺いつつ周りに同調する「心配り」の技術である。「ディオニューソス的なるもの」は、私を待ち受けていなかった。

「ケースが切れてしまった」、つまり相談者が来なくなった大学院生の落胆は、恋人に捨てられたかの如く、傍目にも気の毒なほどであった。彼らの関心は、心理学にはなかったのである。人に頼られること、喜ばれることは嬉しい。専門家として人の心が判定できれば、鼻が高い。それらに動かされて集まった人びとだと納得するには、ずいぶんと時を経ねばならなかった。私の長らく抱いてきた問いに関心を示す人は、誰もいなかった。だがそれは、かの「小児分裂病」の彼の問いでもあったはずである。それに心惹かれない人が、はたして心の病まいを癒やせるのか――疑念は膨らんでいった。その頃、相談室事務を手伝う臨時職員を務めた一人が、児童文学作家の梨木果歩である。着任まもない彼女が、「心を研究するなら、とーぜん考えたり知っていたりするはずのことが、ここの人たちにはないのねー、でも、プライドだけは高い」と、目を丸くして言ったのを思い出す。その人たちが教員となり、後進を指導してきたし、いまや学会や協会の要職を占めている。

一秒間の出来事であれ、完全な描写には無限の字数も及びがつかない。「ケース」の「事実」を語ったつもりでも、選り好みの働かないはずがない。避けがたい人間の定めだから、これを咎めるわけには行かない。けれどもそこに、心理臨床家の心が「白紙」で、先入観に捉われないとの前提を置けばどうなるか。明らかな誤りだが、それだけでは済まない。先入観は無いのだから、点検や反省もあり得ない。歪んだ「事実」がこの前提に守られ、専門家の保証する「客観」へと昇格する。学びも思いも蔑んだとき、その「客観」を支える下地には、臨床家自からの生き様、暮らしの知恵を充てるしかない。相談者の言動が自分の感じ方に合ってきたとき、「この人もやっと現実を洞察した」と、臨床家は喜ぶのである。

己れの日ごろの生き様を「客観的な現実」の物差しにできる——自尊心をこれほどくすぐる快感は、稀ではないか。それは、「支配」することの満足に極めて近い。なるほど、日ごろの何げない暮らしとは、じつは奥深いものである。その当たり前の成り立ちにこそ、ついの〈まこと〉は隠れているに違いない。禅の十牛図では、返本還源で日々の営みに戻り、入鄽垂手でふつうの人となる。だがそれは、牛を尋ねてはるばる一巡りした後の話である。筆記試験で大学院に入り、学問はせず、臨床実習で二年間を過ごせばそんな境地に至れるとは、虫がよすぎる。

惑いの上塗りの訳の二つめは、臨床心理学説とその扱いにある。諸説紛々のうえ互いに矛盾し、抗争さえ抱えている。おそらく唯一の共通点が意識の重視なのだが、その他では教科書に書ける統一見解など、出るはずもない——しかし、それが問題ではない。各おのの説には穴もあるが、それなりの見所もある。困るのは、矛盾する諸説を引き比べての検討が無いこと、いやその前に、各おのの諸説そのものさえ、きちんと学ぼうとはしないことである。学説は、解説書や翻訳書から言葉をつまみ出し、飾り付けに使うものと考えられていた。外国人の説を原語で読むなどは、「頭でっかち」で「臨床に役立たない」愚行であった。ドイツ語の読めないフロイト派やユング派、フランス語の読めないラカン派、間違いだらけの日本語訳しか読んだことのないロジャーズ派などが跋扈していた。この事情が今も変わらないのは、ドイツ語、フランス語のこの分野の重要文献の翻訳に、臨床心理出身者がほとんど名を連ねないのを見れば、知れるであろう。もちろん自前の理論を考えるなど、あり得ない。
あるいは他愛なく思われるかもしれない。だが、意味するところはそれなりに深い。一つには、これが羊頭狗肉、誤魔化しの作法に則ることである。学説・理論についての研究はしていないのに、あたかも裏付けがあるかの如くに語る。臨床家の暮らしの知恵が、学説の言葉と学歴の飾りを付ければ、「専門性」に化けるのである。ある教官は、臨床をしたいがそれでは食えないから仕方なく大学に席を置いている、と真顔で言った。京大に限らずこの分野の大学教員たちは、「臨床こそ生き甲斐」と語っていた――大学に属さず、「臨床」で暮らしを支える人はいくらもいたのだが。

「臨床をしているから」は、学問をしない理由付けに使われる。学問がないとき、講義の手持ちは自分の「ケース」だけとなる。なるほど、相談者から聴き取ったことを話せば、時間は埋まる。近ごろの臨床心理の大学と大学院は、さらに「臨床重視」の人事を行なっている。その人たちは教壇で何を語るのであろうか。

心理臨床家の頼る暮らしの知恵が、学問の「普遍性」を備えないからと責めるつもりは、もちろんない。むしろそれは、人間の求め得るかぎりでの「普遍」に、極めて近い。臨床家個人に固有の知恵ではないからである。今の世を生き抜くために世の中から得た知恵であり、時代精神の主流に沿っているのである。ところが臨床家を訪れるのは、この流れに沿えなかったり、疑いを抱く人びとであった。彼らは臨床家に出会うとおおむね、面接技術によって、受け容れてもらえたと思う。ところがやがて出てくる本音は、彼らの逃れてきた当の潮流に他ならない。本文にも記したところだが、これを私は〈ムジナの罠〉と呼んでいる。[註] 学問は、うまく使えば、この罠を壊す力を持ち得る。たしかに、学問がなくとも臨床はできる。むしろ巷には、心理学抜きの素晴らしい臨床家が多い。だが、学問を掲げる場において、手を抜く言い訳にはならない。

この辺りが、もう一つの意味深さに通ずる。それは、〈蔑みつつ利用する〉という手管である。学説・理論は、学ぶも思うも蔑まれていた。だが、表向きにはこれを掲げて、「専門性」の盾の一部とするのである。蔑み、踏みつけるが、前線には立てる。臨床心理学／心理療法という営みは、背中でこれを示していたのである。そこから、いかなる波が伝わってゆくであろうか。いや、そもそも患者＝依頼人は、「現実」に適応するための、あるべき能力に欠けた人なのであった。「存在の梯子」の下の段にいるのだ。ところがこの学と技は、彼らのお蔭で成り立っている。その仕組みの形を変えたものが、この手管ではないのだろうか。

こうした有り様に私は、教室を移ってまもなく向き合わざるを得なかった。――それなら見切りを付ければよかった、と言われるであろう。その通りである。じっさい、そうした人びとも知っている。だが、私はそこまで賢くなかった。気付いたとは言え、まだ漠然としていた。なるほどそうも思われるが、私の思い込みかもしれない。いや、そんなことがあってはならないし、あるはずがない。私は哲学界に失望し、あの虚ろなる闇を埋めるため、心の謎を解き明かしにここへ来た筈なのだ。多少の歪みはあっても、「学問の府」なのだから、きちんと説けば分かってもらえるのではないか――こうして暖簾に腕押しを繰り返しているうち、ものが考えられなくなってきた。新聞は、スポーツ欄にしか興味が湧かなくなり、パチンコが楽しくなった。おそらく私も、やっと心理臨床家への一歩を踏み出しかけていたのである。

折から、臨床心理士の国家資格制定への動きが起こった。これに驚いて、私は目が覚めた。基礎研究はまったく出来ていない。心理療法がもし有用だとしても、それでは順序が違う。まるで、どんな副作用があるか知れない薬を治験も無しに発売し、さらに保険適用を求めるようなものではないか。いや、この国家資格は病人のみならず、国民全体の心の健康を謳っていた。一部の「専門家」の権威だけを盾に、「健康になる」と言われる「妙薬物質」を全国の水道水に加えるが如きではないか。この動きを進める中心で、分野の最大学会となっていた日本心理臨床学会の総会において、私は反対の意見を述べた――「王様は裸だ」と叫んでしまったのである。だが、童話の子供とは違い、わずか数名からの賛同を得たのみであった。圧倒的な多数が「見えない免許状」に目を眩ませていた。

それから三十年近くの歳月が流れ、国家資格はまだ紆余曲折を繰り返している。私はずっと、この業界での居心地が悪い。自分にそのつもりがなくとも世の中は、最終学歴から私を「心理学者」と分類する。ただ、ほとんど四面楚歌でも、味方がいなかったわけではない。加藤清、藤縄昭、三好暁光の各先生には、分析、スーパーヴィジョン、研究会でのご指導ほか、公私ともどもお世話になった。ことに加藤先生には夢分析のほか、沖縄研究へのお導きもいただいた（補記　この書の校正中に亡くなられたのは口惜しくてならない）。木村敏、中井久夫の両先生にも研究会を通じて指導をいただき、力づけられた。姫路獨協大学の初代学長であった須田勇先生は、私の跳ね返り振りを愛でて職をお与えくださった。これらのご縁がなければ、今ごろ私は生きていないか精神病院暮らしであろう。改めて御礼を記しておきたい。これらの方々はなぜかすべて精神・神経科医で、心理学者ではない。

そうしたなかで、もう二十年あまり前になるが、哲学科の修士論文を膨らませた『こころ覓ぎ――近代自我を越えて付きあいの哲学へ』（誠信書房）を世に問うた。私なりの「心の哲学」に取り組み、心理学の基礎論でもある。すべて〈やまと言葉〉を用い、この言葉の枠組みで纏めたそれなりの自信作ではあった。だが、どの学会からも顧みられなかった。新聞にも書評は出ず、一般の読者も買ってくれず、最初で最後の版の品切れまでに十年近くかかった。数年を経てJ・ヒルマンの『夢はよみの国から』（青土社）を、ほぼ全文が〈やまと言葉〉の翻訳で出したが、これも静かに消えていった。かつて和辻哲郎が語った「日本語をもって思索する哲学者よ、生まれいでよ」の心は、もはや消えたのだろうか。ただし須田先生だけは、私の顔を見るといつも、続編はまだかと尋ねてくださった。遅れを詫びれば、「ベルクソンも十年に一冊だった」と、分に過ぎた励ましをいただいた。この書が、**姫路獨協大学の学術図書出版助成**を受けられたことも、いまは亡き先生と必ず繋がっている。

著書の不振にがっかりする間もなく、私は精神分裂病（統合失調症）の精神病理研究に取り組んだ。かの少年の事例を、面接に絡む私の体験も含め学問に掬い取りたかったのである。しかし、これは険しい道のりであった。出来合いの言葉や学説を繋ぐのでは情けない。いや、そんな細工で「業績」に加えては、命がけで語ってくれた彼に申し訳が立たない。だから、自前の枠を新たに組まねばなるまい――が、試みていると、思いは巡っても、言葉にまったく繋がらなくなった。「行き詰まった」との言い回しが、こうした時のためにあるのは知っている。だが、これではどうも腑に落ちない。詰まったよりは捩れており、怪しく縺れた有り様に思えた。身心ともに乱れ、いく度びかは命も危うかった。原稿用紙に向かうと出血などの病状が悪化するため、いちばん脂が乗るはずの四十から五十歳代初めの十年ほどを、ほとんど無為に過ごした。授業と学務さえこなせば働いているように見える大学とは、有り難いところである。

縁あって助かった。それから、ふとしたことをきっかけに取り掛かったのが、この仕事である。私の「失われた十年」には、ありふれたとは言いにくい様ざまな出来事があった。シュナイデルが「分裂病の第一級症状」と呼んだものも、いくつかはっきり体験できた。命を左右する出会いにも恵まれた。お蔭様で、『こころ覓ぎ』に書いたことのうち、理論で考えても体が追いつかなかった辺りが、このあいだに身に付いたのである。生駒の観音寺の住職・田原亮演師から、瞑想の指導や加持をいただけたのも有り難かった。まだ詳しく記せないそれらは、この書の続編を書くうちに、少しずつ活かせるはずである。

仕事ができなかったので小型のヨットを手に入れ、近場だが海に出た。姫路気象（株）の創業者・松下紀生さんは酒呑み仲間で、世界一周も成し遂げた熟練のヨット乗りである。この道の手ほどきから船選びまで、ひとかたならぬお世話になった。ただ、彼は私の本を手に取るとすぐ眠ってしまうそうで、こんどはお送りしないでおこう。家族を連れて人のいないところで泳いだり、小島にテントを張った。幼かった子供たちには、少し父親らしいことをしてやれたのかもしれない。姫路の港で堀江謙一さんに声を掛けられた時は驚いた。背が低いのに、はちきれんばかりの筋肉からみなぎる気迫には圧倒されてしまう。さすが、ただ者ではない。海に出ればよい考えが浮かぶかと思ったが、違った。まったく何も浮かばない。まさに「無の境地」になるけれど、腹だけは減る。市民オペラの舞台に立ち、『椿姫』の医者役を歌った。この医者は患者を救えなかったが、そんなことをしているかぎり、私の病まいは隠れていてくれた。これらも見えない姿で、私の学問に染み込んでいると思う。

自から考えるとは素晴らしく、ワクワクしてくる。だが難しく、さらには危うくもある。大森荘蔵、黒田亘の両先生は、訓詁学全盛の哲学界で、この企てに命を懸けられた。それゆえに私は多くを学べたが、いずれも還暦に前後して、病まいに倒れられた。お二人に拙著を一冊もお読みいただけなかったのが、心残りである。

ことに黒田先生は、訓詁学者の貴重な資源であったフッセルルを批判したため、これに凭れる人びとから誹り、罵りを浴びた。先生の批判は、意識の内的な自律性と私秘性を疑い、外部の公共性からの縛りを問うものであった。私の意識への疑いがその流れを汲むことを、隠す術はない。「現象学者」の身内からも同じ言い立てがあり、やがては彼らも認めざるを得なくなった筋である。しかし、面子を汚された怒りが、学問の枠を越えてあふれ出ていた。白血病で身罷られた先生は、医学的に見ればれっきとした身体病であろう。だが、発病に学界の成り行きが与ったのは、間違いなく思える。その様は、大森先生により「ヒステリックな批判」と形容された。この類いのただならなさは、令未亡人からも伺ったところである。

——その力とは、何であろう。日本の学問を歪ませる目立たない、したたかな仕組みが、ここにも働いている。ムラの掟はあちこちあろうが、この成り行きが我が国の哲学界の恥であるのは間違いない。きちんとした反省があれば、出直しの節目となり得たろうけれど、いまだにできていない。臨床心理の場合と見かけは異なるが、どこかで通じているに違いないのである。「権威主義」という言葉が用意されている。ひとまず嵌りそうだが、これだけではなかろう。「利権主義」かとも思われるが、それだけでもなさそうである。科学史の研究者が取り組まれると、よい仕事ができるのではないか。——都立日比谷高等学校の昭和四十三年の卒業アルバムが、校長先生の写真とともに「曲学阿世の徒となるな」と大きな墨書を掲げていたのも、思えば因縁だが、折りに触れ心をかすめた。

いつの間にか私は、大森、黒田両先生の病まいに倒れた齢を越えてしまった。幸いにも身心とも力が戻ったので、遅ればせながら、お世話になった方々へのご恩返しに励もうと思っている。哲学の研究で迷い込み、臨床心理学で疑いを抱いた「意識」への問い返しなら、課題としてふさわしいのではないか。この書の趣きを練り、また書き続けながら、ここに記した様ざまなことが思い起こされた。表立ってはいなくとも、一行毎にこれらが絡んでいる。

それにつけてももう一つ心に掛かるのが、黒田正典先生のことである。こちらの黒田先生は心理学者で、日本理論心理学会など学会活動を通じお見守りくださった。『こころ覚ぎ』のあらましの発表に、有り難い評価と励ましを頂けた。それから、ことさら親しくお付き合いできたわけではないのだが、私が病まいから抜けようとした頃、是非とも会いたいと言われた。ちょうどお住まいの近く、東北大学での哲学系の学会大会をお伝えすると、会場まで出向かれるという。しかし教室には入られず、六月にしては肌寒い雨の日に、吹きさらしの廊下でお待ちくださった。久しぶりでお会いし、やつれていられるのに驚いた。場を移してしばしお話を伺ったが、委細は思い出せない。けれども一言、「後事を託す」と力を込めて言われたことだけは、片時も忘れていない。

亡くなって四年になる先生は、自から問いを立て、仕来たりを押しのけて考えを進められる希有の心理学者であった。臨床心理は国家からの認可に血道を上げ、実験心理はいまだ百年前の実証主義にしがみつく。いずれも権威と利権が大事で、学問の根方は等閑にされている。この有り様への先生の深い嘆きが、あの言葉に込められていたと、私は受け止めている。どこまで担い得るか、いま、試されているのだ。

その意味で希有の心理学者といえば、もうひと方、須賀哲夫氏がいる。言語学習ロボットなどを研究し、私とはずいぶん違う行き方でいられる。けれども、「私のめざすことを別の道からする人だ」とお認めいただき、論文やここ十年ほどで出せた本の一つ『思想史のなかの臨床心理学』（講談社メチエ）を高く評価下さった。この書の予告編と言うべきものなので、力づけられた。これにはまた、私の学生時代に助手をされていた哲学者の左近司祥子さんから、励みとなる書評を頂けた。臨床心理では相手にされないのにと、有り難かった。また発達心理学の麻生武君から、京大時代の昔馴染みのうちほぼ唯一と言える歓迎を受けた。これらの方々は、きっとこんども喜んでくださるだろう。

もう一冊の本、編著の『心理療法とスピリチュアルな癒し』（春秋社）には、この書の続きで取り組みたいことの一部を書いた。その見通しの中に置いてお読みいただくと、より分かりやすいかもしれない。共著者の皆さま、ことに松本京子さんと上月游晏さんは、私に「失われた十年」を乗り越える「臨床」の力を伝えられた。心理療法家のすべてが無能ではない。驚くほどの力を備えた癒やし手は、目立たず、市井に埋もれている。そうした人びとの仕事は、大学や大学院で教える筋とは交わらない。私の学問も、その辺りを取り入れてこそ本物になるはずだが。

将来への見通しはしかし、未知への進歩ではない。私が東大の大学院生時代に助手であった長谷川三千子さんからは、わが国の慣らわしと言葉遣いを重んずる立場への励ましが届いた。亡きご夫君・長谷川西涯の著作集を賜わり、読んでみると、魂に響きあうものが感じられた。先の和辻の言葉も、長谷川さんからお教えいただいた。ヨーロッパの主要語以外を母語とする地域で、自からの言葉で高等教育のできるところがどれほどあるか、数えてみてほしい。そして、これがどれほど有り難いか、考えてみてほしい。北欧のある国の若手に、このことを尋ねた。「難しい」と答えた彼の、悔しそうな顔が忘れられない。それなのに、我が国の学問はこの宝を活かせていない。活かす気もない人が多い。外国語の必要な文献を読むのとは話が別である。イギリスに亡命し、日頃は英語に不自由しなかったウィトゲンシュタインも、著作ではドイツ語しか用いなかった。東京大学の哲学研究室が、外国人による英語の講義を始めると聞いたときには、顔から火の出る思いがした。

『こころ覓ぎ』ほどには「強迫的」（木村敏先生の言葉）にできなかったが、この書でも〈やまと言葉〉を重んずるべく努めた。それにより、私たちの身に付いた生き様を学問に映したい。ここで、惜しまれてならない方が二人いる。編著での共著者の一人の賀陽濟氏は、今年の春に身罷られた。田無神社の宮司を務められつつ精神科医、精神分析家であった賀陽さんは、いつも低い落ち着いた声で、静かに話された。臨床治療においても神主の役割を活かし始められていた矢先、還暦を目の前の出来事であった。先立つこと数年には、研究助成でこの向きをお助けくださった猿田彦神社の宮司・宇治土公貞明氏が、やはり五十代の若さで亡くなっている。真っ先にお読みいただきたかったお二人の背負われた荷は、生身の人には重すぎるのであろうか。

こう思い返すと、まことに様ざまな方々の、重ね重ねのお蔭を賜わってこの書は成り、私は生かされていると改めて思う。いまは亡き方が増えてきた。私の齢からして無理からぬにせよ、支えを失う辛さは堪える。しかし長谷川さんは、「さうした交流、対話は、幽明境を異にしてもかはりなくある」とお書きくださった。それは、亡き大森先生のお住まいでも感じ取られたことである。もはや生き死になど、気にするに及ばないのであろう。還暦を回って産まれ直した命だから、惜しまず、昔よりもっと若気の勢いに委ねよと言われているのか——翁と童とは、あい通ずる。

そう言えば五十数年前、こんなことがあった。私は小学校の、定かでないが四、五年生だったかと思う。友達と二人の帰り道、道端にしゃがみ込んで、蟻の巣か何かをつついていたらしい。痩せた男が、足を引きずりながらゆっくり近寄ってきた。黒っぽい背広に地味な赤みの細いネクタイを締め、杖を突き、髪には白いものが混じっている。彼が私に向かって言った。「君は将来、偉くなるよ。そうしたら必ず……。」勉強が嫌いで、女の子に蛙をくっつけスカートをめくってキャーキャー言わせるのは大好きな私だから、あっけにとられた。「え、こっちの子でしょ」と、ワルサはせず成績抜群の友達を指して問い返すと、彼は言った。「その子じゃない。おじさんはね、君に言ってるんだ。君は将来、必ず偉い人になる。おじさんにはわかるから。そのときに、是非とも気をつけてもらいたいことを言っておく。」惜しむらくは、その次に何を言われたか、具さには思い出せない。ただ、それが思ったとおり、周りの大人たちから言われ続けウンザリしたことの一つだったのは、はっきり憶えている。「やっぱり」と思って聞き流した。それら耳タコの候補から選べば、その翁が伝えてくれたのは〈弱い人、気の毒な人のことを考えてあげなさい〉であったはずだ。〈みんなのことを考えて、偏りの無いようにしなさい〉とか〈何を言われようと、正しいと思うことを貫きなさい〉なども有り得ようが、違うと感ずる。

四十歳代の不調から立ち直る道筋で私は、京都、長崎、沖縄、北海道などの地で、古い祀りを伝える方々に聴き取りをさせていただいた。数十人の方々が見ず知らずの者に、心の宝を分け与えられたのである。私の夢を襲った論理の闇を埋める糧は、ここにあった。それらがまた、託された「後事」でもある。お名前はとても挙げきれないし、順番も付けられない。それでもお一人を記そうと考え、長崎の生月にいられた「法人《ほうにん》」の、古瀬アキさんが思い浮かんだ。「法人《ほうにん》」とはその地で、神や霊の言葉を取り次ぐ人である。

お訪ねした時、古瀬さんは伏せっていられた。酸素吸入器から枕元にマスクが届き、消毒薬の匂いがした。「ヒッポクラテース顔貌」と見受けられた。それでも質問を受けてくださるとのこと。覚悟を決め、傍らの床に座ってお話を伺った。半時間ほど経ったろうか、このうえ続けてはいけないと思われ、いとまを告げると、こう言われた。「いろんな人が聞きにきたけれど、みんなチョーッとだけ。あんたがいちばんしっかり、話を聞いてくれた。」そして「有り難う」と、黒田先生と同じように力を込められた。

この方々を「弱い人」と呼ぶことはできない。だが、「心の近代」を癒やす彼らの妙薬の蔵は、表層に押し寄せる功利の雪崩に埋もれている。その限りで、たしかに「気の毒な」人びとに違いない。「先祖から伝わったこの教えを、是非とも残してください」と頭を下げられた方もあった。こうして聴き取った話だから、なまなかには語れない。これまでは、託されたものをわずかしか活かせていないのである。

翁の予言は外れた――私は、「偉い人」ではないのだから。ただ、「今のところは」と付け加えてもおきたい。いつまでもそうとは限らない。思えば私の「失われた十年」は、山籠もりの修業の如くでもあろう。命長らえたいま、山から下りてきた。道しるべを賜わった彼らに、話してよかったと思われる「偉い人」になりたいのである。それまではまだ、死ぬわけに行かない。

この書は、書き下ろしである。ただ、書き進むうち、切り取って論文にしたところがある。そうしないと、中身は同じでも「業績」となりにくいのである。次の論文たちは、この書と重なるところが多い。ただし、かなりの書き直しと書き加えがあるので、食い違うところはこの書から採っていただきたい。

個別事例から世界へ―臨床事例研究の役割を考える　『臨床心理学研究』第四七巻二号　四八－六三頁　平成二十一年十月

プレ＋ポスト・トランスパーソナルとしてのメスメル　『トランスパーソナル心理学／精神医学』第一一巻二号　三六－六八頁　平成二十四年二月

意識革命について―その１　前史・枠取り・中軸

意識革命について―その２　弁え・植え付けと臨床心理学　『臨床心理学研究』第五〇巻二号　三一－六二頁　平成二十五年三月

〈心の囲い込み〉の三本の筋――「心の近代」を仕切る　『科学基礎論研究』第三八巻二号　七－一二六頁　平成二十三年五月
〈一つ掲げ〉について――差別思想の根を西欧思想史に探る（1）「存在の大いなる連鎖」と〈完全強迫〉
〈一つ掲げ〉について――差別思想の根を西欧思想史に探る（2）「存在」と時間の編む序列の梯子
〈一つ掲げ〉について――差別思想の根を西欧思想史に探る（3）男と女と永遠の争い　『臨床心理学研究』第五〇巻一号　一五－六一頁　平成二十四年九月

このたびは訓詁学を避けつつも、他人の説を様ざま引きながら書いた。ほんとうなら、お蔭様を感じつつも、人のフンドシでは相撲を取らぬのがよい。ホッブズの言うとおりである。ただ、これをしないと「学識ある偉い人」と見られず、読んでもらえない。せめて自前の筋書きを作ろうとは努め、それが書く醍醐味であった。拾ってきた材料を入れる枠は、もちろんすべてとは行かぬが、手作りしたつもりである。意識という「明らかな謎」は、「手近で確か」にこだわった迷妄に他ならない。ところが、これに取り組んだ私は、また確かな手応えを求めてしまった――懲りない、治らない人となりである。

臨床心理学を批判してはいるが、この書は、やはりこの学の基礎研究である。今の有り様ではだめだが、他のよいやり方が古くからあって、今も続いている。それを今の世にふさわしい形に整え活かし直せば、この学と技のためとなろう。ひいては「心の近代」を癒やし、乗り越えるよすがとなるに違いないと考えている。この学と技との周りには「気の毒な人」がたくさんいる。「弱い」立場に置かれた患者＝依頼人はもちろんである。だが、高い授業料を払って若い年月を捧げ、お粗末な教育・訓練だけで「専門家」として送り出され、手に余る仕事を望まれている「心理臨床家」たちも、やはり気の毒である。この気の毒を治すには、手助けでは足りない。知識や修練の構えを枠組みから変えねばならないのである。そのためには前向きの努力でなく、足を踏み外すことも怖れぬ覚悟が求められる——身を捨ててこそ浮かぶ瀬もあれ、である。『思想史のなかの臨床心理学』を読んだあるブログ書評家が、はじめは面白かったけれどやがて「脳が悪くなりそうな気がして」止めたと書いていた。我が意を得たりであった。この方はきちんと読み取れていたのである。だが惜しむらくは、私の後に付いて一歩を踏み出す、いや踏み外す腹が出来ていなかった。その人がもしこの書をきちんと読めば、こんどこそ気が狂うのではと楽しみにしている。

まえがきにも書いたとおり、道具立てを揃えるところまでで一冊となった。これから詳らかに述べてゆくつもりである。腰を据えて書きはじめてからだけでも、五年を優に超える歳月が、もう流れてしまった。出版の話をお受けくださった関一明さんと、担当となられた薄木敏之さんには、十年を越えてお待ちいただいた。賜った辛抱と信頼とに、頭の下がる思いである。本のあとがきには、よく編集者への謝辞がある。作法だろうと見える場合も多いが、この度びはほんとうに有り難かった。薄木さんはこの十年のあいだ、ただ一度びも督促をされなかった。しかし見限っていたのでないことは、いきなりの電話で直ちに話が通じたことで知れる。急かされなかったので、心にもないことを書いたところはない。出来た原稿には、注文が一切つかなかった。いらぬダメ出しを仕事と心得る編集者も多いらしいが、薄木さんの熱意が薄いのでないことは、出版に臨む心構えを伺ってよく分かる。「待って受け止める」という仕事もあるのだ。

癸巳年卯月九日亥刻　　著者しるす

●註……………

小泉八雲（ハーン）は日本を愛したが、やはり西欧人であった。行く先々で、安心したところで同じ罠にかかる趣向は、ハリウッド映画にもよく見られる。だが、もともと我が国では稀である。鬼に追われた小僧が逃げ、坊さんの衣に隠れればそれで助かる。坊さんがじつは鬼の化けたものだった、とはならないのである。怨念が強ければ焼き殺されもするが、道成寺の鐘は蛇の口ではなかった。雨月物語の「吉備津の釜」では、友人の油断も手伝って夜が明けたと思い込み殺されるが、友人が鬼の手先だったわけではない。彼の描いた〈ムジナの罠〉は、金太郎飴の如くに細工され張り巡らされた西欧近代の心の仕組みの形であって、我が国に住んでそれに気付き、日本にまで押し寄せてくる恐れを小説にしたとも考えられる。

村上陽一郎　「自然科学と魔術」　1992　『宗教と自然科学（岩波講座　宗教と科学　4)』pp.225-252.
森 真一　『自己コントロールの檻─感情マネジメント社会の現実』（選書メチエ）　2000　講談社
森正義彦・市川伸一 他　『科学としての心理学：理論とは何か？　なぜ必要か？　どう構築するか？』　2004　培風館
安永 浩　『精神医学の方法論』　1986　金剛出版
柳田國男　『國史と民俗學』　1944.3　東京：六人社／『定本　柳田國男集　22』　1962-1971　東京：筑摩書房
山内 進　『掠奪の法観念史：中・近世ヨーロッパの人・戦争・法』　1993　東京大学出版会
山岸竜治　「日本の不登校研究の問題点に関する研究（その１）─高木の不登校研究をめぐって」　2005　臨床心理学研究, **43**(1), 39-49.
山岸竜治　「不登校を巡る治療・教育の再検討─1980年代の横湯園子の実践報告から」　2008　臨床心理学研究, **46**(2), 45-54.
山下栄一　「『資格・専門性』問題についてのコメント」　1987　臨床心理学研究, **25**(2), 11-18.
山本 通　「ヴェーバー『倫理』論文における理念型の検討」　2008　橋本 努・矢野善郎（編）『日本マックス・ウェーバー論争：「プロ倫」読解の現在』　pp.61-87.　ナカニシヤ出版
山本光雄（訳編）『初期ギリシア哲学者断片集』　1958　岩波書店
湯浅泰雄　『ユングとヨーロッパ精神』　1979　人文書院
湯川秀樹　「近代以降の科学思想の概観」　1973　『世界の名著　63』　pp. 7-33.　中央公論社
横田正雄　「登校拒否論の批判的検討〈１〉─母子分離不安論の登場まで」　1989　臨床心理学研究, **27**(2), 56-61.／「〈２〉─登校拒否の社会的広がりに至るまで」　1990a　臨床心理学研究, **27**(3), 2-8.／「〈３〉─分離不安論の新たな展開とその反作用」　1990b　臨床心理学研究, **28**(1), 2-11.／「〈４〉─分離不安論から自己像脅威論へ」　1991　臨床心理学研究, **28**(3), 2-10.／「〈５〉─日本に登校拒否が現れた頃の社会状況と初期の登校拒否論」　1992　臨床心理学研究 **30**(1), 11-19.／「〈６〉─登校拒否児の地域ケアーを巡って　1995　臨床心理学研究, **33**(1), 2-9.
渡辺恒夫　「自我体験─自己意識発達研究の新たなる地平」　1999　発達心理学研究, **10**(1), 11-22.
渡辺正雄　『科学者とキリスト教─ガリレイから現代まで』　1987　講談社
渡辺正雄　『科学の歩み・科学との出会い』（上・下）　1992　培風館
渡邊昌美　『中世の奇蹟と幻想』　1989　岩波新書

(2006.7)　http://www.ndl.go.jp/jp/data/publication/refer/200607_666/066604.pdf
大塚敬節　『症候による漢方治療の実際』　1972　南山堂
大森与利子　『「臨床心理学」という近代：その両義性とアポリア』　2005　雲母書房
岡田重精　『古代の斎忌《いみ》―日本人の基層信仰』　1982　国書刊行会
小倉貞秀　『ブレンターノの哲学』　1986　以文社
小倉美惠子　『オオカミの護符』　2011　新潮社
小沢牧子　「『事例研究という業績』を問う」　1984.10　臨床心理学研究, **22**(2), 26-41.
小沢牧子　『心の専門家」はいらない』　2002　洋泉社
小野 修　「登校拒否児の治療―とくに児童の変化過程を中心に」　1986　心理臨床学研究, **4**(1), 3-14.
金岡洋子　「登校拒否―堺市の実態と学校復帰を実現する指導のポイント―閉じこもり、家庭内暴力、転校希望のあつかいをめぐって」　1985　研究報告集, **84**(1), 3-14.　堺市立教育研究所
金森 修　『科学的思考の考古学』　2004　人文書院
川村邦光　『セクシュアリティの近代』　1996　講談社
黒川正剛　『魔女とメランコリー』　2012　新評論
黒沢光昭　「虚構の現実と生活の現実」　1992　臨床心理学研究, **30**(4), 68-70.
桑子敏雄　『エネルゲイア：アリストテレス哲学の創造』　1993　東京大学出版会
佐々木 力　『科学革命の歴史構造』（上・下）　1985　岩波書店／1995　講談社　学術文庫
齋野彦弥　『故意概念の再構成』　1995　有斐閣
堺市立教育研究所　「登校拒否―理解と指導の手引き」　1983
實川幹朗　「心の病いをめぐる哲学的問題と，新たなパラダイムへの展望―ないし心理療法の危険性と進歩への希求」　氏原 寛 他（編）2004　『心理臨床大事典』（改訂版）第5部第15章　培風館
實川幹朗・松本京子　「ある猫憑きの青年と霊の役割」　實川幹朗（編）2007　『心理療法とスピリチュアルな癒し―霊的治療文化再考』第4章　pp.129-190.　春秋社
高橋澪子　『心の科学史：西洋心理学の源流と実験心理学の誕生』　1999　東北大学出版会
高山佳奈子　『故意と違法性の意識』　1999　有斐閣
鑪 幹八郎　「日本心理臨床学会25周年記念の挨拶」　2006　心理臨床学研究, **24**（特別号）, 3-4.
戸田弘子　「『自然手技法』を実践した医師の生活史と治療―故俣野四郎医学博士との対話と治療への参与観察記録から」　2003　人間性心理学研究, **21**(2), 242-252.
鶴 光代・織田正美・子安増生　「『心理師（仮称）』の国家資格創設早期実現の請願」　2013
中田 考　『イスラームのロジック―アッラーフから原理主義まで』　2001　講談社
中島秀人　「ニュートンの錬金術」　下坂 英・杉山滋郎・高田紀代志（編著）『科学と非科学のあいだ』　1987　pp.27-68　木鐸社
中谷宇吉郎　『科学の方法』　1958　岩波書店
仁科邦男　『犬の伊勢参り』　2013　平凡社
根占献一・伊藤博明・伊藤和行・加藤守通　『イタリア・ルネサンスの霊魂論』　1995　三元社
野家啓一　『クーン―パラダイム』　1998　講談社
長谷川裕恭　「大学改革の動向と臨床心理士養成」　1999　臨床心理士会報, **11**(1), 1-2.
長谷川三千子　『バベルの謎：ヤハウィストの冒険』　1996　中央公論社
長谷川三千子　『民主主義とは何なのか』　2001　文藝春秋（文春新書：191）
林 道義　『ユング心理学の方法』　1987　みすず書房
林田 愛　「科学者と治癒者―『豊饒』『壊滅』における医療哲学」　2008　http://koara.lib.keio.ac.jp/xoonips/modules/xoonips/
松山壽一　『ニュートンからカントへ―力と物質の概念史』　2004　晃洋書房
松山壽一　『ニュートンとカント―自然哲学における実証と思弁』（改訂版）　2006　晃洋書房
村上陽一郎　『近代科学と聖俗革命』　1976　新曜社

1988.4 『ルドルフ・シュタイナー選集』（第２巻） イザラ書房
Thomas, Aquinas / トーマース アクィーナース *Sancti Thomae de Aquinatis Quaestiones Disputatae De VERITATE*, org.1256-9 Sancti Thomae de Aquino OPERA OMNIA Iussu Leonis XIII P. M. Edita 22. 花井一典（訳） 1990 『トマス・アクィナス 真理論』 哲学書房
Thomas, Aquinas / トーマース アクィーナース *Summa contra Gentiles: Liber de Veritate Catholicae Fidei contra Errores Infidelium.* org.1264? http://www.corpusthomisticum.org/ 川添信介（訳） http://aequivocum.net/text/thomas/scg/content.html
Thomas, Aquinas / トーマース アクィーナース *Sancti Thomae de Aquinatis SUMMA THEOLOGIAE*, org.1265-73 Sancti Thomae de Aquino OPERA OMNIA Iussu Leonis XIII P. M. Edita. http://www.corpusthomisticum.org/iopera.html 高田三郎・稲垣良典・山田晶他（訳） 2000- 『トマス・アクィナス 神学大全』 pp.1-45. 創文社
Thomas, Sir Keith Vivian / トーマス *Religion and the decline of magic.* 1971 New York: Oxford University Press. 荒木正純（訳） 1993 『叢書ウニベルシタス 350—宗教と魔術の衰退』（上・下） 法政大学出版会
Toulmin, Stephen / トゥールミン Goodfield, June / グッドフィールド *The discovery of time*, org.1965 (Hutchinson)/1967 (Penguin [Pelican books ; A855])
Tylor, Edward Burnett / タイラー *Primitive culture: Researches into the development of mythology* (1-2). 1871 (London)/1994 (Reprint, Tokyo: Kinokuniya)
Tyndall, John / ティンダル *Address delivered before the British association assembled at Belfast*, with additions (The Belfast Address). 1874 London: Longmans, Green, and Co.Victorian Overview Science and Technology.
Watson, John Broadus / ワトソン *Psychology as the behaviorist views it.* 1913 *Psychological Review*, **20**, 158-177. Classics in the History of Psychology: An internet resource developed by Christopher D. Green/York University, Toronto, Ontario; http://psychclassics.yorku.ca/Watson/views.htm
Weber, Max (Karl Emil Maximilian Weber) / ヴェーベル *Die protestantische Ethik und der 'Geist' des Kapitalismus.* 1904-5 Archiv für Sozialwissenschaft und Sozialpolitik 20-1 / 1999 Institut für Pädagogik der Universität Potsdam.
Wittgenstein, Ludwig / ウィトゲンシュタイン *Philiosophische Untersuchungen.* 1968 Basil Blackwell.
Wittgenstein, Ludwig / ウィトゲンシュタイン *Über Gewißheit.* 1970 Frankfurt am Main: Suhrkamp Verlag.
Wundt, Wilhelm / ヴント *Logik: eine Untersuchung der Prinzipien der Erkenntnis und der Methoden wissenschaftlicher Forschung*, 1.Bd. *Allgemeine Logik und Erkenntnistheorie*, 2.Bd. *Logik der exakten Wissenschaften*, 3.Bd. *Logik der Geisteswissenschaften.* 1919 Stuttgart: F. Enke,4. neubearbeitete Aufl. 3巻構成（初版：1880-1883, Stuttgart: F. Enke. 2巻構成 1.Bd. *Erkenntnisslehre*; 2.Bd. *Logik der Geisteswissenschaften.*）
Wundt, Wilhelm / ヴント *Einführung in die Psychologie.* 1920 Leipzig: Dürr.
Wundt, Wilhelm / ヴント *Grundzüge der physiologischen Psychologie*, 7. Aufl. 1923 Leipzig: A. Kroner.

• • ● • •

阿部あかね 「1970年代日本における精神医療改革運動と反精神医学」 2010 立命館大学 Core Ethics, Vol. 6.
飯田隆 「論理と言語」 1987.10 『言語哲学大全 1』 勁草書房
岩田慶治 『カミと神—アニミズム宇宙の旅』 1984 講談社
石塚正英・柴田隆行（編） 『哲学・思想翻訳語事典』 2003 論創社
魚住洋一 「幻視者の夢—われらがドン・キホーテ・デ・ラ・マンチャ」 1997 現象学年報, **13**, 17-36.
江澤和雄 「不登校の問題から見た義務教育の当面する課題」 2006 文部科学省レファレンス

Ritzer, George / リッツァー　*The McDonaldization of society: An investigation into the changing character of contemporary social life*.　1993　Newbury Park, CA: Pine Forge Press.　正岡寛司（監訳）　1999 『マクドナルド化する社会』　早稲田大学出版部

Rogers, Carl Ransom / ロジャーズ　*Client-centered therapy: Its current practice, implications, and theory* (The Houghton Mifflin psychological series: Part　Ⅲ). org. 1951 Mifflin, Kindle 版 2003 Robinson; Amazon（ASIN: B007JKF0CM）

Rogers, Carl Ransom / ロジャーズ　A theory of therapy, personality, and interpersonal relationships as developed in the client-centered framework.　1959　In Sigmund Koch (Ed.), *Formulations of the person and the social context* (Psychology: A study of a science/Study 1. Conceptual and systematic 3.) New York: McGraw-Hill.「クライエント中心療法の立場から発展したセラピー，パースナリティおよび対人関係の理論」 伊東 博（訳） 1967 『ロージァズ全集　8―パースナリティ理論』 第 5 章　pp.165-270.　岩崎学術出版社

Rousseau, Jean-Jacques / ルソー　*Émile ou de l'éducation*.　1762 http://www.ilt.columbia.edu/pedagogies/rousseau/contents2.html

Russel, Bertrand / ラッセル　*Our knowledge of the external world as a field for scientific method in philosophy*.　1914　Open Court.「外部世界はいかにして知られうるか」 石本 新（訳） 1971 『世界の名著　58』 pp.81-304.　中央公論社

Schipperges, Heinrich / シッペルゲス　*Der Garten der Gesundheit Medizin im Mittelalter*.　1985　Artemis Verlag. 大橋博司・浜中淑彦（訳）　1988 『中世の医学―治療と養生の文化史』　人文書院

Schott, Heinz / ショット　Die 'Imagination' als historischer Schlüsselbegriff der neuzeitlichen Medizin und (Para)Psychologie.　1998　*Psychologiegeschichte-Beziehungen zu Philosophie und Grenzgebieten* (Jahnke, et al.), pp. 395-403.　München: Profil Verlag.

Schutz, Alfred / シュッツ　On multiple realities.　1962　*Collected papers 1: The problem of social reality*. Haag: Martinus Nijhoff.「多元的現実について」 1985　渡部 光・那須 壽・西原和久（訳）『アルフレッド・シュッツ著作集　2』　マルジュ社

Schutz, Alfred / シュッツ　Don Quixote and the problem of reality.　*Collected papers 2: Studies in social theory*.　1964　Haag: Martinus Nijhoff.「ドンキホーテと現実の問題」 1991 『アルフレッド・シュッツ著作集　3』　マルジュ社

Searle, Ann / サール　*Introducing research and data in psychology: A guide to methods and analysis*.　1999 Routledge (Routledge modular psychology).　宮本聡介・渡邊真由美（訳）　2005.4 『心理学研究法入門』　新曜社

Searles, Harold F. / サールズ　*The nonhuman environment in normal development and in schizophrenia*. 1960　New York: International Univ. Press.　殿村忠彦・笠原 嘉（訳）　1988.8 『ノンヒューマン環境論：分裂病者の場合』　みすず書房

Shapin, Steven / シェイピン　*The scientific revolution*.　1996　University of Chicago Press.　川田 勝（訳）　1998 「『科学革命』とは何だったのか―新しい歴史観の試み」　白水社

Shapin, Steven / シェイピン　The politics of observation: Cerebral anatomy and social interests in the Edinburgh phrenology diputes, in Wallis, Roy (ed.), On the margins of science: The social construction of rejected knowledge.　1979　*Social Review Monograph*, **27**.　University of Keele.　高田紀代志 他（訳）　1986 「排除される知―社会的に認知されない科学」 pp.133-200.　青土社

Smith, Wilfred Cantwell / スミス　*The meaning and end of religion*.　1962 (San Francisco: Harper & Row)/ 1991 (Reprint)　Minneapolis: Fortress Press.

Spencer, Herbert / スペンサー　*The principles of psychology*, org.1885 (London: Longman, Brown, Green, and Longmans)/1996　London: Routledge/Thoemmes Press (Herbert Spencer: Collected writings; vol. 4).

Steiner, Rudolf / シュタイネル　*Wie erlangt man Erkenntnisse der höheren Welten?*　1920　Philosophisch-Anthroposophischer Verlag.「いかにして超感覚的世界の認識を獲得するか」 高橋 巖（訳）

Johann Ambrosius Barth 1976, unveränderter reprografischer Nachdruck der 5., mit der 4. übereinstimmenden Aufl., Leipzig 1926. Darmstadt: Wissenschaftliche Buchgesellschaft. 「認識と誤謬」（抄訳） 井上 章（訳） 1973 『世界の名著 65—現代の科学 1』 pp.379-420. 中央公論社

Mesmer, Franz Anton / メスメル *Mémoire sur la découverte du magnétisme animal.* 1779 (Paris)/c2005 Paris: L'Harmattan.

Mesmer, Franz Anton / メスメル *Memoire of F. A. Mesmer, Doctor of medicine, concerning his discoveries.* 1799 Eden, Jeromm, trans. 1957 New York: Mount Vernon.

Minkowski, Eugène / ミンコフスキー *La Schizophrénie, Psychopathologie des Schizoides et des Schizophrènes, Nouvelle Edition.* 1953 Paris: Desclée de Brouwer. 村上 仁（訳） 1954 『精神分裂病—分裂性性格者及び精神分裂病者の精神病理学』 みすず書房

Newton, Sir Isaac / ニュートン *Philosophiae Naturalis Principia Mathematica.* 1687 中野猿人（訳） 1977.9 『プリンシピア—自然哲学の数学的原理』 講談社

Newton, Sir Isaac / ニュートン *Mathematical principles of natural philosophy; Optics.* 1730 島尾永康（訳） 1983 『光学』 岩波書店

Oppenheim, Janet / オッペンハイム *The oher world: Spiritualism and psychical research in England, 1850-1914.* 1985 Cambridge University Press. 和田芳久（訳） 1992 『英国心霊主義の抬頭—ヴィクトリア・エドワード朝時代の社会精神史』 工作舎

Penfield, Wilder G. / ペンフィールド *The mystery of the mind: A critical study of consciousness and the human brain.* 1975 Princeton University Press. 塚田裕三・山河 宏（訳） 1977/1987 『脳と心の正体』 文化放送／法政大学出版局

Pico della Mirandola, Giovanni / ピーコ・デッラ・ミランドラ *Commento sopra una conzona de amore composta da Girolamo Benivieni.* 1486 （「ジロラモ・ベニヴィエニによって作成された『愛の歌』註解」 根占献一・伊藤博明・伊藤和行・加藤守通 1995『イタリア・ルネサンスの霊魂論』pp.77-78. 東京：三元社）

Platon / プラトーン 「ティーマイオス」 種山恭子（訳）・田中美知太郎・藤沢令夫（編） 1975.9 『プラトン全集 12—ティマイオス・クリティアス』 東京：岩波書店

Platon / プラトーン 「国家」 田中美知太郎 他（編） 1969 『世界の名著 7—プラトンII』 中央公論社

Plotinos / プローティーノス *Plotini Enneades.* Vol. 1-2: in Greek (ed. Ricardus Volkmann). 1883-84. Lpz.: Teubner. 「エネアデス」水地宗明・田之頭安彦（訳） 1986-1988 『プロティノス全集』 中央公論社

Popper, Karl Raimund / ポパー *The logic of scientific discovery.*（*Logik der Forschung* [1934, Wien] から著者による英訳）1959 London: Hutchinson. 森 博（訳） 1971 『科学的発見の論理』 恒星社厚生閣

Quine, Willard van Orman / クワイン *From a logical point of view.* 1953 (1st. ed.)/1963 (rev. 2nd.ed.) New York: Harper & Row. 中山浩二郎・持丸悦朗（訳） 1972.7.10 『論理学的観点から』 岩波書店

Quine, Willard van Orman / クワイン *Word and object.* 1960 Cambridge, Massachusetts: The M. I. T. Press.

Radin, Dean I. / ディーン・ラディン *Entangled minds: Extrasensory experiences in a quantum reality.* 2006 New York: Paraview Pocket Books. 石川幹人（訳） 2007 『量子の宇宙でからみあう心たち：超能力研究最前線』 東京：徳間書店

Reed, Edward E. / リード *From soul to mind: The emergence of psychology, from Erasmus Darwin to William James.* 1997 Yale University Press. 村田純一 他（訳） 2000 『魂から心へ』 青土社

Rickert, Heinrich / リッケルト *Kulturwissenschaft und Naturwissenschaft.* 1901 Freiburg. 佐竹哲雄・豊川 昇（訳） 1939 『文化科学と自然科学』 岩波書店

James, William / ジェイムズ　A pluralistic universe. In Burkhardt, F. H. etc. (Eds.), *The works of William James*, org.1909/1977　Harvard University Press. (http://www.gutenberg.org/cache/epub/11984/pg11984.html)　吉田夏彦（訳）『多元的宇宙』 1961　日本教文社

Jones, Ernest / ジョウンズ　*The life and works of Sigmund Freud.* (1-3)　1954　London: Hogarth Press.

Jotika, Sayadaw U / ウ・ジョーティカ　*A map of the journey.*　2006　Buddha Dharma Education Association Inc. www.buddhanet.net

Jung, Carl Gustav / ユング　Grundsätzliches zur praktischen Psychotherapie. 1935 / *C.G. Jung Gesammelte Werke*, **16**, 1-20.　1971　Walter Veralag.

Jung, Carl Gustav / ユング　Grundfragen der Psychotherapie.　1951 / *C.G. Jung Gesammelte Werke*, **16**, 118-133.　1976　Walter-Verlag.

Jung, Carl Gustav / ユング　Mysterium coniunctionis.　1954 / *C.G. Jung Gesammelte Werke* **14**.　1971　Walter-Verlag.　池田紘一（訳）　1995　『結合の神秘』（1 － 2）　人文書院

Jung, Carl Gustav / ユング　Die Psychologie der Übertragung.　1946 (Zürich) / *C.G. Jung Gesammelte Werke*, **16**, 173-345.　1971 Walter Veralag.「転移の心理学」 林 道義・磯上恵子（訳） 1994　みすず書房

Jung, C. G. / ユング & W. Pauli / パウリ　Synchoronizität als ein Prinzip akausaler Zusammenhänge / The Interpretation of Nature and the Psyche, org.1952 (Zürich) / *C.G. Jung Gesammelte Werke*, **8**, 475-577.　1971　Walter-Verlag.（改訂英語版　1955　New York: Bollingen Foundation Inc.）河合隼雄・村上陽一郎（訳）『自然現象と心の構造』 1976　海鳴社

Kant, Immanuel / カント　*Allgemeine Naturgeschichte und Theorie Des Himmels oder Versuch von der Verfassung und dem mechanischen Ursprunge des ganzen Weltgebäudes, nach Newtonischen Grundsätzen abgehandelt.*　1755　Königsberg.　http://www.mala.bc.ca/~Johnstoi/kant/kant2g.htm

Kant, Immanuel / カント　*Kritik der reinen Vernunft.*　1781, 1.Auflage(A)/1783, 2.Auflage(B).『純粋理性批判』

Klopfer, Bruno / クロッパー & Helen H. Davidson　*The Rorschach technique: An introductory manual.*　1962　Harcourt, Brace & World.　河合隼雄（訳）『ロールシャッハ・テクニック入門』 1964　ダイヤモンド社

Kuhn, Thomas, S. / クーン　*The structure of scientific revolutions.*　1962　Chicago: University of Chicago Press.　中山 茂（訳）　1971　『科学革命の構造』　みすず書房

La Mettrie, Julien Offroy de / ド・ラ・メトリー　*L'homme-machine.*　1747　杉 捷夫（訳）『人間機械論』 1932　岩波書店

Lavoisier, Antoine-Laurent de / ラヴォワジエ　*Traité Élémentaire de Chimie*, org.1789/1992　J. Gabay. Reprint of the 1789 ed., published by Cuchet.　坂本賢三（編集）・柴田和子（訳）　1988.5　『ラヴワジエ：化学原論』（科学の名著／伊東俊太郎 他（編），第 2 期 4）　東京：朝日出版社

Le Bon, Gustav Franz / ルボン　*Psychologie des foules.*　1895　Paris.　桜井成生（訳）　1956　『群集心理』　角川文庫

Lévy-Bruhl, Lucien / レヴィ＝ブリュル　*Les fonctions mentales dans les sociétés inférieures.*　1910　山田吉彦（訳）　1953　『未開社会の思惟』（上・下）　岩波書店（岩波文庫）

Libet, Benjamin / リベット　*Mind time: The temporal factor in consciousness.*　2004　Harvard University Press.　下條信輔（訳）　2005　『マインド・タイム：脳と意識の時間』　岩波書店

Lipps, Theodor / リップス　*Leitfaden der Psychologie.*　1903/1909 (3. Aufl.)　Leipzig: W. Engelmann.

Locke, John / ロック　*An essay concerning human understanding*, org.1706 (5th edition) - 1st ed. 1670/1961　J. M. Dent & Sons Ltd. Everyman's Library.

Lovejoy, Arthur O. / ラヴジョイ　*The great chain of being: A study of the history of an idea.*　1936　Harvard Universtiy Press.　内藤健二（訳）　1975　『存在の大いなる連鎖』　晶文社

Mach, Ernst / マッハ　*Erkenntnis und Irrtum: Skizzen zur Psychologie der Forschung*, org.1905　Leipzig:

（訳）『フロイト選集　16』 pp.207-367.　日本教文社

Freud, Sigmund / フロイト　Massenpsychologie und Ich-Analyse　org.1921 (*Internationaler Psychoanalytischer Verlag*)/1940-52　*Gesammelte Werke*, **13**.　Fisher Verlag.

Freud, Sigmund / フロイト　Das Ich und das Es, org.1923 (*Internationaler psychoanalytischer Verlag)*/ 1952　*Gesammelte Werke*, **13**, 235-289.　Fisher Verlag.

Freud, Sigmund / フロイト　*Neue Folge der Vorlesungen zur Einführung in die Psychoanalyse*, org.1932/ 1952　*Gesammelte Werke*, **17**. Fisher Verlag.

Freud, Sigmund / フロイト　*Die endliche und die unendliche Analyse.*　org.1937 「終わりある分析と終わりなき分析」 小此木啓吾（訳） 1969 『フロイト著作集　6』 pp.49-58.　人文書院

Freud, Sigmund / フロイト　Abriss der Psychoanalyse.　org.1940a/1940-52　*Gesammelte Werke*, **17**, 63-138.　Fisher Verlag.

Freud, Sigmund / フロイト　Some elementary lessons in psycho-analysis, org.1940b/1940-52　*Gesammelte Werke*, **17**, 141-147.　Fisher Verlag.

Freud, Sigmund / フロイト　*Sigmund Freud Briefe an Wilhelm Fließ / 1887-1904* (ed. Masson, J. M.).　1986 Frankfurt.

Gall, Franz Joseph / ガル　*Sur les fonctions du cerveau.* t.1, t.2 *Sur l'origine des qualités morales.* t. 3 *Influence du cerveau sur la forme du crâne*, org.1822-5 (Paris)/2004　L'Harmattan: Encyclopédie psychologique.

Gay, Peter / ゲイ　*The Godless Jew?Freud, atheism, and the making of psychoanalysis*.　1987　Yale Univesity Press.　入江良平（訳） 1992 『神無きユダヤ人』 みすず書房

Gillispie, Charles Coulston / ギリスピー　*The edge of objectivity?An essay in the history of scientific ideas*. 1960　Princeton University Press.　島尾永康（訳） 1965 『科学思想の歴史』 みすず書房

Gödel, Kurt / ゲーデル　*Über formal unentscheidbare Sätze der Principia Mathematica und verwandter Systeme I.*　1931　林 晋・八杉満利子（訳・解説） 2006 『不完全性定理』 岩波書店

Hanson, Norwood Russell / ハンソン　*Patterns of discovery.*　1958　Cambridge University Press.　村上陽一郎（訳） 1968 『科学的発見のパターン』 講談社学術文庫

Hanson, Norwood Russell / ハンソン　*Perception and discovery*.　1969　Freeman, Cooper & Co.　野家啓一・渡辺 博（訳） 1982 『知覚と発見』（上・下） 紀伊國屋書店

Heidegger, Martin / ハイデゲル　*Sein und Zeit*, org.1927/1972　Tübingen: Max Niemeyer Verlag.

Helmholtz, Hermann L. F. von / ヘルムホルツ　*Handbuch der physiologischen Optik*, 3. Auflage. 1909-1911/ergänzt und herausgegeben in Gemeinschaft mit A. Gullstrand und J. von Kries von W. NagelHamburg: L. Voss, 1-3 (1. Auflage 1856-66, Leipzig: Voss).

Helmholtz, Hermann L. F. von / ヘルムホルツ　*Über die Erhaltung der Kraft: eine physikalische Abhandlung.*　1966　Bruxelles: Culture et Civilisation. (Reproduction of 1847 edition; Berlin: Druck und Verlag von G. Reimer).　高林武彦（訳）「力の保存についての物理学的論述」1973　中央公論社 『世界の名著　65』 pp.231-283.

Helmholtz, Hermann L. F. von / ヘルムホルツ　*Über das Verhältnis der Naturwissenschaften zur Gesamtheit der Wissenschaft* (Akademische Festrede, gehalten zu Heidelberg biem Antritt des Prorektrats).　1862　三好助三郎（訳） 『自然科学とは何か』 1955　大学書林

Hempel, Carl G. / ヘンペル　*Aspects of scientific explanation*.　1965　New York: The Free Press.

Hirschberger, Johannes / ヒルシュベルゲル　*Geschichte der Philosophie*.　1949-1952　Freiburg: Herder. 高橋憲一（訳） 1967-1978 『西洋哲学史』（1 － 4） 理想社

Hobbes, Thomas / ホッブズ　*Leviathan, or the matter, form and power of a common wealth ecclesiastical and civil*.　1651　London. 「リヴァイアサン」 永井道雄・宗片邦義（訳） 1971 『世界の名著　23』 中央公論社

Hume, David / ヒューム　*A treatise of human nature: Being an attempt to introduce the experimental method of reasoning into moral subjects and dialogues concerning natural religion*, org.1739/1964　Aalen: Scientia Verlag (Reprint of the new edition London 1886).

寺島悦恩（訳） 1995 『ニュートンの錬金術』 平凡社
Durkheim, Émil / デュルケム *Sociologie et Philosophie.* 1924 Félix Alcan Biboliothèque de philosophie contemporaine. 佐々木交賢（訳） 1985 『社会学と哲学』 恒星社厚生閣
Eccles, John C. / エックルス *The human mystery: The Gifford lectures, University of Edinburgh 1977-1978.* 1979 Springer-Verlag. 鈴木二郎（訳） 1984 『脳と宇宙への冒険―人間の神秘』 海鳴社
Eisler, Riane Tennenhaus / アイスレル *The chalice and the blade: Our history, our future*. 1987 Harper Collins. 野島秀勝（訳） 1991 『聖杯と剣―われらの歴史 われらの未来』 法政大学出版局
Ellenberger, Henri F. / エレンベルゲル The discovery of the unconscious: The history and evolution of dynamic *psychiatry*. 1970 Basic Books. 木村 敏・中井久夫 他（訳） 1980 『無意識の発見』（上・下） 弘文堂
Feyerabend, Paul / ファイヤアーベント *Against method: Outline of an anarchistic theory of knowledge.* 1975 London: New Left Books. 村上陽一郎・渡辺 博（共訳） 1981 『方法への挑戦―科学的創造と知のアナーキズム』 東京：新曜社
Feyerabend, Paul / ファイヤアーベント *Farewell to Reason.* 1987 London: Verso. 植木哲也（訳） 1992 『叢書ウニベルシタス 381―理性よ、さらば』 東京：法政大学出版局
Feynman, Richard Phillips / リチャード・P・ファインマン with Ralph Leighton *Surely you're joking, Mr. Feynman!* 1985 W. W. Norton & Company. 大貫昌子（訳） 2000 『ご冗談でしょう、ファインマンさん』 岩波書店
Ficino, Marsillio / フィチーノ *Platonica Theologia de immortaliate animorum.* （「プラトン神学 魂の不滅について」根占献一・伊藤博明・伊藤和行・加藤守通 『イタリア・ルネサンスの霊魂論』 1995 東京：三元社）
Foucault, Michel / フーコー *Histoire de la Folie à L'âge Classique.* 1972 Paris: Gallimard. 田村 俶（訳） 1975 『狂気の歴史―古典主義時代における』 新潮社
Franklin, Benjamin / フランクリン *Autobiography/Benjamin Franklin* [introduction and supplementary account of Franklin's later life by W. Macdonald]. 1948 London: J.M. Dent. 松本慎一・西川正身（訳） 1957 『フランクリン自伝』 東京：岩波書店
Frege, Gottlob / フレーゲ *Funktion, Begriff, Bedeutung: fünf logische Studien*, org.1891/1962 Göttingen: Vandenhoeck & Ruprecht; herausgegeben und eingeleitet von Günther Patzig.- 3. durchgesehene Aufl.
Freud, Sigmund / フロイト Breuer, Joseph / ブロイアー ブロイエル *Studien über Hysterie*, org.1893-5 「ヒステリー研究」 懸田克躬（訳） 1974 『フロイト選集 8』 pp.3-229. 人文書院
Freud, Sigmund / フロイト Bemerkungen über einen Fall von Zwangsneurose, org.1909/1940-52 *Gesammelte Werke*, **7**, 381-463. Fisher Verlag. 「強迫神経症の一例に関する考察（『ネズミ男の症例』）」 小此木啓吾（訳） 1969 『フロイト選集 16』 pp.1-105. 日本教文社
Freud, Sigmund / フロイト *Formulierungen über die zwei Prinzipien des psychischen Geschehens*, org.1911 「精神現象の二原則に関する定式」 井村恒郎（訳） 1974 『フロイト選集 8』 pp.36-41. 日本教文社
Freud, Sigmund / フロイト *Totem und Tabu*, org.1913 「トーテムとタブー」西田（訳）『フロイト著作集 3』pp.148-281.
Freud, Sigmund / フロイト *Erinnern, Wiederholen und Durcharbeiten: Weitere Ratschläge zur Technik der Psychoanalyse, II*, org.1914 「想起，反復，徹底操作」 小此木啓吾（訳） 1974 『フロイト著作集 6』 pp.49-58. 人文書院
Freud, Sigmund / フロイト Vorlesungen zur Einführung in die Psychoanalyse, org.1916-17/1940-52 *Gesammelte Werke*, 11. Fisher Verlag.
Freud, Sigmund / フロイト Aus der Geschichte einer infantilen Neurose, org.1918/1940-52 *Gesammelte Werke*, 12, 17-157. Fisher Verlag.「ある幼児期神経症の病歴より（『狼男の症例』）」 小此木啓吾

参照）
Bleuler, Eugen / ブロイレル　*Das autistisch-undisziplinierte Denken in der Medizin und seine Überwindung.* 5. Aufl.　1962　Berlin: Springer.
Bloor, David / ブルーア　*Knowledge and social imagery.*　1976　London, Boston: Routledge & K. Paul. 佐々木力（訳）1985『数学の社会学』培風館
Brentano, Franz / ブレンターノ　*Psychologie vom empirischen Standpunkt.* Vol. 1, 2, 3 (ed. Kraus, Oskar). org.1874, 1911, 1928/1924, 1955, 1968　Hamburg: Felix Meiner, Philosophische Bibliothek.
Brentano, Franz / ブレンターノ　*Versuch über die Erkenntnis* (ed. A. Kastil).　1925　Felix Meiner, Philosophische Bibliothek 194.
Bruno, Giordano / ブルーノ　*De la causa, principio et uno.*　1584　(「原因・原理・一者について」根占献一・伊藤博明・伊藤和行・加藤守通　1995『イタリア・ルネサンスの霊魂論』東京：三元社）
Buranelli, Vincent / ブラネリ　1975　*The wizard from Vienna.*　London: Health & Company.　井村宏次・中村薫子（訳）1992『ウィーンから来た魔術師―精神医学の先駆者メスマーの生涯』春秋社
Carnap, Rudolf / カルナップ　*Der logische Aufbau der Welt: Scheinprobleme in der Philosophie: das Fremdpsychische und der Realismusstreit*, org.1928 (Berlin: Weltkreis-Verlag)/1961　Hamburg: F. Meiner.
Chalmers, David J. / チャルマーズ　*The conscious mind: In search of a fundamental theory.*　1996　Oxford University Press.　林一（訳）2001『意識する心―脳と精神の根本理論を求めて』白揚社
Chertok, Léon / シェルトク　Saussure, Raymond de / ソーシュール　*Naissance du psychanalyste: de Mesmer a Freud.*　1973　Paris: Payot.　長井真理（訳）1987『精神分析学の誕生』岩波書店
Comte, Isidore A. M. F. / コント　*Discours sur l'esprit positif* (La classiques des sciences sociales).　1844　http://membres.lycos.fr/clotilde/etexts/index.htm「実証精神論」霧生和男（訳）1970『世界の名著　36』中央公論社
Comte, Isidore A. M. F. / コント　*Cours de philosophie positive*, org.1830-42/1975　1. Philosophie première (Cours de philosophie positive; leçons 1 à 45); présentation et notes par Michel Serres, François Dagognet, Allal Sinaceur.　2. Physique sociale (leçons 46 à 60); présentation et notes par Jean-Pau l Enthoven.　Paris: Hermann.
Darnton, Robert / ダーントン　*Mesmerism and the end of the enlightenment in France.*　1968　Harvard University Press.　稲生永（訳）1987『パリのメスマー―大革命と動物磁気催眠術』平凡社
Deleuze, Josephe-Phillippe-François / ドゥルーズ　*Histoire critique de magnétisme animal.* Vol 2. 2nd ed. 1819　Paris: Belin-Leprieur.
Descartes, René / デカルト　*Discours de la Méthode* (Les classiques des sciences sociales), org.1637/2002 http://www.uqac.uquebec.ca/zone30/Classiques_des_sciences_sociales/index.html「方法叙説」小場瀬卓三（訳）1972『世界の大思想　9』pp.78-128.　河出書房新社
Descartes, René / デカルト　*Meditationes de prima philosophia* (*Méditations métaphysiques*), org.1641-47/1999 Association de Bibliophiles Universels.
http://abu.cnam.fr/cgi-bin/donner_html?medit3「省察」桝田啓三郎（訳）1972『世界の大思想　9』pp.129-204.　河出書房新社
Descartes, René / デカルト　*Les Passions de l'âme*, org.1649「情念論」伊吹武彦（訳）1972『世界の大思想　9』pp.355-425.　河出書房新社
Dilthey, Wilhelm / ディルタイ　Die Typen der Weltanschauung und ihre Ausbildung in den metaphysichen Systemen.　*Wilhelm Diltheys Gesammelte Schriften*, 8.　久野昭（監訳）「世界観の諸類型，ならびに形而上学的諸体系における世界観の形成」1989『世界観学』pp.111-208.　以文社
Dobbs, Betty Jo T. / ドッブズ　*The foundations of Newton's alchemy.*　1975　Cambridge University Press.

引用・参考文献

Adler, Alfred / アードレル　Der psychische Hermaphroditismus im Leben und in der Neurose.　1910 *Fortschritte der Medizin*, Bd.28, 486-493.

Adler, Alfred / アードレル　*Über den nervösen Charakter: Grundzüge einer vergleichenden Individual-Psychologie und Psychotherapie*, org.1912 (Wiesbaden: J. F. Bergmann)/1972　Frankfurt: Fischer Taschenbuch Verlag.

Adler, Alfred / アードレル　*Der Sinn des Lebens.*　1933 (Wien: Rolf Passer)/1973, c1933　Fischer Taschenbuch Verlag.

Aristoteles / アリストテレース　*Ta meta ta physika.*　出 隆（訳）　1959 『形而上学』　岩波書店

Aristoteles / アリストテレース　*Physikes akroaseos (Physica).*　1968　The Physics (Loeb classical library).「自然学」Philip H. Wicksteed and Francis M. Cornford William Heinemann, trans.　Harvard University Press.

Armstrong, Karen / アームストロング　*The gospel according to woman: Christianity's creation of the sex war in the West.*　1986　New York: Doubleday (Anchor Books).　高尾利数（訳）　1996.9 『キリスト教とセックス戦争—西洋における女性観念の構造』　柏書房

Augustinus, Aurelius / Augustine, Saint, Bishop of Hippo / アウグスティーヌス　*Confessions.*　397-398. http://www.augustinus.it/index.htm 「告白」 山田 晶（訳） 1978 『世界の名著　16』 中央公論社

Augustinus, Aurelius / アウグスティーヌス　*De Civitate Dei.*　413-426. http://www.augustinus.it/index.htm 「神の国」 赤木善光・茂泉昭男・泉 治典・大島春子・松田禎二 他（訳） 1980-83 『アウグスティヌス著作集』 pp.11-15.　教文館

Ayer, Alfred Jules / エヤー　*Language, Truth and Logic.*　1936　London: Victor Gollancz.　吉田夏彦（訳） 1955『言語・真理・論理』 岩波書店

Bachofen, Johann Jakob / バッハオーフェン　*Das Mutterrecht: eine Untersuchung über die Gynaikokratie der alten Welt nach ihrer religiösen u. rechtlichen Natur.*　1861　岡 道男・河上倫逸（監訳） 1991.9-1995.2 『母権論—古代世界の女性支配に関する研究—その宗教的および法的本質』 みすず書房

Bailly, Jean Sylvain Franklin, Benjamin ; Servan, Joseph / バイィ，フランクリン，セルヴァン　*De l'examen du magnétisme animal: Rapport des commissaires/Doutes d'un provincial*, org.1784 (Lyon-Paris)/1980　Genève: Editions Slatkine.

Bergson, Henri / ベルクソン　*Essai sur les données immêdiates de la conscience.*　1889　Presses Universitaires de France.

Bergson, Henri / ベルクソン　*Matière et Mémoire.*　1968　Alcan Press universitaire de France (org.1896, Paris).

Berkeley, George / バークリ　*A treatise concerning the principles of human knowledge: Wherein the chief causes of error and difficulty in the sciences, with the grounds of scepticism, atheism, and irreligion are inquired into* (ed. A. A. Luce and T. E. Jessop). org.1734/1949　London: Thomas Nelson and Sons Ltd.　大槻春彦（訳） 1958 『人知原理論—諸学の過誤および難点の主要原因ならびに懐疑論・無神論・無宗教の根拠を探求する』 岩波書店（岩波文庫）

Bernal, J. D. / バナール　*Science in History.* 3rd ed. 1965　London: Watts.　鎮目恭夫（訳） 1966 『歴史における科学』 みすず書房

Bernard, Claude / クロード・ベルナール　*Introduction à l'étude de la médecine expérimentale.*　1865　Paris: J.-B. Bailliere et fils.（Project Gutenberg [http://www.gutenberg.org/files/16234/16234-8.txt] を

事項索引

人名索引

【著者紹介】

實川 幹朗（じつかわ みきろう）

昭和 24 年　千葉県に産まれる

昭和 49 年　東京大学文学部哲学科卒業

昭和 51 年　東京大学大学院文学研究科修士課程修了（哲学専攻）

昭和 59 年　京都大学大学院教育学研究科博士後期課程満期退学（臨床心理学）

現　在　　姫路獨協大学法学部教授

〈主著・論文〉

こころ覚ぎ ― 近代自我を越え心のありかへ　誠信書房　平成 3 年

夢はよみの国から（Hillman, J. の訳書）　青土社　平成 10 年

思想史のなかの臨床心理―心を囲い込む近代　講談社（選書メチエ）　平成 16 年

心理療法とスピリチュアルな癒し ― 霊的治療文化再考　（編著）　春秋社　平成 19 年

祝いと忌みをつなぐもの ―「聖」に代わる「イ」について　比較民俗学会報　第 33 巻 4 号　pp.1-12　平成 24 年

Expanding Religious Studies: The Obsolescence of the Sacred/Secular Framework for Pagan, Earthen and Indigenous Religion Part2: Rethinking the Concept of "Religion" and "Maturi" as a New Scheme（共著）*The Pomegranate: The International Journal of Pagan Studies* 10-2 pp.256-277.　平成 20 年

心の近代
—三筋の結界とメスメル—〈支度の段〉

2013年10月20日　初版第1刷印刷
2013年10月30日　初版第1刷発行

定価はカバーに表示してあります。

著　者　實　川　幹　朗
発行所　（株）北大路書房
〒603-8303　京都市北区紫野十二坊町12-8
電　話　（075）431-0361（代）
ＦＡＸ　（075）431-9393
振　替　01050-4-2083

印刷／製本　モリモト印刷（株）
検印省略　落丁・乱丁はお取り替えいたします。
ISBN978-4-7628-2823-2　Printed in Japan